상조업과 소비자보호법

고 형 석 저

法 文 社

머리말

상례 또는 혼례는 인간에 있어서 가장 중요한 의식 중 하나이다. 이러한 상례 등을 거행함에 있어서는 많은 재화와 노동력을 요구하게 되며, 이를 해결하기 위하여는 고액이 필요하다. 그러니 갑작스럽게 발생한 상례를 해결하기 위하여 재화 및 노동력 또는 이에 소요되는 대금을 준비하기란 그리 쉽지 않은 문제이기 때문에 이를 사전에 해결할 수 있는 방안의 모색이 필요하게 되었다.

이러한 측면에서 등장한 거래분야가 바로 상조업(선불식 할부거래업)이며, 우리나라에는 1980년대 초반에 등장하여 1990년 이후 급속도록 발전하였다. 그러나 상조업의 활성화에 따라 많은 소비자피해가 발생하였으며, 이는 소비자가 대금을 먼저 지급한다는 상조업의 특성에서 비롯되었다. 따라서 상조업의 건전한 발전과 이 분야에서의 소비자피해를 예방하고, 효율적으로 구제하기 위한 법제의 필요성이 제기되었다. 이에 많은 논의 끝에 2010년 할부거래법이 개정되어 상조업을 적용대상으로 포함하였다.

개정된 할부거래법이 상조업을 규율하게 됨에 따라 이 분야에서의 소비자보호가 보다 충실하게 이루어질 수 있는 법적 기반이 마련되었다는 점은 매우 긍정적이라고 할 수 있다. 그러나 동법이 가지고 있는 근본적인 문제에서부터 시작하여 동법의 구체적인 내용이 과연 이 분야의 소비자보호에 충실한 것인가에서부터 시작하여 상조업의 건전한 발전을 유도할 수 있는가에 대하여는 많은 의문이 제기되고 있다. 즉, 동법에서는 상조업과 같은 선불식 할부거래업자를 규율대상으로 하고 있지만, 정의규정에서 발생하는 다양한 문제점은 상조업자를 실질적으로 규율할 수 없는 근본적인 문제점을 내포하고 있다. 또한 이 분야에서 소비자를 보호하기 위한 제반 규정의 내용이 과연 소비자보호에 적합한 것인가에 대한 의문을 제기하고 있다. 이와 더불어 동법의 내용을 구체화하기 위하여 2011년과 2012년 제정된 선불식 할부계약의 해제에 따른 해약환급금 산정기준 고시와 선불식 할부거래에서의 소비자보호 지침의 내용 역시 근거법인 할부거래법과 다른 내용을 규정함으로써 상위법 위반의 문제를 가지고 있으며, 근거법인 할부거래법의 문제점 역시 그대로 노출하고 있다. 마지막으로 상조서비스 표준약관은 표준약관임에도 불구하고 불공정한 내용을 다소 포함하고 있기에 표준약관을 통한 소비자보호는 현실적으로 미흡하다고 할 것이다.

이러한 상조업과 관련한 할부거래법 등의 문제점은 동법의 개정과정에서 상조업에 대한 충분한 검토가 부족한 상황속에서 입법의 필요성만을 지나치게 강조한 결과라고 할 수 있다. 물론 관련법제가 없는 것보다 현재의 상황이 소비자보호측면에서는 타당하지만, 불완전한 입법은 소비자보호가 아닌 소비자피해를 합법화시킬 수 있는 위험을 가진다. 따라서 상조업분야에 있어서 보다 소비자보호에 충실한 법제 개선이 지속적으로 이루어져야 할 것이다.

이에 필자는 상조업분야에서 소비자보호에 적합한 할부거래법의 개선방안에 대한 연구를 위하여 미흡하지만, 이 책을 발간하게 되었다. 구체적으로 현행 할부거래법의 내용 중 상조업에 관한 법제의 내용을 분석하였으며, 상조서비스 표준약관의 내용 역시 분석하였다. 이를 기초로 현행 법제의 문제점과 이에 대한 개선방안을 각 분야별로 제시하였다. 물론 이의 내용이 전적으로 타당하다는 것은 아니다. 그러나 이 분야에서의 소비자보호에 보다 적합한 법제 개선방안을 도출하기 위하여는 지속적이고, 심도있는 논의가 진행되어야 하기 때문에 그 시발점이 되고자 이 책을 발간하게 되었다. 따라서 본서를 계기로 이 분야에 대한 보다 많은 연구가 진행되기를 바라며, 이를 통하여 이 분야에서의 소비자보호 및 공정한 거래질서가 확립되기를 기대한다.

이 책의 발간까지 많은 분들의 직 · 간접적, 물심양면으로 도움을 주셨으며, 이 분들께 지면으로 통해서나마 감사의 인사를 전하고자 한다. 먼저, 목표와 삼량진에 계시는 어머님과 장모님, 아내 및 도원과 범경 그리고 가족들에게 감사를 드린다. 또한 이 책의 구체적인 내용에 있어서 직 · 간적접으로 많은 조언을 하여 주신 모든 분들께 감사를 드리며, 마지막으로 어려운 와중에도 이 책의 출판을 맡아 주신 법문사의 이재필 상무님과 장지훈 차장님 그리고 편집을 위해 애써준 최문용 차장님에게도 감사를 드린다.

2012년 9월

저자 씀

차 례

제 1 장 상조업과 소비자보호

제 2 장 상조업과 등록

제3장 상조계약과 소비자보호

제4장 상조계약과 약관

제5장 소비자피해보상보험계약 및 편면적 강행규정 등

제6장 상조업과 공법적 규제

제 1 장

상조업과 소비자보호

제1절 상조업 개관

1. 상조업의 등장과 현황

가. 상조업의 등장

주자가례(朱子家禮)의 일환으로 이루어졌던 관혼상제(冠婚喪祭)[1]는 현대 사회에 있어서 관례가 배제되고, 혼상제만 남아 이어지고 있다. 특히, 혼례와 상례는 가족 중심으로 이루어지는 제례와 달리 당사자 및 가족 등을 비롯하여 주변인이 모두 참여한다는 점에서 그 규모가 매우 크기 때문에 많은 비용과 노동력을 요한다. 종래 혼례와 상례에 소요되는 비용과 노동력은 두레, 품앗이 등을 통하여 십시일반(十匙一飯)으로 지역공동체를 통하여 해결하였다. 즉, 이러한 예식을 치루는 데에 있어서 소요되는 비용과 노동력을 지역공동체의 구성원들이 조금씩 부담하였기 때문에 당사자는 큰 경제적인 부담을 가지지 않고 치룰 수 있었다. 이를 가능하게 한 것은 가장 기본적으로 지역 등을 기반으로 한 공동체의식이었다.

그러나 현대 사회는 종래의 사회와 많은 차이가 있다. 먼저, 가(家)의 구성에 있어서의 차이점이다. 종래 가의 구성은 대가족제가 일반적이었지만, 현대 사회로 전환되면서 핵가족화현상이 일반화되고 있다. 둘째, 상기의 예식은 기본적으로 일정한 형식이 중요시 된다. 이러한 형식에 대하여는 종래 가(家)에서의 교육을 통하여 전승되었지만, 핵가족화에 따라 집안에서의 교육을 통한 전승이 이루어지기 곤란하게 되었다. 셋째, 지역공동체 의식의 변화이다. 종전 농경사회에서는 필수적으로 집단적 노동력을 기반

1) 관례는 청소년이 머리에 관을 쓰고 성년이 되는 의식으로 주로 양반계층에서 행해졌고 일반 백성들과는 무관한 것이었다. 여자의 관례는 계례(笄禮)라 했고 대개 혼례식의 일환으로 혼례 직전에 행하는 것이 보통이었다. 혼례는 결혼식을 말하며 의혼(議婚) · 납채(納采) · 납폐(納幣) · 친영(親迎)으로 구분된다. 의혼은 결혼을 의논하는 절차이며, 납채는 사주 또는 사성(四姓)을 보내는 일이며, 납폐는 신랑집에서 신부집에게 혼인을 허락한 데 대한 감사의 뜻으로 예물을 보내는 절차이고, 친영은 신랑이 처가로 가서 예식을 올리고 신부를 맞아오는 의례이다. 상례는 장례식인데, 유언, 임종, 시신을 바로잡는 수시(收屍), 혼을 부르는 초혼(招魂), 머리를 풀고 곡을 하여 초상을 발표하는 발상(發喪), 상을 치르는 장본인들인 상제(喪制)와 옷차림새인 복인(服人), 사람을 뽑아 상례 일을 보게 하는 호상(護喪), 고인을 섬기는 전(奠)과 상식(上食), 부음을 돌리는 부고(訃告), 시신에 입힐 수의(壽衣), 상을 당하고 처음 지내는 제사인 설전(設奠) · 반함(飯含) · 혼백(魂魄) · 염(殮) 등의 절차를 말한다. 조상을 기리는 제례는 크게 시제(時祭) · 차례(茶禮) · 묘제(墓祭) 등으로 나뉜다(http://100.daum.net/encyclopedia/view.do?docid=b02g1218a). 물론 상조업의 대상은 혼례와 상례이며, 이는 조선시대 이전부터 유래한다.

으로 하였기에 지역공동체 의식이 요구되었다. 물론, 현대 산업화 사회에서도 이러한 공동체 의식은 여전히 존재하지만, 농경사회에서의 공동체의식과는 차이가 있다. 즉, 종전 농경사회에서 구성원들은 거의 동일한 업무에 종사하였지만, 현대 사회에서 구성원들은 각기 다른 업무에 종사하고 있기에 갑작스런 상례에 대하여 공동으로 시간을 맞추기란 사실상 곤란하게 되었다. 물론 실시일반이라는 정신은 아직까지 남아 있으며, 비용과 노동력의 분담에서 비용의 분담으로 변화하고 있다고 할 수 있다. 마지막으로 예식문화의 변화이다. 즉, 종래 혼례와 상례 모두 집에서 이루어졌기 때문에 이러한 예식은 지역공동체의 큰 행사였다. 따라서 이러한 행사를 치루는 데에 있어서 소요되는 비용 및 노동력을 지역공동체에서 분담하는 것이 일반적이었다. 그러나 현대에 있어서 혼례는 결혼식장에서, 상례는 장례식장에서 이루어지는 것이 일반적이다. 이러한 점은 예식의 당사자들에게 부담을 경감하여주는 장점도 있지만, 지역공동체의 구성원의 역할을 축소하는 결과를 유발하였다.

이러한 현대 사회의 특성으로 인하여 상기의 예식을 거행함에 있어서 필요한 예법에 대한 지식의 미흡, 막대한 비용과 노동력의 문제를 해결하기 위한 방안의 모색이 필요하게 되었다. 물론 현대사회의 등장에 따라 바로 상조업이 등장한 것은 아니다. 이의 중간 역할을 한 것이 바로 예식장과 장례식장이다. 그러나 예식장과 장례식장은 이러한 예식을 거행함에 있어서 필요한 장소의 제공이 주된 목적이기 때문에 그 외적인 요소에 대한 문제를 해결할 수 없었다. 따라서 상례에 필요한 용품은 장의업자로부터 구매할 수 밖에 없다. 또한 상례에 필요한 재화 등을 사전에 준비하는 것이 일반적으로 곤란하기 때문에 갑작스럽게 발생한 상례의 경우 당사자는 경황이 없을 뿐만 아니라 이에 따른 준비 역시 미흡하다. 그리고 이를 위하여 필요한 재화 등은 단시간 내에 조달하여야 하기 때문에 다른 재화의 거래와는 매우 상이하다. 따라서 장의업자의 과다한 요구에 대하여 거부할 수 없으므로 소비자피해가 발생하는 원인으로 지적되었다.

이와 같이, 혼례 또는 장례에 소요되는 비용과 노동력을 사전에 준비할 필요가 있지만, 발생시기가 불확실하기에 모든 준비를 완료한다는 것은 사실상 불가능하다. 또한 상례의 경우 갑작스럽게 발생하는 경우가 다반사이기 때문에 당사자가 경황이 없는 상태에서 이에 필요한 준비까지 병행한다는 것은 사실상 곤란하다. 그렇다고 하여 기존의 장의업자 등에 의하여 해결할 경우 과다한 요구에 응할 수 밖에 없는 상황속에서 피해의 발생은 어쩌면 당연하다고 할 수 있다. 또한 혼례 및 상례 모두 일정한 예식을 갖추어야 하기 때문에 이러한 예법을 잘 알지 못하는 당사자로써는 당황할 수 밖에 없다.

따라서 이러한 예법을 잘 알고 있는 제3자가 당사자를 조력하여 예식을 거행할 수 있게 함과 더불어 예식에 필요한 각종 재화 및 용역을 제공한다면 당사자는 갑작스럽게 발생한 상황이라고 할 지라도 적절하게 예식을 진행할 수 있게 된다. 그러나 이에 소요되는 비용은 매우 거액이기 때문에 이를 갑작스럽게 마련한다는 것이 경제력이 충분하지 못한 소비자에게는 쉽지 않다. 따라서 이러한 예식에 소요되는 비용을 사전에 마련하는 것이 필요하게 되었다. 즉, 매월 일정금액을 납입하여 상례가 발생하였을 경우에 이에 필요한 재화 및 용역을 제공받고, 이의 대금은 매월 적립한 금액으로 충당하는 거래방식이 등장하였으며, 이를 상조업 또는 선불식 할부거래업이라고 한다.[2)]

이러한 상조업이 처음 등장한 것은 1980년대 초반이다.[3)] 즉, 상조업은 서구의 문화와는 달리 이웃간의 도움을 제도적으로 연계해 온 동양사회의 문화적인 기반에서 시작된 상호부조적인 내용을 관혼상제와 연계시켜 상품화한 것이다. 일본에서 이미 50여년 전에 시작되어 활성화되었으며, 이제는 하나의 선불식 거래의 형태로 제자리를 잡은 서비스산업이라고 할 수 있다. 우리나라에서는 일본과 가깝고, 비교적 일본의 영향이 많은 부산과 남쪽 지방에서 1980년대 초반에 도입되어 현재에 이르고 있다.[4)]

나. 상조업의 현황

(1) 90년대 후반부터 2010년까지 상조업계의 현황

1999년 말 전국적으로 약 70여개의 상조회사가 운영되고 있었으며, 그 당시의 회원 수는 70만여명, 자산총액은 1,100억원, 종사자 규모는 영업사원 3,820명, 임직원 및 일반직 2,500명으로 전체 6,320명에 달하였다. 그 이후에는 업계 조정기를 거쳐 부산상조와 같은 대규모의 상조회사가 커진 반면, 소규모의 회사들은 경영악화로 폐업하여 시장전체는 비슷한 규모를 유지하고 있었다. 이후 상조회사의 숫자는 조금 줄어들었다가 다시 증가하였다. 2004년에는 전국적으로 약 93개업체가 운영되고 있었으며, 가입회원수도 100만여명에 이르고 있는 것으로 파악되었다. 그 당시 자료에 따르면 업체수는 부산에 44개, 대구 19개, 경남 14개, 울산 11개로 남부지방이 압도적으로 많으며,

2) 혼례 또는 상례에 필요한 재화 또는 용역을 제공하는 업을 일반적으로 상조업이라고 하며, 할부거래법에서는 이를 선불식 할부거래라고 규정하고 있다. 그러나 모든 상조업이 선불식 할부거래에 포함되는 것은 아니다. 이에 대하여는 선불식 할부거래에 대한 정의부분에서 자세히 언급한다.

3) 상조업의 기원에 대하여 종전 두레 또는 품앗이 등이 현대적 형태로 변환된 것이라는 견해도 있으며, 일본의 호조회 방식이 우리나라에 전래된 것이라는 견해도 있다. 그러나 이에 대한 논의의 실익이 크지 않기 때문에 여기에서는 논하지 않는다.

4) 한양대학교 법학연구소, 「상조업 업종관리 방안 연구」, 공정거래위원회, 2007, 5면.

서울이 2개로 수도권 시장에 대한 관심이 고조되었다. 자산총액은 1,300억원이며, 고객불입액은 약 1,600억원이며, 영업사원의 숫자도 4,650명으로 추산되었다. 2006년 12월 기준으로 상조회사는 260개 상조 회원수는 160만에서 300만으로 추정되었다. 이들 업체의 지역별 현황을 보면, 서울 56개, 부산 59개, 대구 39개, 울산 16개, 대전 2개, 인천 12개, 광주 7개, 경남 40개, 경북 13개, 충남 2개, 충북 6개, 전북 5개, 강원 3개로 2004년을 기점으로 영남권을 중심으로 영업하던 상조업체들이 서울 · 경기 등 전국적으로 빠르게 확산되는 양상을 보였다.[5] 2008년도에는 상조업체의 수는 281개이며, 가입회원수는 265만명, 고객불입액은 8,989억원으로 파악되었다. 2010년 9월을 기준으로 상조업체의 수는 337개이며, 가입회원수는 275만명, 고객불입액은 1조 8,552억원으로 파악되었다. 이를 2008년과 비교하면, 업체수는 56개(19.9%)가 증가하였으며, 회원수는 10만명(3.8%), 고객불입액은 9,563억원(106.4%)이 증가하였다.[6]

표 1-1 2004년부터 2010년까지 상조업체의 현황 (단위: 개, 만명, 억원)

구 분	2004년	2006년	2008년	2010.9월	증가(율) 2008년 대비
업체수	93	260	281	337	56(19.9)
가입회원수	100	160-300	265	275	10만명(3.8)
고객불입금	1,600	미확인	8,989	18,552	9,563(106.4)

(2) 2011년 상조업계의 현황

2011년 5월을 기준으로 공정거래위원회가 공개한 300개 상조업체의 현황[7]을 살펴보면 다음과 같다.[8]

먼저, 300개 상조업체의 자산규모는 총 1조 2,882억원이다. 자산구모별 분포를 보면, 자산총액 100억원 이상은 27개(9.0%)업체이며, 이 업체들의 자산합계는 9,718억원으로 전체의 75.4%를 차지하고 있다. 반면에 10억원 미만인 업체수가 194개(64.7%)로 대부분이며, 이들 업체의 자산합계는 619억원으로 전체의 4.8%에 불과하다.

5) 한양대학교 법학연구소, 위의 연구보고서, 5면.

6) 공정거래위원회, "보도자료: 소비자피해 방지 위해 보상보험계약 체결한 상조업체를 소개합니다", 2010 · 10 · 1, 3면.

7) 공정거래위원회, "보도자료: 300개 상조회사의 주요 재무정보 등 최초 공개", 2011 · 7 · 8, 2-6면.

8) 2011년 5월을 기준으로 한 상조업체는 법정자본금(3억원) 이상을 갖추고 소비자피해보상보험계약을 체결하여 시 · 도에 등록한 상조업체를 말한다.

표 1-2 자산규모별 업체현황

(단위: 개, 백만원, 2010년말 기준)

구 분	1억원 미만	1억원 이상 10억원 미만	10억원 이상 50억원 미만	50억원 이상 100억원 미만	100억원 이상	계
업체수 (%)	53 (17.7)	141 (47.0)	60 (20.0)	19 (6.3)	27 (9.0)	300 (100.0)
총자산 (%)	1,705 (0.1)	60,234 (4.7)	126,260 (9.8)	128,288 (10.0)	971,791 (75.4)	1,288,277 (100.0)

둘째, 전체 상조업체의 부채규모는 총 1조 7,396억원이다. 부채규모별 분포를 보면, 100억원 이상인 업체는 42개(14.0%)로 이들 업체의 총부채는 1조 4,217억원(81.7%)이며, 10억원 미만인 업체는 172개(57.3%)로 부채규모는 495억원(2.9%)이다.

표 1-3 부채규모별 업체현황

(단위: 개, 백만원, 2010년말 기준)

구 분	1억원 미만	1억원 이상 10억원 미만	10억원 이상 50억원 미만	50억원 이상 100억원 미만	100억원 이상	계
업체수 (%)	73 (24.3)	99 (33.0)	72 (24.0)	14 (4.7)	42 (14.0)	300 (100.0)
총부채 (%)	1,534 (0.1)	48,015 (2.8)	167,531 (9.6)	100,792 (5.8)	1,421,739 (81.7)	1,739,611 (100.0)

셋째, 전체 상조업체의 총 납입자본금은 1,902억원이다. 대부분의 상조업체(237개, 79%)는 법정자본금 3억원을 보유하고 있으며, 나머지 63개 업체는 법정자본금 수준 이상이며, 평균 자본금 규모는 19억원 수준이다.

표 1-4 자본금규모별 업체현황

(단위: 개)

구 분	3억원	3억원~20억원	20억원~100억원	100억원 초과
업체수	237	59	3	2

넷째, 상조업체가 판매하는 품목을 살펴보면 다음과 같다. 자산 총액 상위 10개 업체의 경우, 장례 혹은 혼례 서비스를 최저 120만원(2만원×60회)에서 최고 780만원(6만5천원×120회)의 가격으로 판매하고 있으며, 주로 300만원대의 상품을 취급하고 있다. 납입회수의 경우, 120회 상품이 대다수로 가입자들은 장기간(120개월)에 걸친 소액지출

을 통해 장례식에 대비하는 경향을 보이고 있다.

다섯째, 2011년 5월말을 기준으로, 전국 300개 상조회사의 총 가입자수는 약 355만명으로, 2010년(275만명) 대비 80만명(29.1%)이 증가하였다. 상조회사 및 가입자는 주로 수도권과 영남권에 80% 이상이 편중되어 있으며, 서울 · 경기 등 수도권에 136개(45.3%), 부산 · 울산 · 대구 · 경북 등 영남권에 102개(34.0%) 업체가 소재하고 있다. 또한 가입자의 지역별 분포를 살펴보면 수도권에 210만명(59.2%), 영남권에 99만명(28.0%)이 소재하고 있다.

표 1-5 지역별 상조업체 및 가입자 현황

(단위: 개, 천명)

지역별	서울 · 인천 · 경기	부산 · 울산 · 경남	대구 · 경북	대전 · 충청	광주 · 전라	강원 · 제주	계
업체수 (%)	136 (45.3)	65 (21.7)	37 (12.3)	31 (10.3)	21 (7.0)	10 (3.3)	300 (100.0)
가입자수 (%)	2,103 (59.2)	838 (23.6)	156 (4.4)	352 (9.9)	79 (2.2)	24 (0.7)	3,552 (100.0)

여섯째, 선수금 규모로써 2011년 5월말을 기준으로 300개 상조업체의 선수금 총액은 2조 1,819억원이며, 이는 2010년과 비교하여 선수금 총액이 3,264억원(17.6%)이 증가한 것이다. 선수금이 100억원 이상인 업체의 수는 46개(15.3%)이며, 이들의 선수금 총액은 1조 8,918억원(86.7%), 10억원 미만인 업체의 수는 177개(59.0%), 이들의 선수금 총액은 445억원(2.0%)이다.

표 1-6 선수금 규모별 현황

(단위: 개, 백만원)

구 분	1억원 미만	1억원 이상 10억원 미만	10억원 이상 50억원 미만	50억원 이상 100억원 미만	100억원 이상	계
업체수 (%)	75 (25.0)	102 (34.0)	65 (21.7)	12 (4.0)	46 (15.3)	300 (100.0)
선수금 (%)	1,971 (0.1)	42,536 (1.9)	167,618 (7.7)	77,731 (3.6)	1,891,817 (86.7)	2,181,673 (100.0)

일곱째, 선수금보전 현황으로 소비자피해 보상을 위하여 선수금 총액의 20.6%인 4,494억원을 은행 예치, 지급보증, 공제조합 가입 등을 통해 보전하고 있다.[9] 선수금

20% 이상을 은행에 예치한 업체는 197개(64.6%), 공제조합에 가입한 업체는 106개(34.8%), 은행이 지급보증하는 업체는 2개사이다.

표 1-7 선수금보전 현황

(단위: 개, 백만원)

구 분	은행 예치	은행 지급보증	공제조합 가입	계
업체수(%)	197(64.6)	2(0.6)	106(34.8)	305*(100.0)
선수금(A)(%)	360,781(16.5)	18,335(0.8)	1,802,557(82.6)	2,181,673(100.0)
보전 금액(B)	81,758	7,155	360,511	449,424
보전 비율(B/A)	22.7%	39.0%	20.0%	20.6%

* 현대종합상조㈜, 금강종합상조㈜, 아산상조㈜, ㈜대명라이프웨이 등 4개사는 복수의 선수금보전 계약을 체결함.

2. 상조업의 특성 및 필요성

가. 상조업의 특성

상조업은 일반 거래형태와 동일하게 재화 등의 판매를 내용으로 하는 거래 형태 중 하나이다. 그러나 다음과 같은 점에서 상조업은 일반 거래형태와 차이가 있다.

첫째, 상조계약은 복합계약이다. 즉, 일반적인 거래형태는 특정의 재화 또는 용역을 판매하지만, 상조계약의 경우 상례 또는 혼례를 거행하기 위하여 필요한 다양한 재화 및 용역을 판매의 대상으로 한다. 따라서 재화 등에 대하여 개별적으로 판매계약을 체결하는 것이 아닌 이러한 재화 등을 통합하여 하나의 세트 상품으로 판매한다.

둘째, 대금지급이 선불이다. 유상계약, 특히 매매계약에 있어서 매도인의 목적물에 대한 재산권 이전의무와 매수인의 대금지급의무는 별도의 특약이 없는 한 동시에 이행하는 것이 원칙이다. 즉, 일방이 선이행하였을 경우 상대방의 의무이행이 불확실하기 때문에 이러한 위험을 방지하고자 양자의 채무를 동시에 이행하도록 규정하고 있다(민법 제536조 제1항). 다만, 이에 대한 반대의 특약이 불가능한 것은 아니기 때문에 일방의 선이행을 약정할 수 있다. 이러한 방식은 두 가지로 구분할 수 있다. 먼저, 사업자(매도인)가 먼저 재화 등을 공급하고, 추후에 소비자(매수인)가 대금을 지급하는 방식이다. 반면에 소비자가 먼저 대금을 지급하고, 나중에 재화 등을 공급받는 방식이다. 전자에 해

9) 할부거래법상 선수금 보전의무비율은 신규사업자의 경우 선수금의 50%, 기존사업자의 경우 2011년 3월 18일 이후 20%를 보전해야 하며, 매년 10%씩 증가하여 2014년 3월 18일 이후에는 50%를 보전하여야 한다.

당하는 거래형태가 바로 후불식 할부거래이며, 후자에 해당하는 거래형태가 바로 선불식 할부거래이다. 전자의 경우 소비자의 대금지급의 확보가 가장 핵심이라고 한다면, 후자의 경우에는 대금의 안전한 보전 및 사업자의 채무이행이 가장 핵심이라고 할 수 있다. 상조업은 상기의 대금지급방식 중 소비자가 먼저 대금을 지급하여야 하는 선불형 거래형태이다.

셋째, 대금지급방식에 있어서 분할지급이다. 소비자가 상조계약을 체결하였을 경우 그 대금은 고액에 해당한다. 따라서 일반적인 소비자가 이를 일시에 지급하기에는 곤란하기 때문에 대부분 분할하여 지급한다. 물론 일시에 지급하는 경우도 있지만, 이의 대부분은 상조업체가 대금을 할인하여 주기 때문이다. 그러나 대금을 일시에 지급하였을 경우 당해 상조계약은 할부거래법의 적용을 받지 못하게 되어 소비자보호에 있어서 사각지대가 발생하고 있다.

넷째, 장기계약이다. 상조대금은 고액이기 때문에 일시불이 아닌 분할하여 지급한다. 그러나 분할기간을 단기로 할 경우 사실상 소비자는 경제적 부담을 지게 되며, 아직 발생하지 않은 상을 대비하는 것이기 때문에 장기의 분할기간을 정하게 된다. 즉, 소비자가 경제적 부담을 느끼지 않고 매월 소액을 지급함으로써 고액의 상조대금을 마련할 수 있도록 한 것이다. 일반적으로 대금의 분할 기간을 5~10년으로 정하고 있는 것은 이러한 점을 반영한 것이라고 할 수 있다. 다만, 장기계약이라고 하여 방문판매법상 계속거래에 해당하지는 않는다. 즉, 방문판매법상 계속거래는 재화 등의 공급이 지속적으로 이루어져야 하지만, 일반적인 상조서비스의 경우 일회의 제공으로 당해 계약이 종료하기 때문이다. 다만, 회사가 사원 등의 복지차원에서 상조업체와 상조계약(복수의 상조서비스 제공계약)을 체결하였을 경우에는 계속계약에 해당할 수 있다. 이 경우 회사가 체결한 상조계약이 할부거래법의 적용을 받을 수 있는가의 여부에 대하여는 회사가 동법상 소비자에 해당하는가의 문제와 직결하기 때문에 이의 문제에 대하여는 후술한다.

다섯째, 채무이행시기의 불확정이다. 상조업은 혼례와 상례에 필요한 재화 등의 판매를 목적으로 한다. 이러한 혼례의 경우 일반적으로 발생이 불확실하지만, 상례의 경우는 발생이 확실하다. 다만, 상의 발생이 확실하다고 하여 그 시기가 확정된 것이 아니라 불확정이기 때문에 상조서비스의 제공시기 역시 불확정이다. 즉, 소비자가 상조대금을 전액 납입하였다고 하여 상조서비스를 제공하는 것이 아니라 대금의 완납 여부와 관계없이 상이 발생한 경우 상조서비스의 제공을 계약의 내용으로 하기 때문에 채무이행시기를 확정할 수 없다. 다만, 혼례의 경우 그 이행시기를 확정하여 상조계약을 체결할 수 있지만, 이 경우에는 할부거래법의 적용대상에 포함되지 않는다.

나. 생명보험 및 상조보험과의 동이(同異)

(1) 생명보험과의 동이(同異)

생명보험은 피보험자의 생명에 관한 보험사고가 발생할 경우에 수익자에게 약정한 보험금액을 지급하는 것을 내용으로 하는 계약을 말한다(상법 제730조). 이러한 생명보험은 다음과 같은 점에서 상조업과 동일하다. 첫째, 계약당사자에 있어서 양자 모두 반드시 본인이 직접 계약을 체결하여야 하는 것은 아니며, 제3자를 대상으로 한 계약체결이 가능하다. 둘째, 양자 모두 사망을 요건으로 한다. 생명보험의 경우 보험금을 청구하기 위하여 피보험자의 사망을 요구하며, 상조업 역시 상조서비스의 제공을 청구하기 위하여 지정된 자의 사망을 요한다. 셋째, 양자 모두 장기계약이다. 종신인 경우를 제외하고 생명보험은 계약기간을 5년(갱신가능), 80세 또는 100세로 정하고 있으며, 상조업의 경우 종신이기 때문에 일반적인 계약과 비교하여 계약기간에 있어서 양자 모두 장기계약에 해당한다. 이와 달리 양자의 차이점은 다음과 같다. 첫째, 생명보험은 보험이지만, 상조업은 재화 등의 판매계약이다. 따라서 사망이라는 보험사고가 발생한 경우 보험사는 보험금을 지급하지만, 상조업의 경우 상조서비스를 제공한다. 둘째, 보장기간이다. 생명보험의 경우 피보험자의 종신을 대상으로 하는 경우도 있지만, 일정한 보험기간이 정해져 있는 것이 일반적이다. 따라서 보장기간이 종료한 이후에 발생한 사망에 대하여 보험금을 지급하지 않지만, 상조업의 경우 종신계약이기 때문에 일정한 보장기간이 정해져 있지 않다. 셋째, 대금납입의무이다. 생명보험의 경우 사망이라는 보험사고가 발생한 경우 보험계약자의 보험금 지급의무는 소멸한다. 반면에 상조업의 경우 사망에 따라 상조서비스를 제공한 이후에도 대금이 남아 있는 경우 잔여 대금을 지급하여야 하며, 일반적으로 분할이 아닌 일시불로 잔여 대금을 지급한다. 넷째, 해약환급금의 계산방식이다. 생명보험의 경우 다수에게 발생할 위험의 분산이라는 보험의 일종이기 때문에 중도 해제시 보험계약자가 환급받을 수 있는 금액은 자신이 납입한 금액보다 적다. 그러나 상조업의 경우 위험의 분산이 아니지만, 중도 해약으로 인하여 상조업자에게 발생한 손해에 대한 배상을 하여야 하기 때문에 해약환급금은 납입한 금액보다 적다.[10] 마지막으로, 생명보험은 종신계약을 제외하고 조건부계약이다. 즉, 계

10) 상조업의 해약환급금에 대하여는 공정거래위원회의 해약환급금 산정에 관한 고시(선불식 할부계약의 해제시 환불금에 관한 기준)에 따른 것이며, 이에 관한 문제점에 대하여는 후술한다.

약기간 안에 사망이라는 보험사고가 발생할 경우에 보험금을 지급한다. 반면에 상조업은 불확정기한부 계약이다. 즉, 인간의 사망은 반드시 발생하지만, 그 시기를 특정할 수 없다.

(2) 상조보험과의 동이(同異)

상의 발생에 따른 장례비용지출에 대한 부담으로 상조서비스에 대한 사회적 관심이 증대되고 있어 최근 들어 보험회사도 상조시장에 진출하려는 경향이 있다. 상조보험은 보험회사가 보험금 대신 장례용품, 인력서비스(장례지도사, 행사도우미 등), 차량서비스 등 상조서비스를 제공하는 보험상품이다. 물론 이러한 상조서비스를 보험회사가 직접 제공하는 것이 아닌 상조회사를 통하여 제공한다. 즉, 〈그림 1-1〉과 같이 보험금을 보험수익자에게 지급하지 않고 제휴 상조회사에 상조서비스계약의 대금으로 납부하고, 상조회사가 보험수익자에게 상조서비스를 제공하는 것이다.

그림 1-1 상조보험과 상조업의 구조[11)]

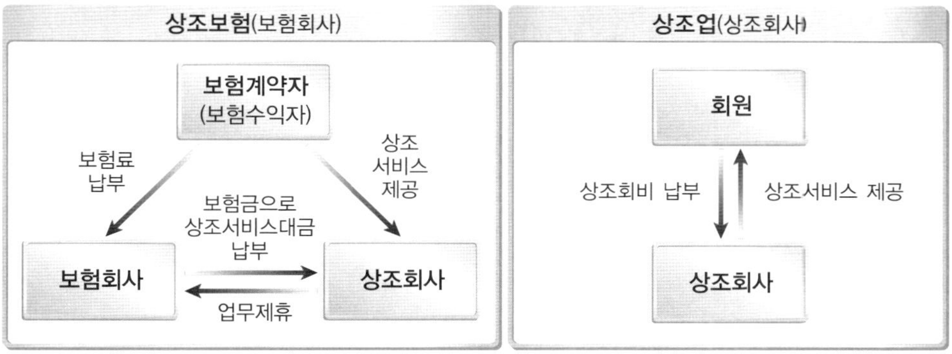

그럼 이러한 상조보험은 상조업과 어떠한 점에서 차이가 있는가? 가장 기본적으로 상조보험은 보험의 일종이다. 따라서 기본적인 구조는 상기의 생명보험과 유사하다. 다만, 생명보험과의 차이점은 보험사고의 발생시 보험수익자에게 보험금을 지급하는 것이 아닌 상조서비스를 제공한다는 점이다. 이를 구체적으로 살펴보면 다음과 같다. 양자 모두 피보험자(회원)가 사망하면 상조서비스를 제공한다는 측면에서 공통점을 갖는다. 다만, 보험회사의 상조보험은 사망 이후 보험료를 납입할 의무가 없는 반면, 상

11) 금융감독원, "보도자료: 상조보험 제대로 알고 가입하세요", 2011 · 10 · 6, 1면.

조회사의 상조서비스계약은 사망시 미납입한 약정금액을 모두 납입하여야 한다. 그리고 상조보험은 보상하지 않는 손해(피보험자의 자살, 계약자 및 수익자가 고의로 피보험자를 사망한 경우)를 정하고 있으나, 상조서비스계약은 사망원인에 관계없이 서비스를 제공한다는 점에서 차이가 있다.[12)]

표 1-8 상조보험과 상조서비스계약의 주요 차이

구 분	상조보험(보험회사)	상조서비스계약(상조회사)
사업자 규제	보험업법	할부거래법
감독기관	금융위원회/금융감독원	공정거래위원회
사망이후 미납입 보험료(금액)	납입의무 없음	납입의무 있음
자살 등 고의사망	보장제외	보장
계약만기	80세, 100세 등 상품별로 상이 (환급형은 만기환급금 지급)	별도 만기없이 사망시 서비스제공
양도	보험회사의 승낙을 얻어 피보험자 변경이 가능하나, 상조서비스에 비하여 어렵고 보험료가 변동될 수 있음	회사의 동의를 얻어 회원 양도 · 명의변경 가능
계약 인수 심사	있음(가입전 질병 등으로 가입거절 또는 보장 일부제한 가능)	없음
기타 보장	장기요양비 등을 특약으로 보장 가능	불가
보험료(납입금) 예금자보호	가능	불가
보험료(납입금) 소득공제	보장성보험의 경우 가능	불가

다. 상조업의 필요성

인간의 사망 등은 필연적으로 발생하게 되며, 이의 예식을 거행함에 있어서 많은 재화와 노동력을 요한다. 종래 전통사회에서는 지역공동체를 통하여 이를 해결하여 왔지만, 현대사회에 들어오면서 종전의 방식으로 이를 해결하는 것이 사실상 불가능하다. 또한 이러한 예식을 거행함에 있어서 당사자는 경황이 없기 때문에 제3자가 조력하여 준다면 혼례 또는 상례를 무난하게 거행할 수 있게 된다. 이러한 측면에서 상조업이 현

12) 금융감독원, 위의 보도자료, 1-3면.

대사회에 있어서 하나의 서비스업종으로 등장하여 발전하고 있다. 다만, 소비자가 상조업체에 이러한 예식의 진행을 요청하기 위하여는 고액의 비용을 지급하여야 하기 때문에 당사자로서는 큰 경제적 부담이 된다. 따라서 당사자가 경제적 부담을 겪지 않고 이에 필요한 대금을 마련할 수 있는 방안의 모색이 필요하게 되었으며, 이의 방식이 바로 미리 일정기간 동안 일정 금액을 매월 적립하여 마련한 금액으로 대금을 지급할 수 있다면 소비자의 입장에서 경제적 부담을 겪지 않고 예식을 치룰 수 있게 된다. 즉, 상조업은 사업자의 측면에서 새로운 산업분야라고 할 수 있으며, 소비자의 입장에서는 고액의 비용을 매월 소액의 적립을 통하여 해결함과 더불어 예식을 거행함에 있어서 필요한 재화 및 용역을 일괄적으로 해결할 수 있다는 장점이 있다. 또한 혼례 및 상례 모두 일정한 형식을 중요시 하기 때문에 이에 관한 전문인력이 이의 행사진행에 조력한다는 점에서 현대사회의 진입에 따른 필수산업분야라 할 수 있으며, 혼례 및 상례의 방식에 변화가 없는 이상 지속적으로 요구되는 산업분야라 할 수 있다.

제2절 상조업분야에서의 소비자보호의 필요성

1. 상조업과 소비자피해

가. 소비자피해의 현황

상조업은 현대사회의 특성에서 비롯된 새로운 산업유형이며, 이의 유용성은 이미 앞에서 살펴 보았다. 따라서 상조업이 소비자의 요구에 적합하며, 건전한 거래방식으로 운용되었다고 한다면 별다른 문제가 제기되지 않았을 것이다. 그러나 다음의 표에서 나타나는 것과 같이 매년 소비자피해가 발생하고 있으며, 특히 2000년 후반에 들어오면서 그 피해가 급증하고 있다. 또한 상조업에 대한 규율을 내용으로 하는 할부거래법이 2010년에 개정되었음에도 피해구제신청건수가 2010년 이후에도 지속으로 증가하고 있음은 사업자의 법 위반행위가 지속되고 있음을 의미하기 때문에 보다 강력한 법집행을 통한 소비자피해를 예방할 필요가 있다.

상조업관련 소비자피해의 유형을 살펴보면, 계약해제거부, 환급금 과소지급, 계약양수인의 해제거부, 사업자 연락두절, 사업자폐업, 회비부당인출, 채무불이행, 서비스불만, 장례용품불만, 계약변경요구, 증서미교부, 회사부정행위, 보험가입여부, 기타로 구분된다. 이와 같이 상조업과 관련하여 매우 다양한 소비자피해가 접수되고 있지만, 이 중 다수를 차지하고 있는 것이 해제거부와 환급금과소지급이다. 즉, 2010년 전체 피해구제건수(590건) 중 67%, 2011년 9월까지 접수된 피해구제건수(415건) 중 66.5%가 이에 관한 피해구제신청건수이다. 또한 2011년에 접수된 피해구제신청의 유형 중 주목할 만한 것은 계약을 양수한 상조업체의 해약환급금지급거절이다. 물론, 2010년에도 이에 관한 피해구제가 39건 접수되었지만, 2011년 9월까지 100건이 접수되어 이미 150%이상의 증가율을 보이고 있다.[13)]

표 1-9 연도별 상조서비스 관련 피해구제 현황[14)] (단위: 건, %)

구 분	'00	'01	'02	'03	'04	'05	'06	'07	'08	'09	'10	'11.9	합계/평균
피해구제	61	18	13	15	17	44	81	136	234	374	590	415	1,998
증가율	-70.5	-27.8	15.4	13.3	158.8	84.1	67.9	72.1	59.8	57.7	5.1*	39.63	

* 2010년 9월까지 한국소비자원에 접수된 상조관련 피해구제 사건(395건)과 비교.

나. 주요 소비자피해사례[15)]

(1) 해약환급금 지급 거부 사례

사례 1 계약 해제를 요구했으나, 해제 요청자가 많다는 이유로 환급거부

김모씨(경기, 여, 50대)는 2006. 9. 25. D상조회사와 매월 납입금 30,000원씩 60회를 납입하기로 하는 상조서비스계약을 체결하고 45회까지 납입하였으나, 서비스 불만족으로 2010. 12월 초 계약 해제를 요구하자, D상조회사에서는 해제 접수자가 많다는 이유로 환급을 거부함.

13) 한국소비자원, "보도자료: 상조서비스 소비자피해 실태조사 결과", 2011 · 11 · 14, 1-2면.
14) 황진자, 「상조업 관련 소비자 피해 실태조사」, 한국소비자원, 2005, 8면; 한국소비자원, 위의 보도자료, 1면.
15) 상조업과 관련한 소비자피해사례는 한국소비자원, 위의 보도자료, 5-7면에서 제시된 피해사례이다.

사례 2 해약환급금을 지급하겠다고만 하고 환급지연

안모씨(부산, 남, 40대)는 2008. 5. D상조회사와 매월 50,000원씩 36회를 납입하는 상조계약을 체결하고 31회를 납입한 후 개인적인 사정으로 2010. 11. 30. 상조계약을 해제 요청했는데, 사업자는 납입금액의 80.5%를 환급하기로 하였으나, 6개월 이상 기다리라는 말만하고 환급해 주지 않음.

(2) 해약환급금 과소 지급 사례

사례 1 과거 약관을 주장하며 과다한 위약금 공제

강모씨(부산, 남, 50대)는 20년 전 쯤에 상조에 가입하여 매월 납부하여 2000년에 만기까지 254만원을 납입하였는데, 2011년 모친의 별세로 상조서비스를 이용하려고 하자, 상조회사에서 추가금 200만원을 요구하여 이용하지 못하고 계약 해지를 요구함. 상조회사는 납입금액의 58%에 해당하는 147만원 환급 가능하다고 하였다고 함.

사례 2 불공정한 약관을 근거로 과다한 위약금 공제

조모씨(부산, 여, 40대)의 어머니는 1993. 9. 17. B상조회사에 회원으로 가입하고, 매달 30,000원씩 만기인 60회까지 총 180만원 입금한 후 2011. 4. 13. 해제하고 환급금을 요구하자, 약관에 따라 50%만 지급하겠다고 함. 조모씨는 소비자분쟁해결기준에 따라 납입금액의 80.5%를 환급해 줄 것을 요구하였으나 거절하였다고 함.

(3) 영업양수 또는 합병시 양수인 등의 해약환급금 지급 거부 사례

사례 1 회사인수인의 납입금 환급 거부

조모씨(경남, 남, 50대)는 2005. 12. 1. S상조와 월 4만원씩 60회 납부하는 상조서비스계약을 체결한 후 60회 완납을 했으나 2010. 12월 S상조가 M상조와 합병이 되었다고 하여, M상조에 계약해제 및 환급금 지급을 요구했으나 환급을 거부하였다고 함.

사례 2 회사인수인의 장례서비스만의 제공 및 해약환급금의 거부

송모씨(경남, 남, 50대)는 H상조와 월 3만원씩 5년간 납입금을 납부하는 계약을 체결했는데, 납입 만료일을 한 달 앞두고 계약을 해지하고 환급금을 지급해 줄 것을 요구하자, H상조는 M상조와 통합되었다고 하고, M상조는 H상조회사와 서비스만 제공해 주기로 계약을 맺었다고 하면서 해약환급금 지급을 거부하였다고 함.

(4) 회사 부도로 인한 피해 사례

사례 1 사업자 전화 결번이고, 주소 파악의 불가능

정모씨(부산, 여, 불상)는 2008. 12. 12. D상조회사와 상조서비스계약을 체결하고 매월 99,000원씩 납입하다 2011. 4.경 상조회사에 연락해 보니 결번 상태이고, 사업자와 연락이 두절되었다고 함.

사례 2 사업자 인터넷 홈페이지 사라지고 연락 두절

이모씨(경기, 여, 30대)는 C상조회사와 상조서비스 계약을 맺고 지난 2005년부터 월 3만원씩 5년간 납입금을 납입하기로 한 후 만기 납입한 후, 상품 문의 및 서비스를 받기 위해 상조회사 홈페이지에 접속하였으나 홈페이지가 사라진 것을 확인하고, 2011. 3.초 사업자에게 전화 확인 결과, 변경된 홈페이지 주소를 알려주겠다고 한 후 연락이 두절되었다고 함.

(5) 납입금 부당 인출 사례

사례 1 청약의사를 밝히지 않았는데, 모집인이 임의로 가입

이모씨(서울, 여, 50대)는 상조서비스계약을 체결한 사실이 없는데 자신의 은행 통장에서 대금이 인출되었다고 하면서, 상조 모집인이 임의로 가입을 시킨 것 같다고 주장함.

(6) 서비스 불만 사례

사례 1 사업자의 불완전이행(일부 재화의 미제공)

최모씨(서울, 여, 미상)는 2008년 N상조회사와 장례서비스를 제공받기로 하는 계약을 체결한 후, 2011. 장례서비스를 제공해 줄 것을 요구했는데 사업자는 상복 6벌 등을 제공해 주지 않는 등 계약상의 급부를 이행하지 않았다고 주장함.

사례 2 사업자의 불완전이행(서비스의 미제공 등)

조모씨(경남, 남, 20대)의 상조회사에 연락을 하였더니 12일 오전 10시에 사람이 와서 염을 해주고 가서는 다시 오지 않았으며, 남자 2명에 여자 3명이 제공되어야 하는데 남자는 안 오고 여자는 3명만 왔으며, 상복도 제대로 제공되지 않는 등 서비스가 전반적으로 부실하였다고 함.

2. 상조업분야에서의 소비자보호의 필요성 및 보호방향

가. 소비자보호의 필요성

상조업분야에서 소비자보호의 필요성은 크게 다음의 두 가지 측면에서 제시할 수 있다. 첫째는 계약당사자간의 격차이며, 둘째는 상조업의 특성이다.

먼저, 상조계약은 상조서비스의 제공을 업으로 하는 자인 상조업자와 이를 이용하고자 하는 소비자간에 체결된다. 또한 할부거래법의 적용을 받는 상조업의 경우 개인사업자는 영위할 수 없으며, 상법상 회사만으로 한정된다. 그 결과 상조계약은 회사와 일반 개인간의 계약이라고 할 수 있으며, 양자간의 지위는 동등한 것이 아닌 상조업자가 소비자와 비교하여 상대적 강자에 해당한다. 따라서 상조업체는 소비자와 비교하여 경제적인 면을 비롯하여 정보 및 계약교섭력 등의 모든 면에 있어서 우월적인 지위에 있기 때문에 계약내용 등을 결정함에 있어서 상대적 약자인 소비자는 사업자의 요구에 거부할 수 없다. 또한 소비자는 민법상의 합리적인 인간이 아닌 구체적인 인간이다. 따라서 계약체결 여부를 결정함에 있어서 합리적으로 숙고한 후에 계약을 체결하는 것이 아닌 충동적으로 계약을 체결한다. 그러므로 이러한 소비자의 지위를 감안하여 약자인 소비자가 강자인 사업자와 계약을 체결함에 있어서 부당한 계약을 체결하지 않을 수 있는 방안의 마련이 필요하다.

둘째, 상조계약은 장기계약이며, 소비자가 대금을 미리 지급하지만, 사업자의 채무이행시기가 불확정하다는 특성이 있다. 즉, 계약기간이 단기인 경우에 급격한 사정변경은 극히 이례적이지만, 대금의 납입기간이 일반적으로 3년에서 10년이기 때문에 중도에 예기치 못한 소비자의 사정이 발생할 수 있다. 또한 소비자는 미리 대금을 지급하지만, 사업자의 채무이행시기는 불확정이기 때문에 추후 소비자가 상조서비스의 제공을 요청하였을 경우 이를 제공받지 못하거나 사업자가 대금을 횡령하는 경우가 발생할 수 있다. 따라서 소비자가 지급한 대금에 대한 안전장치가 필요하며, 상이 발생할 경우에 적절한 상조서비스를 확실하게 제공받을 수 있는 방안의 모색이 필요하다.

그러므로 상조업 분야에서의 소비자보호방안을 강구함에 있어서는 상기의 두 가지 특성을 감안하여 이 분야에 적합한 소비자보호방안을 마련하여야 할 것이다.

나. 소비자보호의 방법

(1) 소비자보호의 방법론

상조업 분야에서의 소비자보호의 방안은 크게 자율규제방식과 공적 규제방식(타율규제방식), 사전예방방식과 사후구제방식 및 민사규제방식과 공법적 규제방식으로 구분할 수 있다.

먼저, 자율규제와 공적 규제방식을 살펴보면, 자율규제란 해당 분야의 사업자 또는 사업자단체가 스스로 소비자피해가 발생하지 않도록 관련법령을 준수하거나 사업자의 위법행위를 단속하고, 피해가 발생시 자발적으로 구제하는 것을 말한다. 물론 소비자보호의 방법론 중에서 있어서 자율규제방식은 가장 이상적이며, 효율적이라고 할 수 있다. 따라서 이러한 자율규제를 통하여 상조업 시장이 운영될 수 있다면 소비자문제는 발생하지 않을 것이다. 그러나 앞에서 살펴본 바와 같이 상조업 분야에 있어서 많은 소비자피해가 발생하고 있으며, 시간의 경과에 따라 그 수 역시 증가하고 있음은 이미 자율규제를 통한 방식은 적합하지 않다는 것을 나타내고 있다고 할 수 있다. 반면에 타율규제라 할 수 있는 공적 규제는 해당 시장 분야에 행정기관이 적극적으로 개입하여 이 분야에서 발생하는 소비자문제를 해결하는 것을 말한다. 이의 방안은 매우 다양하다고 할 수 있지만, 대표적인 방안이 바로 관련 법을 제정하여 사업자의 의무와 소비자의 권리를 규정함과 더불어 사업자의 의무위반에 대하여 공적 규제를 가하여 소비자피해를 예방하고, 이로 인하여 발생한 피해를 구제하는 것이다. 이를 위하여 2010년 할부거래법이 개정되어 상조업(선불식 할부거래)을 규율하고 있다.

둘째, 사전예방과 사후구제로 구분할 수 있다. 사전예방은 소비자피해가 발생하지 않도록 취하는 일련의 조치를 말한다. 즉, 해당 시장분야에서 소비자문제가 발생하지 않도록 일련의 기준을 설정하는 것을 말하며, 할부거래법에서는 상조업자의 등록의무, 사전정보제공의무, 청약철회 및 해제권 등을 규정하여 상조업 분야에서 발생할 수 있는 소비자문제를 미연에 방지하고자 일정한 기준을 제시하고 있다. 또한 불공정한 약관의 사용으로 인한 피해를 예방하고자 마련된 상조업 분야의 표준약관 역시 소비자피해를 예방하는 방안 중 하나이다. 그러나 이러한 사전예방장치를 마련하였다고 하더라도 소비자피해는 현실적으로 발생하기 때문에 소비자피해를 효율적으로 구제할 수 있는 방안의 마련 역시 필요하며, 이것이 바로 사후구제방안이다. 사후구제방안은 당사자가 스스로 해결할 수 있는 기준을 제시하는 방안과 당사자간 분쟁이 자율적으로 해결되지 않았을 경우 간이하게 해결할 수 있는 절차를 마련하는 방안으로 구분할 수 있다. 전자에 해당하는 것이 청약철회에 따른 효과 및 해제에 따른 해약환급금의 기준 등이며, 후자에 해당하는 것이 소비자분쟁조정제도 등이다.

마지막으로 민사법적 규제방안과 공법적 규제이다. 민사법적 규제는 소비자의 권리와 사업자의 의무를 강화하여 소비자가 계약을 통하여 자신의 권리를 주장할 수 있도록 함과 더불어 사업자의 의무위반에 대하여 피해구제를 청구함으로써 해당 분야에서 소비자 스스로 보호하는 것을 말한다. 그러나 사업자가 임의적으로 소비자의 피해를 구제하지 않을 경우 소비자는 분쟁해결기구(법원 또는 조정기관 등)를 통하여 피해구제를 받아야 하기 때문에 추가적인 절차가 필요하다. 반면에 공법적 규제란 사업자가 소비자의 권리를 침해하거나 사업자의 의무를 위반한 경우 행정기관이 시정조치 등을 통하여 법 위반행위에 대한 제재를 통하여 소비자의 피해를 예방하거나 권리를 구제하는 것을 말한다. 물론 사업자가 행정기관의 시정조치 등에 이의신청 등을 한 경우 궁극적으로 행정소송에 의하여 해결되지만, 소비자가 아닌 행정기관이 소송 등을 수행하기 때문에 소비자의 입장에서는 자신이 아닌 행정기관을 통하여 분쟁을 해결할 수 있는 기초가 마련된다.

이와 같이 상조업 분야에서의 소비자보호방안은 매우 다양하다. 그럼 어떠한 방법으로 소비자를 보호하여야 하는가? 이러한 방안을 강구함에 있어서는 기본적인 목적인 상조업 분야에서의 소비자보호를 염두에 두어야 한다. 즉, 어떠한 방식이 상조업 분야에서의 소비자보호에 가장 효율적인 것인가를 고려하여야 할 것이며, 이를 위하여는 단편적인 방법이 아닌 이에 적합한 복합적인 방법을 강구하여야 할 것이다. 즉, 상조업 분야에서의 소비자문제는 가장 기본적이면서도 효율적인 방안이 사업자 또는 소비자 스스로에 의한 해결인 자율규제와 민사법적 규율방식이다. 따라서 계약의 당사자가 스스로 해결할 수 있는 여건을 조성하는 것이 가장 기본적이라 할 것이다. 그러나 이러한 방안만으로는 해결되지 않을 수 있기 때문에 타율규제방안인 공법적 규제방안 역시 강구하여야 할 것이며, 이의 핵심은 행정규제라 할 수 있다. 즉, 행정기관이 시장감시역할을 수행하여 소비자피해의 발생이 우려되는 사업자의 위법행위를 적절하게 규제하여야 할 것이며, 피해가 현실적으로 발생한 경우 이의 확대를 방지함과 더불어 효율적인 구제가 이루어질 수 있는 여건을 형성하여야 할 것이다. 따라서 상기에서 제시한 모든 방안을 적재적소(適材適所)에 배치함으로써 상조업 분야에서 소비자를 보호하여야 할 것이다.

(2) 계약의 단계별 소비자보호방향

상조업 분야에서의 소비자보호방향을 계약의 각 단계별로 제시하면 다음과 같다.

계약의 체결전단계에서는 상조업을 영위할 수 있는 자에 대한 제한이 필요하다. 일반 거래와 달리 상조업은 소비자로부터 대금을 먼저 지급받기 때문에 대금에 대한 안전성 확보 및 사업자의 사기성 행위로부터 발생하는 피해를 방지하기 위하여 일정한 시장진입장벽을 설치할 필요가 있다. 이와 더불어 소비자가 상조계약을 체결함에 있어서 합리적인 체결의사를 결정할 수 있는 여건을 마련할 필요가 있으며, 이는 상조업자의 정보제공의무이다. 또한 이러한 정보를 제공함에 있어서 정확한 정보가 제공될 수 있도록 하여야 하며, 부당한 정보의 제공을 통하여 발생할 수 있는 소비자피해를 예방할 필요가 있다. 마지막으로 소비자가 자유롭게 계약체결의사를 결정할 수 있도록 하여야 하며, 이를 위하여 사업자의 부당한 권유 등 계약체결을 강요하는 행위를 금지할 필요가 있다.

계약의 체결단계에서는 소비자가 체결한 계약내용을 재차 확인할 수 있도록 함과 더불어 추후 분쟁이 발생할 것을 대비하여 계약서 교부의무가 필요하다. 또한 숙고하지 않고 계약을 체결한 소비자가 간편하게 당해 계약관계를 해소할 수 있도록 청약철회권이 인정되어야 한다.

계약의 이행단계에서는 소비자에게 상조서비스를 제공받아야 하는 사유가 발생한 경우 지체없이 계약내용과 일치한 상조서비스가 제공되어야 한다. 또한 소비자의 불가피한 사유를 악용하여 추가적인 대금을 청구하거나 이행을 지연하는 행위 등을 규제하여야 한다.

계약의 해소단계에서는 소비자의 임의적인 해제권이 인정되어야 할 것이지만, 이로 인하여 발생한 사업자의 손해에 대한 책임까지 면책 또는 과도하게 축소할 필요는 없다. 다만, 과도한 위약금을 인정할 경우 이는 해제권의 행사를 사실상 부정하는 결과이기 때문에 합리적인 범위내에서의 위약금을 청구할 수 있도록 하여야 할 것이다.

마지막으로 계약의 전반 또는 계약과 무관하게 소비자의 개인정보를 수집하거나 활용함에 있어서 개인정보보호법 등의 관련 법령을 준수하여야 할 것이다.

제 2 장

상조업과 등록

제1절 상조업과 등록규제

1. 상조업과 등록규제의 필요성

1980년대부터 시작된 상조업은 2010년 할부거래법이 개정되기 전까지 자유업에 해당하였다. 따라서 상조업을 하고자 하는 자는 특별한 요건을 갖추지 않더라도 상조업을 영위할 수 있었다. 그러나 상조업 진입에의 자유는 영세사업자를 비롯하여 이를 악용하고자 하는 사업자의 진입을 방지할 수 없게 되었으며, 이는 소비자피해의 발생으로 직결하게 되었다. 그 결과 상조업에 대한 소비자의 신뢰성은 저하되었으며, 이에 따라 소비자를 비롯하여 사업자 역시 상조업의 건전한 발전 및 소비자피해를 예방할 수 있는 방안으로써 일정한 시장진입장벽의 필요성을 주장하게 되었다. 이러한 시장진입장벽의 필요성은 기본적으로 일부 사업자의 상조업 시장질서의 문란행위로 인한 소비자피해의 급증에서 기인하지만, 또 하나는 우리 상조업의 기초가 된 일본 전불식 할부판매 또는 전불식 특정판매의 경우 자유업이 아닌 허가제 방식을 취하고 있다는 점이다. 즉, 일본 할부판매법상 전불식 할부판매 또는 전불식 특정판매의 경우 경제산업성장관의 허가를 받아야 이러한 영업을 할 수 있다.

선불식 할부거래에 대한 규제의 필요성을 공감하여 이를 규제할 입법을 추진함에 있어서 가장 기본적인 논란이 시장진입장벽을 어떠한 방식으로 설치할 것인가의 문제였다. 이에 대하여 입법안에서는 허가제 방식과 등록제 방식으로 구분되었으며[1], 2010년 개정된 할부거래법에서는 등록제 방식을 취하였다. 양자의 차이점을 살펴보면, 허가제의 경우 상조업을 영위하기 위하여 행정기관의 허가를 받아야 하며, 일정한 요건을 갖추었다고 하여 주무기관이 반드시 허가를 하여야 하는 것은 아니다. 즉, 허가 여부에 대하여는 주무기관의 재량에 해당한다. 반면에 등록제 역시 등록한 상조업자만이 상조업을 영위할 수 있기 때문에 허가제와 유사하지만, 허가제와의 차이점은 일정한 요건을 갖춘 경우 주무기관은 반드시 등록하여야 하기 때문에 등록 여부는 행정기관의 재량행위에 속하지 않는다. 물론 허가제 방식 역시 일정한 요건을 갖춘 경우 주무기관이

1) 할부거래법 개정안 중 권택기의원 안과 공정거래위원회 안에서는 등록제를 채택하고 있었으며, 상조업법안 중 김춘진의원 안에서는 등록제를, 안명옥의원 안과 권경석의원 안에서는 허가제를 채택하고 있었다.

반드시 허가하여야 한다면 사실상 등록제와의 차이점은 크지 않다. 이와 같이 허가제와 등록제의 차이가 있지만, 사업자의 영업의 자유를 크게 제한하지 않으면서 상조업 분야의 건전한 발전 및 소비자보호를 추구할 수 있는 방안으로 할부거래법에서는 등록제를 채택하였다.

2. 등록규제의 효과

2010년 할부거래법의 개정으로 인하여 상조업은 더 이상 자유업이 아닌 시 · 도지사에 등록하여야만이 영업활동을 수행할 수 있는 업종이다. 그러나 등록하여야 하는 상조업은 할부거래법상 선불식 할부거래업에 한정되기 때문에 모든 상조업이 등록의 대상이 되는 것은 아니다. 이와 같이 개정법에 따라 상조업은 일정한 요건을 갖추고 등록한 자에게만 허용되기 때문에 영세사업자의 시장진입 및 사기성 거래로 인하여 소비자피해를 예방할 수 있게 됨과 더불어 이 분야의 건전한 발전을 도모할 수 있는 기초가 마련되었다고 할 수 있다.

다만, 미등록상태에서의 상조업을 영위할 경우 후술하는 바와 같이 동법상 시정조치 등과 더불어 가장 강력한 벌칙이 부과된다. 그러나 이는 공법적 차원에서의 보호방안이며, 사법적 차원에서의 소비자보호방안에 대하여는 동법에서 규정을 하고 있지 않다. 그 결과 등록하지 않은 상태에서도 상조업을 영위하는 것이 가능하며, 미등록 상조업자와 체결한 상조계약의 효력이 문제시 된다.[2] 이 경우 이러한 계약 역시 할부거래법의 적용대상이 되는가에서부터 시작하여 중도 해제시 위약금을 청구할 수 있는지 등에 대한 문제가 제기되며, 이에 대하여는 후술한다. 이와 더불어 할부거래법은 모든 상조업을 규율대상으로 하는 것이 아닌 선불식 할부거래에 해당하는 상조업만을 규율대상으로 하고 있다. 그 결과 이에 해당하지 않은 상조업은 동법의 적용대상이 아니기 때문에 소비자보호에 있어서 사각지대가 존재한다. 그럼 이러한 상조업 분야에서의 소비자보호를 어떠한 방식으로 추진되어야 하는가의 문제 역시 제기되며, 이에 대하여도 후술하고자 한다.

2) 拙稿, "선불식 할부거래와 소비자보호-미등록 선불식 할부거래 및 해약환급금을 중심으로-" 「서울법학」 제19권 제3호, 2012 · 2, 222-228면.

제2절 등록의무자로서의 선불식 할부거래업자인 상조업자

1. 상조업자와 선불식 할부거래업자

가. 상조업자와 선불식 할부거래업자의 정의

상조업 및 상조업자에 대한 법적 정의는 존재하지 않는다. 다만, 할부거래법의 개정으로 폐기된 상조업법안(권경석 대표발의안 및 김춘진의원 대표발의안)에서는 상조업을 장례·결혼·회갑·돌 등 대통령령으로 정하는 가족행사(이하 "상조종류"라 한다)를 위하여 가입자로부터 미리 분할 또는 일시로 금전을 받고 이에 필요한 동산의 인도나 용역(일정한 시설을 이용하거나 용역의 제공을 받을 권리를 포함한다. 이하 같다)의 제공(이하 "약정서비스"라 한다)을 2개월 이상의 기간이 지난 후에 이행하기로 계약(이하 "상조계약"이라 한다)하고 해당 약정서비스를 이행하는 업을 말한다고 정의하고 있었다(상조업법안 제2조 제1호). 또한 상조회사에 대하여 주식회사로서 제3조에 따라 허가를 받아 상조업을 영위하는 회사(권경석 대표발의안) 또는 상조업을 영위하기 위하여 제3조에 따라 등록한 회사(김춘진 대표발의안)로 정의하였다(상조업법안 제2조 제2호). 반면에 할부거래법에서는 선불식 할부계약을 계약의 명칭·형식이 어떠하든 소비자가 사업자로부터 장례 또는 혼례를 위한 용역(제공시기가 확정된 경우는 제외한다) 및 이에 부수한 재화 또는 이에 준하는 소비자피해가 발생하는 재화등으로서 소비자의 피해를 방지하기 위하여 대통령령으로 정하는 재화등의 대금을 2개월 이상의 기간에 걸쳐 2회 이상 나누어 지급함과 동시에 또는 지급한 후에 재화등의 공급을 받기로 하는 계약으로 정의하고 있으며, 선불식 할부거래업자에 대하여는 선불식 할부계약에 의한 재화등의 공급을 업으로 하는 자로 정의하고 있다(할부거래법 제2조 제2호, 제4호).

나. 상조업자와 선불식 할부거래업자간의 관계

할부거래법상 선불식 할부거래업자에 해당하는 상조업자는 시·도지사에게 등록하여야 한다. 그럼 모든 상조업자가 선불식 할부거래업자에 해당하는가의 문제가 제기되며, 이는 상조업자와 선불식 할부거래업자간의 관계에 관한 문제이다.

양자의 정의는 위에서 살펴본 바와 같이 차이가 있다. 물론 할부거래법상 선불식 할부거래업자의 정의에 상조업자를 포함하고 있는 것으로 볼 수 있지만, 모든 상조업자를 선불식 할부거래업자로 인정하고 있지 않다. 즉, 선불식 할부거래업자는 선불식 할부계약에 따라 재화등의 공급을 업으로 하는 자이기 때문에 상조업자가 선불식 할부거래업자가 되기 위하여는 상조서비스의 공급이 선불식 할부계약에 의하여 이루어져야 한다. 그러나 선불식 할부계약은 모든 상조계약이 아닌 이 중 일부에 한정된다. 즉, 대금지급과 재화 등의 공급방식에 있어서 2개월 이상의 기간에 걸쳐 2회 이상 나누어 지급함과 동시에 또는 지급한 후에 재화등의 공급을 받아야 하기 때문이다. 예를 들어, 대금을 일시불로 지급하거나 분할지급하더라도 1회의 대금 지급 후 상조서비스를 제공받은 이후 나머지 대금을 일시불 또는 분할 지급하기로 하는 계약은 할부거래법상 선불식 할부계약에는 해당하지 않지만, 상조계약에는 해당한다. 또한 선불식 할부계약은 단지 상조서비스만을 급부의 목적물로 한정하지 않고 있다. 물론 이의 구체적인 내용을 시행령에서 정하도록 하고 있으며, 동 시행령에서는 이를 규정하고 있지 않기 때문에 현재에는 상조서비스에 한정된다. 그러나 시행령에서 적용대상을 확대할 수 있으며, 이 경우 상조서비스 이외의 목적물도 선불식 할부계약의 목적물이 될 수 있기 때문에 선불식 할부계약이 상조계약이라는 공식은 성립하지 않는다. 이와 같이 상조업과 선불식 할부거래업은 차이가 있으며, 할부거래법은 모든 상조업이 아닌 선불식 할부거래에 해당하는 상조업만을 규율대상으로 한다. 그러므로 동법상 등록의무가 있는 상조업자는 동법상 선불식 할부거래업자에 해당하는 자에 국한될 뿐 그 이외의 자는 등록의무가 없다.

2. 선불식 할부거래업자의 정의와 문제점

가. 등록의무자

할부거래법에 따라 시·도지사에게 등록하여야 할 자는 선불식 할부거래업자이다. 그럼 동법상 등록의무자는 선불식 할부거래업을 현재 영위하고 있는 자인가 아니면 앞으로 선불식 할부거래업을 영위하고자 하는 자인가의 문제가 제기된다. 만일 전자라고 한다면 등록하기 위하여 먼저 선불식 할부거래업을 영위하여야 하며, 후자라고 한다면 등록하기 전에는 선불식 할부거래업을 영위할 수 없기 때문이다.

이 문제에 대하여 할부거래법에서는 등록의무자를 선불식 할부거래업자로 규정하고 있으며, 등록을 하기 위하여 제출하여야 할 서류 중 하나가 회사의 영업일을 기재한 서류이다(동법 제18조 제1항, 동 시행규칙 제4조 제3항). 따라서 법문의 규정대로 해석하면 시·도지사에게 등록하여야 할 자는 선불식 할부거래업을 영위하기 위한 자가 아닌 현재 선불식 할부거래를 영위하고 있는 자이다. 그 결과 동법에 따르면 선불식 할부거래업자는 등록과 동시에 형사처벌을 받게 된다. 즉, 시·도지사에게 등록을 하기 위하여 선불식 할부거래업을 영위하여야 하며, 등록 이전에 선불식 할부거래를 영위하였기 때문에 동법 제48조 제1항 제1호에 따라 3년 이하의 징역 또는 1억원 이하의 벌금이 부과된다. 입법적 모순이 아닐 수 없다. 원래의 입법취지는 선불식 할부거래업을 영위하기 위하여 시·도지사에게 등록하도록 하기 위함이지만, 동법이 개정되기 이전에 이미 선불식 할부거래업을 영위하고 있는 자가 존재하기 때문에 이러한 자에게 등록의무를 부과하기 위하여 이와 같이 입법하였다고 볼 수 있다. 그러나 등록이 시장진입장벽이라는 점을 감안한다면 등록의무자는 선불식 할부거래업자가 아닌 이를 영위하고자 하는 자이어야 한다. 물론 이와 같이 규정한다면 법 시행 당시 이미 선불식 할부거래업을 영위하고 있는 자는 배제되는 문제가 발생할 수 있지만, 이러한 문제는 부칙에서 "이 법 시행당시 선불식 할부거래업을 영위하고 있는 자 역시 시·도지사에게 등록하여야 한다"고 규정하면 간단하게 해결될 수 있는 문제이다. 따라서 등록의무자를 규정하고 있는 동법 제18조 제1항은 선불식 할부거래업자가 아닌 선불식 할부거래를 영위하고자 하는 자로 개정하여야 할 것이며, 부칙에 이 법 시행 이전에 이미 선불식 할부거래업을 영위하고 있는 자에 대한 경과규정을 둠으로써 이의 문제를 해결해야 했다.[3] 그러나 이는 선불식 할부거래업에 대한 법적 규제가 시작되는 시점에서의 문제이며, 현재는 이미 법적 규제가 시행되고 있기 때문에 부칙의 문제가 아니므로 동법 제18조 제1항에서 규정하고 있는 등록의무자만을 개정하면 이의 문제는 해결될 것이다.[4]

나. 선불식 할부거래업자의 정의

동법에서는 선불식 할부거래업자에 대하여 선불식 할부계약에 의한 재화등의 공급

3) 동법의 개정에 있어서 모태가 되었던 일본 할부판매법상 전불식 할부판매 또는 전불식 특정상거래에 있어서 허가를 받아야 하는 자에 대하여 전불식 할부판매 또는 전불식 특정상거래를 영위하고자 하는 자로 규정하고 있다(日本弁護士連合會, 「消費者法講義」, 日本評論社, 2009, 210면).

4) 拙稿, "선불식 할부거래에 관한 연구", 「인권과정의」 제421호, 2011 · 11, 9-10면.

을 업으로 하는 자로 정의하고 있다(동법 제2조 제4호). 따라서 선불식 할부계약을 체결하는 자와 이에 따라 이행하는 자가 동일하다면 아래에서 제기하는 둔제는 발생하지 않지만, 양자가 상이하다면 동법의 입법목적은 달성할 수 없다. 즉, 동법상 등록의무자는 선불식 할부거래업자이며, 선불식 할부거래업자는 소비자와 선불식 할부계약을 체결하는 자가 아닌 이행하는 자이기 때문에 소비자와 계약을 체결하고 대금을 수령하였다고 하더라도 그 이행을 제3자가 담당하는 경우 제3자가 선불식 할부거래업자이다. 예를 들어, 甲이 소비자인 乙과 선불식 할부계약을 체결하고 매월 할부금을 수령하였지만, 乙에게 상이 발생할 때 수의용품 등을 수의판매업자인 丙이 공급하기로 하였을 경우 동법에 따르면 선불식 할부거래업자는 甲이 아닌 丙이다. 즉, 이행보조자가 등록의무자인 것이다. 그 결과 소비자와 선불식 할부계약을 체결한 자를 등록의무자로 하여 동법 위반으로 인한 소비자피해를 예방하고자 하는 입법목적은 달성할 수 없다. 즉, 동법에서는 선불식 할부거래업자의 일정한 행위를 금지하고 있으며, 그 유형은 다음과 같다. ① 계약의 체결을 강요하거나 청약의 철회 또는 계약의 해제를 방해할 목적으로 상대방을 위협하는 행위, ② 거짓 · 과장된 사실을 알리거나 기만적 방법을 사용하여 상대방과의 거래를 유도하거나 청약의 철회 또는 계약의 해제를 방해하는 행위, ③ 청약의 철회 또는 계약의 해제를 방해할 목적으로 주소 · 전화번호 등을 변경하는 행위, ④ 분쟁이나 불만처리에 필요한 인력 또는 설비가 부족한 상태를 상당 기간 방치하여 상대방에게 피해를 주는 행위, ⑤ 상대방의 청약이 없음에도 재화등의 대금을 청구하는 행위, ⑥ 소비자가 계약을 체결할 의사가 없음을 밝혔음에도 전화, 팩스, 컴퓨터통신 등을 통하여 계약체결을 강요하는 행위, ⑦ 소비자피해보상보험계약등을 체결하지 아니하고 영업하는 행위, ⑧ 소비자피해보상보험계약등을 체결하지 아니하였음에도 소비자피해보상보험계약등을 체결한 사실을 나타내는 표지나 이와 유사한 표지를 제작 또는 사용하는 행위, ⑨ 재화등의 배송 등 소비자와의 계약이행에 불가피한 경우로서 대통령령으로 정하는 경우 · 재화등의 거래에 따른 대금을 정산하기 위하여 필요한 경우 · 도용을 방지하기 위하여 본인임을 확인할 때 필요한 경우로서 대통령령으로 정하는 경우 또는 다른 법률에 따라 불가피한 사유가 있는 경우를 제외하고 본인의 허락을 받지 아니하거나 허락받은 범위를 넘어 소비자에 관한 정보를 이용(제3자에게 제공하는 경우를 포함한다)하는 행위, ⑩ 소비자가 계약을 해제하였음에도 불구하고 정당한 사유 없이 이에 따른 조치를 지연하거나 거부하는 행위, ⑪ 청약의 철회 또는 계약의 해제와 관련하여 분쟁이 발생한 경우 대금을 지급받기 위하여 소비자에게 위계를 사용하거나 위력을 가하는 행위, ⑫ 자신이 공급하는 재화등을 소비자가 양도 · 양수하는 것을 상당한 이유 없이 제한하거나 양도 · 양수함에 있어 과다한 비용을 부과하는 행위, ⑬ 다른 사람에게 자기의 명의 또는 상호를 사용하여 선불식 할부거래업을 하게 하거나 선불식 할부거래업 등록증을 대여하는 행위이다(동법 제34조). 이러한 금지행위의 대부분은 계약당사자를 대상으로 하고 있다. 또한 선불식 할부계약의 구체적인 법률관계에 관한 규정 역시 단순히 이행자를 대상으로 한 것이 아니라 계약의 당사자를 대상으로 하고 있다. 그 결과 이행자를 선불식 할부거래업자로 인정할 경우 동법상 제 규정은 이행만을 담당하는 선불식 할부거래업자에게 적용되지 못하며, 계약만을 체결하고 이행을 담당하지 않은 상조업자는 선불식 할부거래업자에 해당하지 않기 때문에 동법을 적용할 수 없게 되는 문제점이 발생한다.

그럼 선불식 할부거래업자에 대한 동법상 정의를 선불식 할부계약에 따라 재화등을 업으로 공급하여야 할 자로 해석할 수 있는가의 문제가 발생한다. 이와 같이 해석이 가능하다면 소비자와 선불식 할부계약을 체결한 자가 선불식 할부거래업자에 해당하게 되며, 실질적으로 재화등을 공급한 자는 단순히 이행보조자에 해당하기 때문에 선불식 할부거래업자에는 해당하지 않는다. 그러나 선불식 할부거래업자에 대한 정의규정은 단지 사법에 한정되는 것이 아닌 공법적 규제의 대상이기 때문에 죄형법정주의 원칙상 엄격해석하여야 하며, 법문의 표현을 변경하여 해석할 수 없다.[5] 그 결과 선불식 할부계약의 당사자와 이행자가 상이한 경우 동법상 선불식 할부거래업자에 대한 규정은 소비자와 계약을 체결한 사업자에 대하여 사실상 적용할 수 없다. 즉, 선불식 할부거래업자에 대한 금지행위는 대부분 소비자와 계약을 체결한 자를 대상으로 하고 있지 이의 이행을 담당하는 자를 대상으로 하고 있지 않기 때문이다. 따라서 동법상 선불식 할부거래업자에 대한 정의는 선불식 할부거래를 업으로 하는 자로 개정하여야 한다. 물론 선불식 할부계약이 다단계판매의 방식으로 이루어지는 경우 계약당사자는 다단계판매원이기 때문에 다단계판매원이 선불식 할부거래업자에 해당하는 문제가 발생할 수 있

5) 선불식 할부거래와 유사하게 강력한 공법적 규제를 가미하여 규율하는 판매방식이 방문판매법상 다단계판매이다. 판례는 방문판매법상 다단계판매에 해당여부를 판단함에 있어서 방문판매법상 다단계판매에 대한 정의규정을 매우 엄격하게 해석하고 있다. 즉, 방문판매 등에 관한 법률 및 그 시행령의 규정 내용과 아울러, 위 법률이 제13조에서 다단계판매업자로 하여금 관할 관청에 등록하도록 하면서 이에 위반한 경우 제42조에 따라 피고로부터 시정조치를 받게 될 뿐 아니라 제51조에 따라 형사처벌까지 받도록 규정함으로써 다단계판매행위를 하였는지 여부를 침해적 행정처분과 형사처벌의 전제로 삼고 있어, 위 법률에 규정된 다단계판매의 의미를 해석함에 있어서 규정의 문언에 따라 엄격하게 해석하여야 하고 이를 넘어서는 확장해석을 할 수는 없다고 판시하였다(대법원 2009. 4. 9. 선고 2008두17424 판결).

다. 그러나 방문판매법상 다단계판매원과 선불식 할부거래에 있어서 다단계판매원은 그 지위에 있어서 차이가 있다. 즉, 방문판매법상 다단계판매원은 자신의 이름으로 계약을 체결하고, 재화 등을 소비자에게 공급한다. 따라서 계약당사자는 다단계판매업자가 아닌 다단계판매원이며, 이를 구체화한 것이 소비자의 청약철회권의 상대방이다. 즉, 다단계판매원과 계약을 체결한 소비자가 청약을 철회할 경우 상대방은 다단계판매업자가 아닌 다단계판매원이다.[6] 그러나 상조서비스계약은 다단계판매원이 계약을 체결하더라도 자신의 명의로 계약을 체결하는 것이 아닌 다단계판매업자인 선불식 할부거래업자의 명의로 계약을 체결한다. 즉, 다단계판매원은 다단계판매업자의 대리상에 해당한다(상법 제87조). 따라서 방문판매법상 다단계판매원과는 상이하기 때문에 다단계판매원이 선불식 할부거래업자에 해당하는 문제는 발생하지 않는다.[7]

제3절 등록요건 및 등록절차

1. 등록요건

가. 적극적 요건

상조업자가 시 · 도지사에게 등록하기 위하여는 다음의 요건을 모두 충족하여야 하며, 이를 충족하지 않을 경우 등록할 수 없다. 이러한 등록에 필요한 적극적 요건은 회사, 자본금 및 소비자피해보상보험계약등의 체결 등이 있다.

일본의 경우 할부판매법 제정당시에는 등록제를 채택하였지만, 법 개정(제1차 개정; 1967년)을 통하여 허가제로 변경한 후 현재까지 허가제를 유지하고 있다(동법 제11조). 즉, 초기 등록제를 채택하였지만, 선불식 할부판매가 급속하게 발전하였다.[8] 반면에

6) 다단계판매원과 계약을 체결한 소비자는 다단계판매원에게 청약철회권을 행사하여야 하지만, 다단계판매원의 소재불명 또는 청약철회에 따른 대금환불이 곤란한 경우에는 다단계판매업자에게 행사할 수 있다(방문판매법 제17조 제1항, 동 시행령 제22조).

7) 拙稿, 선불식 할부거래에 관한 연구, 10-11면.

8) 선불 할부금잔고를 기준으로 1962년 262억엔, 1963년 359억엔, 1964년 439억엔, 1965년 516억엔, 1966년 588억엔에 달할 정도로 급격한 증가 추세를 보였다(通商産業省 産業政策局 取引信用課, 『割賦販賣法の解說』, 日本クレジ

선불식 할부판매업자 중 도산한 수가 매년 3~4개에 해당하며, 소비자로부터 수령한 선불 할부금을 반환하지 않은 등 소비자에게 예측하지 못한 손해를 주는 사례가 발생하였다. 또한 계약기간 도중에 가격을 일방적으로 인상하고, 계약해제시 반환을 지연하는 등 선불식 할부판매업자와 소비자간 분쟁이 증가하였다.[9] 따라서 소비자보호와 사업자의 건전화를 도모하기 위하여 할부판매법을 개정하였으며, 이의 주된 내용으로 선불식 할부판매업자의 영업자격요건의 강화[10] · 선수금보전의 안전화 · 재정상황 및 판매방법에 대한 감독강화 등이다.

(1) 회 사

상조업자로서 시 · 도지사에게 등록하기 위하여는 상법상 회사에 해당하여야 한다(할부거래법 제19조). 상법상 회사는 영리를 목적으로 하여 설립된 사단을 의미하며, 이에는 합명회사, 합자회사, 주식회사 및 유한회사가 있다(상법 제169조, 제170조). 이와 같이 법인으로 한정하는 근거로는 개인사업자에게까지 확대할 경우 폐업 또는 부도 등이 용이하며, 소비자피해구제 측면에서 법인보다는 비효과적이라는 점에서 기인한다고 볼 수 있다. 따라서 개인사업자는 법인인 회사에 해당하지 않기 때문에 상조업자로 등록할 수 없다. 또한 법인 중 재단법인 역시 회사에 해당하지 않기 때문에 등록할 수 없으며, 법인격 없는 사단법인 역시 회사가 아니므로 상조업자로 등록할 수 없다(상법 제172조).

(2) 자본금

자본금은 주식회사등의 기업을 설립할 때 투자자, 즉 주주들이 출자하는 금액을 기준으로 하여 계산한 일정한 액수를 말하며, 주식회사의 경우 주식으로 구성된다(상법 제329조). 상조업자가 시 · 도지사에게 등록하기 위하여는 3억원 이상의 자본금 요건을 충족하여야 한다(할부거래법 제19조). 개별 소비자보호법상 자본금 요건을 규정하고 있는 업종으로는 다단계판매가 있으며, 방문판매법상 다단계판매업자의 경우 5억원 이상의 자본금 요건을 충족하여야 하며, 2011년 방문판매법 개정으로 신설된 후원방문판매

ット産業協會, 1999, 4면).

9) 梶村太市 · 深澤利一 · 石田賢一,『割賦販賣法』, 青林書院, 2007, 16-17면.

10) 通商産業省 産業政策局 取引信用課, 위의 책, 4~5면. 영업자격요건의 강화에는 종전 등록제에서 허가제로의 변경 및 허가결격요건으로 ① 선불식 할부판매에 관한 업무를 건전하게 수행할 수 있는 재정적 기초를 보유하지 않은 법인, ② 선불식 할부계약 약관의 내용이 소비자를 보호하기 위하여 필요한 일정한 기준에 적합하지 않은 법인을 추가하였다.

업자의 경우 자본금 요건이 없다(동법 제29조 제3항).

일본의 경우 전불식 특정판매업자의 허가요건 중 자본금에 대하여는 일률적으로 정하지 않고, 규모에 따라 달리 정하고 있다. 즉, 50개 이상의 영업소 또는 대리점을 가지고 있는 법인은 1억엔, 10개 이상 50개 미만의 영업소 또는 대리점을 가지고 있는 법인은 5천만엔, 기타 법인은 2천만엔으로 정하고 있다(일본 할부판매법 시행령 제5조).

표 2-1 업종별 자본금 요건 비교

관련법령	할부거래법	방문판매법		일본 할부판매법		
거래업종	상조	다단계판매	후원방문판매	전불식 특정거래		
				50 이상	10-50 미만	10 미만
자본금	3억원	5억원	×	1억엔	5천만엔	2천만엔

(3) 소비자피해보상보험계약등의 체결

상조업자는 시 · 도지사에게 등록하기 위하여 소비자로부터 상조계약과 관련되는 재화등의 대금으로서 미리 수령한 금액(이하 "선수금"이라 한다)을 보전하기 위하여 소비자피해보상을 위한 보험계약, 소비자피해보상금의 지급을 확보하기 위한 「은행법」에 따른 은행과의 채무지급보증계약, 소비자피해보상금의 지급을 확보하기 위한 대통령령으로 정하는 기관(이하 "예치기관"이라 한다)과의 예치계약 또는 제28조에 따라 설립된 공제조합과의 공제계약 중 어느 하나에 해당하는 계약(이하 "소비자피해보상보험계약등"이라 한다)을 체결하여야 한다(동법 제18조 제1항, 제27조 제1항).

일본 할부판매법에서는 영업보증금의 공탁제도와 선수금 보전조치제도를 규정하고 있다. 허가를 받은 선불식 할부판매업자는 영업보증금[11]을 주된 영업소의 공탁소에 공탁하여야 하며, 공탁을 한 경우 공탁서 사본을 첨부하여 경제산업성 장관에게 제출하여야 한다. 만일 선불식 할부판매업자가 공탁하지 않은 경우 영업을 개시할 수 없다(동법 제16조). 또한 허가를 받은 선불식 할부판매업자는 매년 3월 31일 및 9월 30일(이하 '기준일'이라 함)을 기준으로 이 시기까지 선불식 할부판매계약을 체결한 자로부터 지급받은 상품대금의 합계액의 1/2이 영업보증금을 초과할 경우 선수금보전조치(선수업무보증금[前受業務保證金]의 공탁 또는 선수업무보증금공탁위탁계약[前受業務保證金供託委託契約]의 체결)를 강구함과 더불어 이를 경제산업성 장관에게 보고하지 않으면 기준일로부터

11) 영업보증금액은 주된 사무소의 경우 10만엔, 기타 영업소 또는 대리점의 경우 5만엔이다(동법 제17조 제1항).

50일이 경과한 후에 새로운 선불식 할부판매계약을 체결할 수 없다(동법 제18조). 이러한 영업보증금의 공탁 및 선수금보전조치를 취하지 않은 경우 경제산업성 장관은 3개월 이내의 기간을 정하여 신규 선불식 할부판매계약의 체결을 금지하거나 허가를 취소할 수 있다(동법 제23조 제2항).

나. 소극적 요건

상조업자는 시 · 도지사에게 등록하기 위하여 상기의 적극적 요건을 갖출 뿐만 아니라 다음의 소극적 요건에 해당하지 않아야 한다. 이러한 등록결격사유로는 첫째, 미성년자 · 한정치산 또는 금치산의 선고를 받은 사람 · 파산선고를 받고 복권되지 아니한 사람 · 이 법을 위반하여 징역형을 선고받고 그 집행이 끝나거나(집행이 끝난 것으로 보는 경우를 포함한다) 집행이 면제된 날부터 5년이 지나지 아니한 사람 · 이 법을 위반하여 형의 집행유예를 선고받고 그 유예기간 중에 있는 사람 또는 이 법을 위반하여 벌금형을 선고받고 3년이 지나지 아니한 사람이 임원인 회사, 둘째 이 법을 위반하여 징역형을 선고받고 그 집행이 끝나거나(집행이 끝난 것으로 보는 경우를 포함한다) 집행이 면제된 날부터 5년이 지나지 아니한 사람 또는 이 법을 위반하여 형의 집행유예를 선고받고 그 유예기간 중에 있는 사람이 지배주주인 회사, 셋째 제40조에 따라 등록이 취소된 후 5년이 지나지 아니한 회사, 넷째 제40조에 따른 등록취소 당시 임원 또는 지배주주였던 사람이 임원 또는 지배주주인 회사이다(동법 제20조).

일본 할부판매법상 소극적 요건으로는 첫째, 선불식 할부판매업의 취소된 경우 취소일로부터 2년이 경과하지 아니한 법인, 둘째 동법에 따라 벌금형에 처하여 형의 집행의 종료 또는 형을 받지 않기로 한 날로부터 2년이 경과하지 아니한 법인, 셋째 파산자로서 복권되지 아니한 자 또는 금고 이상의 형을 받거나 이 법에 따라 벌금형에 처하여 형의 집행의 종료 또는 형을 받지 않기로 한 날로부터 2년이 경과하지 아니한 자 또는 허가를 받은 선불식 할부판매업자의 허가가 취소된 경우 이의 처분이 있는 날 이전 30일내에 이의 허가를 받은 선불식 할부판매업자의 임원이었던 자로서 이의 처분이 있는 날로부터 2년이 경과하지 아니한 자가 임원으로 있는 법인이다(동법 제15조 제1항 제6호 내지 제8호).

다. 소 결

할부거래법에서는 종전과 달리 상조업자의 등록의무를 신설하고, 이의 요건으로 적극적 요건과 소극적 요건을 규정하고 있다. 그럼 이러한 등록요건이 상조업분야의 공정한 거래질서의 확립 및 소비자보호에 적합한 것인가? 이에 대하여는 적극적 요건 및 소극적 요건에 있어서 다음과 같은 보완이 필요하다.

먼저, 적극적 요건에 있어서 할부거래법에서는 자본금 요건에 대하여 상조업체의 규모와 관계없이 일률적으로 3억원 이상으로 정하고 있다. 그 결과 선수금을 기준으로 300개 상조업체 중 상위 10위권에 해당하는 업체의 50% 이상(총 9개 업체 중 5개)이 3억원의 자본금만을 보유하고 있으며, 3개 업체는 5억원, 1개 업체는 15억원의 자본금을 가지고 있다.[12] 물론 자본금만을 가지고 상조업체의 재정능력을 평가하는 것은 타당하지 않지만, 이들 10개 업체의 선수금의 규모(1조 490억원)가 전체 상조업체의 선수금(2조 1,819억원)의 50%에 해당한다는 점을 감안할 때, 자본금 요건을 일률적으로 동일하게 적용하는 것은 타당하지 않다. 따라서 선수금의 규모에 따라 자본금의 기준을 달리 정하여야 할 것이다.

표 2-2 선수금 규모 상위 10개 사업자 현황[13]

(단위: 백만원)

순 위	사업자명	선수금	자본금	자 산	부 채
1	현대종합상조㈜	253,331	500,000	132,936	176,428
4	보람상조라이프㈜*	168,547	300,000	74,545	93,505
3	보람상조개발㈜*	133,018	300,000	74,378	110,998
4	부산상조㈜	98,874	300,000	104,175	100,474
5	㈜재향군인상조회	89,044	500,000	37,399	78,601
6	한라상조㈜	79,452	300,000	35,395	48,194
7	㈜국민상조	70,918	500,000	23,103	51,570
8	대한민국고엽제전우회상조㈜	53,845	300,000	24,728	23,798
9	우리상조개발㈜		–		
10	㈜효원상조	50,691	1,500,000	18,318	31,165

12) 자본금 3억원을 초과하는 업체의 수는 300개 중 63개이며, 이는 전체의 21%에 해당한다.

13) 공정거래위원회의 보도자료(300개 상조회사의 주요 재무정보 등 최초 공개)에 따른 순위이며, 우리상조개발㈜은 2012년 1월 7일을 기준으로 존재하지 않기 때문에 해당 내용을 삭제하였다.

둘째, 등록요건 중 재정여건에 대한 판단자료로 동법에서는 자본금만을 규정하고 있다. 그 결과 부채비율 등과 같은 재무건전성을 판단할 수 있는 요소는 등록요건이 아니다. 그럼 이러한 재무건전성 요건은 필요하지 않는가? 이는 상조업의 특성을 감안할 때 반드시 요구되는 사항이라고 할 수 있다. 즉, 상조업은 후불식 할부거래와 달리 소비자가 먼저 대금을 지급하는 방식이다. 따라서 소비자가 상조서비스를 제공받기 전에 상조업체의 도산 등으로 인한 피해를 방지하기 위한 조치가 필요하다. 물론 이를 위하여 소비자피해보상보험계약등의 체결을 요건으로 하고 있지만, 보험계약등에 의하여 보상되는 범위는 소비자가 납입한 금액 전체가 아닌 일부에 한정된다. 또한 소비자의 입장에서는 사업자의 도산 등이 발생하지 않고, 상조서비스를 적시에 제공받기를 원한다. 그렇다고 한다면 상조업체의 재무건전성이 확보되어야 하며, 이를 등록요건으로 포함시켜야 한다. 그럼에도 불구하고 동법에서는 이를 배제하고 있다. 물론 이러한 등록요건을 요구하고 있는 다단계판매에서 자본금 요건만을 요구하고 있을 뿐 재무건전성을 요구하고 있지 않다는 점을 감안하였다고 볼 수 있다. 그러나 다단계판매와 상조업은 매우 상이하다. 즉, 다단계판매는 재화 등의 공급이 바로 이루어지기 때문에 다단계판매업자가 도산 등을 하더라도 재화 등은 소비자가 점유하고 있기 때문에 그 피해가 축소될 수 있다. 그러나 상조업의 경우 소비자는 대금만을 지급하였을 뿐 재화 등을 공급받지 않는다. 또한 2011년을 기준으로 전체 상조업체의 부채규모는 1조 7,396억원이다. 부채규모별 분포를 보면, 100억원 이상인 업체는 42개(14.0%)로 이들 업체의 총부채는 1조 4,217억원(81.7%)이며, 10억원 미만인 업체는 172개(57.3%)로 부채규모는 495억원(2.9%)이다. 따라서 2010년말을 기준으로 300개 상조업체의 자산 대비 부채비율은 135.0%이다. 구체적으로 300개 상조업체 중 167개 업체가 자산보다 부채가 많은 상황이다. 이러한 상조업체의 부채초과현상에 대하여 공정거래위원회는 상조업 특징 및 고객불입금의 회계처리 방식에 기인한 측면이 있다고 한다. 즉, 선불식으로 받은 고객납입금에 모집수당 등 비용을 뺀 금액을 우선 부채로 처리하고, 당기 상조상품 매출은 미래 상조회원의 장례 발생시점에 수익으로 인식하기 때문이라고 한다. 따라서 상조업체의 재무건전성은 외관상 부채비율외에 기존계약의 지속적 유지, 신규고객 유치를 통한 안정적 현금흐름 확보, 당기 장례행사 실적의 증가, 사업비 절감 등에 의해 영향을 받는 점을 종합적으로 고려할 필요가 있으며, 대체로 부채초과 상태이긴 하나 매출수익을 미래시점에 인식시키는 상조업 회계처리 특성, 지급여력비율 개선 상황 등 고려할 때 시장에 대한 과도한 불안감을 가질 필요는 없다고 평가하였다. 또한 공정거래위원회는 고객불입금 대비 총자산비율(지급여력비율)은 ('09)67.1%에서 ('10)75.4%로 8.3% 증가하였으며, 상위 10개 업체 기준 손실규모도 2010년에 비해 320억원(75.6%)이 감소하였고, 연차적으로 선수금 예치율이 증가하여 2014년에는 50%에 이르는 만큼 상조업체의 재무 리스크는 더욱 감소할 것으로 기대하고 있다. 물론 상조업체의 재무 지표가 개선되고 있는 실정이지만, 이를 긍정적으로 평가하기에는 곤란하다. 즉, 총 부채(1조 7,396억원) 중 1조 4,217억원(81.7%)이 42개 업체(14%)에 집중되어 있다는 점은 이들 42개 업체의 재무건전성이 매우 열악하다는 것을 제시하고 있다. 또한 공정거래위원회가 제시한 지급여력비율 역시 개선되고 있다고 하지만, 이의 계산방식에 있어서 부채에는 부채총액에서 제3자 부채를 제외한 금액으로 고객불입금만을 대상으로 하고 있다. 그러나 이의 수치 역시 확실하지 않다. 즉, 공정거래위원회는 총 부채규모를 1조 7,396억원으로 제시하고 있다. 그럼 이러한 총 부채규모는 무엇을 기준으로 산정한 것인가에 대하여는 언급하고 있지 않다. 그러나 지급여력비율현황에서 부채에 대하여 부채총액에서 제3자 부채를 제외한 금액(고객불입금)만을 대상으로 하고 있기에 이를 기초로 하면 총 부채액은 고객불입금에 제3자 부채를 더한 금액이어야 한다. 그럼 총 부채액은 최소한 고객불입금과 동일하거나 많아야 하는 것이 정상인데 공정거래위원회의 발표에 따르면 2010년을 기준으로 고객불입액은 1조 8,357억원이지만, 총 부채액은 1조 7,396억원이다. 따라서 고객불입액이 총 부채액보다 많게 되기 때문에 상조회사의 재무정보에 관한 공정거래위원회의 보도자료는 신뢰성이 없다. 이러한 점을 감안할 때 공정거래위원회가 평가한 것과는 달리 전체 상조업체의 재무건전성은 바람직하지 않으며, 부채가 집중되어 있는 42개 업체는 매우 열악하다고 볼 수 있다. 따라서 이러한 재무 위험이 현실화되지 않도록 적절한 방안을 강구할 필요가 있으며, 이의 방안 중 하나로 상조업 등록요건 중에 재무건전성을 포함시키는 것이다.

일본의 경우 단지 자본금의 요건만으로 허가여부를 결정하는 것이 아니라 부채비율 및 기타 재정상태까지 고려하고 있다. 즉, 허가를 신청한 법인이 자산의 합계액에서 부채의 합계액을 뺀 액이 자본금 또는 출자액의 90/100에 달하지 못할 경우 또는 이외에 선불식 할부판매에 관한 업무를 건전하게 수행함에 있어 충분한 재정적 기초를 보유하고 있지 않은 법인에 대하여 허가를 불허하고 있다(동법 제15조 제1항 제3호, 제4호).

표 2-3 부채규모별 업체현황

(단위: 개, 백만원, 2010년말 기준)

구 분	1억원 미만	1억원 이상 10억원 미만	10억원 이상 50억원 미만	50억원 이상 100억원 미만	100억원 이상	계
업체수 (%)	73 (24.3)	99 (33.0)	72 (24.0)	14 (4.7)	42 (14.0)	300 (100.0)
총자산 (%)	1,534 (0.1)	48,015 (2.8)	167,531 (9.6)	100,792 (5.8)	1,421,739 (81.7)	1,739,611 (100.0)

표 2-4 지급여력비율* 현황

회계연도	2009년	2010년	증감
자산총액	9,902억원	1조 2,882억원	2,980억원
부채**(고객불입금)	1조 4,077억원	1조 8,357억원	4,280억원
자본총액	△4,636억원	△4,513억원	123억원
지급여력비율	67.1%	75.4%	8.3%p

* 지급여력비율: (고객불입금 + 자본총액) ÷ 고객불입금. 이 비율이 높을수록 미래에 발생 가능한 부도 · 폐업 등 상조 관련 위험에 대응할 능력이 높음

** 부채는 부채총액에서 제3자 부채를 제외한 금액으로 고객불입금만 해당

셋째, 상조업은 단순히 재화만을 판매하는 것이 아닌 상조서비스까지 함께 제공한다. 따라서 상조서비스를 제공하기 위하여는 혼례 또는 상례에 관한 전문지식을 갖춘 자를 고용하여야 한다. 즉, 소비자가 상조계약을 체결하는 이유 중 하나가 바로 혼례 또는 상례를 거행함에 있어서 일정한 형식이 중요시 되지만, 일반 소비자가 이를 잘 알지 못하기 때문에 이러한 전문지식을 갖춘 자의 조력을 받고자 함이다. 그러나 동법상 등록요건에는 이러한 인적 요건에 대하여는 언급하고 있지 않다. 그 결과 소비자의 의도와는 달리 비전문가에 의한 예식이 진행될 수 있기 때문에 이에 관한 보완이 필요하다. 장례와 관련된 자격증으로는 장례지도사(민간자격증)가 존재하며, 2011년 8월 장사 등에 관한 법률의 개정에 따라 장례지도사가 국가자격으로 전환되었다.[14] 따라서 동법

14) 장사 등에 관한 법률상 장례지도사 자격은 시험방식이 아닌 일정한 교육과정을 이수한 자에게 부여된다. 즉, 시 · 도지사는 시체의 위생적 관리와 장사업무에 관한 전문지식과 기술을 가진 사람에게 장례지도사 자격을 부여할 수 있으며, 장례지도사가 되려는 사람은 장례지도사 교육기관에서 교육과정을 마쳐야 한다. 시 · 도지사는 장례지도사 교육과정을 마친 사람에게 장례지도사의 자격을 무시험검정하고 자격증을 교부하여야 한다(동법 제29조의2). 다만, 금치산자 및 한정치산자, 정신건강의학과 전문의가 장례지도사로서 적합하다고 인정하는 사람을 제외하고 「정신보건법」 제3조 제1호에 따른 정신질환자, 마약 · 대마 또는 향정신성의약품 중독자, 금고 이상의 형을 선고받고 그 형의 집행이 종료되지 아니하거나 집행이 면제되지 아니한 자는 장례지도사가 될 수 없다(동법 제29조의4).

상 등록요건으로 이러한 자격요건을 갖춘 자를 일정 수 이상 고용하는 것을 추가하여야 할 것이다.

마지막으로 미성년자 · 한정치산 또는 금치산의 선고를 받은 사람이 임원인 회사는 상조업자로 등록할 수 없다. 물론 현행의 법 체제하에서는 타당하다고 할 수 있지만, 2013년 7월 1일 이후에는 타당하지 않다. 즉, 행위무능력자를 규정하고 있는 민법이 2011년 3월에 개정되었으며, 개정법에서는 행위무능력자라는 용어 대신에 제한능력자로 표기하고 있으며, 제한능력자에는 미성년자, 피성년후견인, 피한정후견인 및 피특정후견인으로 세분되기 때문에 개정 민법의 시행시기에 맞추어 이에 대한 개정이 필요하다.

2. 등　록

가. 등록 또는 변경신청 및 등록

(1) 등록신청

상조업자는 신청서, 자본금이 3억원 이상임을 증명하는 서류, 소비자피해보상보험계약등의 체결증명서류 및 상조업자의 신원을 확인하기 위하여 필요한 사항으로서 회사의 영업일을 기재한 서류를 주된 사무소의 소재지를 관할하는 시 · 도지사에게 제출하여 등록하여야 한다(동법 제18조, 제19조, 동 시행규칙 제4조 제3항). 신청서에는 상호 · 주소 · 전화번호 · 전자우편주소(영업소 및 대리점을 포함한다) · 대표자의 이름 · 주민등록번호 · 주소 등이 기재되어야 한다. 이러한 등록신청서를 접수한 시 · 도지사는 그 신청서에 첨부서류가 첨부되지 않았거나, 그 서류에 잘못된 점이나 부족한 부분이 있으면 10일 이내의 기간을 정하여 이를 보완할 것을 상조업자에게 요청할 수 있다. 또한 상조업 등록신청서를 받은 시 · 도지사는 「전자정부법」 제36조 제1항에 따른 행정정보의 공동이용을 통하여 법인 등기사항증명서 등본, 발기인의 주민등록표 등본(법인인 신청인이 법인의 설립등기 전에 신청을 하는 경우에만 해당한다) 및 사업자등록증 사본(다만, 신청인이 사업자등록을 하기 전인 경우에는 사업자등록 후 즉시 담당공무원에게 통보하여 확인하도록 하거나 이를 제출하도록 하여야 한다)을 확인하여야 한다. 다만, 주민등록표 등본 및 사업자등록증 사본의 경우 신청인이 확인에 동의하지 아니하는 경우에는 해당 서류를 첨부하도록 하여야 한다(동 시행규칙 제4조 제4항).[15] 마지막으로 그 신청이 등록요건에 적합한 경우에 시 · 도지사는 상조업 등록증을 발급하여야 한다.

(2) 변경신고 등

상조업자는 등록한 사항 중 같은 항 신청서에 기재된 사항 및 자본금과 소비자피해보상보험 등의 체결사실이 변경된 경우에는 변경사항이 발생한 날부터 15일 이내에 총리령으로 정하는 신고서에 그 변경사항을 증명하는 서류를 첨부하여 시 · 도지사에게 제출하여야 하고, 해당 신고를 받은 시 · 도지사는 변경사항을 확인하고 변경사항이 적힌 등록증을 다시 발급하여야 한다. 다만, 소비자피해보상보험계약등의 해지 · 만료 등에 따른 변경사항은 계약의 해지일 · 만료일 1개월 전에 그 변경사항을 증명하는 서류를 시 · 도지사에게 제출하여야 한다. 또한 상조업자는 휴업 또는 폐업을 하거나 휴업 후 영업을 다시 시작할 때에는 그 사유가 발생하기 1개월 전에 신고서를 시 · 도지사에게 제출하여야 하며, 폐업을 신고하는 경우에는 종전의 등록증을 첨부하여야 한다. 이 경우 시 · 도지사는 폐업신고를 받은 때에는 그 등록을 말소하여야 한다. 다만, 폐업신고 전 등록취소 요건에 해당되는 경우에는 폐업신고일에 등록이 취소된 것으로 본다.

(3) 등록신고 등의 문제점

상조업자가 시 · 도지사에게 등록하기 위하여 제출하여야 할 서류 중 하나가 바로 상조업자의 신원을 확인하기 위하여 필요한 사항으로서 회사의 영업일을 기재한 서류이다(동법 제18조 제1항 제4호, 동 시행규칙 제4조 제3항). 이와 관련하여 다음의 두 가지 점에서 의문이 제기된다. 먼저, 회사의 영업일을 기재한 서류가 상조업자의 신원을 확인할 수 있는 사항인가이다. 회사의 영업일을 기재한 서류는 신청인이 상조업을 영위하고 있는지에 관한 것이지 결코 신청인의 신원, 즉 명의대여 또는 허무인임을 확인할 수 있는 것은 아니다. 그럼 신청인의 신원을 확인할 수 있는 서류는 무엇인가? 이에 대

15) 2011년 12월 28일에 제정된 선불식 할부거래에서의 소비자보호 지침(공정거래위원회 예규 제126호)에 따르면 상조업자가 등록을 위하여 제출할 서류로 ① 상호 · 주소 · 전화번호 · 전자우편주소(영업소 및 대리점을 포함한다) · 대표자의 이름 · 주민등록번호 · 주소 등을 적은 신청서(할부거래법 시행규칙 별지 제1호 서식의 선불식 할부거래업 등록신청서), ② 자본금이 3억원 이상임을 증명하는 서류(재무제표, 주금납입증명서 등), ③ 소비자피해보상보험계약등의 체결 증명 서류, ④ 법인등기부등본(법인의 설립등기 전에 신청하는 경우에는 발기인의 주민등록표 등본) 및 ⑤ 사업자등록증(사업자등록을 하기 전인 경우 사업자등록 후 즉시 담당 공무원에게 통보)을 규정하고 있다. 그럼 이러한 지침의 내용이 동법의 내용과 일치하는가? 그러나 법에서는 ④과 ⑤에 해당하는 서류는 제출서류가 아닌 접수기관이 행정정보의 공동이용을 통하여 확인할 사항이며, 신청인이 동의하지 않은 경우에 한정된다. 또한 법에서는 회사의 영업일을 기재한 서류를 제출하도록 규정하고 있지만, 지침에서는 이를 규정하고 있지 않다. 물론 이의 내용이 부당하지만, 총리령에서 정하고 있는 사항을 지침에서 배제할 수 있는가의 문제가 제기되며, 이의 근본적인 해결을 위하여 이를 규정하고 있는 총리령을 개정하여야 할 것이다.

하여는 동 시행규칙 제4조 제4항에서 규정하고 있다. 즉, 등록신청서를 받은 시 · 도지사는 전자정부법에 따른 행정정보의 공동이용을 통하여 법인 등기사항증명서 등본, 발기인의 주민등록표 등본, 사업자등본 사본을 확인하여야 한다. 즉, 확인하여야 할 서류가 바로 신청인의 신원을 증명하는 서류이다. 따라서 법에서 정한 서류, 즉 상조업자의 신원을 확인하기 위하여 필요한 사항과 전혀 무관한 서류를 동 시행규칙에서 제출하도록 규정하고 있는 것이다. 둘째, 회사의 영업일을 기재한 서류는 현재 상조업을 영위하고 있는 자에 국한된다. 즉, 동법은 상조업의 발전에 따른 소비자피해를 방지하기 위하여 개정되었다. 따라서 동법의 시행이전에 상조업을 영위하고 있는 사업자는 이에 관한 서류를 제출할 수 있지만, 상조업을 영위하고자 등록신청하는 자는 이에 관한 서류를 제출할 수 없다. 즉, 등록하기 전에 상조업을 영위할 경우 3년 이하의 징역 또는 1억원 이하의 벌금이 부과된다(동법 제48조 제1항 제1호). 그럼에도 불구하고 회사의 영업일을 기재한 서류를 필수적으로 제출하도록 한다면 법 위반행위를 요구하게 된다. 따라서 회사의 영업일을 기재한 서류를 제출하도록 한 동 시행규칙 제4조 제3항은 삭제되어야 한다.

나. 등록에 따른 정보공개

공정거래위원회는 상조업자의 등록 또는 신고사항, 등록번호 및 등록일, 재화 또는 용역의 판매목록, 자산 · 부채 및 선수금 내역에 관한 사항을 공개하여야 하며, 상조업자에게 정보공개의 목적 · 내용 · 기간 및 방법 등을 정보공개일 15일 전까지 통지하여야 한다(동법 제18조 제5항, 동 시행령 제13조 제1항, 동 시행규칙 제7조).

이러한 상조업자의 정보공개는 미등록 상조업자와의 계약체결로 인한 소비자피해를 예방하기 위함이며, 계약체결전 소비자에게 상조업자에 대한 정보를 제공함으로써 합리적인 계약체결을 유도하기 위함이다. 그러나 이와 같은 정보를 공개하기 위하여 공정거래위원회가 이의 정보를 취득하여야 한다. 그럼 어떠한 방식으로 취득할 수 있는가? 이의 방식은 크게 두 가지이다. 먼저, 상조업자로부터 취득하는 방법과 등록기관인 시 · 도지사를 통하여 취득하는 방법이다. 먼저, 공정거래위원회는 상조업자의 일정한 정보의 공개를 위하여 필요한 경우에는 상조업자에게 관련 자료의 제출을 요구할 수 있으며, 상조업자는 정당한 사유가 없으면 관련 자료를 제출하여야 한다(동법 제18조 제6항). 둘째, 공정거래위원회는 이 법의 효율적인 시행을 위하여 필요하다고 인정할 때에 그 소관사항에 관하여 시 · 도지사 등에게 자료의 제출을 요구할 수 있으며, 시 · 도지사 또는 시장 · 군수 · 구청장은 특별한 사유가 없으면 이에 따라야 한다(동법 제37조 제2항). 그러나 공개대상의 정보는 고정된 정보(등록 또는 신고사항 · 등록번호 및 등록일)와 변동하는 정보(재화 또는 용역의 판매목록, 자산 · 부채 및 선수금 내역에 관한 사항)로 구성되어 있으며, 후자의 정보가 소비자의 입장에서는 중요하다. 후자의 정보를 공개하기 위하여 공정거래위원회가 취득하는 방식으로 상기의 방식은 적합하지 않다. 즉, 고정된 정보는 사업자 또는 시 · 도지사로부터 취득하여 공개하는 것으로 일정 부분은 해결할 수 있지만, 변경될 수 있는 정보의 경우 지속적으로 정보제공을 요구하기에는 한계가 있다. 또한 변경가능한 정보는 신고사항에도 해당하지 않기 때문에 해당 사업자로부터 직접 취득할 수 밖에 없다. 물론 일정 주기별로 사업자에게 정보제공을 요구하여 해결할 수 있지만, 수시로 변경되는 정보의 경우 정확한 정보를 공개하는 방식으로는 적합하지 않다.

그럼 이의 해결방안은 무엇인가? 이는 두 가지의 방안으로 제시할 수 있다. 먼저, 공개대상의 정보 모두를 등록시 신고사항으로 정하여 이를 접수한 시 · 도지사가 공정거래위원회에 이를 제공하여 공개하는 방식이다. 이러한 방식을 채택하기 위하여는 앞에서 제시한 바와 같이 등록 또는 변경시 신고할 사항에 이의 내용을 추가하여야 하며, 시 · 도지사의 공정거래위원회로의 정보제공의무가 신설되어야 한다. 이의 방식의 장점은 등록기관과 정보공개기관이 보관하는 상조업자의 정보가 동일하기 때문에 법 위반행위를 쉽게 파악하여 적절한 조치를 취할 수 있다는 점이다. 두 번째의 방안은 정보공개의무를 상조업자에게 부과하는 것이다. 현행법상 소비자에게 제공하여야 할 정보에는 이러한 사항이 배제되어 있다. 그러나 이러한 정보는 소비자가 선불식 할부계약을 체결함에 있어서 중요한 정보라는 점을 감안할 때, 이의 정보가 공개될 필요가 있다. 정보공개의 장소는 상조업자의 홈페이지 및 영업소를 비롯하여 공정거래위원회의 홈페이지 등으로 정하여 상조업자의 정보를 공정거래위원회가 아닌 상조업자가 직접 공개하도록 하는 것이다. 이의 장점은 수시로 변경하는 정보를 신속하게 소비자에게 제공할 수 있다는 점이다. 그러나 단점으로는 수시로 변경되기 때문에 이의 정보수정 역시 수시로 이루어지게 되며, 이는 사업자에게 부담으로 인식될 수 있다. 따라서 매월 지정일에 정보에 대한 변경의무를 부과할 필요가 있다. 이를 위하여는 상조업자에 대하여 정보공시의무를 부과하여야 할 것이다. 그럼 상기의 두 가지 방안 중 어느 것이 더 타당한 것인가? 어느 방안도 큰 문제가 없지만, 공개대상정보의 변경가능성을 고려함과 더불어 정보공개제도의 목적인 소비자에게 상조업자에 대한 정보를 제공하여 이러한 자와의 계약체결여부를 합리적으로 결정할 수 있도록 하기 위함을 감안한다면 후자의 방안이 더 바람직할 것이다. 다만, 정확한 정보공시를 위하여는 상조업자의 금지행위에 정보공시의무를 위반하거나 허위로 기재하는 행위를 추가하고, 이에 대한 벌칙 규정을 신설하여야 할 것이다.[16)]

3. 직권말소 및 등록취소

가. 직권말소

등록한 상조업자가 파산선고를 받거나 관할 세무서에 폐업신고를 한 경우 또는 6개월을 초과하여 영업을 하지 아니하는 등 실질적으로 영업을 할 수 없다고 판단되는 경우 시 · 도지사는 직권으로 등록을 말소할 수 있다(동법 제21조). 이와 같이 상조업자가 영업을 사실상 하지 않거나 할 수 없는 경우에도 불구하고 그 등록을 계속 유지함으로 인하여 발생할 수 있는 소비자피해를 예방하기 위하여 직권말소규정을 두고 있다. 그러나 직권말소사유 중 6개월을 초과하여 영업을 하지 아니하는 등 실질적으로 영업을 할 수 없다고 판단되는 경우에도 일방적인 직권말소사유로 규정한 것은 절차적 측면에서 문제가 있다. 즉, 상조업자의 내부적인 사정으로 인하여 6개월 이상 영업을 하지 못하는 경우도 존재함에도 불구하고 이의 소명기회를 전혀 부과하지 않고 일률적으로 직권말소할 수 있음은 상조업자의 영업에 대한 자유를 침해할 소지가 있다. 따라서 상기의 사유가 있는 경우에 일방적인 직권말소가 아닌 사전에 등록을 직권말소할 것임을 통지하고, 정당한 소명이 없는 경우에 말소하도록 개정하여야 할 것이다.

나. 등록취소

상기의 요건을 충족한 경우 상조업자는 상조계약을 업으로 할 수 있지만, 허위로 등록을 신청하여 자격을 취득하거나 영업 도중에 이의 요건을 결한 경우 등록을 취소하여 등록요건을 갖추지 못한 자에 의한 상조계약에 따른 소비자피해를 예방할 필요가 있다. 이러한 점에서 할부거래법에서는 등록취소요건을 규정하고 있다(동법 제40조 제2

16) 할부거래법에서는 공정거래위원회의 자료제공요청에 대하여 자료를 제출하지 아니하거나 거짓 자료를 제출한 자에게 3천만원 이하의 과태료를 부과하고 있다(동법 제53조 제2항).

항). 이의 요건으로 거짓이나 그 밖의 부정한 방법으로 등록한 경우, 상조업자가 동법상 등록결격사유에 해당하게 된 경우, 소비자피해보상보험계약등이 해지된 경우 또는 영업정지기간 중에 영업하는 경우가 있다. 다만, 거짓이나 그 밖의 부정한 방법으로 등록한 경우 또는 상조업자가 동법상 등록결격사유에 해당하게 된 경우에 반드시 등록을 취소하도록 규정하고 있다.

이와 같이 상조업에 대한 등록취소사유를 할부거래법에서 규정하고 있지만, 시정조치에 관한 조항에서 이를 규정하고 있다. 그러나 등록요건을 갖추지 못한 상조업자가 거짓이나 그 밖의 부정한 방법으로 등록한 경우는 법 위반행위가 과거에 이미 발생한 것이며, 현재 진행되고 있는 법 위반행위를 교정하기 위한 시정조치와는 본질적으로 차이가 있다. 이미 판례[17]도 시정조치의 대상을 과거의 위법행위가 아닌 현재의 위법행위로 한정하고 있다. 따라서 등록의 취소에 관한 사항은 시정조치에 관한 조항에 둘 것이 아니라 별도의 조항에서 이를 규정하여야 할 것이다. 또한 공정거래위원회가 등록을 취소하였을 경우 후속조치에 관하여는 규정을 두고 있지 않다. 따라서 등록을 취소한 경우 공정거래위원회는 이의 사실을 일반 소비자가 알 수 있도록 공개하여야 할 것이다. 또한 해당 사업자 역시 회원인 소비자에게 허가취소의 사실을 고지하고, 지급받은 계약금 및 할부금 등을 반환하도록 하여야 할 것이다.

일본 할부판매법에서는 허가취소를 당연취소의 경우와 취소할 수 있는 경우로 구분하고 있다. 전자에 해당하는 사유가 발생한 경우 경제산업성 장관은 부여한 허가를 반드시 취소하여야 하지만, 후자에 해당하는 사유가 발생한 경우 반드시 허가를 취소하는 것이 아닌 취소여부를 결정할 수 있다. 필수취소요건으로는 첫째, 자본금 또는 출자액이 매수인의 이익을 보호하기 위하여 필요하고 적당하다고 인정되는 금액으로써 정령에서 정하고 있는 액을 충족하지 못한 법인 · 동법에 따라 벌금형을 받거나 이러한 형의 집행이 종료하거나 집행을 받지 않기로 한 날로부터 2년이 경과하지 않은 법인 또는 파산자로서 복권되지 않거나 금고 이상의 형을 받거나 동법에 따라 벌금형을 받거나 이러한 형의 집행이 종료하거나 집행을 받지 않기로 한 날로부터 2년이 경과하지 않은 자 또는 허가할부판매업자가 동법 제23조 제1항 또는 제2항에 따라 허가가 취소된 경우 이의 처분이 있기 30일 이내에 허가할부판매업자의 임원으로써 이의 처분이 있는

17) 시정명령은 위반행위가 있었음을 확인하거나 재발방지 등을 위하여 취하는 조치가 아니라 당해 위반행위로 인하여 현실로 존재하는 위법한 결과를 바로잡는 것을 내용으로 하기 때문에 과거에 위반행위가 존재하였지만, 그 결과가 더 이상 존재하지 않은 경우에 시정명령을 할 수 없다(대판 2008.10.9, 2006두19617; 대판 2002.11.26, 2001두3099).

날로부터 2년이 경과하지 아니한 자가 임원으로 있는 법인, 둘째 부채비율요건을 충족하지 못하여 계약체결금지명령을 받은 경우 이 날로부터 6개월이내에 금지명령이 취소되지 아니한 경우, 셋째 부채비율요건을 충족하지 못하여 계약체결금지명령을 받았음에도 불구하고 계약을 체결한 경우, 넷째 부정한 방법으로 허가를 받은 경우이다(동법 제23조 제1항). 임의취소요건으로는 첫째, 보증금공탁서를 제출하지 아니하고 영업을 개시한 경우, 둘째 선수금보전조치를 취하지 않고 신규 선불식 할부계약을 체결한 경우, 셋째 변경된 약관의 내용이 허가기준에 적합하지 아니하다고 인정되어 이의 변경을 요구하는 명령을 위반한 경우, 넷째 경제산업성 장관의 개선명령에 위반한 경우, 다섯째 부족한 영업보증금을 보충하지 아니한 경우, 여섯째 부족한 선수금보전조치에 대하여 추가 조치를 강구하지 아니한 경우이다. 다만, 경제산업성 장관은 임의취소사유가 있는 경우 허가취소가 아닌 3개월 이내의 기간을 정하여 신규 선불식 할부계약의 체결을 금지할 수 있다. 또한 경제산업성 장관은 허가를 취소한 경우 관보에 게시하여 이의 사실을 공시하여야 한다(동법 제24조, 동 시행규칙 제11조).

제 3 장

상조계약과 소비자보호

제1절 선불식 할부계약으로서의 상조업

1. 선불식 할부계약의 정의

가. 선불식 할부계약에 대한 할부거래법상 정의

할부거래법에서는 선불식 할부계약에 대하여 다음과 같이 정의하고 있다. 즉, 선불식 할부계약이란 "계약의 명칭 · 형식이 어떠하든 소비자가 사업자로부터 장례 또는 혼례를 위한 용역(제공시기가 확정된 경우는 제외한다) 및 이에 부수한 재화 또는 이에 준하는 소비자피해가 발생하는 재화등으로서 소비자의 피해를 방지하기 위하여 대통령령[1]으로 정하는 재화등의 대금을 2개월 이상의 기간에 걸쳐 2회 이상 나누어 지급함과 동시에 또는 지급한 후에 재화등의 공급을 받기로 하는 계약"을 말한다(동법 제2조 제2호).

이러한 선불식 할부계약은 후불식 할부계약과 비교하여 두 가지 점에서 차이가 있다. 첫째는 대금분할의 횟수에 있어서 후불식 할부계약은 3회 이상을 요구하고 있지만, 선불식 할부계약은 2회 이상으로 정하고 있다. 우리나라의 급여지급방식인 월급제와 간접할부거래가 주를 차지하고 있다는 점을 감안할 때, 후불식 할부계약 역시 2회 이상으로 개정하는 것이 바람직하다.[2] 둘째, 후불식 할부계약은 대금의 완납이전에 재화등의 공급이 이루어지지만, 선불식 할부계약은 대금의 납부 후에 재화등이 공급된다는 점에서 가장 큰 차이점이 있다. 그러나 후자의 차이점은 선불식 할부계약에 대한 정의규정의 해석에 따라 다르게 판단될 수 있다.

---

1) 동법 시행령에서는 이에 대하여 규정을 두고 있지 않기 때문에 선불식 할부계약의 목적물은 상조서비스 및 이에 부수하는 재화로 한정된다.

2) 선불식 할부계약과 달리 후불식 할부계약의 경우 대금의 분할지급방법에 있어서 2월 이상의 기간과 3회 이상의 분납을 요구하고 있다. 과연 이러한 분할지급방식이 적절한 것인가에 대하여는 의문이 제기된다. 즉, 외국의 급여체계와 달리 우리의 일반적인 급여체계는 월급제이다. 따라서 보통 할부금 지급시기 역시 매월 1회이다. 또한 현재 할부계약의 주는 직접할부계약이 아닌 신용카드를 통한 간접할부계약이다. 따라서 소비자가 신용카드사에 대금을 결제하는 방식은 매월 결제일에 자동이체 등을 통하는 방식이다. 그러므로 매월 1회 결제가 이루어진다. 그 결과 동법상 후불식 할부계약에 해당하기 위하여 소비자는 3개월 할부를 하여야 한다. 즉, 2개월이라는 기간의 의미는 사실상 존재하지 않는다. 따라서 이러한 현실에 적합하게 분할지급요건을 개정할 필요가 있으며, 2월 이상의 기간을 걸쳐 2회 이상 분할하여 지급하기로 하는 계약(기간중심방식)으로 개정할 필요가 있다(拙稿, "선불식 할부계약에 대한 연구", 「홍익법학」 제10권 제3호, 2009, 182면).

나. 선불식 할부계약의 정의상 문제점

(1) 선불식 할부계약의 정의규정에 대한 두 가지 해석의 가능성

상기와 같이 할부거래법에서는 선불식 할부계약에 대하여 정의하고 있다. 그러나 이와 관련하여 다음의 두 가지 해석이 가능하다. 먼저, 선불식 할부계약을 2월 이상의 기간 요건과 2회 이상의 대금 납부와 동시 또는 이후에 이루어지는 계약으로 해석하는 것이다. 즉, 2회 이상 나누어 지급의 의미에 대하여 대금 전부의 분할지급이 아닌 2회분의 할부금의 지급으로 해석하는 방식이다. 구체적으로 예시하면, 상조서비스계약의 대금을 60개월로 분할하여 납입하기로 하고 할부금을 2회 납입함과 동시에 또는 납입한 후 상이 발생하여 상조서비스를 제공받은 경우에도 동법상 선불식 할부계약에 해당한다는 것이다. 이는 동법상 선불식 할부계약의 정의 규정 중 "재화등의 대금을 2개월 이상의 기간에 걸쳐 2회 이상 나누어 지급함과 동시에 또는 지급한 후에 재화등의 공급을 받기로 하는 계약"에 있어서 2월 이상의 기간 동안 2회 이상의 할부금만 납입하면 상조서비스를 받을 수 있는 계약으로 해석하는 것이며, 대금의 납입횟수가 남아 있더라도 2회 이상의 할부금을 납입하였다면 당연히 상조서비스를 제공받을 수 있는 계약을 선불식 할부계약으로 인정하는 것이다. 이러한 해석은 직접적으로 제시하고 있지 않지만, 동법의 주무관청인 공정거래위원회가 해석하는 방식이라 할 수 있다. 즉, 모든 상조업체가 동법상 선불식 할부거래업자에 해당하기 때문에 등록의 대상으로 인정하고 있기 때문이다. 정의 규정에 대한 다른 해석은 동법상 선불식 할부계약의 정의 규정 중 "재화등의 대금을 2개월 이상의 기간에 걸쳐 2회 이상 나누어 지급함과 동시에 또는 지급한 후에 재화등의 공급을 받기로 하는 계약"에 대하여 대금 전부를 2개월 이상의 기간을 걸쳐 2회 이상 지급함과 동시에 또는 지급한 후에 재화등을 공급받기로 하는 계약만을 선불식 할부계약으로 인정하는 해석이다. 따라서 선불식 할부계약이 성립하기 위하여 대금의 분할지급뿐만 아니라 재화등의 공급이 대금의 완납과 동시에 또는 완납한 이후에 이루어지기로 하는 계약만이 대상이 되기 때문에 대금의 납입 도중에 상이 발생하여 재화등을 공급하기로 하는 계약은 동법상 선불식 할부계약에 해당하지 않게 된다.[3)]

양자의 구체적인 차이점을 살펴보면, 전자의 해석에 따르면 대금의 완납뿐만 아니라 일부 지급의 경우에도 상조서비스를 제공하기로 하였다면 동법상 선불식 할부계약

3) 拙稿, "선불식 할부계약의 정의에 관한 연구", 「법조」 제654호, 2011 · 3, 164-171면.

에 해당하지만, 후자의 해석에 따르면 대금을 2회 이상 분할하여 완납한 이후에 상조서비스를 제공하기로 하는 계약만 동법상 선불식 할부계약에 해당할 뿐 할부금을 2회 이상 납입하더라도 대금의 완납이전에 상이 발생한 경우 상조서비스를 제공하기로 하는 계약은 동법상 선불식 할부계약에 해당하지 않게 된다.

(2) 양 해석에 따른 동법 적용상의 문제점

상기와 같이 동법상 선불식 할부계약에 대한 정의규정을 해석할 경우 각각의 해석은 상조업에 대하여 할부거래법의 적용상 어떠한 문제점을 발생시키는가? 먼저, 전자의 방식으로 해석하였을 경우 선불식 할부계약은 동시에 후불식 할부계약에 해당하게 된다. 즉, 2회 이상 지급하였지만, 대금의 완납이전에도 상이 발생한 경우 상조서비스를 제공하기로 한 계약까지 선불식 할부계약에 포함된다고 한다면 대금 완납이전에 재화등의 공급이 이루어지기로 한 계약이기 때문에 동법상 후불식 할부계약에 해당한다. 그러나 동법에서는 선불식 할부계약에 해당하는 경우 후불식 할부계약에 관한 규정의 적용을 배제하는 규정을 두고 있지 않기 때문에 후불식 할부계약에 관한 규정 역시 선불식 할부계약에도 적용된다. 후자와 같이 해석한다면, 대금 완납이전에 상이 발생할 경우에도 상조서비스를 제공하기로 하는 현행의 상조계약 중 대금 완납이전에 상조서비스를 제공하기로 하는 부분은 동법상 선불식 할부계약에 해당하지 않기 때문에 이 부분에 대하여는 할부거래법(선불식 할부계약에 관한 규정)이 적용될 수 없게 된다.

다. 일본 할부판매법상 할부판매, 전불식 특정거래와 전불식 할부판매와의 비교

(1) 일본 할부판매법상 할부판매, 전불식 특정거래 및 전불식 할부판매의 정의

일본 할부판매법상 할부판매는 매수인으로부터 상품 내지는 권리의 대금 또는 용역을 제공받은 자로부터 용역의 대가를 2월 이상의 기간을 걸쳐 3회 이상 분할하여 지급받기로 하는 것(판매업자 또는 역무의 제공의 사업을 영위하는 자가 지정하는 은행, 그 외 예금의 수탁을 업으로 하는 자에 대하여 매수인 또는 용역의 제공을 받는 자가 2월 이상의 기간에 걸쳐 3회 이상 예금시킨 후, 그 예금 중에서 상품 혹은 권리의 대금 또는 용역의 대가를 수령하는 것을 포함한다)을 조건으로 하여 지정상품 또는 지정권리를 판매하거나 지정용역을 제공하는 것을 말한다(동법 제2조 제1항 제1호).

전불식 특정거래는 상품의 위탁(取次ぎ)판매[4] 또는 지정용역의 제공 또는 지정용역

4) 위탁(取次ぎ)이라고 함은 자기의 명의로써 타인의 계산으로 법률행위를 하는 것을 말한다. 즉, 법률적으로 위탁매

을 제공하거나 지정용역의 제공을 받는 것의 위탁판매에서 매수인 또는 당해 용역을 제공받는 자에 대하여 상품의 인도 또는 지정용역의 제공에 앞서 이의 자로부터 상품의 대금 또는 지정용역의 대가의 전부 또는 일부를 2월 이상의 기간에 걸쳐 3회 이상 분할하여 받는 것을 말한다(동법 제2조 제6항).[5] 여기에서 지정용역은 결혼피로연을 포함하여 혼례를 위한 시설의 제공, 의복의 대여, 기타 편의의 제공 및 이에 부수한 물품의 공급과 장례를 위한 제단의 대여, 기타 편의의 제공 및 이에 부수한 물품의 공급을 말한다.[6]

전불식 할부판매는 지정상품을 인도받기 전에 매수인으로부터 2회 이상에 걸쳐 그 대금의 전부 또는 일부를 수령하는 상기의 할부판매로 정의하고 있다(동법 제11조). 따라서 전불식 할부판매[7]는 2월 이상의 기간을 걸쳐 3회 이상 분납하기로 하는 계약 중 대금의 전부 또는 일부를 2회 이상 지급한 후에 상품을 인도받기로 하는 계약이다.[8]

이상과 같이 일본 할부판매법상 할부판매, 전불식 특정거래와 전불식 할부판매에 대하여 정의를 하고 있으며, 그 차이점을 살펴보면 다음과 같다. 첫째, 급부의 목적물에 있어서 할부판매는 지정상품, 지정권리 또는 지정용역을 대상으르 하지만, 전불식 특정거래에서는 상품 또는 지정용역으로 한정하고 있으며, 전불식 할부판매의 경우 지정상품으로 한정하고 있다. 둘째, 상품의 인도시기에 관하여 할부판매에서는 이를 명시적으로 규정하고 있지 않지만, 전불식 특정거래에서는 상품의 인도전에 대금의 전부 또는 일부를 분할하여 3회 이상 받는 것을 요건으로 하고 있으며, 전불식 할부판매의 경우 2회 이상의 할부금을 납부한 이후이다. 따라서 2월 이상의 기간을 걸쳐 3회 이상 분납하기로 하였다면 기본적으로 할부판매에 해당하지만, 상품의 공급시기가 3회 이상 지급한 이후라고 한다면 전불식 특정거래에 해당하며, 상품의 공급시기가 2회의 할부

매인이 법률행위의 당사자로서 권리의무의 주체의 지위를 갖지만, 경제적으로 당해 행위의 결과의 손익은 위탁자에게 귀속된다(通商産業省 産業政策局取引信用課 編, 앞의 책, 77면).

5) 우리의 상조업체에 해당하는 일본 호조회에 대한 할부판매법상 규율(전불식 특정거래)은 1971년 할부판매법의 개정에 의하여 시작되었다(정명운, "일본 상조회의 표준약관에 관한 주요내용", 「최신외국법제정보」 제2007-4호, 2007 · 8, 9면).

6) 野邊 博, 「消費者保護の法律相談」, 學陽書房, 2006, 121면.

7) 전불식 할부판매는 1920년대말 일본에 있어서 미싱판매계약부터 시작되었으며, 1965년을 전후로 하여 급속히 발전한 판매방식이다. 이후 전불식 할부판매업자의 도산 등으로 인하여 많은 소비자피해 및 분쟁이 발생하여 통산산업성에서는 이의 문제를 해결하고자 1968년 할부판매법을 개정하여 전불식 할부판매업에 대한 규제를 강화하였다. 즉, 제정법에서는 등록제였지만, 개정법에서는 허가제로 변경하였으며, 전수금보전조치 및 감독을 강화하였다(通商産業省 産業政策局取引信用課 編, 위의 책, 4-5면; 東京辯護士會 辯護士研修センタ*ha*運營委員會 編, 「消費者法の法的論点と實務」, ぎょうせい, 2009, 221-222면;).

8) 일본 할부판매법상 전불식 특정거래 및 전불식 할부판매를 영위하기 위하여 경제산업성 장관의 허가를 받아야 한다.

금을 지급한 이후인 경우에는 할부판매가 아닌 전불식 할부판매에만 해당하게 된다. 즉, 1회의 할부금을 납부하기 전 또는 2회 이하의 할부금을 납부하기 전에 상품 등을 공급받기로 하였다면 할부판매에 해당한다. 또한 2회 할부금의 납부와 동시에 상품을 공급하기로 하는 계약은 전불식 할부판매에 해당하지 않는다.[9] 마지막으로 전불식 특정거래는 소비자로부터 전불금을 지급받지만, 직접 상품을 판매하지 않기 때문에 전불식 할부판매에는 해당하지 않는다. 그러므로 일본 할부판매법상 할부판매, 전불식 특정거래와 전불식 할부판매의 중복이라는 문제는 발생하지 않는다.

(2) 할부거래법상 후불식 할부계약 및 선불식 할부계약에 대한 정의규정과의 비교

일본의 할부판매법상 할부판매는 우리의 후불식 할부계약과 유사하며, 전불식 특정거래 또는 전불식 할부판매는 우리의 선불식 할부계약과 유사하다.[10] 양자를 각각 비교하면 다음과 같은 차이점이 있다.[11]

먼저, 후불식 할부계약과 할부판매이다. 양자 모두 대금의 분할기간(2개월 이상)과 분할횟수(3회 이상) 요건은 동일하다. 그러나 차이점은 급부의 목적물에 있어서 가장 기본적으로 차이가 있다. 할부거래법상 할부계약의 목적물은 모든 재화와 용역을 대상으로 규정하고 일부의 재화에 대하여 동법의 적용을 배제하는 방식을 취하고 있다. 반면에 할부판매법상 목적물은 동 시행령에서 정한 상품 등[12]에 한정된다. 즉, 규율방식에

---

9) 通商産業省 産業政策局取引信用課 編, 위의 책, 138면; 日本辯護士連合會, 「消費者契約法講義」, 日本評論社, 2009, 210면.

10) 우리의 선불식 할부계약이 일본의 전불식 특정거래에 해당하는가 아니면 전불식 할부판매에 해당하는가에 대하여는 단적으로 말할 수 없다. 급부의 목적물을 중심으로 한다면 전불식 특정거래가 이에 해당한다고 할 수 있지만, 일본 전불식 특정거래는 사업자가 직접 소비자에게 판매하는 것이 아닌 위탁판매이기 때문이다. 따라서 일본의 경우 소비자로부터 대금을 받은 자가 직접 자신의 물품을 판매하였다면 이는 전불식 특정거래에 해당하지 않는다(通商産業省 産業政策局取引信用課 編, 위의 책, 76면). 그럼 전불식 할부판매에 해당하는가에 대하여 살펴보면 전불식 할부판매의 객체는 지정상품에 한정되며, 전불식 특정거래에서의 지정용역은 포함되지 않는다. 따라서 상조서비스는 전불식 할부판매에 해당하지 않지만, 전불식 특정판매와 달리 대금을 지급받은 사업자가 소비자에게 직접 상품을 판매한다는 점에서는 상조서비스와 동일하다. 따라서 우리의 상조서비스업인 선불식 할부계약은 일본의 전불식 특정거래와 전불식 할부판매의 혼합형이라고 할 수 있다.

11) 이하에서 우리 할부거래법상 후불식 할부계약은 "할부계약"이라고 하며, 선불식 할부계약은 "선불식 할부계약"이라고 한다. 일본 할부판매법상 할부판매는 "할부판매"라 하고, 전불식 할부판매는 "전불식 할부판매"라 한다.

12) 일본 할부판매법 시행령에서 지정상품으로 동물 또는 식물의 가공품 등 54개를 규정하고 있으며, 지정권리로 혼인중개를 받을 수 있는 권리 등 7개의 권리를 규정하고 있으며, 지정용역으로 기술 또는 지식의 교육 등 10개의 용역을 규정하고 있다(동 시행령 제1조). 다만, 2009년 12월 특정상거래법 및 할부판매법의 일부를 개정하는 법률(特定商取引に關する法律及び割賦販賣法の一部を改正する法律)의 제정(미시행)에 의하여 할부거래법의 객체는 부동산 거래를 제외한 모든 상품과 용역으로 확대되었기에 동법이 시행될 경우 이러한 차이점은 발생하지 않는다. 또한 동법에서는 신용카드할부판매의 경우 2개월 이상 3회 이상 분납에서 2개월 이상의 요건만을 요구하여 1회 또는 2회 분납 역시 규율대상에 포함시켰다. 다만, 다음 달에 일시불로 지급하는 경우는 제외된다(打川和男, 「消費者保護と苦情對應」, 秀和システム, 2010, 85면).

있어서 동법의 적용이 배제되는 객체를 규정하는 소극적 방식과 동법이 적용되는 객체를 규정하는 적극적 방식으로 구분되며, 할부거래법은 전자의 방식을 취하고 있는 반면에 할부판매법은 후자의 방식을 취하고 있다. 또한 목적물의 공급시기에 관하여 할부거래법에서는 대금의 완납 이전까지로 정하고 있지만, 할부판매법에서는 이에 대하여 명시하고 있지 않다. 다만, 할부판매는 소비자에게 먼저 상품을 인도하고 나중에 대금을 받는 판매방식[13]이기 때문에 대금의 완납이전에 상품 등이 공급되어야 함은 당연하다고 할 것이다. 또한 전불식 할부판매와의 관계를 고려할 때, 할부판매에서 상품등의 공급시기는 2회의 할부금이 지급되기 전 또는 이와 동시라고 볼 수 있다. 따라서 후불식 할부계약의 경우 재화등의 공급시기는 대금의 완납이전에 이루어지면 되기 때문에 3개월 및 3회 지급의 할부계약에서 2회의 할부금이 지급된 후 3회의 할부금이 지급되기 전에 재화등이 공급되기로 하는 계약 역시 이에 포함되지만, 2회의 할부금이 먼저 지급되는 방식이기 때문에 일본 할부판매법상 할부판매가 아닌 전불식 할부판매에 해당한다.

다음은 선불식 할부계약과 전불식 특정거래 및 전불식 할부판매의 비교이다. 첫째, 대금분할기간은 2개월 이상으로 동일하지만, 분할의 횟수에 있어서 선불식 할부계약은 2회 이상이지만, 전불식 특정거래와 전불식 할부판매는 3회 이상이어야 한다. 즉, 전불식 할부판매는 기본적으로 할부판매에 해당하여야 하기 때문에 대금지급의 방식은 할부판매의 요건(2월 이상의 기간과 3회 이상의 분납)과 동일하다. 다만, 할부판매법 제11조에서 규정하고 있는 2회의 요건은 대금의 선납요건이기 때문에 이의 요건까지 충족하여야 한다. 둘째, 선불식 할부계약과 전불식 할부판매는 2회 이상의 선납이라는 요건을 충족하여야 하지만, 전불식 특정거래는 3회의 선납이 필요하다. 그러나 전불식 특정거래에 있어서 3회 이상의 선납과 전불식 할부판매에 있어서 2회 이상의 선납에 있어서 납입하여야 할 대금의 범위에 대하여는 대금의 전부 또는 일부라고 규정하고 있기 때문에 대금의 완납을 요건으로 하지 않는다. 반면에 선불식 할부계약에서는 대금이라고만 규정하고 있기 때문에 대금의 전부를 의미하는지 아니면 일부를 의미하는지에 대하여는 불명확하다. 이러한 점 때문에 선불식 할부계약에 대한 정의규정에 대하여 해석상 논란이 제기되고 있는 것이다. 셋째, 전불식 특정거래는 3회 이상의 선납이후이며, 전불식 할부판매에서는 2회 이상의 선납 이후에 상품을 공급받은 것을 요건으로 한다.

13) 梶村太市 · 深澤利一 · 石田賢一 編, 「割賦販賣法」, 青林書院, 2004, 3면.

따라서 3회 또는 2회의 할부금의 지급과 동시에 상품을 공급받는 계약은 전불식 특정거래 또는 전불식 할부판매에 포함되지 않는다. 그러나 선불식 할부계약에서는 2회 이상의 납입과 동시 또는 납입한 후에 재화등을 공급받기로 한 계약이기 때문에 2회의 할부금의 납입과 동시에 재화등을 공급받기로 하는 계약도 선불식 할부계약에 포함된다.

라. 할부거래법상 선불식 할부계약에 대한 정의상 문제점에 대한 해결방안

(1) 선불식 할부계약의 정의규정에 대한 해석의 방향

2010년 할부거래법의 개정으로 새롭게 동법의 규율대상으로 편입된 선불식 할부계약에 대한 법적 정의는 앞에서 살펴본 바와 같이 두 가지 방향으로 해석될 수 있다. 그럼 과연 어떠한 방향으로 해석하여야 하는가? 물론, 해석상의 차이에도 불구하고 법적용상의 문제가 발생하지 않는다면 이러한 차이를 고려할 필요는 없지만, 해석에 따라 동법의 적용여부에 있어서 차이가 있기 때문에 정확한 해석이 필요하다. 또한 동법에서는 선불식 할부계약에 대하여 단지 사법적으로 규율하고 있는 것이 아니라 매우 엄격한 공법적 규제를 병행하고 있다. 즉, 동법에서 규정하고 있는 공법적 규제의 대부분은 상조업자를 대상으로 하고 있으며, 이의 적용대상여부를 결정함에 있어서 가장 기본적인 요소가 바로 선불식 할부계약에 대한 정의규정이다. 따라서 정의규정에 대한 해석방법론은 사법적 해석이 아닌 공법적 해석방법론을 취하여야 하며, 가장 기본적으로 죄형법정주의 원칙에 합치하여야 한다.[14] 그럼 구체적으로 이를 어떻게 해석하여야 하는가? 선불식 할부계약에 대한 정의규정 중 양 해석상에 있어서 가장 핵심은 "재화등의 대금을 2개월 이상의 기간에 걸쳐 2회 이상 나누어 지급"에 대한 해석문제이다. 즉, "나누어 지급"하는 것이 전체 대금 전부를 나누어 지급한다는 것인지 아니면 전체 대금 중 2회의 할부금만을 지급한 것인지에 대한 문제이다. 이러한 문제는 일본 할부판매법상 전불식 특정거래 또는 전불식 할부판매에서는 발생하지 않는다. 즉, 먼저 지급하여야 할 대금을 "대금의 전부 또는 일부"라고 규정하고 있기 때문에 전체 할부금 중 3회 또는 2회의 할부금만을 지급한 후에도 상품을 공급받기로 하는 계약 역시 전불식

14) 상조업과 유사하게 강력한 공법적 규제를 가미하여 규율하는 판매방식이 방문판매법상 다단계판매이다. 판례는 방문판매법상 다단계판매에 해당여부를 판단함에 있어서 매우 엄격하게 방문판매법상 다단계판매에 대한 정의규정을 해석하고 있다. 즉, 방문판매 등에 관한 법률 및 그 시행령의 규정 내용과 아울러, 위 법률이 제13조에서 다단계판매업자로 하여금 관할 관청에 등록하도록 하면서 이에 위반한 경우 제42조에 따라 피고로부터 시정조치를 받게 될 뿐 아니라 제51조에 따라 형사처벌까지 받도록 규정함으로써 다단계판매행위를 하였는지 여부를 침해적 행정처분과 형사처벌의 전제로 삼고 있어, 위 법률에 규정된 다단계판매의 의미를 해석함에 있어서 규정의 문언에 따라 엄격하게 해석하여야 하고 이를 넘어서는 확장해석을 할 수는 없다고 판시하였다(대판 2009. 4. 9, 2008두17424).

특정거래 또는 전불식 할부판매에 해당하기 때문이다. 그러나 우리의 할부거래법에서는 "재화등의 대금"이라고 규정하고 있기 때문에 이러한 문제가 발생하게 된다. 그럼 이에 대하여 어떻게 해석하여야 하는가?

결론부터 말하자면 대금 전부를 2월 이상의 기간에 걸쳐 2회 이상 지급함과 동시 또는 지급한 후에 공급받기로 하는 계약으로 해석하여야 할 것이다. 그 이유로 첫째, 일본 전불식 특정거래 또는 전불식 할부판매와 달리 할부거래법에서는 대금이라고만 규정하고 있기에 여기에서 대금은 전체 대금으로 해석하여야 한다. 이러한 점은 후불식 할부계약의 요건인 "재화의 대금을 2개월 이상의 기간에 걸쳐 3회 이상 나누어 지급"에 대하여 대금 전부를 3회에 걸쳐 나누어 지급한다고 해석한다는 점과 동일하다. 둘째, "2개월 이상의 기간을 걸쳐 2회 이상 나누어 지급"이라는 의미는 재화등의 공급시기를 정한 것이 아닌 대금의 납부방식을 정한 것이다. 즉, 2월 이상의 기간은 대금 분할지급의 기간을 의미하며, 2회 이상은 전체 대금의 분할횟수를 의미하는 것이다. 구체적으로 전체 대금을 몇 개월의 기간을 걸쳐 몇 회로 분할하여 지급할 것인가의 문제이지, 전체 대금 중 2회 이상 납입한 후에 재화등을 공급한다는 의미로 해석할 수 없다. 셋째, 동법 제23조 제1항에서 규정하고 있는 선불식 할부계약을 체결하기 전 상조업자가 제공하여야 할 정보 중 '재화등의 가격과 그 지급의 방법 및 시기'에 있어서 '재화등의 가격'은 선불식 할부계약의 정의규정에서의 '재화등의 대금'과 일치한다. 그 결과 재화등의 대금은 소비자가 상조업자에게 지급하여야 할 전체 금액을 의미한다. 넷째, 선불식 할부계약이라는 용어이다. 즉, 후불식 할부계약과 달리 선불식 할부계약이라는 용어를 사용하였다는 것은 후불식 할부계약에 해당하지 않는 거래방식을 규율하기 위함이다. 구체적으로 대금의 완납이후에 재화등을 공급받는 계약을 규율할 수 없었기에 이로 인하여 발생하는 문제점을 해결하기 위하여 선불식 할부계약에 관한 규정을 도입한 것이다. 그럼에도 불구하고 대금의 완납과 관계없이 지급횟수를 기준으로 선불식 할부계약을 정의하고자 하였다면, 2월 이상의 기간을 걸쳐 3회 이상 분납하기로 하고 대금의 완납이전에 재화등을 공급받기로 하는 후불식 할부계약에 해당하기 때문에 舊 할부거래법의 적용을 통하여 충분히 해결할 수 있었다. 즉, 동법 개정을 유발하였던 상조계약은 소비자가 대금을 분할하여 지급하고, 계약체결 이후 상이 발생한 경우 상조서비스를 제공하기로 하는 계약이기 때문에 대금 완납 이전에 상이 발생할 수도 있으며, 완납한 이후에 상이 발생할 수 있다. 따라서 대금 완납이전에 상이 발생한 경우에는 후불식 할부계약에 해당하기 때문에 舊 할부거래법에 의하여 충분히 규율할 수 있었다. 그러나 문제는 대금을 완납한 이후에 상이 발생한 경우에도 상조서비스를 제공받기로 한 부분에 대하여는 舊 할부거래법에 의하여 규율할 수 없다는 점이다. 이러한 문제점을 해결하기 위하여 동법을 개정하여 선불식 할부계약을 도입한 것이다. 그럼에도 불구하고 2회 이상의 할부금을 지급한 경우에 대금의 완납 여부와 관계없이 상조서비스를 받을 수 있는 계약을 선불식 할부계약에 포함시킨다면 후불식 할부계약과의 중복문제는 필연적으로 발생한다. 즉, 2회 이상 분납한 후 대금의 완납이전에 상이 발생하여 상조서비스를 제공받았다고 한다면 상조서비스를 제공받기 전에 2회 이상의 대금을 지급하였기에 선불식 할부계약에 해당하지만, 대금의 완납이전에 상조서비스를 제공받았기에 후불식 할부계약에도 해당하게 된다. 그러나 이 문제에 대한 해결방안은 동법에서 전혀 규율하고 있지 않다. 이는 후술하는 바와 같이 양자가 전혀 상이한 거래형태이기 때문에 중복의 문제는 발생하지 않는다는 것을 전제로 하였기 때문이다. 다섯째, 동법의 입법과정에서의 논의 역시 대금의 완납 이후에 제공되는 경우만을 전제로 하고 있다. 즉, 동법 개정안에 대한 국회 정무위원회에서 논의과정 중 신학용 의원과 정호열 공정거래위원회 위원장간의 대화 내용을 살펴볼 때, 선불식 할부계약은 후불식 할부계약과 완전히 다른 계약이라고 언급하고 있으며, 대금의 완납 이후에 공급되는 재화등에 관한 계약만을 대상으로 하고 있다.[15] 마지막으로 동법 개정을 위한 공정거래위원회의 입법예고안에서의 선불식 할부계약에 대한 정의[16] 역시 현행 선불식 할부계약에 대한 정의와 달리 '대금의 전부 또는 일부'를 명시하고 있었다. 이는 일본 할부판매법상 전불식 특정거래 및 전불식 할부판매에 관한 정의를 수용한 것이다. 즉, 입법예고안에서는 대금의 전부 또는 일부라고 규정하였기에 할부금 중 전체가 아닌 2회의 할부금만을 미리 지급하고 상조서비스를 제공받기로 하는 계약 역시 선불식 할부계약에 해당하지만, 현행 선불식 할부계약의 정의에서는 '전부 또는 일부'라는 문구를 삭제하였기에 소비자가 상조서비스를 제공받기 전에 지급하여야 할 금액은 대금의 전부라고 해석하여야 한다.

(2) 선불식 할부계약의 정의규정에 대한 해석에 따른 문제점의 해결방안

상기와 같이 할부거래법상 선불식 할부계약은 대금의 완납과 동시 또는 지급한 후

---

15) 국회사무처, 「제285회국회(임시회) 정무위원회회의록 제1호」, 국회사무처, 2009, 7면.

16) 공정거래위원회 할부거래법 개정안(2008년 10월 28일 입법예고안)상 선불식 할부계약에 대한 정의에 대하여 '할부판매업자가 대통령령이 정하는 재화등을 공급하기에 앞서 소비자로부터 2개월 이상의 기간에 걸쳐 2회 이상 나누어 대금의 전부 또는 일부를 수령하기로 하는 계약(사실상 선불식 할부계약에 해당하는 경우로 대통령령이 정하는 계약을 포함하며, 이하 "선불식 할부계약"이라 한다)'으로 규정하고 있었다.

에 재화등을 공급하는 계약만을 대상으로 한다. 그 결과 대금의 완납이전에 상이 발생한 경우 상조서비스를 제공하기로 하는 계약은 동법상 선불식 할부계약에 해당하지 않게 되며, 상조업자를 대상으로 하는 각종 사법 및 공법적 규정들이 적용되지 못하게 된다. 물론 대금을 완납하였지만, 상이 발생하지 않은 경우 소비자에게 대금을 환급하는 것이 아닌 추후 상이 발생하였을 경우 상조서비스를 제공하기로 하는 내용까지 포함되어 있기 때문에 이 부분은 동법상 선불식 할부계약에 해당하게 된다. 그 결과 현재 운영되고 있는 상조서비스계약은 후불식 할부계약에도 해당하게 되고 동시에 선불식 할부계약에도 해당하게 된다. 문제는 이러한 법적 맹점을 악용하는 경우에 실질적으로 다단계판매이면서 방문판매의 형식을 갖춘 경우에 다단계판매에 관한 규정이 적용될 수 없는 결과와 동일한 결과가 발생할 수 있다. 예를 들어, 상조서비스계약을 체결하면서 대금의 완납이전에 상이 발생한 경우에만 상조서비스를 제공하고, 대금의 완납시까지 상이 발생하지 않은 경우 대금 완납과 동시에 자동적으로 상조계약은 해제됨과 더불어 대금지급방식을 제외하고 종전 계약과 동일한 내용의 계약이 자동적으로 체결되며, 대금은 해제시 반환하여야 할 금액으로 상계하는 방식의 상조서비스계약이 발생할 수 있다. 이 경우 최초 상조서비스계약은 대금의 완납이전에 상조서비스를 제공하기로 하는 계약이기 때문에 선불식 할부계약이 아닌 후불식 할부계약에만 해당하고, 후자의 계약은 일시불 지급계약이기 때문에 선불식 할부계약에 해당하지 않게 된다. 따라서 이러한 계약방식을 운영하는 상조업체에 대하여 동법상 상조업에 대한 규제는 적용될 수 없게 된다.

그럼 이러한 문제점을 해결하기 위한 방안은 무엇인가? 먼저, 현행 상조업체의 상조서비스계약은 할부거래법상 선불식 할부계약이자 동시에 후불식 할부계약에 해당한다. 따라서 대금완납이전에 상조서비스를 제공하여야 할 조건이 성취된 경우 상조서비스를 제공하기로 하는 계약도 포함할 수 있도록 동법상 선불식 할부계약에 대한 정의규정을 개정할 필요가 있다. 또한 이와 같이 정의규정을 개정하였을 경우 선불식 할부계약에도 해당하며, 동시에 후불식 할부계약에도 해당하기 때문에 선불식 할부계약에 관한 규정뿐만 아니라 후불식 할부계약에 관한 규정이 적용될 수 있다. 그럼 이 문제를 어떻게 해결하여야 하는가? 기본적으로는 상조서비스계약에는 선불식 할부계약에 관한 규정만의 적용을 인정하여야 할 것이지만, 이를 일률적으로 결정하기 보다는 후불식 할부계약에 관한 규정의 선불식 할부계약에의 적용필요성을 먼저 검토하여야 한다. 즉, 항변권 및 기한의 이익에 관한 규정 등은 선불식 할부계약에도 적용할 필요성이 있기 때문에 이의 준용 또는 이에 관한 규정의 신설을 검토하여야 할 것이다.

2. 일시불 상조계약과 선불식 간접할부계약

가. 일시불 상조계약과 할부거래법

할부거래법상 상조계약은 2개월 이상 기간을 정하여 2회 이상 분납하는 것을 요건으로 한다. 따라서 대금을 미리 일시불로 지급하는 상조계약은 동법상 선불식 할부계약에 해당하지 않는다. 또한 대금을 분할 지급하더라도 1회 만을 먼저 지급하고 나머지 대금은 상조서비스를 제공한 후에 일시불로 지급하기로 하는 상조계약 역시 동법의 적용대상에서 제외된다. 그 결과 상조업 시장을 규율하여 공정한 거래질서의 확립 및 이 분야에서의 소비자를 보호하고자 하는 입법목적은 반감될 수 밖에 없다. 이러한 문제를 해결하는 방안으로는 할부거래법이 아닌 상조업법을 제정하여 해결하는 방안을 제시할 수 있다. 물론 이를 내용으로 하는 법안이 발의되었지만, 할부거래법 개정으로 인하여 동 법안은 자동적으로 폐기되었다. 그러나 상조업법의 제정을 통하여 해결할 경우에는 이러한 일시불 상조계약 역시 동법의 적용대상이 되기 때문에 이의 문제는 해결할 수 있지만, 다른 재화 등에 대한 선불식 할부계약에 대하여 법적 규율이 필요할 경우 별도의 법 제정을 통하여 해결하여야 하는 문제점이 발생한다. 이러한 점을 감안하여 할부거래법에서는 상조계약을 동법의 적용대상으로 포함시킴과 더불어 다른 재화에 대한 선불식 할부계약까지 포괄할 수 있는 여지를 두고 있다. 또한 대다수의 상조계약이 대금의 분할 지급방식으로 이루어지기 때문에 할부거래법에서 이를 규율하더라도 사각지대의 발생이 그리 크지 않다고 판단한 결과이다. 그러나 이미 상조시장에서 일시불로 지급되는 상조계약이 존재하며, 이 경우에는 동법의 적용대상에서 배제됨으로 인하여 사실상 소비자보호방안이 존재하지 않는다는 문제점이 제기된다.

그럼 소비자는 대금을 분할하여 지급할 수 있음에도 불구하고 무엇 때문에 일시불로 지급하는 것인가? 이의 이유는 소비자 또는 사업자의 개인적인 사유이기 때문에 일률적으로 제시할 수 없지만, 이의 대표적인 이유로 대금의 할인을 제시할 수 있다. 현재 상조회사의 경우 소비자가 대금을 일시불로 지급하였을 경우 일정금액을 할인하고 있다.[17] 따라서 지급여력이 있는 소비자는 대금할인을 이유로 분할 지급방식이 아닌 일

17) 보람상조 약관 제6조(선납할인) ① 회원이 계약상품금액의 전부 또는 일부를 선납할 경우, 회사는 미리 약정한

시불로 지급하게 되며, 이러한 상조계약은 대금의 분할 지급이 아니기 때문에 할부거래법의 적용을 받지 못하게 된다. 그러나 이를 대금의 분할이 아니라는 점만을 기준으로 동법의 적용대상에서 배제하는 것은 타당하지 않다. 소비자가 대금을 분할하여 지급하는 것이 아닌 일시불로 지급하는 것은 대금의 할인이라는 요인이 있기 때문이기에 이와 관계없이 일시불로 지급하는 경우와는 구분하여야 한다. 따라서 대금할인이라는 요인 때문에 일시불로 지급하는 상조계약 역시 동법의 적용대상에 포함하여야 할 것이다.

나. 선불식 간접할부계약

할부거래법상 상조계약에는 선불식 간접할부계약을 규정하고 있지 않다.[18] 즉, 동법상 상조계약은 상조업자와 소비자간의 관계만을 대상으로 하고 있다. 그럼 소비자가 대금을 지급함에 있어서 반드시 현금 등으로만 지급하여야 하며, 신용카드 등으로는 지급할 수 없는가? 이에 대하여는 동법에서 규정을 하고 있지 않지만, 선불식 할부계약은 보험 등의 금융상품의 거래가 아닌 재화 등에 대한 거래방식이다. 즉, 재화 등을 구입함에 있어서 그 대금을 먼저 지급하는 것이다. 따라서 소비자가 대금을 지급함에 있어서는 상조업자에게 현금으로 직접 지급할 수 있지만, 신용카드 등으로도 지급할 수 있다. 만일, 소비자가 신용카드로 대금을 지급할 경우 상조업자는 이를 거부할 수 있는가? 이는 상조업자가 신용카드가맹점인 경우와 신용카드가맹점이 아닌 경우로 구분할 수 있다. 전자의 경우 여신전문금융업법에 따라 상조업자는 소비자가 신용카드로 거래한다는 이유로 신용카드 결제를 거절하거나 신용카드회원을 불리하게 대우하지 못한다(동법 제19조 제1항). 따라서 소비자가 대금을 신용카드로 지급할 경우 상조업자는 이를 거부할 수 없기 때문에 선불식 간접할부계약이 체결된다. 그러나 상조업자가 신용카드가맹점이 아닌 경우 신용카드결제가 불가능하기 때문에 소비자는 대금을 신용카드로 지급할 수 없다. 따라서 이 경우에는 선불식 간접할부계약은 존재하지 않는다. 현재 모

비율로 총 납입금을 할인할 수 있다. - 12개월분을 선납한 경우 1회 납입금의 50% 할인
② 선납일로부터 12개월(1년)이내 역무행사 이용시 선납할인금은 반환한다.
③ 연체 중 12개월 납입금을 일시 납입하는 경우에는 할인율을 적용하지 않는다.
현대종합상조 약관 제6조(선납할인 및 모집수당 할인) 회원이 납입금 전부를 현금으로 선납한 경우 회사는 상품금액의 5%를 할인한다.

18) 할부거래법상 후불식 할부계약은 직접할부계약과 간접할부계약으로 구분된다. 즉, 소비자가 사업자에게 재화의 대금이나 용역의 대가를 2개월 이상의 기간에 걸쳐 3회 이상 나누어 지급하고, 재화등의 대금을 완납하기 전에 재화의 공급이나 용역의 제공을 받기로 하는 계약을 직접할부계약이라고 하며, 소비자가 신용제공자에게 재화등의 대금을 2개월 이상의 기간에 걸쳐 3회 이상 나누어 지급하고, 재화등의 대금을 완납하기 전에 사업자로부터 재화등의 공급을 받기로 하는 계약을 간접할부계약이라고 정의하고 있다(동법 제2조 제1호).

든 상조업자가 신용카드가맹점에 해당하는지에 대하여는 확답할 수 없지만, 이에 해당하는 상조업자가 존재한다. 따라서 소비자는 대금을 신용카드로 지급할 수 있으며, 이 경우 선불식 간접할부계약에 해당한다. 그러나 할부거래법에서는 선불식 간접할부계약에 관한 규정을 두고 있지 않다.

그럼 동법에서 선불식 간접할부계약에 대하여 규정이 존재하지 않음으로 인하여 발생하는 문제점은 무엇인가? 가장 기본적으로 계약체결전 소비자에게 제공할 정보의 내용에서 차이가 있다. 즉, 선불식 간접할부계약의 경우 할부수수료의 문제가 발생할 수 있기 때문에 이에 관한 정보 역시 소비자에게 제공하여야 하지만, 이에 대하여 규정이 없다. 또한 소비자의 청약철회에 따른 대금환급에 있어서 신용카드업자의 책임에 대하여 규정이 없으며, 기한의 이익 상실 및 항변권 등에 대하여도 적용되지 않는다. 그럼 선불식 간접할부계약에 대하여 이러한 규정을 적용할 필요가 없는가? 그러나 후불식 간접할부계약에 관한 이러한 규정들 역시 선불식 간접할부계약에 대하여 동일하게 적용할 필요성이 있다. 따라서 후불식 간접할부계약분야에서 소비자를 보호하기 위하여 가장 기본적으로 후불식 간접할부계약에 관한 정의규정을 신설하여야 할 것이며, 이의 구체적인 법률관계에 대하여 후불식 간접할부계약에 관한 규정을 준용하거나 이에 관한 규정을 신설하여야 할 것이다.

3. 선불식 할부계약의 법적 성질

가. 복합계약 및 비전형계약

민법에서는 계약의 유형으로 14개를 제시하고 있으며, 이러한 계약을 전형계약이라고 한다. 다만, 계약을 체결함에 있어서 반드시 이러한 전형계약만을 체결하여야 하는 것은 아니며, 계약자유의 원칙상 이에 해당하지 않은 계약 역시 체결이 가능하다. 이러한 계약을 비전형계약이라고 한다. 그럼 상조계약은 전형계약과 비전형계약 중 어디에 해당하는가? 상조계약에 있어서 급부의 목적물은 단지 단일의 재화 또는 용역에 국한되지 않는다. 즉, 상조계약은 다수의 재화 및 용역을 제공하는 것을 내용으로 하기 때문에 단지 재화 또는 용역의 제공을 전제로 한 전형계약에는 해당하지 않는다. 구체적으로 상조계약의 목적물은 재화의 판매계약에 해당하는 부분(고인용품: 관 · 수의 등, 상주용품: 의복 등), 재화의 임대차계약에 해당하는 부분(장의차량: 고인용 · 조문객용, 상주의복), 노무제공계약(염습, 장례지도 등) 등으로 구성되기 때문에 다수의 전형계약이 결합된 복합계약의 성격을 가지며, 이는 민법상 전형계약에 해당하지 않기 때문에 비전형계약에 해당한다.

나. 유상 · 쌍무 · 낙성 · 불요식 계약

상조계약을 체결한 경우 소비자는 대금을 지급할 의무를 부담하며, 상조업자는 소비자에게 상이 발생한 경우 상조서비스를 제공할 의무를 부담한다. 즉, 상조업자의 상조서비스제공에 대한 대가로서 소비자는 대금을 지급하기 때문에 유상계약에 해당하며, 양 의무는 상호 견련관계가 있기 때문에 쌍무계약에 해당한다.[19] 또한 상조계약이 성립하기 위하여 일정한 물건의 수수를 요하지 않고, 단지 당사자간의 합의만으로 성립하기 때문에 낙성계약에 해당한다. 또한 이러한 의사의 합치에 있어서 일정한 형식을 요하지 않기 때문에 불요식 계약에 해당한다. 그러나 할부거래법에서는 상조계약이 체결된 경우 즉시 계약서 1부를 소비자에게 교부하도록 규정하고 있으며, 이의 위반에 대하여 청약철회기간을 연장하고 있으며, 이에 대한 반대의 합의(계약서 미교부에 대한 합의 등)에 대하여 무효로 규정하고 있다. 또한 시정조치 등의 대상으로 함과 더불어 1천만원 이하의 과태료를 부과하고 있다. 그럼 이를 이유로 상조계약을 요식계약이라고 할 수 있는가?[20] 그러나 동법에서 계약서와 관련하여 규정하고 있는 내용은 서면에 의한 계약체결이 아닌 계약체결 이후 즉시 계약서 1부를 교부할 의무를 부과하고 있다. 따라서 동법상 상조계약의 체결이 반드시 서면에 의하여 체결되어야 함을 규정하고 있지 않기 때문에 요식계약이라고 할 수 없다.

---

19) 상조계약의 법적 성질에 대하여 일방계약(편무계약)으로 해석하는 견해가 있다. 즉, 상조계약은 상조회사만이 약속이행의무를 진다는 점에서 쌍무계약이 아닌 일방계약이라고 하며, 구체적으로 상조계약의 경우 회원이 회비 납입 이하는 조건을 이행하지 않아도 상조회사가 이를 강제로 이행시킬 수 없다고 한다(김기환 · 김숙경, 「장사서비스 개선방안」, 산업연구원, 2011, 15면). 그러나 상조계약의 경우 소비자는 대금을 분할지급할 의무가 있기 때문에 이의 의무를 이행하지 않은 경우(할부금을 연체한 경우) 상조회사는 소송 등을 통하여 청구할 수 있다. 또한 상조계약에서 소비자는 상조회사의 상조서비스제공의무에 대하여 대금지급의무를 부담하며, 양자는 견련관계에 있기 때문에 편무계약이 아닌 쌍무계약에 해당한다. 다만, 대금의 지급시기는 선이행이기 때문에 동시이행의 항변권에 관한 규정은 적용되지 않는다(민법 제536조).

20) 할부거래법상 후불식 할부계약의 경우 서면에 의한 체결을 요구하고 있지만, 이의 위반시 당해 계약의 효력에 대하여는 유효로 인정하고 있다. 즉, 동법상 서면에 의한 계약체결을 요구하는 규정의 법적 성질에 대하여 효력규정이 아닌 단속규정으로 인정하여 이의 위반시 행정적 규제를 받는다고 하더라도 사법적 효력에 대하여는 영향을 미치지 않는 것으로 해석하고 있다.

다. 불확정기한부 계약

상조계약의 체결이후 상조업자는 소비자에게 상이 발생할 경우 상조서비스를 제공하여야 한다. 그러나 상조서비스의 제공요건인 상의 발생은 민법상 조건인가 아니면 기한인가의 문제가 발생한다.21) 상조서비스의 제공은 상의 발생에 따라 소비자의 요청에 의하여 제공된다. 그럼 상의 발생은 조건에 해당하는가? 인간의 사망은 필연적이지만, 그 시기를 특정할 수 없다. 따라서 인간의 사망은 조건이 아닌 기한에 해당하며, 이의 기한을 확정할 수 없기 때문에 불확정기한에 해당한다. 그러나 상조계약이 조건부 계약에 해당할 수 없는 것은 아니며, 상조계약의 기간이 제한된 경우 조건부 계약에 해당하게 된다. 즉, 상조계약기간내에 상이 발생할 것인가는 확실한 것이 아닌 불확실한 것이기 때문에 이 경우 상의 발생은 조건이 된다. 그러나 일반적인 상조계약은 종신을 전제로 하기 때문에 상은 조건이 아닌 기한에 해당하게 되며, 기한의 도래(상의 발생)에 따라 상조서비스를 제공할 의무가 발생하기 때문에 시기부 기한에 해당한다. 따라서 상조계약은 불확정기한부 계약의 성격을 갖는다.

4. 보호대상자로서 소비자

가. 할부거래법상 소비자의 범주

2010년 할부거래법이 개정되기 전에는 할부거래의 당사자를 매도인과 매수인으로 규정하고 있었지만, 양자에 대한 정의규정을 두고 있지 않았다. 다만, 적용범위에 있어서 매수인이 상행위를 목적으로 할부계약을 체결하는 경우에는 동법을 적용하지 아니하기 때문에 사실상 소비자에 한하여 동법은 적용되었다. 현행 할부거래법은 舊 할부거래법과 달리 당사자를 사업자와 소비자로 명명하고 있다. 그럼 동법상 소비자는 누구를 말하는가? 일반적으로 소비자는 소비생활을 목적으로 재화 등을 구입하는 자를 말한다. 그러나 동법에서는 이러한 소비자뿐만 아니라 상행위를 목적으로 재화 등을

21) 상조계약을 조건부 계약이라고 주장하는 견해가 있다(김기환 · 김숙경, 앞의 보고서, 14면). 이에 따르면 소비자가 자신의 의무(할부금의 지급 등)를 이행하지 않으면 상조회사는 상조서비스를 제공하지 않을 수 있다고 한다. 그러나 소비자의 채무불이행에 따른 상조회사의 상조서비스의 미제공은 항변권의 문제이다. 즉, 소비자가 대금을 지급하지 않은 상태에서 상이 발생하여 상조서비스의 제공을 요구하였을 경우 상조회사는 소비자의 채무불이행을 이유로 상조서비스의 제공을 거부할 수 있으며, 이로 인한 채무불이행의 책임을 지지 않는다. 또한 조건은 법률행위의 부관이며, 장래의 발생이 불확실한 사실에 법률행위의 효력 발생 또는 소멸을 의존하게 하는 것이다. 그러나 상조계약의 경우 당사자간의 합의만으로 계약이 성립하고, 그 효력이 발생하기 때문에 조건과는 무관하다.

구입한 경우에도 소비자로 인정하여 보호하고 있다. 따라서 동법상 소비자는 본질적 의미의 소비자와 정책적 의미의 소비자로 구분할 수 있다. 먼저, 본질적 의미의 소비자는 선불식 할부계약에 의하여 제공되는 재화등을 소비생활을 위하여 사용하거나 이용하는 자를 말한다(동법 제2조 제5호 가목). 둘째, 정책적 의미의 소비자는 재화등을 원재료(중간재를 포함한다) 및 자본재로 사용하는 자는 제외하고 재화 또는 용역을 최종적으로 사용하거나 이용하는 자, 사실상 소비자와 같은 지위에서 다른 소비자와 같은 거래조건으로 거래하는 사업자로서 재화등을 구매하는 자(해당 재화등에 대한 거래관계에 한정한다), 및 재화등을 농업(축산업을 포함한다) 및 어업활동을 위하여 구입한 자로서 「원양산업발전법」 제6조 제1항에 따라 농림수산식품부장관의 허가를 받은 원양어업자 외의 자를 말한다(동법 제2조 제5호 나목, 동 시행령 제2조).

이와 같이 동법에서는 소비자의 범주에 대하여 본질적 의미의 소비자와 정책적 의미의 소비자로 구분하고 있다. 그럼 이러한 방식이 타당한 것인가의 문제가 제기되며, 다른 법에서 정의하고 있는 소비자의 범주와 일치하는지의 여부에 대하여 살펴볼 필요가 있다.

나. 다른 소비자보호법상 소비자의 범주

(1) 소비자기본법상 소비자

소비자기본법상 소비자는 본질적 의미에서의 소비자와 정책적 고려에 의하여 소비자로 인정되는 자로 구분된다. 먼저, 본질적 의미에서의 소비자는 사업자가 제공하는 물품 또는 용역을 소비생활을 위하여 사용하는 자이다(동법 제2조 제1호). 정책적 측면에서 소비자로 인정되는 자라 함은 사업자임에도 불구하고 소비자로 인정되는 자를 말하며, 제공된 물품 등을 원재료(중간재를 포함한다), 자본재 또는 이에 준하는 용도로 생산활동에 사용하는 자를 제외하고 제공된 물품 등을 최종적으로 사용하는 자 및 축산법 제27조 제1항에 따라 농림수산식품부령으로 정하는 사육규모 이상의 축산업을 영위하는 자[22] 및 원양산업발전법 제6조 제1항에 따라 농림수산식품부장관의 허가를 받아 원양어업을 하는 자를 제외하고 제공된 물품 등을 농업(축산업을 포함한다) 및 어업활동을 위하여 사용하는 자가 이에 해당한다(소비자기본법 시행령 제2조).

22) 동 시행령에서는 대규모 축산업자를 소비자의 범주에서 배제하고 있지만, 축산법에서는 이의 규정을 폐지하였다. 따라서 축산업자 중에서는 소비자로 인정되지 않은 자는 존재하지 않는다.

(2) 방문판매법상 소비자

동법상 소비자는 소비자기본법과 동일한 체계를 가지고 있지만, 정책적 측면에서 소비자로 인정되는 자를 확대하고 있다. 먼저, 본질적 의미에서의 소비자는 소비자기본법상 본질적 의미의 소비자와 동일하다(동법 제2조 제10호). 정책적 측면에서 소비자는 사업자가 제공하는 재화 또는 용역을 소비생활외의 목적에 사용하거나 이용하는 자로서 재화 등을 원재료 및 자본재로 사용하는 자를 제외하고 재화 등을 최종적으로 사용하거나 이용하는 자, 사업자라 하더라도 사실상 소비자와 같은 지위에서 다른 소비자와 같은 거래조건으로 거래하는 경우 재화 등을 구매하는 사업자, 다단계판매원이 되고자 다단계판매업자로부터 재화 등을 최초로 구매하는 자, 방문판매업자 또는 전화권유판매업자와 거래하는 경우의 방문판매원 또는 전화권유판매원, 재화 등을 농업(축산업) 및 어업활동을 위하여 구입한 자(원양산업발전법 제6조 제1항에 따라 농림수산식품부장관의 허가를 받은 원양업자는 제외한다)이다(동 시행령 제4조).

(3) 전자상거래소비자보호법상 소비자

동법상 소비자 역시 본질적 의미의 소비자와 정책적 측면에서 소비자로 인정되는 자로 구분된다. 먼저, 본질적 의미에서의 소비자는 소비자기본법상 본질적 의미의 소비자와 동일하다(동법 제2조 제5호 가목). 정책적 측면에서의 소비자는 상기의 본질적 의미의 소비자와 동일한 지위 및 거래조건으로 거래하는 자, 사업자가 제공하는 재화 등을 소비생활외의 목적에 사용하거나 이용하는 자로서 재화 등을 원재료 및 자본재로 사용하는 자를 제외하고 재화 등을 최종적으로 사용하거나 이용하는 자, 사업자라 하더라도 사실상 소비자와 같은 지위에서 다른 소비자와 같은 거래조건으로 거래하는 경우 재화 등을 구매하는 사업자, 다단계판매원이 되고자 다단계판매업자로부터 재화 등을 최초로 구매하는 자, 재화 등을 농업(축산업) 및 어업활동을 위하여 구입한 자(원양산업발전법 제6조 제1항에 따라 농림수산식품부장관의 허가를 받은 원양업자는 제외한다)이다(동법 제2조 제5호 나목, 동 시행령 제2조).

(4) 표시광고법상 소비자

동법상 소비자는 사업자 또는 사업자단체가 생산 또는 제공하는 상품 등을 사용하거나 이용하는 자를 말한다(동법 제2조 제5호). 이러한 동법상 소비자의 정의는 사업자까지 포함하고 있다. 즉, 동법상 소비자는 상품 등을 사용 또는 이용하는 자이며, 이의 목적 또는 사용방법에 대하여 제한을 두고 있지 않기 때문에 상행위를 목적으로 상품을 구입하여 사용 또는 이용하는 자 역시 소비자의 범주에 포함될 수 있다.[23]

이와 같이 동법에서는 소비자라는 용어를 사용하면서 소비자기본법과 다른 정의규정을 두고 있다. 즉, 소비자기본법상 소비자뿐만 아니라 사업자까지 소비자로 인정하고 있다. 그럼 상대방을 소비자뿐만 아니라 사업자까지 포함시킨 동법의 내용이 과연 타당한 것인가에 대하여는 동법의 입법취지를 고려하여 판단하여야 한다. 즉, 표시·광고는 계약의 체결전 상대방에게 계약의 목적물 및 계약조건 등에 대한 정보를 제공하여 정확한 구매의사를 결정할 수 있는 기초이다. 이러한 표시광고의 역할은 단지 소비자와 사업자간의 계약에서 뿐만 아니라 사업자간의 계약에 있어서도 중요하기 때문에 이에 대한 규제는 단지 소비자와 사업자간 계약뿐만 아니라 모든 계약에서 요구된다고 할 것이다. 이러한 측면에서 볼 때, 동법의 목적은 소비자보호뿐만 아니라 공정한 거래질서의 확립 역시 동등한 지위를 차지하고 있다고 할 수 있다. 따라서 표시광고의 상대방은 단지 소비자기본법상의 소비자에 한정되지 않고 사업자까지 포함되어야 한다. 그러나 이의 상대방을 표현함에 있어 소비자라는 용어를 사용한 것은 소비자기본법 및 방문판매법 등의 소비자와 혼란을 야기할 수 있기 때문에 이의 혼란을 방지하며, 소비자뿐만 아니라 모든 계약의 상대방이 포함될 수 있도록 하기 위하여 그 표현을 개정하여야 할 것이다.

(5) 약관규제법상 고객

약관규제법에서는 거래의 상대방에 대하여 고객으로 표현하고 있으며, 이의 정의로 계약의 일방 당사자로서 사업자로부터 약관을 계약의 내용으로 할 것을 제안받은 자로 규정하고 있다(동법 제2조 제3항). 따라서 고객의 범주에 대하여 소비자뿐만 아니라 상인도 포함될 것인가의 문제가 제기되지만, 일반적으로 소비자뿐만 아니라 상인도 포함되는 것으로 인정하고 있다.[24] 다만, 이러한 입법형태가 타당한 것인가에 대하여 부정설

23) 김성천, 「소비자개념에 관한 법제 개선방안」, 한국소비자보호원, 2004, 88면.

24) 박정기 · 고형석, 「인터넷과 전자상거래법」, 법문사, 2005, 136면; 권오승, 「경제법」, 법문사, 2005, 561-562면; 김원기 · 박수영, 「소비자보호법」, 대명출판사, 2007, 151면; 송오식, “전자소비자계약”, 「민사법학」 제38호, 2007 · 9, 421면; 김대규, “약관편입통제조항의 기능성 연구”, 「비교사법」 제11권 제1호, 2004 · 3, 253-254면. 다만, 김대규 교수는 “약관을 제안받는다”라는 외형적 수동성이 충족되면 곧 고객으로 볼 수 있기 때문에 개인생활소비자를 비롯하여 상인, 자영업자 등도 고객에 해당하며, 고객의 개념은 소비자보호법(현 소비자기본법)상의 소비자 개념과 내용상 동일하다. 따라서 소비자보호법과 마찬가지로 우리 약관규제법 또한 약관거래(AGB-Geschät)에서 수동적인 자를 경제적 약자(wirtschaftliche Schwähe)로 파악하고 있으며 또한 법률적 보호대상인 “고객” 즉, “소비자”로 인식하고 있다고 볼 수 있다고 주장하면서 고객으로 인정되는 상인의 범주에 대하여 모든 상인을 포함시키고 있지 않은 것 같다고 한다(김대규 상게논문, 253-254면).

과 긍정설로 대별하고 있다. 부정설의 입장에 따르면, 현행 약관규제법의 내재적 한계와 적용상의 딜레마를 해결하기 위해서 현재 약관의 명시 · 설명의무를 독일민법 제310조 제1항에서와 같이 사업자간의 거래에서 배제시키고, 소비자와의 거래에 한정하여 적용하도록 하는 것이 바람직하다고 한다.[25] 또한 상법은 상인간의 매매에 대하여 민법과는 다른 여러 가지 특칙을 두고 있는데, 상인 상호간에 통용되는 약관에 대하여 민법상의 임의규정을 유효성 판단의 기준으로 하고 있는 약관규제법을 적용하는 것은 타당하지 않다고 한다.[26] 반면에 긍정설에 따르면, 상대적으로 협상력을 갖추지 못한 사업자가 단지 사업자라는 지위를 보유하고 있다는 것만으로 구속력발생요건의 적용을 부정하는 것은 양자의 근본적인 차이를 인정하지 않고 형식적인 평등만을 주장하는 결과가 된다. 또한 일방이 작성한 약관이 계약내용으로 편입되면 계약의 주된 내용이 되기 때문에 약관규제법상에서는 편입이전에 상대방이 이를 인식하고 이해할 수 있도록 하기 위하여 명시의무 등을 부과한 것이며, 상대방의 협상력 및 정보력과는 무관계하다. 즉, 상대방의 협상력과 정보력은 일방이 명시한 약관의 내용을 자신에게 유리한 방향으로 수정할 수 있는가의 문제와 직결하며, 구체적으로는 계약내용으로 편입된 약관에 대한 불공정성에 대한 판단과 관련이 있다고 한다.[27]

이러한 약관규제법의 적용범위에 대한 판단은 약관의 기능과 약관규제법의 제정목적 등을 종합적으로 평가하여 결정하여야 할 것이다. 먼저, 약관은 상대방의 동의에 의하여 계약의 내용을 구성하게 된다. 즉, 양당사자가 계약의 내용에 대하여 구체적인 합의를 하지 않더라도 약관의 사용에 의하여 신속하게 계약을 체결할 수 있으며, 약관의 내용은 추후 권리의무의 내용을 확정하거나 분쟁해결에 있어서 기준이 된다. 이러한 점은 사업자와 소비자간 계약 또는 사업자간 계약 모두에 공통적인 요소이다. 따라서 약관의 내용을 알지 못하는 상대방이 약관의 내용을 인식하고, 이에 대하여 협상을 진행할 수 있기 위하여는 당연히 약관을 사용하는 자가 이를 제시하고, 설명하여야 함은 당연하다고 할 것이다. 또한 약관규제법 제1조에서 소비자보호를 입법목적으로 제시하고 있으나, 동법의 내용 전반을 고려할 때, 단지 소비자보호만을 대상으로 한다고 볼 수 없다. 즉, 규제대상인 약관에 대하여는 사업자와 소비자간에 사용되는 약관만을 전제하지 않고 모든 약관을 대상으로 하고 있기에 소비자보호뿐만 아니라 모든 거래분야

25) 김대규, 상게논문, 262면.
26) 권오승, 전게서, 562면.
27) 박정기 · 고형석, 전게서, 136면.

에서의 불공정한 약관의 사용을 방지함으로써 국민경제의 발전을 도모하고 있다고 보아야 할 것이다. 이러한 점에서 약관규제법의 대상은 단지 사업자와 소비자간 거래뿐만 아니라 모든 거래분야를 대상으로 하여야 할 것이며, 이러한 입장을 취하고 있는 현행 약관규제법의 입장은 유지되어야 할 것이다.

다. 외국의 법제에 있어서 소비자의 범주

미국에서 소비자에 대한 법령상 정의는 계약을 체결함에 있어 사적 목적에 중점을 두고 있다. 연방거래위원회 신용관행규칙상 소비자는 개인 · 가족 또는 가정의 이용을 위하여 물품 · 용역 또는 금전을 취득하는 자연인으로 규정하고 있다.[28] 이러한 점은 통일상법전(U.C.C.: Uniform Commercial Code)에서도 동일하다(§1-201(11)).[29] 또한 소비자신용보호법상 신용거래와 관련하여 소비자는 신용을 제공받거나 연장된 자연인을 말하며, 거래의 객체인 금전 · 재산권 · 용역이 주로 개인 · 가족 또는 가정 용도인 것을 말한다(§103(h)). 통일컴퓨터정보거래법상 소비자는 개인으로써 계약체결시점에 주로 개인 · 가족 또는 가정적 목적으로 이용하기 위하여 정보 또는 정보권에 대한 허가를 받은 자로 정의하고 있다(§102(15)). 따라서 개인의 사적 · 가족 또는 가정의 투자에 대한 관리가 아닌 농업 · 사업관리와 투자관리를 포함하여 직업적 또는 상업적인 목적으로 이용하기 위하여 이용허가를 받은 자는 배제된다.[30]

유럽연합(EU)의 소비자보호법제는 지침(Directive), 권고안(Recommendation) 또는 규칙(Regulation)으로 구성되며, 그 핵심은 지침이라고 할 수 있다. 소비자보호관련 유럽연합의 지침으로는 제조물책임에 관한 지침,[31] 방문판매지침,[32] 결합여행상품지침,[33] 제조물안전지침,[34] 소비자계약에서 불공정약관지침,[35] 공동소유의 부동산이용권의 구입에 관한 계약에서 매수인보호에 관한 지침,[36] 개인정보처리와 자유유통에 관한

28) FTC Credit Practices Rules, 16 C.F.R. § 444.1.

29) William T. Vokowich, Consumer Protection in the 21st Century, Transnational Publishers, 2002, p.99.

30) Cristina Coteanu, Cyber Consumer Law and Unfair Trading Practices, ASHGATE, 2005, p.9.

31) Directive (EEC) 85/374 on product liability(1985 OJ L210/29).

32) Directive (EEC) 85/577 to protect the consumer in respect of contracts negotiated away from business premises(Doorstep Selling Directive) (1985 OJ L372/31).

33) Directive (EEC) 90/314 on package travel, package holidays and package tours (1990 OJ L158/59).

34) Directive (EEC) 92/59 on general product safety (1992 OJ L228/24).

35) Directive (EEC) 93/13 on unfair terms in consumer contracts (1993 OJ L95/29).

36) Directive (EC) 94/47 on the protection of purchasers in respect of certain aspects of contracts relating to the purchase of the right to use immovable properties on a timeshare base (1994 OJ L280/83).

개인보호지침,[37] 역외여신제공지침,[38] 격지계약에서 소비자보호지침,[39] 소비자물품가격의 표시에서의 소비자보호지침,[40] 소비자이익보호를 위한 금지명령에 대한 지침,[41] 소비자매매지침,[42] 소비자금융서비스의 격지시장에 관한 지침[43] 등이 있다. 상기의 유럽연합지침에서 소비자는 그의 영업 또는 직업의 목적이 아닌 다른 목적으로 거래하는 자연인으로 정의하고 있다. 이러한 소비자에 대한 정의는 대다수 계약에 관한 지침(방문판매지침, 소비자신용지침, 불공정약관지침, 공동소유부동산이용지침, 격지판매지침, 소비자매매지침, 로마 협약과 브루셀 규칙 등)에서 사용하고 있다.[44] 다만, 결합여행상품지침에서는 개인적 목적으로 구입하는 경우뿐만 아니라 사업자가 사업목적으로 구입한 경우에도 적용된다는 점에서 차이가 있다. 또한 표시에 관한 지침(식료품표시,[45] 식료품가격표시,[46] 주류표시[47] 및 비식용 제품가격 표시[48] 등)에서는 최종 소비자(ultimate consumer or final consumer)라는 용어를 사용하고 있지만, 상기의 지침에서는 최종 소비자에 대한 정의를 두고 있지 않다. 그러나 이는 경제단계에서 최종단계를 의미하며, 소비자는 사실상 제품을 소비하는 자로 해석되고 있다.[49] 이러한 해석은 가격표시에 관한 지침에서 직업적 또는 상업적 목적으로 구입한 경우에 적용을 배제하고 있다는 점을 근거로 하고 있다.[50]

---

37) Directive (EC) 95/46 on the protection of individuals with regard to the processing of personal data and on the free movement of such data (1995 OJ L281/31).

38) Directive (EC) 97/5 on cross-border credit transfer (1997 OJ L43/25).

39) Directive (EC) 97/7 on the protection of consumers in respect of distance contracts (1997 OJ L144/19).

40) Directive (EC) 98/6 on consumer protection in the indication of the prices of products offered to consumers (1998 OJ L80/27).

41) Directive (EC) 98/27 on injunctions for the protection of consumers' interests (1998 OJ L166/51).

42) Directive (EC) 99/144 on consumer sales (1999 OJ L171/12).

43) Directive (EC) 2002/65 concerning the distance marketing of consumer financial service (2002 OJ L271/16).

44) 2002년 민법개정을 통하여 소비자사법을 민법전으로 편입한 독일의 경우 소비자의 개념은 자연인이어야 한다는 인적 요소, 사적 목적이라는 기능적 요소 그리고 구체적인 법률행위와 연관되어야 한다는 사항적 요소로 구성되어 있다고 한다(이병준, "독일 민법상의 소비자개념", 「민사법학」 제26호, 2004 · 9, 188-192면).

45) Parliament and Council Directive (EEC) 2000/13 (2000 OJ L109/29).

46) Council Directive (EC) 79/581 (1979 OJ L158/19). 이후 1998년에 개정됨(Parliament and Council Directive (EC) 98/6 (1998 OJ L80/27)).

47) Council Directive (EC) 87/250 (1987 OJ L113/57).

48) Council Directive (EC) 88/314 (1988 OJ L142/19).

49) Paolisa Nebbia · Tony Askham, EU Consumer Law, OXFORD, 2004, pp. 36-37.

50) 유럽민법전연구회(Study Group on a European Civil Code)가 2001년 12월에 발표한 바에 따르면, 소비자의 개념을 정립하는 요소로서 (1) 법인의 포함문제, (2) 거래목적표기의 방식, (3) 복합목적(직업적 목적이 가미된 경우)의 수용여부, (4) 거래목적의 상대방 인식여부를 제시하고 있으며, 소비자의 범주에서 법인을 배제하고 있다(이병준, "유럽계약법에서의 소비자와 사업자", 「외법논집」 제23집, 2006 · 8, 16-20면).

영국의 소비자보호법제는 할부거래법(Hire-Purchase Acts 1954 and 1964), 거래표시법(Trade Description Act 1968), 공정거래법(Fair Trading Act 1973), 물품공급법(Supply of Goods Act 1973), 소비자신용법(Consumer Credit Act 1977), 불공정약관법(Unfair Contract Terms Act 1977), 소비자안전법(Consumer Safety Act 1978), 물품과 용역공급법(Supply of Goods and Services Act 1982), 소비자보호법(Consumer Protection Act 1987), 물품의 매매와 공급법(Sale and Supply of Goods Act 1994), 물품매매법(Sale of Goods Act 1995), 불공정약관규칙(Unfair Terms in Consumer Contracts Regulation 1999), 소비자에게의 물품의 매매와 공급규칙(Sale and Supply of Goods to Consumers Regulations 2002), 방문판매규칙(Doorstep Regulation), 격지판매규칙(Distance Selling Regulation 2000), 기업법(Enterprise Act 2002) 등이 있다.[51] 이러한 영국법상 소비자에 대하여 정의하고 있는 대표적인 법은 소비자보호법이다. 동법상 소비자는 객체에 따라 구분하여 정의를 하고 있다(동법 제20조 제6항). 먼저, 물품(goods)을 기준으로 소비자는 자신의 사적 이용 또는 소비를 위하여 물품을 공급받고자 하는 자를 말한다. 둘째, 용역(services) 또는 시설이용(facilities)을 기준으로 자신의 영업(business)이 아닌 다른 목적으로 용역 등을 공급받고자 하는 자를 말하며, 셋째 숙박시설(accommodation)을 기준으로 자신의 영업(business)이 아닌 다른 목적으로 이를 이용하고자 하는 자를 말한다.[52] 또한 불공정약관법에서는 소비자로서 거래하는 자(A party to a contract deals as consumer)에 대하여 자신은 영업상 계약을 체결하지 않지만 상대방은 영업상 계약을 체결하고, 물품매매법 · 할부거래법 또는 불공정약관법 제7조에 의하여 규율되는 계약에 따라 이행되거나 인도된 물품이 사적 이용 또는 소비를 위하여 공급된 것이라고 정의하고 있다(동법 제12조).

독일 민법에서 소비자(Verbraucher)에 대하여는 "자신의 영업활동이나 독립적 직업활동에 속하지 아니하는 목적으로 법률행위를 하는 모든 자연인"이라고 정의하고 있다(동법 제13조). 이러한 소비자에 대한 정의는 종전 보통거래약관법에서 규정하고 있는 소비자의 개념과 동일하다.[53] 따라서 독일 민법상 소비자는 자연인에 한정되기 때문에 법인은 배제된다.[54]

---

51) Geoffrey Woodroffe · Robert Lowe, Consumer Law and Practice, SWEET&MAXWELL, 2007, pp. 1-2.

52) Geoffrey Woodroffe · Robert Lowe, Supra note, pp. 258-259.

53) 하경효, "소비자보호법의 통합수용", 「독일 채권법의 현대화」, 법문사, 2003, 136면.

54) 소비자를 자연인으로 한정함에 따라 구 방문판매법의 적용을 받던 비영리법인은 더 이상 소비자로 인정되지 않는다(Ingo Saenger, Der allgegenwärtige Verbraucher, 「고려법학」 제46호, 2006 · 4, 245면).

일본의 소비자보호법으로는 소비자기본법, 소비자계약법, 무한연쇄강방지에 관한 법(無限連鎖講の防止に關する法律), 특정상거래에 관한 법률(特定商取引に關する法律), 전자소비자계약법(電子消費者契約及び電子承諾通知に關する民法の特例に關する法律), 할부판매법, 부당경품류 및 부당표시방지법(不當景品類及び不當表示防止法) 등이 있다. 이러한 법 중 소비자의 정의규정을 두고 있는 법으로 소비자계약법과 전자소비자계약법이 있으며, 양법상 소비자는 개인에 한정되므로 법인은 원칙적으로 배제된다.[55] 다만, 개인이라 할지라도 사업으로써 또는 사업을 위한 계약에서 당사자가 되는 경우에는 배제된다.

이러한 소비자계약법상 소비자에 대한 정의는 동법의 적용범위를 결정하는 지표이지만, 소비자보호법 전반에 있어서 타당한 것은 아니다.[56] 따라서 학설에서 소비자는 생활을 위하여 물자 또는 서비스를 타인으로부터 구입하는 자로서 생산자 · 판매자 등의 공급자와 대립하는 개념으로 정의하며, 다음의 두 가지 측면에서 판단하고 있다. 첫째, 상품 또는 서비스의 공급을 담당하는 사업자에 대응하는 존재이며, 둘째 공급된 상품 등을 개인의 생활을 위하여 사용하거나 소비하는 주체라는 점이다.[57]

라. 소 결

(1) 개별적 소비자개념과 통일적 소비자개념

상기에서 살펴본 바와 같이 소비자의 개념에 대하여 할부거래법을 비롯하여 매우 다양한 법에서 정의하고 있지만, 동일한 것이 아니라 상이하다. 그럼 이러한 상이성은 어떠한 법적 효과를 유발하는가? 소비자는 개별 소비자보호법의 적용대상을 결정함에 있어서 가장 기본적인 요소이다. 따라서 개별 소비자보호법의 적용을 받기 위하여는 당해 법에서 정하고 있는 소비자에 해당하여야 하며, 다른 법에서 소비자로 인정된다고 하더라도 당해 법에서 소비자로 인정하고 있지 않으면 당해 법의 적용을 받지 못하게 된다. 그럼 현재와 같이 개별 소비자보호법에서 개별적으로 소비자의 범주를 정하는 것이 타당한 것인가 아니면 통일적인 소비자 개념을 정립하는 것이 필요한 것인가

55) 일본의 소비자보호법에 속하는 법이라고 할지라도 당사자에 대하여 일률적으로 소비자와 사업자라는 용어를 사용하고 있지는 않다. 즉, 소비자기본법 · 소비자계약법 · 전자소비자계약법 등에서는 소비자와 사업자라는 용어를 사용하고 있지만, 제조물책임법에서는 제조업자와 피해자로, 특정상거래법에서는 판매업자 또는 역무제공사업자와 고객, 할부판매법에서는 할부판매업자와 구매자로 표현하고 있다.

56) 日本辯護士連合會, 「消費者法講義」, 日本評論社, 2007, 11면.

57) 竹內昭夫, 「消費者保護法の理論」, 有斐閣, 1995, 4면; 山田卓生, "消費者保護法の意義", 「消費者保護法講座」, 日本評論社, 1984, 18면, 谷原修身, "消費生活と競爭秩序", 「現代經濟法講座5」, 三省堂, 1990, 79면; 佐藤一雄, 「新講現代消費者法」, 商事法硏究會, 1996, 10면 등.

의 문제가 첫 번째로 제기된다. 물론 현행과 같이 개별 소비자보호법에서 각기 상이하게 소비자의 개념을 정하는 것은 당해 거래분야에서 보호의 대상을 입법자가 결정한 것이기 때문에 어느 정도 수긍할 수 있다고 할 것이다. 그러나 어느 법에서 소비자로 인정됨에도 불구하고 다른 법에서 소비자로 인정되지 못하여 소비자임에도 불구하고 소비자로 인정되지 못하는 결과는 수긍하기가 곤란하다. 따라서 소비자의 개념에 대하여는 통일적으로 규정하여 소비자가 소비자로 인정되지 못하는 결과를 방지하여야 할 것이다.

그럼 통일적인 소비자개념을 정립할 경우에 있어서 이의 입법방식은 어떻게 정하여야 하는가? 이의 구체적인 내용은 본질적 의미의 소비자와 정책적 의미의 소비자로 구분할 수 있으며, 이에 대하여는 이하에서 검토하고, 여기에서는 입법형태만을 논한다. 이러한 소비자 개념에 대한 입법방식은 단일의 법에서 개념정의를 하고, 이를 다른 법에서 준용하는 방식과 소비자를 보호대상으로 하는 개별법에서 별도로 정의규정을 두는 방식을 제시할 수 있다. 그러나 후자의 방식은 개별 소비자보호법별로 다른 소비자를 포함시킬 수 있기 때문에 이의 방식 보다는 단일의 법에서 소비자에 대한 정의규정을 두고 다른 소비자보호법에서는 이를 준용하는 방식을 취할 필요가 있다. 이러한 방식으로 소비자의 정의규정을 둘 경우 개별 소비자보호법마다 소비자의 정의가 상이함으로 인하여 발생하는 모순점을 해결할 수 있다. 그럼 어느 법에서 소비자에 대한 정의규정을 두는 것이 바람직한 것인가? 이의 방안으로는 소비자기본법에서 이에 대한 정의규정을 두는 것이 가장 바람직할 것이다. 즉, 소비자기본법은 소비자보호에 관한 가장 기초가 되는 법이며, 소비자에 대한 정의는 소비자보호를 법에서 규율함에 있어서 가장 기본이 되는 요소이기 때문에 다른 법에서 정의하는 것보다 법 체계성에 있어서 타당하다고 할 것이다.

(2) 본질적 의미의 소비자

할부거래법을 비롯하여 현행 소비자보호법에는 소비자의 범주에 대하여 본질적 소비자와 정책적 소비자로 구분하고 있으며, 본질적 의미의 소비자에 대하여는 동일하게 규정하고 있다. 즉, 본질적 의미의 소비자에 대하여 사업자가 제공하는 물품 또는 용역을 소비생활을 위하여 사용하는 자"로 정의하고 있다. 그러나 이러한 정의와 관련하여 다음의 두 가지 점에서 의문이 제기된다. 첫째, 소비자계약의 당사자와 물품 등을 사용하는 자가 상이할 경우 누구를 소비자로 보아야 하는가의 문제이다. 법문의 규정상으로 볼 때, 계약의 당사자 여부와 관계없이 최종적으로 물품 등을 사용하는 자는 소비자로 인정된다. 그러나 소비자보호는 두 가지 측면에서 고려되어야 한다. 하나는 계약의 일방당사자로서의 소비자와 다른 하나는 물품을 최종적으로 사용하는 자로서의 소비자이다. 따라서 현행법상 소비자의 정의규정에 있어서 계약의 상대방과 물품 등을 최종적으로 사용하는 자가 상이한 경우(제3자에게 증여할 의사로 구입하여 증여한 경우에 있어서 증여자)에 계약의 상대방을 소비자로 인정하는 것은 법문이 가지고 있는 의미를 초과한 것이다. 이는 소비자의 개념을 단지 생산에 대한 대립개념인 소비를 중심으로 정의한 결과이며, 판매에 대한 대립개념으로써의 최종매수라는 점을 간과한 것이다. 따라서 이러한 자를 모두 포함할 수 있도록 본질적 의미의 소비자에 대한 정의를 "영업 · 직업 등의 목적 이외의 목적을 위하여 물품 등에 관한 계약을 사업자와 체결한 자 또는 사업자가 제공하는 물품 또는 용역을 소비생활을 위하여 사용하는 자"로 개정하여야 할 것이다.[58] 둘째, 이와 같이 소비자의 개념을 계약의 일방 당사자로서의 지위 또는 물품을 사용하는 자로서의 지위를 감안하여 규정할 경우 이를 모든 소비자보호법에 동일하게 적용할 수 있는가의 문제가 발생한다. 물론 소비자기본법상 소비자는 계약의 상대방 또는 물품 등의 사용자라는 점을 모두 감안하고 있기 때문에 이와 같이 정의하는 것이 타당하다. 그러나 개별 특수거래에서의 소비자보호법상 소비자는 물품 등을

58) 소비자기본법 등에 있어서 본질적 의미의 소비자에 대하여 사업자가 제공하는 재화 등을 소비생활을 위하여 사용하는 자로 정의하고 있다. 그러나 '소비생활'이 어떠한 의미를 갖는지에 대하여는 명확하지 않지만, 일반적으로 개인 또는 가정 등의 사용을 위한 것으로 해석되고 있다. 이러한 본질적 의미의 소비자에 대하여 외국의 입법례가 동일한 것은 아니다. 즉, 재화 등의 구입목적에 대하여 적극적으로 규정하는 경우와 소극적으로 규정하는 경우로 구분된다. 소극적으로 규정하는 경우로는 '영업 또는 직업 활동 이외의 목적'으로 규정하고 있으며, 독일 민법 등에서 취하는 방식이다. 반면에 적극적으로 규정하는 경우로는 '자신의 사적 이용 또는 소비를 위하여'로 규정하고 있으며, 영국 등에서 취하는 방식이다. 물론 소극적인 방식으로 규정하고 있더라도 이를 적극적으로 해석하여 소비자의 범주를 확대할 수 있지만, 소비자보호법이 특별법이며, 사법 뿐만 아니라 공법적 요소를 동시에 가지고 있다는 점을 감안한다면 확대해석을 통한 해결방안은 그리 쉽지 않다. 그럼 이와 같이 적극적으로 소비자의 범주를 결정하였을 경우 어떠한 문제점이 발생할 수 있는가? 최근 발생하고 있는 금융분야에서의 소비자문제에 대하여는 현행 소비자의 정의로는 해결하기 곤란하다. 즉, 금융상품의 경우 소비자는 개인 또는 가정 등의 사용을 위하여 구입하는 것이 아닌 일정한 투자목적으로 구입한 것이다. 따라서 비직업적으로 이러한 금융상품을 구입한 자를 보호할 필요성이 있지만, 이러한 자를 소비자로 칭하기에는 곤란하다. 그러므로 이러한 자를 소비자로 인정하여 보호하기 위하여는 현행 본질적 의미의 소비자를 소극적 방식으로 규정하여 '영업 또는 직업 활동 등을 목적으로 구입하지 않은 자'로 정의할 필요가 있다. 물론 정의규정을 두어 이러한 방식으로 소비자를 정의하고 있지 않지만, 국제사법에서는 소극적 방식으로 소비자계약을 규정하고 있다. 즉, 동법에서 소비자계약에 대하여 소비자가 직업 또는 영업활동 외의 목적으로 체결하는 계약으로 정의하고 있다(동법 제27조 제1항). 그럼 현행의 방식을 그대로 유지하는 것이 바람직한 것인가 아니면 이를 확대적용할 수 있도록 정의규정을 개정하는 것이 바람직한 것인가의 문제가 제기된다. 물론 소비자보호법이 특별법이기 때문에 이의 범주를 확대하는 것이 바람직하지 않다는 입장에서는 이를 부정할 수 있다. 그러나 앞에서 언급한 바와 같이 금융분야의 비전문투자자를 비롯하여 현행 정의규정에 의하여 포섭되지 못한 자 역시 소비자로 보호할 필요가 있다는 점을 감안한다면 본질적 의미의 소비자에 대한 정의를 현행의 적극적 방식에서 소극적 방식으로 규정할 필요가 있다고 할 것이다.

소비하는 것이 아닌 이를 목적으로 구입하는 자, 즉 계약의 당사자로서의 지위가 중심이어야 한다. 즉, 이러한 법에서의 소비자보호의 내용은 계약관계에서의 소비자를 보호하는 것을 내용으로 하고 있지, 재화 등의 사용을 중심으로 소비자보호를 규정하고 있지 않기 때문이다.[59] 따라서 특수거래분야에서의 소비자보호를 내용으로 하는 법에서의 소비자에 대한 정의는 재화 등의 사용이 아닌 계약의 상대방으로서의 지위를 고려하여야 할 것이다.[60]

(2) 정책적 측면에서의 소비자

정책적 측면에서 소비자로 인정되는 자는 기본적으로 사업자이지만, 이의 범주에 대하여는 개별 소비자보호법별로 차이가 있다. 소비자기본법에서는 최종적으로 사용하는 자와 소규모 1차산업의 종사자에 한정하고 있으나, 할부거래법에서는 이를 더 확대하고 있다. 그러나 소비자보호법에서 소비자를 보호하고자 하는 근본적인 이유를 볼 때 정책적 의미의 소비자를 인정하는 것에 대하여 그 타당성은 의심된다고 할 수 있다. 즉, 소비자계약 역시 민 · 상법상 계약에 해당하기 때문에 민 · 상법이 적용되지만, 이에 대하여 민 · 상법의 규정을 그대로 적용할 경우 양자의 실질적 차이를 고려하지 않고 동등하게 대우하는 것이기 때문에 평등의 원칙에 위배된다.[61] 사업자와 소비자간에는 정보 · 교섭력 · 단체성 · 계약내용결정권 · 경제력 등의 면에서 사업자는 소비자와 비교하여 우월적인 지위에 있으며, 소비자는 약자의 지위에 있기 때문에 양자는 동등한 지위에 있지 않다.[62] 따라서 양자의 실질적 차이를 고려하여 이를 달리 대우하는 것이 실질적 평등의 원칙에 합치하는 것이며, 이를 구체화한 것이 개별 소비자보호법이다. 그러나 직업 또는 영업을 목적으로 재화 등을 구입하는 사업자는 이를 판매하는 사업자와 관계에서 양자간 격차가 존재한다고 할 수 없으며, 그럼에도 불구하고 단지 일반 소비자와 동일한 거래조건으로 계약을 체결하였다는 점만으로 소비자로 인정하여

59) 청약철회권을 소비자에게 부여한 본질적인 이유 및 방문판매법 제8조 제1항 · 전자상거래소비자보호법 제17조 제1항(재화등의 구매에 관한 계약을 체결한 소비자)을 고려할 때, 청약철회권은 계약의 당사자인 소비자에게만 인정된다.

60) 독일 민법상 소비자의 개념에 대하여 "자신의 영업활동이나 독립적 직업활동에 속하지 아니하는 목적으로 법률행위를 하는 모든 자연인"이라고 규정하고 있어 법률행위, 즉 계약을 체결하는 자라는 점을 명백히 하고 있다(양창수, 「독일민법전」, 박영사, 2008, 5면).

61) 민 · 상법상 계약의 당사자는 동등한 지위에 있다는 점을 근거로 이에 대한 법적 보호 역시 동등하게 부여하고 있기 때문에 어느 일방에 대한 특별한 보호는 인정되지 않는다.

62) Jac G.J. Rinhes, European Consumer Law: Making Sense, The Yearbook of Consumer Law 2008, ASHGATE, 2007, p.15.

특별한 법적 보호를 부여하는 것은 민·상법의 존재를 부정하는 것일 뿐만 아니라 소비자보호법의 본질적 목적과도 불일치한다. 따라서 정책적 의미의 소비자의 범주를 결정함에 있어서는 소비자기본법을 비롯하여 개별소비자보호법의 존재의의 등을 감안하여 매우 엄격하게 판단하여야 할 것이며, 현행 정책적 의미의 소비자의 범주에 대하여는 근본적인 측면에서 재검토가 이루어져야 할 것이다.[63)]

제2절 계약체결전단계에서의 소비자보호

1. 정보제공의무

가. 정보제공의무의 필요성

정보제공의무에 있어서 정보란 소비자가 상조계약의 체결여부를 결정함에 있어서 필요한 정보를 말한다. 즉, 계약의 당사자가 되고자 하는 자는 자신이 체결하고자 하는 계약에 관한 정보를 수집하고, 이를 기초로 계약체결의사를 결정하는 것이 원칙이다. 따라서, 계약체결에 필요한 정보는 상대방이 아닌 자신이 수집하여야 한다. 그러나 이러한 정보를 계약의 일방 당사자만이 보유하고 있는 경우에 상대방은 이를 취득할 수 없게 되며, 그 결과 수집된 정보를 기초로 합리적인 계약체결의사를 결정하는 것은 불가능하다. 따라서 양자간 정보의 현저한 불균형이 있는 경우 정보를 가지고 있는 자가 상대방에게 정보를 제공하여 합리적인 계약체결의사를 결정할 수 있는 여지를 제공하는 것은 신의성실의 원칙에 따라 인정된다고 할 것이다. 또한 이러한 정보제공의무는 상대방이 계약체결의사를 합리적으로 결정할 수 있는 기초를 마련하여 주기 위함이기 때문에 그 이행시기는 당연히 계약체결전에 이루어져야 한다.

나. 제공하여야 할 정보의 내용

상조업자가 상조계약을 체결하기 전 소비자에게 제공하여야 할 정보는 상조업자의

63) 동지; 김성천 전게서, 116면.

신원에 관한 정보, 재화 등에 관한 정보 및 거래조건 등에 관한 정보이다.[64] 먼저, 상조업자의 신원에 관한 정보로는 상조업자의 상호, 주소, 전화번호, 전자우편주소 및 대표자의 이름이다. 둘째, 재화 등에 관한 정보로는 재화등의 종류 및 내용이다.[65] 셋째, 거래조건 등에 관한 정보로는 재화등의 가격과 그 지급의 방법 및 시기,[66] 재화등을 공급하는 방법 및 시기,[67] 계약금, 청약의 철회 및 계약 해제의 기한 · 행사방법 · 효과에 관한 사항 및 청약의 철회 및 계약 해제의 권리 행사에 필요한 서식으로서 총리령으로 정하는 것, 소비자 피해보상, 재화등에 대한 불만 및 소비자와 사업자 사이의 분쟁 처리에 관한 사항, 상조계약에 관한 약관, 그 밖에 소비자의 구매 여부 판단에 영향을 주는 거래조건 또는 소비자의 피해구제에 필요한 사항(재화등의 가격 외에 소비자가 추가로 부담하여야 할 사항이 있는 경우 그 내용 및 금액, 판매일시 · 판매지역 · 판매수량 · 인도지역 등 판매

---

64) 할부거래법상 상조업자는 상기의 정보를 제공하는 것이 아닌 설명하여야 한다. 그럼 정보제공의무와 설명의무는 어떠한 차이가 있는가? 정보제공의무는 정보를 상대방에게 제시하는 것으로 그 의무를 이행한 것으로 볼 수 있지만, 설명의무는 상대방이 이의 내용을 이해할 수 있도록 하여야 한다. 물론 상대방이 완전하게 이해할 수 있도록 하는 것이 아닌 일반인이라면 이해할 수 있을 정도의 설명을 의미한다. 따라서 정보제공의무보다 설명의무가 그 주의의무의 정도에서는 높다고 할 것이지만, 양자에 대하여 명확하게 구분하고 있다고 할 수 없다. 즉, 할부거래법(선불식 할부계약) 및 방문판매법에서는 정보제공이라는 제목하에 설명의무를 규정하고 있는 반면에 할부거래법(후불식 할부계약)에서는 표시의무를, 전자상거래소비자보호법에서는 정보의 제공이라는 제목하에 표시 · 광고 또는 고지하도록 규정하고 있기 때문이다(동법 제13조 제2항).

65) 선불식 할부거래에서의 소비자보호지침상 재화등의 종류 및 내용에 대하여는 다음과 같이 구체적으로 규정하고 있다. 첫째, 수의 원단 제조에 사용되는 원사의 종류 · 구성비율 · 원산지, 원단의 제조방법 · 제조지역을 구체적으로 명시하여야 하며, 원사의 경우 "대마" 또는 "저마", 국내산인 경우 "국내산" 외국산인 경우 "국가명"을 명시한다. 원단의 제조방법 및 제조지역의 경우 "수작업식 또는 기계식 여부" 와 국내 제조인 경우 "국내산", 외국제조인 경우 "국가명"을 명시한다. 둘째, 관의 재질 · 두께 및 원산지의 경우 관의 재질은 "오동나무 ○○cm", "○○나무 ○○cm", 원산지는 "한국", "중국" 등으로 명시한다. 셋째, "차량의 종류 및 무료로 제공되는 차량 거리"를 구체적으로 명시하며, 구체적으로 "○○브랜드 ○○년식 ○○영구차량", 여러 차종에서 택일하여 사용 가능할 경우 "○○브랜드 ○○년식 ○○영구차량, □□브랜드 □□년식 □□영구차량 중 택일 가능" 등으로 명시하고, 모든 지역에 무료로 차량이 제공될 경우에는 "전지역 무료 제공", 일부지역 또는 일정거리만 무료로 제공되고 다른 지역이나 추가적인 거리에 대해서는 별도의 비용을 부담하여야 하는 경우에는 "○○지역만 무료제공되며, 그 지역을 벗어날 경우 추가적인 비용부담", "100Km 이내 무료제공, 10Km추가시마다 ○○원 추가 비용부담" 등으로 명시한다.

66) 선불식 할부거래에서의 소비자보호지침상 재화등의 가격과 대금의 지급방법 및 시기는 상조상품의 가격, 1회납입금 및 납입주기 · 횟수, 대금을 모두 납부하기 전에 장례서비스를 받은 경우 잔금의 지급방법 및 시기, 상조상품을 구성하는 세부재화의 가격 등을 명시하여야 한다. 구체적인 예로 상조상품가격이 360만원일 경우 납부방식은 매달 1회 3만원씩 120회 납부하며, 미납금은 장례절차 종료시 일시불로 납부한다. 재화등의 상세내역은 제단-○○원, 수의-○○원, 관-○○원, 장례지도사-○○원 등으로 표시한다. 그러나 상조업자의 사이버몰에서는 전체 대금에 대하여만 표시하고 있지, 개별 재화 등에 대하여는 가격을 표시하고 있지 않다. 따라서 공정거래위원회 등은 상조업자에 대하여 개별 재화 등의 가격을 표시하도록 시정조치 등을 취하여야 할 것이다.

67) 선불식 할부거래에서의 소비자보호지침상 재화등을 공급하는 방법 및 시기에 관하여 다음과 같이 예시하고 있다. 첫째, 상조사업자가 수의 등 제공하기로 약속된 재화등을 직접 지급하지 않고 교환권을 주거나, 장례식장의 장례용품점 등 다른 업체가 소비자에게 지급하도록 하는 경우에 있어서 상조사업자가 재화등을 직접 공급하지 않는 경우에는 재화의 공급주체, 공급방법 등에 대하여 소비자에게 충분히 설명하여야 한다. 둘째, 계약서에 지급방법과 시기에 대하여 "연락주시면 즉시"라고만 기재한 경우와 같이 불명확한 표현보다는 "몇 시간 이내", "몇 일 이내" 등으로 구체적으로 표현하여야 한다.

조건과 관련하여 제한이 있는 경우 그 내용, 상조업자가 상조계약의 주된 목적이 되는 재화등이 제공되기 전에 소비자에게 공급하는 재화등이 있는 경우 그 가격)이다(동법 제23조 제1항).[68)]

다. 소 결

할부거래법에서는 소비자가 상조계약을 체결하기 전 합리적인 체결의사를 결정할 수 있도록 상조업자에 대하여 정보제공의무를 부과하고 있다. 물론 이러한 정보는 소비자가 상조계약의 체결여부를 결정함에 있어서 필수적인 정보이다. 그러나 소비자가 보다 합리적으로 계약체결의사를 결정할 수 있도록 조력하기 위하여는 다음과 같은 점에 대한 보완이 필요하다.

첫째, 상조계약은 복합계약이다. 즉, 단일의 재화 또는 서비스에 대한 계약이 아닌 다수의 재화 및 서비스에 대한 계약이기 때문에 이에 대한 정보가 제공되어야 하지만, 현행 지침에서는 일부의 재화 및 서비스에 국한하고 있다. 특히, 서비스의 경우 이를 제공하는 자의 수도 중요하지만, 누가 서비스를 제공하는가 역시 매우 중요한 정보이다. 따라서 이에 관한 정보 즉, 제공 인원수 및 장례지도를 담당하는 자의 경우에 있어서 자격증 소지 여부 등에 관한 정보 역시 제공되어야 할 것이다. 둘째, 동 지침에서는 대금지급방법 및 시기만을 규정하고 있을 뿐 이의 지연시 지연이자율에 대하여는 규정하고 있지 않다. 후불식 할부계약의 경우 이에 관한 정보를 제공하도록 규정하고 있으며(동법 제6조), 그 지연이자율 역시 이자제한법에서 정한 이자의 최고한도의 범위에서 할부거래업자 또는 신용제공자가 소비자와 약정한 이율을 초과할 수 없다고 규정하고 있다. 따라서 소비자의 대금지연에 따라 상조업자가 청구할 수 있는 지연배상금의 산정기준에 대한 정보 역시 제공하여야 할 정보로 추가하여야 할 것이다. 다만, 이의 요율을 정함에 있어서 구체적인 기준에 대하여는 소비자의 채무불이행부분에서 서술한다. 셋째, 상조업자는 상조업을 영위하기 위하여 반드시 시 · 도지사에 등록하여야 하며, 이를 위하여 소비자피해보상보험계약등을 반드시 체결하여야 한다. 그러나 동법에

68) 2012년 7월 5일 입법예고된 할부거래법 개정안에서는 정보제공의무자에 대하여 현행 상조업자 뿐만 아니라 모집인을 추가하고 있다(동법 개정안 제23조 제1항). 여기에서 모집인은 선불식 할부거래업자를 위하여 선불식 할부계약의 체결을 대리하거나 중개하는 자를 말한다(동법 개정안 제2조 제5호). 즉, 모집인이 상조업자를 위하여 소비자와 계약을 체결할 경우 실질적으로 정보를 제공하는 자는 상조업자가 아닌 모집인이기 때문에 이를 추가한 것이다. 그러나 개정안은 다음과 같은 문제점을 가지고 있다. 즉, 모집인이 소비자에게 정보를 제공하여야 함은 당연하다고 할 것이다. 그러나 개정안에서는 모집인에게 정보제공뿐만 아니라 계약체결시 계약서 교부의무까지 부과하고 있다(동법 개정안 제23조 제2항). 물론 대리인의 경우라고 한다면 타당하다고 할 수 있지만, 당사자간 본 계약을 체결할 수 있도록 조력하는 중개인에게까지 이의 의무를 부과하는 것은 중개의 본질에 반한다. 따라서 계약서 교부의무를 규정하고 있는 개정안 제23조 제2항에서 중개인은 배제하여야 할 것이다.

서는 정보제공의무에 있어서 소비자 피해보상이라는 항목을 두고 있지만, 고시 등에 있어서 이의 구체적인 내용에 대하여 규정하고 있지 않다. 물론 표시광고공정화법(중요한 표시 · 광고사항 고시,[69] 개정 2012. 1. 3 공정거래위원회고시 제 2012- 1호)에서는 "고객불입금에 대한 관리방법"에 대하여 "고객불입금의 ○○%는 ○○은행(또는 ○○공제조합 등)에 소비자피해보상을 위한 보험계약(또는 채무지급보증계약, 예치계약, 공제계약)을 채결하고 있음" 등으로 사업장 게시물(홈페이지), 상품설명서 및 계약서에 모두 명시하도록 규정하고 있다. 그러나 정보제공이 반드시 표시광고에 의하여만 이루어지는 것이 아닌 구두에 의하여도 제공되며, 표시광고공정화법에서는 단지 이러한 정보를 표시만 하면 되기 때문에 소비자에게 설명할 의무는 없다. 또한 이와 같이 표시되어 있을 경우 소비자는 상조업체의 파산 등이 발생할 경우 자신이 납입한 금액 전부에 대하여 보호받을 수 있다고 생각한다. 그러나 후술하는 바와 같이 소비자피해보상보험 등을 통하여 보호받을 수 있는 금액은 전액이 아닌 일정금액에 한정되기 때문에 추후 예기치 못한 피해를 입을 수 있다. 따라서 보장금액에 대한 정보 역시 제공될 필요가 있다. 이를 구체적으로 제시하면 다음과 같다. 소비자피해보상보험계약등의 체결여부 및 보험회사 등에 관한 정보(회사명, 연락처), 보장기간이 있는 경우 그 기간, 보장범위 및 보험금 등의 청구방법 등에 관한 정보를 추가할 필요가 있다. 넷째, 상조업자의 재무정보에 대하여는 제공하여야 할 정보에 포함되어 있지 않지만, 중요한 표시 · 광고사항 고시에서는 총 고객환급 의무액, 상조관련 자산 및 이와 관련하여 공인회계사의 회계감사(검토)를 받았는지 여부(최근사업연도의 재무 관련 자료를 기준으로 표시하여야 함)를 표시하도록 규정하고 있다. 이러한 정보는 상조업자의 재무건전성을 판단하는 기초정보일 뿐만 아니라 추후 소비자에게 상이 발생하였을 경우 해당 상조업체로부터 상조서비스를 제공받을 수 있을지에 대한 가능성을 판단할 수 있는 기초정보이다. 즉, 상조계약은 즉시 또는 단기간내에 상조서비스를 제공받는 것이 아닌 언제 발생할 지 모르는 상을 대비하

---

69) 중요한 표시 · 광고사항 고시에서는 상조업과 관련하여 장의업종과 상조업종으로 구분하여 표시광고하여야 할 정보를 규정하고 있다. 그러나 상조업종에 대하여는 모든 상조업자가 아닌 할부거래법 제2조 제2호에서 규정하고 있는 상조업자로 한정하고 있다. 그 결과 할부거래법의 적용대상이 아닌 상조업자에 대하여는 규정되지 않는다. 그럼 이러한 상조업자가 표시광고함에 있어서 일정한 정보가 포함되지 않아도 되는가? 현행 중요한 표시광고사항 고시에서는 이를 규정하고 있지 않기 때문에 이러한 상조계약에 대한 표시광고에 있어서는 이러한 정보를 포함하지 않아도 된다. 그러나 이러한 상조계약에 대한 표시광고에도 이러한 정보는 포함되어야 한다. 또한 표시광고공정화법과 할부거래법은 적용범위가 상이함에도 불구하고 이를 동일하게 취급하는 것 자체가 문제이다. 물론 이러한 상조계약에 대하여 할부거래법상 제공하여야 할 정보를 그대로 반영하는 것은 적합하지 않지만, 대부분의 내용이 할부거래법의 적용을 받지 않은 상조업에도 적용될 수 있기 때문에 단지 할부거래법상 선불식 할부계약에 국한하는 것은 타당하지 않다. 또한 만일 모든 상조업에 대하여 동일한 기준을 적용하는 것이 타당하지 않다고 한다면 할부거래법의 적용대상인 상조업과 이에 해당하지 않은 상조업으로 구분하여 표시광고사항을 정하는 방법 역시 고려할 수 있다.

는 것이기 때문에 상조업자의 영업계속 여부에 대한 확실성은 소비자가 상조계약을 체결함에 있어서 가장 중요한 정보이다. 따라서 표시광고공정화법상 중요한 표시 · 광고사항 고시에서도 이를 규정하고 있는 것이다. 그럼에도 불구하고 할부거래법에서 이의 정보에 대한 제공의무를 규정하지 않은 것은 타당하지 않기 때문에 상조업자에 대한 재무정보 역시 계약체결전 제공하여야 할 정보로 추가하여야 할 것이다.

2. 부당한 계약체결권유행위의 금지

가. 부당한 계약체결권유행위의 의의 및 유형

(1) 부당한 계약체결권유행위의 의의

부당한 계약체결권유행위라 함은 소비자가 상조계약의 체결여부를 결정함에 있어서 부당한 영향을 미치는 사업자의 위법행위를 말한다. 즉, 소비자는 상조계약의 체결여부를 자유로운 상태에서 합리적으로 결정하여야 하지만, 사업자의 부당한 행위가 개입될 경우 오류의 체결의사를 결정하거나 원하지 않은 계약을 체결하게 된다. 그 결과 소비자는 상조계약의 체결 여부와 관계없이 피해를 입게 된다. 따라서 소비자가 상조계약의 체결 여부를 결정함에 있어서 자유로운 상태 속에서 합리적인 의사를 결정하기 위하여는 사업자의 부당한 계약체결권유행위를 금지하여야 하며, 이를 위반하였을 경우 적절한 규제가 이루어져야 한다.

(2) 부당한 계약체결권유행위의 유형

상조업자의 부당한 계약체결권유행위는 부당한 표시 · 광고행위와 기타 소비자의 계약체결의사결정과정에 부당한 영향을 미치는 행위로 구분할 수 있다. 즉, 상조업자의 표시광고는 소비자가 계약체결여부를 결정함에 있어서 필요한 정보를 습득하는 중요한 방법 중 하나이다. 그러나 상조업자가 정확한 정보를 제공하는 것이 아닌 부당한 표시광고를 하였을 경우 소비자는 오류의 선택을 할 수 밖에 없다. 또한 상조업자의 권유행위는 단지 표시광고행위에 국한되지 않으며, 이의 대표적인 예가 바로 구두에 의한 권유이다.[70] 따라서 상조업자의 부당한 계약체결권유행위는 부당한 표시광고행위와

70) 광고행위에 구두에 의한 권유가 포함될 수 있는가에 대하여는 명확하지 않다. 다만, 표시광고공정화법에서는 광고에 대하여 "광고"란 사업자등이 상품등에 관한 제1호 각 목의 어느 하나에 해당하는 사항을 「신문 등의 진흥에 관한 법률」 제2조 제1호 및 제2호에 따른 신문 · 인터넷신문, 「잡지 등 정기간행물의 진흥에 관한 법률」 제2조 제1호에 따른

기타의 경우로 구분할 수 있다.

1) 부당한 표시광고행위

상조업자가 상조계약의 체결을 위하여 소비자에게 권유하는 대표적인 방식이 바로 표시 · 광고이다. 즉, 상조업자를 비롯한 사업자는 표시광고를 통하여 자신 및 자신이 판매하는 재화 등에 관한 정보를 소비자에게 제공하여 소비자로 하여금 자신과 계약을 체결하도록 유인한다. 따라서 사업자가 행하는 표시광고는 마케팅의 일환이며, 소비자의 입장에서 표시광고는 계약체결여부를 결정함에 있어서 중요한 요인이다. 이러한 점은 상조계약에서도 동일하며, 일반적으로 소비자는 상조업자의 표시광고를 기초로 상조계약의 체결 여부를 결정한다. 그러나 상조업자가 부당하게 표시광고를 할 경우 소비자는 이를 기초로 계약체결의사를 결정하기 때문에 소비자의 합리적인 선택권은 침해될 수 밖에 없고, 오류의 선택으로 직결하게 된다. 따라서 소비자가 합리적인 계약체결의사를 결정하기 위한 전제조건으로 상조업자의 부당한 표시광고행위에 대한 규제가 필요하다. 이러한 부당한 표시광고행위를 규정하고 있는 대표적인 법은 표시광고의 공정화에 관한 법률(이하 "표시광고공정화법"이라고 한다)이며, 동법상 금지되는 표시광고행위는 다음과 같다. 첫째, 허위 · 과장의 표시 · 광고이며, 이는 사실과 다르게 표시 · 광고하거나 사실을 지나치게 부풀려 표시 · 광고하는 것이다(동 시행령 제3조 제1항).[71] 예를 들어, 상품을 사진이나 화면으로 제시하는 경우에 광고상에 표시된 상품의 크기를 실제상품의 크기와 다르게 하면서 그 사실을 표시하지 않거나 화면에 나타난 상품의 색상, 디자인 등이 차이가 있음에도 불구하고 그 내용을 표시하지 않아 상품의 품질 등이 실제보다 우수한 것으로 표시 · 광고하는 것을 말한다. 둘째, 기만적인 표시 · 광고

정기간행물, 「방송법」 제2조 제1호에 따른 방송, 「전기통신기본법」 제2조 제1호에 따른 전기통신, 그 밖에 전단 · 팜플렛 · 견본 또는 입장권, 인터넷 또는 PC통신, 포스터 · 간판 · 네온사인 · 에드벌룬 또는 전광판, 비디오물 · 음반 · 서적 · 간행물 · 영화 또는 연극, 자기의 상품외의 다른 상품, 기타 이와 유사한 매체 또는 수단으로 소비자에게 널리 알리거나 제시하는 것을 말한다(동법 제2조 제2호, 동 시행령 제2조). 그러나 건강기능식품에 관한 법률에서는 광고에 대하여 라디오 · 텔레비젼 · 신문 · 잡지 · 음성 · 음향 · 영상 · 인터넷 · 인쇄물 · 간판 그 밖의 방법에 의하여 건강기능식품에 대한 정보를 나타내거나 알리는 행위로 정의하고 있으며, 이에는 구두(음성)를 포함하고 있다. 따라서 건강기능식품법에 따르면 구두에 의한 권유 역시 광고에 해당하게 된다.

71) "수의는 Q품질보증(품질시험검사 전문기관인 한국원사직물시험연구원이 보증함)을 받았다"는 광고는 첫째, '재단법인 FITI시험연구원(구 한국원사직물시험연구원)'이 발급한 시험성적서는 단지 피심인이 제출한 수의 시료에 대해 섬유혼용률이 "대마와 레이온으로 이루어짐"을 확인해 주는 것일 뿐이지, 피심인이 제공하는 수의를 "일정한 규격품"이나 "일정한 품질"을 시현할 수 있는 제품으로 인정 또는 보증해 주는 것은 아니라는 점과 둘째, 재단법인 FITI시험연구원이 발급한 시험성적서의 하단에는 "이 성적서는 제시된 시료에 대한 시험결과로서 전체제품에 대한 품질을 보증하지 않으며, 사전 서면동의 없이 광고 등의 용도로 사용할 수 없다"라고 명시되어 있다는 점에서 장례용품의 품질보증에 관하여 사실과 다르거나 사실을 지나치게 부풀린 허위 · 과장의 광고로 인정하였다(공정거래위원회의 의결 제2008-083호(2008.3.6, 2007광고2418).

이며, 이는 사실을 은폐하거나 축소하는 등의 방법으로 표시 · 광고하는 것이다(동 시행령 제3조 제2항). 예를 들어, 실제 판매가격이외에 배송료 등 추가비용에 대하여 언급하지 않아 마치 추가비용이 없거나 추가비용은 사업자가 부담하는 것처럼 표시 · 광고하는 것 또는 판매수량에 제한이 없으면서 한정판매라고 광고하거나 누적판매수량을 사실과 다르게 표시하는 경우를 말한다. 셋째, 부당하게 비교하는 표시 · 광고이며, 이는 비교대상 및 기준을 명시하지 아니하거나 객관적인 근거없이 자기 또는 자기의 상품이나 용역을 다른 사업자 또는 사업자단체의 상품 등과 비교하여 우량 또는 유리하다고 표시 · 광고하는 것이다(동 시행령 제3조 제3항). 예를 들어, 상품 등의 무상수리에 관한 비교광고를 함에 있어서 무상수리 품목 및 기간이 경쟁사업자의 것과 상이함에도 자기에게 불리한 무상수리기간은 명시하지 아니하고 자기에게 유리한 무상수리품목만을 비교하는 경우가 이에 해당한다. 마지막으로 비방적인 표시 · 광고이며, 이는 다른 사업자 등의 상품 등에 관하여 객관적인 근거가 없는 내용으로 표시 · 광고하여 비방하거나 불리한 사실만을 표시 · 광고하여 비방하는 것이다(동 시행령 제3조 제4항). 예를 들어, 객관적 근거없이 "××회사(경쟁관계사업자)의 ○○제품은 약효가 전혀 없고 치료가 되지 않는다"고 표시 · 광고하는 경우가 이에 해당한다.

2) 부당한 권유행위

① 민법상 부당한 권유행위

계약의 일반법인 민법에서는 청약의 유인에 해당하는 권유행위에 대하여 직접적으로 규정하고 있지 않지만, 당사자의 의사결정에 있어서 부당하게 개입하는 행위로 사기 또는 강박행위를 규정하고 있다. 사기라 함은 위법한 기망행위를 통하여 상대방을 착오에 빠뜨리는 행위를 말한다. 또한 강박이라 함은 해악을 고지하여 상대방에게 공포심을 유발시키는 행위를 말하며, 사기와 동일하게 위법하여야 한다. 또한 민법은 단지 사기 또는 강박행위를 금지하는 것이 아닌 이러한 부당한 개입행위로 인하여 상대방이 의사를 표시하였을 경우를 대상으로 하기 때문에 단지 이러한 행위만 있을 경우 계약법적인 문제가 아닌 불법행위의 문제가 되며, 이로 인하여 손해가 발생하였을 경우 손해배상책임만이 문제가 된다. 따라서 상대방이 사기 또는 강박에 의하여 의사를 표시하였을 경우 당해 의사표시의 효력이 무엇인가의 문제가 발생하게 되며, 이에 대하여는 후술한다.

② 할부거래법상 부당한 권유행위

할부거래법에서는 상조업자의 일정한 행위를 금지하고 있으며, 이러한 행위 중 부당한 권유행위에 해당하는 경우는 다음과 같다.[72] 첫째, 계약의 체결을 강요하는 행위이며, 이의 구체적인 예로 상조업자가 상조업체에 취업하기 위해 지원한 사람들에게 취업요건으로 상조계약 체결을 요구하고, 거부하는 경우 직원채용에서 제외시키겠다고 공지한 경우이다. 둘째, 거짓 · 과장된 사실을 알리거나 기만적 방법을 사용하여 상대방과의 거래를 유도하는 행위이며, 상조상품을 은행적금보다 금리가 높은 저축성 상품으로 홍보하는 경우 또는 '전원 장례지도사 1급', '원하는 장례식장에서 다 된다', '대기업과 계약이 되어 있다', 상조이행보증회사를 통하여 무조건 상조서비스를 제공한다' 등 사실과 다른 설명으로 가입을 유도한 경우 또는 상조상품을 홍보한다는 내용을 표시하지 아니한 무료초대권으로 소비자를 극장으로 유인하여 상조상품을 판매하는 경우이다. 셋째, 소비자가 계약을 체결할 의사가 없음을 밝혔음에도 전화, 팩스, 컴퓨터통신 등을 통하여 계약체결을 강요하는 행위이며, 계약을 체결하지 않겠다고 밝혔음에도 상조사업자가 하루에 2번 이상 혹은 일주일에 2~3번씩 3달간 반복해서 전화로 계약체결을 요구한 경우 또는 소비자가 전화, 이메일 등을 통하여 가입거부의사를 밝혔음에도 메신저 쪽지, 홈페이지 게시판, 방명록, 소셜 네트워크를 통해서 계약체결을 독촉하는 글을 반복적으로 남기는 경우이다. 넷째, 소비자피해보상보험계약등을 체결하지 아니하였음에도 소비자피해보상보험계약등을 체결한 사실을 나타내는 표지나 이와 유사한 표지를 제작 또는 사용하는 행위이며, 상조사업자가 소비자피해보상보험계약이 해지되었음에도 소비자피해보상보험계약등을 체결한 사실을 나타내는 표지를 사용하는 경우 또는 상조사업자가 홈페이지에 "○○보증과 ㅁㅁ보험에 가입하여 어떠한 경우에도 고객님의 불입금을 안전하게 보장한다"는 내용으로 소비자피해보상보험계약을 체결한 것처럼 광고하였으나, 실제로는 소비자의 계좌에서 월불입금이 과다하게 인출될 경우에 대한 손해배상금의 지급을 보장하는 것이었던 경우이다(동법 제34조).

나. 부당한 계약체결권유행위에 대한 사법적 효과

상조업자가 정보제공의무를 이행하지 않거나 금지되는 부당한 권유행위를 하였을 경우 이의 법적 효과는 사법적 효과와 공법적 효과로 구분할 수 있으며, 공법적 효과에

72) 상조업자의 부당한 권유행위의 구체적인 유형은 선불식 할부거래에서의 소비자보호 지침에서 정하고 있는 내용이다.

대하여는 후술하고 여기에서는 사법적 효과만을 언급한다.

(1) 부당한 계약체결권유행위로 인하여 체결된 계약의 효력

소비자가 상조업자의 부당한 권유행위로 인하여 상조계약을 체결하였을 경우 당해 계약의 효력에 대하여 직접적으로 규정하고 있는 법은 존재하지 않는다. 다만, 할부거래법에서는 소비자에게 청약철회권과 계약해제권을 부여하고 있으며, 이러한 권리행사에 있어서는 일정한 요건을 요구하고 있지 않기 때문에 이러한 권리행사를 통하여 당해 계약을 해소할 수 있다. 그러나 청약철회권 등은 상조업자의 부당한 권유행위로 인하여 체결된 계약을 해소하기 위한 것이 주된 목적은 아니다. 또한 부당한 표시광고행위를 규율하고 있는 표시광고공정화법에서는 후술하는 손해배상청구권만을 규정하고 있으며, 이로 인하여 체결된 계약의 효력에 대하여는 규정하고 있지 않다. 따라서 상조업자의 부당한 권유행위로 체결된 계약의 효력은 민법에 의하여 판단할 수 밖에 없다.

민법에서는 부당한 권유행위로 인하여 체결된 계약의 효력에 대하여 일반적으로 규정하고 있지 않으며, 사기 또는 강박에 의한 의사표시의 효력에 대하여 규정하고 있다. 따라서 상조업자의 부당한 권유행위가 사기 또는 강박에 해당하는가의 여부가 문제시 된다. 그럼 사기 또는 강박행위는 무엇인가? 기망행위는 표의자(소비자)에게 그릇된 관념이나 판단을 가지게 하거나 그러한 관념을 강화 또는 유지하려는 모든 행태를 말하며, 강박행위는 공포심을 유발시키는 모든 행태를 의미한다. 또한 양자 모두 위법해야 하기 때문에 기망행위 또는 강박행위가 적법한 경우에는 이에 해당하지 않는다. 그럼 위법성 여부에 대한 판단의 기준은 무엇인가에 대하여 판례는 기망행위에 있어서 신의성실의 원칙으로 판단하고 있다.[73] 또한 강박행위의 위법성에 대하여는 강박의 목적 또는 수단을 고려하여 판단하여야 한다.[74] 그러나 이러한 기망행위 또는 강박행위만이 존재하였다고 하여 당해 계약을 취소할 수 있는 것은 아니다. 즉, 표의자(소비자)가 의사를 표시함에 있어서 이러한 기망행위 또는 강박행위에 기초하여 의사를 표시하여야 한

73) 상품의 선전 광고에 있어서 거래의 중요한 사항에 관하여 구체적 사실을 신의성실의 의무에 비추어 비난받을 정도의 방법으로 허위로 고지한 경우에는 기망행위에 해당한다고 할 것이나, 그 선전 광고에 다소의 과장 허위가 수반되는 것은 그것이 일반 상거래의 관행과 신의칙에 비추어 시인될 수 있는 한 기망성이 결여된다고 할 것이다(대판 2010.4.29, 2009다97864).

74) 강박에 의한 의사표시라고 하려면 상대방이 불법으로 어떤 해악을 고지함으로 말미암아 공포를 느끼고 의사표시를 한 것이어야 하는바, 여기서 어떤 해악을 고지하는 강박행위가 위법하다고 하기 위하여는 강박행위 당시의 거래관념과 제반 사정에 비추어 해악의 고지로써 추구하는 이익이 정당하지 아니하거나 강박의 수단으로 상대방에게 고지하는 해악의 내용이 법질서에 위배된 경우 또는 어떤 해악의 고지가 거래관념상 그 해악의 고지로써 추구하는 이익의 달성을 위한 수단으로 부적당한 경우 등에 해당하여야 한다(대판 2010.2.11, 2009다72643).

다. 따라서 상대방이 기망행위를 하였지만, 소비자에게 착오가 발생하지 않거나 강박행위에 따라 공포심을 유발하지 않은 상태에서 계약을 체결하였다면 사기 또는 강박에 의한 의사표시라고 할 수 없다.[75] 다만, 소비자가 상조업자의 기망행위 또는 강박행위에 기하여 상조계약을 체결하였다면 이의 계약을 취소할 수 있으며, 취소권의 행사기간은 착오상태에서 벗어나거나 강박상태에서 벗어난 시점으로부터 3년 당해 계약을 체결한 날로부터 10년 내에 행사할 수 있다(민법 제110조, 제146조). 또한 소비자가 취소권을 행사한 경우 소비자 및 상조업자는 부당이득반환의무를 부담하며, 상조업자는 원본에 이자를 더하고 상대방에게 손해가 있을 경우 배상까지 하여야 한다(민법 제748조).

(2) 부당한 계약체결권유행위와 손해배상책임

상조업자의 부당한 권유행위로 인하여 손해를 입은 소비자는 손해배상을 청구할 수 있다. 이러한 손해배상책임의 근거는 계약이 체결되었다면 채무불이행책임으로 구성할 수 있으며, 계약이 체결되지 않았다면 불법행위책임으로 구성할 수 있다. 양자의 가장 큰 차이점은 채무자(상조업자)의 고의 또는 과실에 대하여 누가 입증할 것인가이다. 즉, 채무불이행책임의 경우 고의 또는 과실에 대한 입증은 채권자(소비자)가 아닌 채무자(상조업자)가 과실없음을 입증하여야 하지만, 불법행위책임의 경우 채무자(상조업자)가 아닌 채권자(소비자)가 입증하여야 하기 때문이다(민법 제390조, 제750조).

물론 이는 민법상 손해배상책임이며, 표시광고공정화법에서는 민법에 대한 특칙을 규정하고 있다. 즉, 민법상 손해배상책임은 양자 모두 과실책임주의에 기초하고 있지만, 표시광고공정화법에서는 무과실책임주의를 규정하고 있기 때문이다(동법 제10조). 다만, 표시광고공정화법상 손해배상책임은 부당한 표시광고로 인한 소비자의 손해에 국한되기 때문에 그 이외의 부당한 권유행위로 인하여 발생한 손해배상책임에는 적용되지 않는다. 또한 표시광고공정화법상 손해배상청구권을 재판상 행사하기 위하여는 공정거래위원회의 시정조치가 확정되어야 한다(동법 제11조 제1항). 즉, 상조업자의 부당한 표시광고행위로 인하여 손해를 입은 소비자는 상조업자의 부당한 표시광고, 손해의 발생 및 이의 인과관계만을 입증하게 되면 상조업자에 대하여 손해배상을 청구할 수 있으며, 상조업자는 부당한 표시광고행위에 대하여 고의 또는 과실이 없음을 입증

75) 기망행위 중 소극적 기망행위(중요한 내용에 대한 불고지)가 신의칙에 위반되지 않을 경우는 위법하지 않기 때문에 사기에 의한 의사표시에 해당하지 않는다. 그럼 이러한 의사표시는 취소할 수 없는가? 이의 문제는 착오의 문제이며, 당해 중요정보의 불고지로 인하여 소비자에게 상조계약의 중요부분에 대하여 착오를 유발하였고, 이 상태에서 소비자가 계약을 체결하였다면 착오를 이유로 취소할 수 있을 것이다(민법 제109조).

하여 그 책임을 면할 수 없다.

이러한 동법상 손해배상책임은 민법상 손해배상책임의 요건보다 완화된 것으로 소비자에게는 매우 유리한 것으로 보인다. 그러나 동법상 손해배상청구권은 공정거래위원회의 시정조치명령에 따라 그 재판상 행사가 제한된다. 즉, 공정거래위원회가 시정조치명령을 하지 않은 경우 소비자는 동법상 무과실책임을 주장하여 손해배상을 청구할 수 있지만, 공정거래위원회가 시정조치명령을 한 경우에는 이의 명령이 확정될 때까지 동법상 손해배상청구권의 행사가 제한된다. 그럼 시정조치명령은 언제 확정되는가? 이의 방식은 두 가지이다. 첫째는 시정조치명령을 받은 상조업자가 이의신청을 하지 않거나 이의신청에 따른 재결에 대하여 행정소송을 제기하지 않은 것이다. 둘째는 시정조치명령 또는 재결에 대한 행정소송을 제기하여 확정판결(원고패소)을 받은 것이다.[76] 이와 같이 표시광고공정화법에서는 무과실책임을 규정하면서도 시정조치명령이 있는 경우에 이를 재판상 청구하기 위한 요건으로 시정조치명령의 확정을 요구하고 있다.

그럼 과연 이러한 방식이 타당한 것인가? 먼저, 손해배상책임제도와 시정조치명령의 기능을 살펴보면, 전자는 사업자의 법 위반행위로 인하여 발생한 피해에 대한 구제를 주된 목적으로 하지만, 후자는 사업자의 법 위반행위를 금지함으로써 이로 인한 피해의 발생을 방지하기 위함이다. 따라서 손해배상은 사업자의 과거의 위법행위를 대상으로 하며, 시정명령은 사업자의 현재 위법행위를 대상으로 한다. 그 결과 기능이 상이한 제도를 결합시키는 것은 적합하지 않다. 둘째, 사업자의 부당한 표시광고행위에 대하여 전자는 사법적 규제인 반면에 후자는 공법적 규제이다. 물론 양자를 결합한다면 소비자의 입장에서는 사업자의 표시광고행위가 위법한 것인가에 대한 입증책임이 경감될 수 있다. 그러나 과연 그러한 결과가 발생하는가? 공정거래위원회의 시정조치명령에 대한 소송은 행정소송을 통하여 다루어 진다. 반면에 손해배상청구소송은 민사소송에서 다루어지기 때문에 양자는 각기 다른 법원에서 처리되며, 행정소송에서 시정명령이 확정되었다고 하더라도 민사소송에서 법원이 당연히 위법한 표시광고행위로 인정하

76) 공정거래위원회의 시정조치명령에 대한 이의신청 또는 재결에 대한 행정소송에 대하여 표시광고공정화법에서는 독점규제 및 공정거래에 관한 법률의 규정을 준용하고 있으며, 이의 내용은 다음과 같다. 공정거래위원회의 처분에 대하여 불복이 있는 자는 그 처분의 통지를 받은 날부터 30일 이내에 그 사유를 갖추어 공정거래위원회에 이의신청을 할 수 있다. 공정거래위원회는 이의신청에 대하여 60일 이내에 재결을 하여야 한다. 다만, 부득이한 사정으로 그 기간 내에 재결을 할 수 없을 경우에는 30일의 범위 안에서 결정으로 그 기간을 연장할 수 있다(동법 제53조). 공정거래위원회의 처분에 대하여 불복의 소를 제기하고자 할 때에는 처분의 통지를 받은 날 또는 이의신청에 대한 재결서의 정본을 송달받은 날부터 30일 이내에 이를 제기하여야 하며, 이의 기간은 불변기간으로 한다(동법 제54조). 불복의 소는 공정거래위원회의 소재지를 관할하는 서울고등법원을 전속관할로 한다(동법 제55조).

지는 않는다. 즉, 각 법원이 독자적으로 판단하기 때문이다. 셋째, 시정조치명령의 확정은 소비자의 손해배상청구권을 유명무실하게 할 수 있다. 즉, 공정거래위원회가 시정조치명령을 행한 경우 소비자는 시정조치가 확정될 경우 재판상 손해배상을 청구함에 있어서 무과실책임을 주장할 수 있기 때문에 공정거래위원회의 시정조치가 확정되기를 기다릴 것이다. 그러나 공정거래위원회의 시정조치명령에 대한 행정소송에서 반드시 시정조치가 확정된다는 보장은 없다. 즉, 공정거래위원회가 패소할 수 있다. 물론 패소시점이 3년을 도과하지 않았다면 문제가 없지만, 3년을 도과하였다고 한다면 소비자의 손해배상청구권은 소멸시효에 의하여 행사할 수 없게 된다. 즉, 소비자가 민법 제750조에 따라 손해배상을 청구하기 위하여는 그 손해 및 가해자를 안 날로부터 3년 또는 불법행위를 한 날로부터 10년 내에 행사하여야 하지만, 이미 3년이 경과하였기 때문에 소멸시효에 의하여 손해배상청구권은 소멸하였기 때문에 손해를 입었음에도 불구하고 배상을 청구할 수 없다. 물론 민법상 손해배상청구권의 행사에는 제한하지 않는다는 규정을 두고 있기 때문에 이러한 문제는 발생하지 않는다고 주장할 수 있다. 그럼 동법에서 무과실책임을 규정한 취지는 무엇인가라는 근본적인 의문을 제기하게 한다. 마지막으로 동법상 손해배상청구권의 행사요건은 공정거래위원회의 시정조치명령에 따라 상이하게 되며, 이와 같이 상이하게 정하는 것이 과연 타당한 것인가의 문제 역시 발생하게 된다. 즉, 공정거래위원회가 시정조치명령을 하지 않은 경우 소비자는 무과실책임을 주장할 수 있지만, 시정조치명령을 한 경우 소비자가 무과실책임을 주장하여 재판상 손해배상청구권을 행사하기 위하여는 시정조치가 확정될 때까지 기다려야 한다. 즉, 소비자가 부당한 표시광고행위로 인하여 입은 피해를 구제받기 위하여 손해배상을 청구함에 있어서 이의 요건을 달리 정하는 것이 타당한 것인가에 대한 의문이 제기된다. 이러한 문제의 근본적인 원인은 손해배상청구권의 행사요건에 공정거래위원회의 시정조치명령의 확정을 추가하였기 때문에 발생한 것이므로 이를 삭제하여야 할 것이다.[77)]

77) 拙稿, "가상공간에서의 부당한 광고행위와 소비자보호", 「법학연구」 제21권 제2호, 2010 · 8, 20-21면.

제3절 계약체결단계에서의 소비자보호

1. 계약서의 교부의무

가. 계약서 교부의무의 필요성

상조계약은 요식계약이 아닌 불요식 계약이기 때문에 계약을 체결함에 있어서 반드시 일정한 서면으로 계약을 체결할 필요가 없다. 다만, 상조업자는 상조계약을 체결한 경우 반드시 계약서를 소비자에게 교부하여야 한다. 그럼 이와 같이 할부거래법에서 계약서 교부의무를 부과한 이유는 무엇인가? 이는 두 가지로 살펴볼 수 있다. 첫째는 계약서를 통하여 소비자가 체결한 계약의 내용을 재차 확인할 수 있는 기회를 부여하기 위함이다. 즉, 상조업자는 소비자가 계약을 체결하기 전에 상기에서 언급한 일정한 정보를 제공하여야 한다. 따라서 소비자는 이러한 정보를 기초로 상조계약의 체결의사를 결정한다. 그러나 사업자가 제시한 내용이 계약서에 기재된 내용과 상이할 경우 소비자피해 또는 소비자분쟁이 발생하게 된다. 따라서 계약체결 즉시 계약서를 교부하게 함으로써 소비자가 제공받은 정보와 계약서에 기재된 내용이 일치하는지의 여부 및 소비자가 체결하고자 하였던 계약내용과 일치하는지 여부를 확인할 수 있는 기회를 부여하기 위함이다. 둘째는 추후 상조업자와 소비자간 분쟁이 발생하였을 경우 원활한 분쟁해결을 위함이다. 즉, 상조계약과 관련하여 분쟁이 발생하였을 경우 가장 기본적인 해결기준은 계약내용이다. 물론 그 내용이 불공정하지 않아야 함은 당연하다고 할 것이다. 그러나 계약서를 교부받지 못한 경우 계약내용이 무엇인가에 대하여 소비자는 입증하지 못하게 되며, 그 결과 사업자의 주장에 따라 분쟁이 해결되는 결과가 발생할 수 있다. 또한 이러한 계약서가 없는 경우 당해 분쟁은 소송 등을 통하여 해결되어야 하지만, 증거자료의 불충분으로 인하여 그 해결은 매우 곤란할 뿐만 아니라 그 시간 역시 지연되게 된다. 그러나 계약서가 존재할 경우 상조업자와 소비자간에 의하여 분쟁이 쉽게 해결될 수 있을 뿐만 아니라 소송 등을 통하여 분쟁을 해결하더라도 매우 간편하게 해결될 수 있는 장점이 있다. 이러한 측면에서 할부거래법에서는 계약서 교부의무를 규정하고 있다.

나. 계약서의 기재사항

상조업자가 상조계약의 체결시 교부하여야 할 계약서에는 계약체결전 소비자에게 제공하여야 할 정보가 모두 기재되어야 한다(동법 제23조 제2항). 그러나 중요정보고시에서는 총 고객환급 의무액, 상조관련 자산 및 이와 관련하여 공인회계사의 회계감사(검토)를 받았는지 여부(최근사업연도의 재무 관련 자료를 기준으로 표시하여야 함) 및 고객불입금에 대한 관리방법(할부거래법 제27조에 의한 소비자피해보상보험계약 등 체결 기관 및 선수금 보전 비율. 다만, 표시 · 광고기간 동안 표시 · 광고한 예치 비율 이하로 예치 비율이 떨어져서는 아니 됨)도 계약서에 기재하도록 규정하고 있기에 이의 사항 역시 계약서에 기재되어야 한다.

다. 계약서 미교부 및 부실기재의 효과

상조계약을 체결한 상조업자가 소비자에게 계약서를 교부하지 않거나 상기의 내용이 모두 기재되지 않은 계약서를 교부하였을 경우 그 법적 효과는 어떠한가? 이에 대하여는 공법적 규제와 사법적 규제로 구분할 수 있지만, 전자에 대하여는 후술하고 여기에서는 후자의 측면에서만 검토한다. 이러한 사법적 효과와 관련해서는 청약철회기간의 연장의 문제와 더불어 기재되지 않은 사항을 계약의 내용으로 주장할 수 있는지의 문제 역시 발생한다.

(1) 청약철회기간의 연장

상조업자가 계약서를 교부하지 않거나 일부의 사항이 미기재된 계약서를 교부하였을 경우 소비자의 청약철회권의 행사기간은 연장된다. 즉, 후술하는 바와 같이 상조계약을 체결한 소비자는 계약서를 교부받은 경우 그 날로부터 14일 이내에 청약을 철회할 수 있지만, 계약서를 교부받지 못한 경우 계약일로부터 3개월 이내에 청약을 철회할 수 있다. 또한 상조업자의 주소 등이 적혀 있지 아니한 계약서를 교부받은 경우 그 주소를 안 날 또는 알 수 있었던 날로부터 14일 이내에 청약을 철회할 수 있으며, 청약철회에 관한 사항이 적혀 있지 아니한 경우에는 청약을 철회할 수 있음을 안 날 또는 알 수 있었던 날로부터 14일 이내에 청약을 철회할 수 있다(동법 제24조 제1항).

(2) 미기재된 사항의 계약의 내용성

상조업자가 계약체결전에 소비자에게 정보를 설명하였지만, 추후 교부된 계약서에는 이러한 사항이 기재되어 있지 않은 경우 설명한 정보가 계약의 내용으로 인정될 수 있는가의 문제가 제기되며, 이는 설명 · 표시 또는 광고의 법적 성질의 문제에서부터 시작한다. 또한 이러한 문제가 발생하는 사항은 할부거래법 등에서 이미 규정하고 있는 사항이 아닌 그 이외의 사항에 국한된다. 즉, 할부거래법 제23조 내지 제26조는 강행규정이기 때문에 이에 대한 반대의 합의가 있더라도 소비자에게 불리한 것은 효력이 없다. 따라서 이에 관한 사항을 합의하지 않았다고 하더라도 당연히 동법의 규정이 적용되기 때문에 이러한 경우에는 문제가 발생하지 않는다.

1) 표시광고의 법적 성질

표시광고의 법적 성질에 청약설과 청약의 유인설로 구별되고 있지만, 판례는 아파트 분양 광고의 법적 성질에 대하여 일반적으로 청약의 유인으로 인정하고 있다.[78] 따라서 광고는 청약이 아닌 청약의 유인에 해당하기 때문에 계약의 내용을 구성하지 않으므로 이에 대하여 소비자가 착오를 일으켰다고 하더라도 이는 동기의 착오에 불과하다고 판시하였다. 즉, 상가를 분양하면서 그 곳에 첨단 오락타운을 조성 · 운영하고 전문경영인에 의한 위탁경영을 통하여 분양계약자들에게 일정액 이상의 수익을 보장한다는 광고를 하고, 분양계약 체결시 이러한 광고내용을 계약상대방에게 설명하였더라도 체결된 분양계약서에는 이러한 내용이 기재되지 않은 점과 그 후의 위 상가 임대운영 경위 등에 비추어 볼 때, 위와 같은 광고 및 분양계약 체결시의 설명은 청약의 유인에 불과할 뿐 상가 분양계약의 내용으로 되었다고 볼 수 없고, 따라서 분양 회사는 위 상가를 첨단 오락타운으로 조성 · 운영하거나 일정한 수익을 보장할 의무를 부담하지 않는다고 판시하였다.[79] 이에 반하여 광고의 내용을 법률행위의 내용으로 인정하는 판례

---

78) 김상중, "상가분양계약의 법률관계", 「재산법연구」, 제24권 제3호, 2008, 146면. 청약은 이에 대응하는 상대방의 승낙과 결합하여 일정한 내용의 계약을 성립시킬 것을 목적으로 하는 확정적인 의사표시인 반면 청약의 유인은 이와 달리 합의를 구성하는 의사표시가 되지 못하므로 피유인자가 그에 대응하여 의사표시를 하더라도 계약은 성립하지 않고 다시 유인한 자가 승낙의 의사표시를 함으로써 비로소 계약이 성립하는 것으로서 서로 구분되는 것이다. 그리고 위와 같은 구분 기준에 따르자면, 상가나 아파트의 분양광고의 내용은 청약의 유인으로서의 성질을 갖는 데 불과한 것이 일반적이라 할 수 있다(대판 2007.6.1, 2005다5812 · 5829 · 5836).

79) 대판 2001.5.29, 99다55601 · 55618; 대판 2009.3.16, 2008다1842 등. 상가분양광고에서는 연 16% 투자수익 예상과 같이 수치를 제시하는 경우, 심지어 4,290만원 투자시 13,148,000원 확정지급 내지 연 14% 확정수익률 보장과 같이 확정적 표현을 사용하는 등 여러 수익성 선전형태는 비록 확정 또는 보장이라는 표현을 사용하더라도 판례(대판 2001.5.29, 99다55601 · 55618)에 의하면 수분양자에 의한 고유한 장래 투자위험 부담이라는 측면 등에 비추어 계약법적으로 고려할 여지가 협소하며, 그로부터 분양자의 법적 구속의사를 추론하기에는 결코 충분하지 않다. 그렇다

도 있다. 즉, 선분양 · 후시공의 방식으로 분양되는 대규모 아파트단지의 거래 사례에 있어서 분양계약서에는 동 · 호수 · 평형 · 입주예정일 · 대금지급방법과 시기 정도만이 기재되어 있고 분양계약의 목적물인 아파트 및 그 부대시설의 외형 · 재질 · 구조 및 실내장식 등에 관하여 구체적인 내용이 기재되어 있지 아니한 경우가 있는바, 분양계약의 목적물인 아파트에 관한 외형 · 재질 등이 제대로 특정되지 아니한 상태에서 체결된 분양계약은 그 자체로서 완결된 것이라고 보기 어렵다 할 것이므로, 비록 분양광고의 내용, 모델하우스의 조건 또는 그 무렵 분양회사가 수분양자에게 행한 설명 등이 비록 청약의 유인에 불과하다 할지라도 그러한 광고 내용이나 조건 또는 설명 중 구체적 거래조건, 즉 아파트의 외형 · 재질 등에 관한 것으로서 사회통념에 비추어 수분양자가 분양자에게 계약 내용으로서 이행을 청구할 수 있다고 보이는 사항에 관한 한 수분양자들은 이를 신뢰하고 분양계약을 체결하는 것이고 분양자들도 이를 알고 있었다고 보아야 할 것이므로 분양계약시에 달리 이의를 유보하였다는 등의 특단의 사정이 없는 한, 분양자와 수분양자 사이에 이를 분양계약의 내용으로 하기로 하는 묵시적 합의가 있었다고 봄이 상당하다.[80]

2) 표시광고된 사항이 계약서에 미기재된 경우

이러한 판례의 입장에서 볼 때, 광고는 청약의 유인에 불과하기 때문에 그 자체로는 법률행위의 내용으로 인정되지 않는다는 것은 기본적으로 동일하다. 문제는 광고의 내용이 계약서에 기재되지 않았을 경우 광고내용이 계약의 내용으로 편입되는가의 여부이며, 전자의 판례는 이를 부정한 반면에 후자의 판례는 이를 긍정하고 있다. 판례의 기본적인 입장에서 광고는 청약의 유인에 불과하기 때문에 법률행위의 내용으로 바로 인정하기는 곤란하다. 그러나 광고의 내용이 계약서에 기재되지 않았다고 하여 바로 계약의 내용에 포함되지 않는다고 한다면 광고의 기능 및 이를 기초로 청약을 한 상대

고 하더라도 지방법원의 판결과 같이 수익성보장방법의 구체적 정도, 다른 계약조건과의 관련성 및 기타 부대정황에 따른 광고내용의 진지성, 구체적 보장내용의 서면에의 기재 여부 등을 고려하여 개별 사안에서는 분양자의 구속력 있는 손해전보의사를 도출해낼 수도 있을 것이라고 한다(김상중 전게논문, 148면). 그러나 막연히 수익성을 선전하는 광고와 달리 상기에서 제시한 사례와 같이 구체적인 기준과 함께 수익률을 제시한 경우에 이를 계약의 내용이 아닌 수분양자가 부담하여야 할 투자위험으로 평가하는 부당한 광고에 대한 판단기준을 축소하는 것이며, 장래 상황에 대한 단정적인 판단을 내용으로 하는 광고는 피광고자가 감수하여야 할 위험으로 취급할 경우 전문적인 지식을 가지고 있는 광고자의 수익률제시를 신뢰한 소비자는 전혀 법적 보호를 받지 못하게 되는 결과가 된다. 또한 분양자가 계약을 체결함에 있어서 수익률보장에 대하여 일반적으로 계약서에 기재하지 않으며, 이를 서면으로 기재하였을 경우에 계약의 내용으로 인정하는 것은 광고를 계약내용으로 인정하는 것이 아니다. 즉, 계약서에 이러한 사항을 기재하였다면 그 자체로 계약내용이 되는 것이며, 광고의 내용이 계약의 내용으로 편입되는가의 문제는 이러한 사항이 계약서에 기재되지 않았을 경우이다.

80) 대판 2007.6.1, 2005다5812 · 5829 · 5836.

방은 전혀 보호받지 못하게 되며, 부당한 광고행위가 기망행위에 해당하지 않는 한 이로 인하여 체결된 계약은 당사자를 기속하게 되는 결과가 된다. 즉, 광고는 이를 본 상대방이 계약을 체결하도록 유인하는 것이 본질적인 기능이며, 이를 기초로 상대방은 계약체결의사를 결정한다. 따라서 계약체결과정에서 이에 대한 반대의 특약을 하지 않는 한 상대방은 광고의 내용이 계약의 내용으로 편입된 것으로 판단한다. 만일, 계약서에 기재되지 않았다고 하여 이를 계약의 내용에서 배제시킨다면 광고를 규제하고자 하는 표시광고공정화법 및 사전 정보제공과 이를 계약서에 기재하도록 한 할부거래법 · 방문판매법 및 전자상거래소비자보호법 등의 입법취지는 몰각된다. 따라서 광고의 내용이 계약서에 기재되지 않은 경우 이를 계약의 내용으로 편입하지 않을 것을 명시적으로 제시하여 상대방의 동의를 받은 경우에만 비로소 계약의 내용으로 포함되지 않을 뿐 그 외의 경우에는 당사자간 광고의 내용을 계약의 내용으로 포함시킨다는 묵시적 합의가 존재한 것으로 보아야 할 것이다.

3) 표시광고와 다른 내용이 계약서에 기재된 경우

상조업자가 계약서를 교부하였지만, 계약서에 기재된 내용이 계약체결전에 설명하였던 내용과 상이한 경우 계약서에 기재된 내용이 계약의 내용으로 인정되는가 아니면 설명하였던 내용이 계약의 내용으로 인정되는가의 문제가 발생한다. 특히, 상조계약의 경우 급부의 목적물인 재화의 원산지 등이 매우 중요하며, 원산지가 어디인가에 따라 그 가격차이가 크기 때문에 매우 중요하다고 할 수 있다. 그럼 구체적으로 어떠한 문제가 발생할 수 있는가? 상조업자가 상조용품이 국내산으로 표시광고 또는 권유를 하였고, 소비자는 이를 기초로 계약을 체결하였지만, 교부된 계약서에는 외국산으로 표기된 경우이다. 그럼 급부의 목적물은 국내산(표시 또는 광고 등) 상조용품인가 아니면 외국산(계약서 기재사항)인가의 문제가 제기된다. 이 문제는 당사자간의 합의가 무엇이었는가를 규명하여야 한다. 즉, 상조업자가 국내산으로 표시 또는 광고하였지만, 소비자가 외국산을 원하였다면 합의의 내용은 외국산 상조용품이므로 계약서의 내용과 합의는 일치한다. 그러나 이러한 광고에 대하여 다른 합의가 없었음에도 불구하고 계약서에 외국산으로 표시된 경우 당사자간의 합의는 외국산이 아닌 국내산이다. 따라서 합의와 다른 내용이 계약서에 기재된 것이며, 합의내용에 따라 급부의 목적물은 국내산 상조용품이라고 할 것이다.

2. 청약의 철회

가. 청약철회권의 의의 및 필요성

(1) 청약철회권의 의의

청약철회라 함은 소비자가 계약을 체결한 이후 자신의 계약체결의사를 재차 판단할 수 있는 기회를 부여하고, 일정기간내 체결의사가 변경된 경우에 아무런 부담없이 간편하게 당해 계약관계를 해소할 수 있는 권리를 말한다.[81)]

(2) 청약철회권의 필요성

청약철회권은 청약의 구속력을 인정하고 있는 민법에 대한 예외이며(동법 제527조), 소비자보호를 위하여 규정한 특칙이라고 할 수 있다. 물론 청약철회권을 인정함에 있어서는 단지 계약의 상대방이 소비자라는 점만으로는 충분하지 않다. 즉, 소비자라는 점은 필요조건이지 충분조건은 아니다. 따라서 청약철회권이 인정되기 위하여는 일방이 소비자이어야 하며,[82)] 이를 인정하기 위한 특수한 조건이 충족되어야 한다. 그럼 특수한 조건은 무엇인가? 소비자가 충동적으로 계약체결의사를 결정할 수 있는 여지를 사업자가 부여한 경우를 말한다. 즉, 일반적인 거래방식의 경우, 소비자는 자유로운 상태에서 계약체결의사를 결정할 수 있다. 그러나 특수거래방식의 경우에는 사업자의 다양한 마케팅활동에 의하여 소비자가 숙고하는 것이 아닌 충동적으로 계약체결의사를 결정하게 된다. 즉, 할부거래에 있어서 대금의 분할지급, 방문판매 또는 전화권유판매에 있어서 방문판매자 또는 전화권유판매자의 권유, 다단계판매에 있어서 수익의 가능성 또는 다단계판매자의 권유, 통신판매에서의 광고 등은 소비자의 구매의사를 유인하

---

81) 청약철회권 제도는 영미법에서 처음 인정되었으며, 이후 독일 등의 대륙법계 국가 등에서드 이를 인정하였다. 다만, 영미의 계약법에서 청약의 철회는 승낙이 있기 전까지 가능하지만(Ewan McKendrick, Contract Law, OXFORD, 2005, p.130), 영국 방문판매 또는 격지판매의 계약체결일로부터 7일 이내에 청약을 철회할 수 있으며(F. D. Rose, Commercial & Consumer Law 2007-2008, OXFORD, 2007, pp. 447~450/487~490), 미국의 경우 청약철회규칙(Cooling-Off Rule)에 따라 방문판매의 경우 계약체결일의 익일부터 3영업일 이내에 청약을 철회할 수 있다(FTC, The Cooling-Off Rule: When and How to Cancel a Sale(www.ftc.gov 2008년 4월 2일 방문)). 특히, 독일의 경우 2002년 민법의 개정을 통하여 기존 개별소비자보호법에서 규정하였던 청약철회권을 민법으로 수용하였다(하경효, 앞의 논문, 135면 이하).

82) 청약철회권이 반드시 소비자에게만 인정되는 것은 아니다. 즉, 콘텐츠산업발전법에서는 콘텐츠거래에 대하여 청약철회권을 인정하고 있으며, 이의 권리자로 소비자가 아닌 이용자로 규정하고 있다(동법 제27조). 이러한 이용자에는 소비자를 비롯하여 상행위를 목적으로 콘텐츠를 이용하는 상인까지 포함된다.

는 대표적인 행위이다. 따라서 이러한 상황속에 있는 소비자가 합리적인 구매의사를 결정하기란 사실상 곤란하다. 그러나 이러한 상황속에서 체결한 계약은 기존의 민법상의 제권리로는 해결할 수 없다. 즉, 계약체결과정속에서의 문제를 이유로 당해 계약을 해소하기 위하여는 착오, 사기 또는 강박이 존재하여야 하지만, 사업자의 행위가 이에 해당하지 않거나 소비자의 사소한 착오일 경우 취소할 수 없기 때문이다. 그렇다고 하여 이러한 계약에 구속하는 것 역시 타당하지 않다는 점에서 개별 소비자보호법에서는 소비자가 간편하게 계약관계를 벗어날 수 있는 권리로 청약철회권을 부여하고 있다. 물론 모든 소비자가 이러한 상황속에서 충동적으로 계약체결의사를 결정하는 것이 아니기 때문에 일률적으로 모든 소비자에게 청약철회권을 부여하는 것은 타당하지 않다고 주장할 수 있다. 그러나 이를 구분할 수 있는가의 문제에서부터 시작하여 소비자에게 이의 입증을 요구할 경우 사실상 청약철회권은 유명무실하게 된다. 또한 이와 유사하게 일률적으로 보호하는 방안도 역시 존재한다. 즉, 민법에서는 행위무능력자의 법률행위를 취소할 수 있도록 하고 있으며, 이러한 자 중 대표적인 자가 바로 미성년자이다. 물론 일반적인 미성년자는 성년자와 비교하여 판단능력이 부족하다는 점에서 이러한 취소권을 부여하고 있지만, 모든 미성년자가 그러한 것은 아니다. 그렇다고 하여 이를 구분하여 취소권을 부여하고 있는 것은 아니다. 따라서 일부 소비자에게 청약철회권을 부여하는 것이 과도한 소비자보호에 해당하거나 악의적인 소비자를 발생시키는 부작용을 야기시킨다고 주장할 수 있지만, 현실적으로 양자를 구분하는 것이 거의 불가능한 상태라는 점과 일반적인 소비자의 경우를 전제로 한다면 일률적으로 청약철회권을 부여하는 것이 타당할 것이다. 다만, 악의적으로 청약철회권을 행사하는 것에 대하여는 제도의 본질적인 취지에 역행할 수 있기 때문에 이에 대한 제한의 필요성이 존재하며, 이는 청약철회권의 배제사유 또는 이의 보완을 통하여 해결할 수 있을 것이다.

나. 청약철회권의 행사요건 및 행사기간

(1) 청약철회권의 행사요건

청약철회권은 소비자가 상조계약을 체결한 이후 계약체결의사가 변경되었을 경우 간편하게 당해 계약에서 벗어날 수 있도록 하기 위한 권리이기 때문에 착오, 사기, 강박 또는 해제 등과 달리 일정한 요건을 충족하여야 행사할 수 있는 것은 아니다. 즉, 소비자는 아무런 이유를 제시하지 않고 상조계약을 해소할 수 있다.

(2) 청약철회권의 행사기간

소비자가 체결한 상조계약에 대한 청약철회권은 다음의 기간내에 행사할 수 있다. 첫째, 상조업자로부터 계약서를 교부받은 경우에는 계약서를 받은 날부터 14일이내이다.[83] 둘째, 상조업자의 주소 등이 적혀 있지 아니한 계약서를 받은 경우 또는 상조업자의 주소 변경 등의 사유로 상기의 기간 이내에 청약을 철회할 수 없는 경우에는 그 주소를 안 날 또는 알 수 있었던 날 등 청약을 철회할 수 있는 날부터 14일이내이다. 셋째, 계약서에 청약의 철회에 관한 사항이 적혀 있지 아니한 경우에는 청약을 철회할 수 있음을 안 날 또는 알 수 있었던 날부터 14일이다. 넷째, 상조업자가 청약의 철회를 방해한 경우에는 그 방해행위가 종료한 날부터 14일이내이다(동법 제24조 제1항). 다섯째, 계약서를 받지 아니한 경우에는 계약일부터 3개월이내이다. 마지막으로 상기의 기간보다 더 장기의 기간을 상조업자와 약정한 경우 약정기간내에 청약을 철회할 수 있지만, 단기의 기간으로 약정한 경우 이의 합의는 무효이며, 상기의 기간내에 행사할 수 있다(동법 제43조). 상기의 행사기간을 결정함에 있어서 계약서의 발급사실과 그 시기 등에 관하여 다툼이 있는 경우 상조업자가 이를 입증하여야 한다(동법 제24조 제4항).

다. 청약철회의 방법 및 효과발생시기

(1) 청약철회의 방법

소비자가 청약을 철회할 경우 상기의 기간 이내에 상조업자에게 청약을 철회하는 의사표시가 적힌 서면을 발송하여야 한다(동법 제24조 제2항). 이러한 서면으로 상조업자가 계약서의 교부시 첨부한 청약철회서로 하는 것이 일반적이다. 그러나 반드시 이러한 서면으로 행사하여야 하는 것은 아니며, 청약철회의 의사가 상조업자에게 전달될 수 있는 서면이면 충분하다.

이와 같이 동법에서는 청약철회의 행사방법에 대하여 서면으로 제한하고 있다.[84]

83) 소비자의 구체적인 청약철회기간에 대하여 선불식 할부거래에서의 소비자보호 지침에서는 다음과 같이 예시하고 있다. 소비자가 2011년 3월 1일 인터넷 · 전화 등을 통하여 상조상품에 가입하기로 하고, 3월 6일 상조사업자로부터 받은 가입신청서를 작성하여 fax로 송부한 후, 3월 25일 우편으로 계약서를 수령한 경우에 계약서를 수령일(2011년 3월 25일)로부터 14일 이내에 청약철회를 할 수 있다. 따라서 동 예시에서는 기산일을 3월 25열로 정하고 있기 때문에 종료일은 4월 7일이 된다. 그러나 이는 민법상 기간계산의 방식과 상이하다. 즉, 기간을 일(日) 등의 단위로 정할 경우 기간의 초일은 산입하지 않기 때문에 계약서의 수령일은 포함되지 않으므로 기산일은 3월 25일이 아닌 3월 26일이다. 따라서 종료일 역시 4월 7일이 아닌 4월 8일이다.

84) 청약철회권의 행사방법에 대하여 할부거래법에서는 서면주의를 취하고 있지만, 방문판매법 및 전자상거래소비자보호법에서는 서면주의를 취하고 있지 않다.

따라서 소비자가 구두로 청약을 철회한 경우 청약철회로 인정될 수 없는가의 문제가 제기된다. 이의 문제를 해결하기 위하여는 동법에서 청약철회의 방식을 서면으로 제한하는 이유에 대하여 살펴보아야 한다. 이는 소비자에게 청약철회를 하기 전에 숙고하도록 함과 더불어 추후 발생할 수 있는 입증의 문제를 해결하기 위함이다. 즉, 구두로 행사하였을 경우에 경솔하게 청약철회의사를 결정할 수 있으며, 청약철회권을 행사하였음에도 불구하고 사업자가 이를 부정할 경우 입증의 곤란문제가 발생할 수 있다. 따라서 이러한 문제를 회피하기 위하여 서면에 의한 청약철회를 규정하고 있는 것이다. 그러나 소비자의 구두에 의한 청약철회를 부정하는 것은 타당하지 않다. 물론 상기의 이유를 근거로 구두에 의한 청약철회를 부정할 수 있다. 그러나 상조계약의 체결에 있어서 서면에 의한 체결을 요구하고 있지 않으며, 서면에 의한 계약체결을 요구하고 있는 후불식 할부계약에 있어서 구두에 의하여 체결된 계약의 효력 역시 인정되고 있기 때문에 구두에 의한 청약철회를 부정하는 것은 타당하지 않다. 따라서 서면에 의한 청약철회를 규정하고 있는 동 규정은 주의적 규정에 불과하다고 할 것이다.

(2) 청약철회의 효과발생시기

소비자가 청약을 철회한 경우 당해 의사표시의 효력은 그 의사표시가 기재된 서면을 발송한 날에 그 효력이 발생한다(동법 제24조 제3항). 즉, 의사표시의 효력발생시기는 도달주의가 아닌 발신주의를 취하고 있다. 민법상 상대방있는 의사표시는 상대방에게 도달하였을 때 효력이 발생한다(민법 제111조).[85] 즉, 이러한 의사표시는 단지 표의자뿐만 아니라 상대방에게도 영향을 미치기 때문에 상대방이 이를 알 수 있는 시점에 효력을 발생하도록 규정한 것이다. 그러나 동법에서는 이와 반대로 발신주의를 취하고 있다. 그럼 그 이유는 무엇인가? 이는 할부거래법에서 규정한 청약철회기간내에 충분히 숙고할 수 있는 여지를 소비자에게 부여하기 위함이다. 즉, 도달주의를 취할 경우 소비자는 상기의 청약철회기간 동안 계약체결의사를 판단할 수 있는 것이 아니라 발신부터 도달까지 소요되는 시간을 감안하여 그 이전에 계약체결의사를 결정하여야 하기 때문에 동법에서 규정하고 있는 14일 동안 계약체결의사를 결정할 수 있는 것이 아니라 상대방에게 도달하는 기간을 제외한 기간동안만 숙고할 수 있다. 따라서 이러한 점을 감안하여 14일이라는 기간 동안 충분히 숙고할 수 있도록 하기 위하여 의사표시의 효력

85) 민법상 상대방있는 의사표시의 효력발생시기는 도달주의이지만, 예외적으로 발신주의에 의하여 효력이 발생하기도 한다. 이의 예로는 무능력자의 상대방의 최고권(민법 제14조), 무권대리에 있어서 상대방의 최고권(민법 제131조), 격지자간의 계약성립시기(민법 제531조) 등이 있다.

발생시기를 도달주의가 아닌 발신주의를 취한 것이다. 다만, 소비자가 구두로 청약을 철회한 경우 그 효력발생시기는 동법에서 규정하고 있지 않기 때문에 민법에 의하여 도달한 시점에 그 효력이 발생한다고 할 것이다.

라. 청약철회의 효과

소비자가 청약을 철회한 경우 당해 상조계약은 소멸한다. 따라서 상조업자는 청약철회의 서면을 접수한 날부터 3영업일 이내에 이미 지급받은 계약금 및 할부금을 환급하여야 한다. 이 경우 상조업자가 환급을 지연한 때에는 그 지연기간에 따라 지연배상금(연 20%)을 함께 환급하여야 한다(동법 제24조 제5항).

마. 소 결

(1) 청약철회기간

할부거래법에서는 청약철회기간에 대하여 기본적으로 계약서를 받은 경우 14일로 정하고 있지만, 계약서에 상조업자의 주소 또는 청약철회에 관한 사항이 누락되어 있는 경우에는 그 주소 또는 그 사실을 안 날 또는 알 수 있었던 날로 정하고 있다. 이러한 입법취지는 상조업자에게 모든 사항이 기재된 계약서를 교부하도록 함이며, 이의 위반시 청약철회기간을 연장하여 불이익을 주기 위함이라고 할 수 있다. 그러나 사실상 이러한 기간의 연장은 이루어지지 않으며, 역으로 소비자에게 불리하게 될 수 있다. 즉, 동법에서는 단순히 안 날이라고 정하고 있는 것이 아닌 알 수 있었던 날까지도 포함하고 있다. 여기서 알 수 있었던 날은 소비자가 알지 못하더라도 과실이 있는 경우를 말한다. 그러나 상조업자의 주소 등이 기재되지 않았다고 하더라도 사이버몰을 운영하고 있는 경우가 대다수이며, 이에 주소를 표시하고 있다. 또한 상조계약에 대하여 청약을 철회할 수 있음은 이미 일반적으로 알려진 사실이기 때문에 이의 내용이 계약서에 기재되지 않았다고 하더라도 소비자가 알지 못함에는 과실이 있다고 할 수 있으며, 계약체결시 상조업자가 이의 사실을 설명한 경우 계약체결 당시에 청약철회에 관한 내용을 알고 있었다고 할 수 있다. 따라서 이러한 경우 청약을 철회할 수 있는 날은 계약서를 교부받은 날이 아닌 계약을 체결한 시점이 되기 때문에 청약철회기간이 더 단축되는 결과가 발생할 수 있다. 그럼 이의 문제는 어떻게 해결하여야 하는가? 동법의 입법목적에 보다 적합하게 청약철회권의 행사기간에 관한 규정을 개정하여야 할 것이다.

즉, 상조업자에게 계약서교부의무를 부과하고, 이러한 계약서에는 설명하여야 할 모든 사항을 기재하도록 하고, 이의 위반시 불이익을 부과하기 위함이라면 이러한 사항이 기재되지 않은 계약서를 교부한 경우 청약철회권의 행사기간이 진행되지 않도록 규정하여야 할 것이다. 즉, 유럽 소비자권리지침[86] 및 일본[87]의 경우 계약서에 청약철회에 관한 사항이 기재되지 않은 경우 이의 내용이 기재된 계약서가 교부된 시점부터 청약철회권의 행사기간이 진행되는 것으로 규정하고 있다는 점은 우리에게 시사하는 바가 크다.

(2) 위약금 등의 청구금지

후불식 할부계약, 방문판매, 전화권유판매, 다단계판매, 통신판매 등에서는 소비자가 청약을 철회한 경우 사업자는 소비자에게 위약금 또는 손해배상을 청구할 수 없도록 규정하고 있다. 그러나 소비자가 상조계약에 있어서 청약을 철회한 경우 상조업자가 위약금 등을 청구할 수 없도록 금지하는 규정이 존재하지 않는다. 물론 제도적 취지를 감안한다면 상조업자는 청약철회를 이유로 소비자에게 위약금 등을 청구할 수 없는 것은 당연하다고 할 것이지만, 이를 명백하게 하기 위하여는 이를 명시하는 것이 바람직하다.

(3) 상조서비스의 제공 후 청약철회의 문제

일반적으로 상조계약의 체결이후 수 개월 후에 상이 발생하기 때문에 청약철회의 문제는 발생하지 않는다. 이러한 점을 감안하여 동법에서는 청약철회의 효과에 있어서 재화 등의 반환문제를 규정하고 있지 않다. 그러나 반드시 상이 청약철회기간이 도과한 후에만 발생하는가? 상은 인간이 예견할 수 없는 사건이다. 따라서 언제든지 발생할 수 있기 때문에 청약철회기간 내에도 발생할 수 있다. 즉, 상조계약을 체결하였지만, 상조업자가 계약서를 교부하지 않은 경우 소비자는 계약을 체결한 날로부터 3개월 이

---

86) 유럽연합 소비자권리지침(DIRECTIVE 2011/83/EU OF THE EUROPEAN PARLIAMENT AND OF THE COUNCIL of 25 October 2011 on consumer rights, amending Council Directive 93/13/EEC and Directive 1999/44/EC of the European Parliament and of the Council and repealing Council Directive 85/577/EEC and Directive 97/7/EC of the European Parliament and of the Council)은 2011년 10월 25일에 제정되었다. 동 지침상 철회기간은 14일이지만(제9조), 철회권에 관한 정보가 동 지침상의 요건에 따라 제공되지 않은 경우 철회기간은 최장 1년으로 연장된다(제10조).

87) 일본 특정상거래법상 방문판매에 관한 청약철회는 소비자가 계약에 관한 서면을 받은 날로부터 8일이내에 행사할 수 있지만, 사업자가 청약철회에 관한 사항을 부실하게 고지하여 고지된 내용을 사실로 오인하여 이 기간내에 청약철회를 하지 못한 경우에는 당해 계약의 청약을 철회할 수 있음이 기재된 서면을 교부받은 날로부터 8일이내에 청약을 철회할 수 있다(동법 제9조 제1항).

내에 청약을 철회할 수 있으며, 이 기간내에 상이 발생할 수 있다. 따라서 상조업자가 상조서비스를 제공하였지만, 3개월이 도과하지 않았기 때문에 소비자는 청약을 철회할 수 있다. 그럼 이러한 것이 과연 타당한 것인가? 할부거래법에서는 청약철회의 배제사유에 대하여 규정하고 있지 않기 때문에 소비자는 청약을 철회할 수 있다고 할 것이다. 그럼 상조서비스의 반환이 불가능하기 때문에 이를 공제하는 방식으로 처리하여야 하는가? 그러나 이러한 방식보다는 청약철회기간내 상조서비스를 제공한 경우 청약철회의 배제사유로 정하여 청약철회를 부정하는 것이 바람직하다. 다만, 청약철회의 배제사유로 신설하여야 할 것은 상 또는 혼례가 발생하여 상조서비스 등을 제공한 경우로 한정하여야 할 것이며, 계약체결시 또는 상 등이 발생하기 이전에 상조업자가 소비자에게 일부 상조용품을 제공하였을 경우까지 청약철회의 배제사유로 규정하는 것은 타당하지 않다. 따라서 일부 상조용품을 제공받은 이후 청약을 철회하였을 경우에는 이의 용품을 반환하도록 하고, 대금의 환급시 이의 금액을 공제하는 것을 금지하여야 할 것이다. 다만, 소비자가 반환할 수 있는 용품은 상조업자가 재판매할 수 있는 것에 한정하여야 할 것이며, 재판매할 수 없는 경우에는 그 비용을 공제하고 나머지 금액만을 반환하도록 하거나 공제할 금액이 반환할 금액보다 큰 경우에는 그 차액을 청구할 수 있도록 하여야 할 것이다.

(4) 선불식 간접할부계약의 청약철회

소비자가 대금을 신용제공자를 통하여 지급한 후 청약철회를 한 경우 이의 법률관계에 대하여 할부거래법에서는 규정을 두고 있지 않다. 물론 상조업자가 임의적으로 대금을 반환하였다면 문제가 없다고 할 것이다. 그러나 상조업자가 반환하지 않았기 때문에 신용제공자가 소비자에게 대금을 청구한 경우 소비자는 신용제공자의 대금지급청구에 대하여 거절할 수 있는가의 문제가 발생한다. 그럼 이의 문제를 민법 등을 통하여 해결할 수 있는가? 판례는 매매계약과 여신계약의 관계에 대하여 경제적 일체성은 인정하지만, 법적 일체성을 인정하고 있지 않다.[88] 즉, 법적 효력에 있어서 양자를 별

88) 신용카드 이용계약에 따라 신용카드를 발급받은 자가 미성년자임을 이유로 그 법률행위를 취소한다면, 신용카드 이용계약은 소급하여 그 효력을 잃게 되고, 그에 따라 신용카드회원이 그 계약에 터잡아 신용카드발행인에 대하여 부담하게 되는 신용카드대금이나 수수료 등의 채무는 더 이상 존재하지 않게 되고, 이미 납부한 신용카드대금 등은 신용카드발행인의 편에서 볼 때 법률상 원인 없이 취득한 것이 되어 부당이득의 법리에 따라 악의의 수익자로 인정된 때로부터의 이자를 붙여 이를 신용카드회원에게 반환할 의무를 진다고 할 것이다. 그런데 신용카드회원의 신용카드발행인에 대한 카드대금채무의 발생원인이 되는 신용카드회원과 해당 가맹점 사이에 체결된 개별적인 구매계약은 신용카드회원이 미성년자라고 하더라도 특별한 사정이 없는 한 신용카드발행인과의 신용카드 이용계약취소와 무관하게 유효하게 존속한다고 할 것이므로, 신용카드발행인이 이미 가맹점들에 대하여 그에 대한 대가를 지급한 부분은 해당 신

개의 계약으로 인정하고 있기 때문에 상조계약에 대하여 청약철회권을 행사하였다고 하더라도 여신계약의 효력까지 소멸하지 않는다. 물론 후불식 할부계약을 비롯하여 다른 특수거래에 대하여는 명문의 규정을 두어 이의 문제를 어느 정도 해결하고 있다.[89] 그러나 선불식 할부계약에 대하여는 선불식 간접할부계약을 전혀 규정하지 않음으로 인하여 상조계약이 청약철회에 의하여 소멸되었음에도 불구하고 여신계약은 그대로 유효하기 때문에 소비자는 신용제공자의 대금지급요청에 거부할 수 없으며, 상조업자에게 반환을 청구할 수 밖에 없다. 이러한 점은 동법에서 선불식 간접할부계약을 전혀 언급하지 않음으로 인하여 발생하는 문제이기 때문에 단순히 이 분야에서만 해결하기 위한 방안을 모색하기보다는 선불식 간접할부계약에 대한 정의규정을 신설하고, 이에 따른 법률관계를 규정하는 것이 바람직하다.

제4절 계약유지 및 이행단계에서의 소비자보호

1. 회원지위의 양도

가. 소비자권리의 법적 성질

상조업자와 소비자간 상조계약이 체결된 경우 소비자는 상이 발생할 때 상조업자에

용카드회원이 사용한 카드이용대금에 대한 변제로서 유효하고 이로써 신용카드회원은 법률상 원인 없이 자신의 가맹점에 대한 물품 및 용역대금 지급채무를 면함과 아울러 해당 신용카드발행인에게 동액 상당의 손해를 가한 결과가 되는바, 따라서 신용카드회원 역시 부당이득의 법리에 따라 해당 신용카드발행인에게 이를 반환할 의무가 있다고 할 것이다(서울고등법원 2005.10.14. 선고 2005나15057, 2005나15064, 2005나15095 판결).

89) 소비자가 신용제공자를 통하여 대금을 지급한 이후 청약철회권을 행사하였을 경우 그 효과는 할부거래법(후불식 할부계약)과 방문판매법 · 전자상거래소비자보호법별로 차이가 있다. 물론 사업자가 신용제공자에게 지급받은 대금을 환급한 경우에는 양자 모두 동일하지만, 이를 반환하지 않아 신용제공자가 소비자에게 대금의 결제를 청구하였을 경우 할부거래법에 따르며, 소비자가 청약철회권의 행사기간내에 이의 사실을 신용제공자에게 통지하거나 신용제공자가 청약철회기간내에 대금을 사업자에게 지급하였을 경우 소비자는 신용제공자의 대금지급요청에 대하여 거부할 수 있다. 반면에 방문판매법 및 전자상거래소비자보호법에 따르면 소비자는 신용제공자의 대금결제요청에 대하여 당연히 거부할 수 없고 사업자에 대한 다른 채무와 상계할 것을 먼저 요청한 후 신용제공자가 정당한 사유없이 상계하지 않은 경우에만 거절할 수 있다. 다만, 할부거래법(후불식 할부계약)의 적용을 받는 방문판매 등의 경우에 소비자가 할부거래법이 아닌 방문판매법에 따라 청약을 철회하였지만, 사업자가 신용제공자에게 대금을 지급하지 않아서 신용제공자가 소비자에게 대금을 청구할 경우 소비자는 할부거래법상 항변권을 행사하여 대금지급청구에 거절할 수 있다. 그러나 할부거래법상 항변권의 사유로 다른 법에 의하여 청약을 철회한 경우를 포함하고 있는 것은 방문판매법 및 전

게 상조서비스의 제공을 청구할 수 있다. 그럼 상조서비스의 제공을 청구할 수 있는 소비자의 권리의 법적 성질은 무엇인가? 이러한 소비자의 권리는 민법상 지명채권에 해당한다. 즉, 지명채권은 채권자가 특정되어 있는 채권으로 증권적 채권에 속하지 않은 일반적인 채권을 말한다.[90] 물론 상조계약을 체결할 경우 상조업자는 소비자에게 계약서 이외에 회원증서를 발급한다. 그러나 이러한 회원증서는 상조계약을 체결하였다는 증거증서의 역할을 할 뿐 소비자가 상조서비스를 제공받기 위하여 반드시 회원증서를 제시하여야 하는 것은 아니다. 따라서 상조계약상 소비자의 권리는 지명채권에 해당한다.

나. 소비자권리의 양도성

소비자가 상조업자와 상조계약을 체결한 이후 상조서비스를 제공받을 수 있는 권리를 제3자에게 양도할 수 있는가? 앞에서 살펴본 바와 같이 소비자의 권리는 지명채권에 해당하며, 이는 재산권의 일종이다. 따라서 이러한 소비자의 권리 역시 양도할 수 있다고 할 수 있지만, 민법에서는 두 가지의 경우에 있어서 양도를 제한하고 있다(민법 제449조). 먼저, 채권의 성질에 따른 제한이다. 즉, 채권이 양도되어 채권자가 변경되면 그 동일성을 잃게 되거나 채권의 목적을 달성할 수 없게 되는 경우이다. 이에 해당하는 경우로는 채권자가 변경되면 급부의 내용이 전혀 달라지는 채권이며, 특정인을 교수케 하는 채권 또는 특정인의 초상을 그리게 하는 채권 등이 이에 해당한다. 또한 특정의 채권자에게 급부하는 데에 중요한 의의가 있는 채권으로 사용차주의 채권 · 임대차 · 사용자의 채권 등이 이에 해당한다. 특정의 채권자와의 사이에서 지급 · 처리되어야 할 특별한 사유가 있는 채권으로 상호계산의 대상채권 · 당좌대월계약상의 채권 등이 이에 해당한다. 마지막으로 채권 사이에 주 · 종관계가 있는 경우로써 종된 채권은 주된 채권과 함께 이전되어야 하기 때문에 종된 채권만을 주된 채권과 분리하여 양도할 수 없다. 둘째, 당사자의 의사표시에 의한 제한이다. 즉, 채권자와 채무자간의 합의 또는 유언 등을 통하여 채권의 양도를 제한할 수 있다.

그럼 상조계약상 소비자의 권리는 양도가 불가능한 권리에 해당하는가? 이에 대하여는 일률적으로 판단하기는 곤란하다. 따라서 다음의 두 가지의 경우로 크게 구분하

자상거래소비자보호법에서 청약철회의 효과규정을 유명무실하게 하는 것이다. 만일 이와 같이 정하고자 하였다면 이는 할부거래법상 항변권의 사유로 포함시킬 것이 아니라 해당 법상 청약철회의 효과를 개정하여 해결하였어야 했다.

90) 곽윤직, 「채권총론」, 박영사, 2009, 216면.

여 판단하고자 한다. 즉, 상조서비스의 제공에 있어서 제한이 있는 경우와 제한이 없는 경우이다. 상조계약을 체결함에 있어서 상조업자는 소비자에게 일정한 정보를 제공하여야 하며, 그 중 하나가 바로 판매일시 · 판매지역 · 판매수량 · 인도지역 등 판매조건과 관련하여 제한이 있는 경우 그 내용이다. 따라서 상조계약을 체결한 소비자가 어떠한 소비자에게 자신의 권리를 양도할 것인가에 따라 달라진다고 할 것이다. 먼저, 상조계약을 체결함에 있어서 상조업자가 상조서비스가 제한되는 지역을 소비자에게 고지하거나 추후 소비자의 동의를 받아 이의 지역을 추가하였음에도 불구하고 이러한 지역내에서 상조서비스를 제공받고자 하는 소비자에게 상조계약상의 권리를 양도할 경우 이를 양도가 제한되는 경우라고 할 수 있는가? 예를 들어, 甲 소비자가 A 상조업자와 @ 지역을 제외한 다른 지역에서 상조서비스를 제공하기로 하는 상조계약을 체결한 이후 @ 지역에서 상조서비스를 제공받고자 하는 乙 소비자에게 甲 소비자가 자신의 권리를 양도할 경우 이를 양도가 제한되는 경우에 해당하기 때문에 乙 소비자는 상이 발생하여 A 상조업자에게 상조서비스의 제공을 요청하더라도 A 상조업자는 상조서비스의 제공을 거절할 수 있는가의 문제이다. 물론 이의 문제는 권리의 성질상 양도가 제한되는 경우라고도 할 수 있지만, 이는 사업자가 소비자의 상조서비스 제공요청에 대하여 적법하게 거절할 수 있는 사유로 보아야 할 것이다. 즉, 상조서비스의 제공이 불가능한 지역에서 상조서비스를 받고자 하는 소비자에게 권리가 양도되었다고 하더라도 상조업자는 상조서비스의 이행청구에 대하여 거절할 수 있으며, 또한 반드시 양수인인 소비자가 상조서비스의 이행이 불가능한 지역에서만 신청하는 것이 아니기 때문이다. 따라서 이 경우에는 권리의 양도가 불가능한 경우로 해결할 것이 아니라 양도는 가능하지만, 상조업자가 적법하게 상조서비스의 제공을 거절할 수 있는 것으로 해결하여야 할 것이다. 그럼 권리의 양도 당시 상조업자가 이에 관한 정보(상조서비스 제공불가능한 지역에 대한 정보)를 양수인에게 고지하여야 하는가? 그러나 이에 관한 정보는 이미 양도인인 소비자에게 고지하였기 때문에 이에 대한 정보는 상조업자가 아닌 양도인이 양수인에게 고지할 사항이다. 만일, 양도인이 이를 고지하지 않은 경우 이로 인하여 양수인에게 발생한 손해에 대하여는 상조업자가 아닌 양도인이 배상하여야 한다. 둘째, 상조서비스의 제공에 있어서 제한이 없는 경우에는 무제한적으로 소비자의 권리를 제3자에게 양도할 수 있는가? 이는 당사자간의 합의를 통하여 채권의 양도성을 제한할 수 있는가의 문제로 직결하며, 약관에서 채권의 양도성을 제한하였을 경우 당해 약관의 효력의 문제로 직결한다. 즉, 약관규제법에서는 법률에 따른 고객의 항변권, 상계권 등의 권리를 상당한 이유 없이 배제하거나 제한하는 조항에 대하여 무효로 규정하고 있으며(동법 제11조), 소비자의 권리에 대한 양도제한을 규정하고 있는 약관에 대한 효력 문제 역시 이의 해당 여부(상당성)에 따라 결정된다. 공정거래위원회는 상대한 이유가 있는지의 여부에 대하여 당해 약관을 설정한 의도 및 목적, 당해 업종에서의 통상적인 거래관행, 관계법령, 거래대상 상품 또는 용역의 특성, 사업자의 영업상 필요 및 고객이 입을 불이익의 내용과 정도 등을 종합적으로 고려한다고 제시하고 있다.[91] 상조계약은 재화 및 용역의 제공을 내용으로 하는 복합계약의 성격을 갖지만, 반드시 특정인에게만 이행되어야 계약의 목적을 달성할 수 있는 것은 아니다. 따라서 채권의 양도와 같이 소비자가 변경되었다고 하더라도 상조업자의 이해관계에 큰 영향을 미치지 않기 때문에 약관에서 이를 제한할 경우 상당한 이유가 없다고 할 것이다. 그러므로 상당한 이유[92] 없이 회원지위의 양도를 금지하는 약관은 불공정한 약관에 해당하기 때문에 무효이므로 소비자는 약관의 내용과 관계없이 다른 소비자에게 양도할 수 있다고 할 것이다.

다. 권리의 양도와 계약당사자의 지위양도

상기와 같이 상조계약을 체결한 소비자가 다른 소비자에게 권리를 양도하였을 경우 단순히 상조업자로부터 상조서비스를 제공받을 수 있는 권리만을 이전하는 것인가 아니면 계약당사자로서의 지위를 양도한 것인가의 문제가 발생한다. 양자의 차이점은 계약당사자로서의 지위에서 발생하는 권리를 양수인이 행사할 수 있는가이다. 전자(채권양도)에 해당할 경우 단지 권리만을 이전하였기에 계약당사자로서의 지위는 이전되지 않는다. 따라서 취소권을 비롯하여 계약해제권 등은 양수인이 행사할 수 없다. 반면에 후자(계약인수)의 경우 계약당사자의 변경에 해당하기 때문에 상조계약상의 모든 권리와 의무는 양수인에게 이전되므로 취소권, 해제권 등을 양수인만이 행사할 수 있게 된다. 그럼 상조계약에서 소비자가 자신의 권리를 제3자에게 양도하였을 경우 이를 권리의 양도로 보아야 하는가 아니면 계약인수로 보아야 하는가?[93] 물론 이의 문제는 당해 계약의 해석문제이지만, 상조계약을 일반계약과 동일하게 해석하기에는 곤란한 점이 있다. 즉, 일반적인 채권양도의 경우 당해 권리만을 양도하기 때문에 계약당사자로서

91) 공정거래위원회, 「약관규제의 실제」, 공정거래위원회, 2008, 65면.

92) 상당한 이유가 있는 경우로는 양수인이 상조서비스를 제공받고자 하는 지역이 상조업자가 제공할 수 없는 지역으로 사전에 양도인에게 고지한 지역일 경우 등을 제시할 수 있다.

93) 상조서비스 표준약관에서는 회원지위의 양도 · 명의변경으로 규정하고 있으며, 이는 계약인수에 해당한다(동 표준약관 제16조).

의 지위에서 비롯되는 권리는 이전되지 않는다. 따라서 채무자의 채무불이행이 존재하더라도 양수인은 손해배상만을 청구할 수 있을 뿐 계약해제권을 행사할 수 없다. 그 결과 양수인이 할부금을 지급하던 도중 상조계약을 해제하고자 함에도 불구하고 해제권은 계약당사자인 소비자(양도인)에게만 인정되기 때문에 해제할 수 없다는 문제점이 발생하게 된다. 따라서 상조계약의 특수성을 감안하여 이에 관한 내용을 할부거래법에서 규정하였어야 하지만, 동법에서는 이에 관한 내용을 규정하고 있지 않다. 그럼 이 문제를 어떻게 해결하여야 하는가? 표준약관과 같이 채권양도를 배제하고 계약인수만을 인정하는 방법도 역시 고려할 수 있지만, 이는 계약의 자유를 지나치게 제한한다는 단점이 존재한다. 그러나 단순히 채권양도만으로 이를 해결하기에는 한계가 있다. 따라서 소비자가 계약인수계약을 체결한 경우를 제외하고 단순히 채권양도만을 하였다고 하더라도 채권양도 이후에 발생하는 문제에 대하여는 계약인수와 동일한 효과를 부여할 필요가 있다. 이러한 점은 일반적인 계약인수와 비교하여 다음과 같은 점에서 차이가 있다. 즉, 채권양수가 이루어지기 전에 발생한 사유에 대하여 양수인은 상조업자에 대하여 주장할 수 없지만, 채권양수가 이루어진 후에 발생한 사유에 대하여는 양수인이 계약당사자로서의 지위를 가지는 것이다. 구체적으로 계약체결과정에서 발생한 문제로 인한 철회권과 취소권은 양도인만이 행사할 수 있으며, 채권인수 후의 해제권은 양수인만이 행사할 수 있도록 하는 것이다.

이와 같이 채권양도가 이루어졌다고 하더라도 채무자인 상조업자에 대항하기 위하여는 양도인에 의한 채무자에 대한 통지 또는 채무자의 승낙이 있어야 한다. 또한 이를 제3자에게까지 대항하기 위하여는 이러한 통지 또는 승낙이 확정일자있는 증서에 의하여 이루어져야 한다(민법 제450조). 따라서 채권양도가 소비자간에만 이루어지고 상조업자에 대하여 통지하지 않거나 양수인의 통지에 대하여 상조업자가 승낙하지 아니하면 상조업자에게 주장할 수 없기 때문에 양수인에게 상이 발생하여 상조서비스의 제공을 청구하더라도 상조업자는 이를 거절할 수 있으며, 이 경우 채무불이행 책임을 지지 않는다. 다만, 계약인수의 경우에는 양도인과 양수인간의 합의만으로 효력이 발생하지 않기 때문에 채무자인 상조업자의 승낙이 있을 경우에 한하여 양도의 효과가 발생하게 된다.

2. 사업의 양도 등

가. 사업의 양도 등과 소비자보호문제

상조업자는 소비자에게 상이 발생하여 상조서비스의 제공을 요청하였을 경우 이를 제공하여야 한다. 이는 상조업자가 존속하는 경우에 한정되며, 이의 과정속에서 사업의 전부 또는 일부를 양도하거나 합병 또는 분할이 발생할 수 있다. 물론 회사의 합병은 포괄승계에 해당하기 때문에 인수회사 또는 합병에 의하여 신설된 회사가 기존 상조계약상의 의무를 부담하는 것은 당연하다. 그러나 사업의 양도에 있어서 양수한 회사가 기존 상조계약상의 책임을 부담하는가의 문제가 발생하며, 이는 다시 전부의 양수와 일부의 양수로 구분된다. 마지막으로 사업의 양도 등은 계약인수에 해당한다. 따라서 상대방인 소비자에게 효력이 발생하기 위하여는 소비자의 동의 또는 승낙이 존재하여야 한다.[94] 그러나 소비자가 이에 대하여 동의 또는 승낙하지 않은 경우 당해 계약의 효력은 어떻게 되는가의 문제가 제기된다.[95]

94) 계약 당사자로서의 지위 승계를 목적으로 하는 계약인수는 3면 계약 또는 관계 당사자 중 2인의 합의와 나머지 당사자의 동의 내지 승낙에 의하는 방법으로 이를 할 수 있다(대판 2009.10.29, 2009다45221,45238).

95) 2012년 7월 5일 입법예고된 할부거래법 개정안에서는 선불식 할부계약의 인수를 규정하고 있다. 즉, 현행법에서는 영업의 일부 또는 전부에 대한 양도만을 규정하고 있을 뿐 개별 상조계약의 양도에 대하여 규정하고 있지 않기 때문에 이를 추가하고자 한 것이다. 개정안의 내용은 다음과 같다. 선불식 할부거래업자는 다른 선불식 할부거래업자와 소비자가 체결한 선불식 할부계약을 인수하는 경우에는 당해 소비자가 계약인수의 내용을 이해할 수 있도록 설명하고 동의를 얻어야 한다. 선불식 할부계약을 인수한 선불식 할부거래업자는 인수한 계약과 관련하여 제27조 제1항 및 제2항에 따른 선수금 보전 의무, 제25조에 따른 환급금 지급 의무 등 이 법에 따른 의무를 승계한다. 다만, 선불식 할부계약을 인도한 사업자가 이 법에 따른 의무의 일부를 이행하기로 약정한 경우에는 약정한 바에 따른다(동법 개정안 제22조의2). 이러한 개정안의 내용은 계약법상의 계약인수에 해당한다. 문제는 개정안 제2항의 단서규정이다. 즉, 소비자의 동의에 따라 계약인수가 이루어진 경우 양수인이 당해 상조계약상의 책임을 부담하여야 함은 당연하다. 물론 양수인만이 책임을 부담할 것인가 아니면 양도인까지 부담할 것인가의 문제가 남아 있지만, 개정안의 내용을 살펴볼 때 면책적 계약인수라 할 수 있다. 그러나 단서에서는 양도한 사업자가 이 법에 따른 의무의 일부를 이행하기로 하는 경우 양수인은 책임을 지지 않는다. 구체적으로 소비자가 해제권을 행사한 경우 이의 환급의무에 대하여 양수인이 아닌 양도인이 부담하기로 한 경우 소비자는 양수인에게 해제권을 행사하고, 양도인에게 환급을 받아야만 한다. 이러한 개정안은 계약인수로 인하여 양수인이 책임을 질 것이라고 생각하는 소비자의 의사에 반할 뿐만 아니라 계약인수 이후 양수인이 소비자로부터 대금을 받았음에도 불구하고 해제에 따른 환급은 양도인에게 청구하여야 하기 때문에 이를 악용한 사례가 발생할 여지가 충분하다. 물론 보험 등을 이전하는 것이 복잡하기 때문에 이를 규정하고 있다고 추정할 수 있다. 그러나 악용의 여지를 부여할 수 있는 단서 규정을 두는 것은 타당하지 않으므로 삭제하는 것이 바람직하다.

나. 양수인 등의 책임

(1) 사업양수인의 책임

할부거래법상 사업의 양수에 대하여 상법에서는 영업의 양수로 규정하고 있다. 그럼 상법상 영업의 양수의 경우 양수인은 양도인의 책임에 대하여 회사의 합병과 같이 포괄적으로 승계하는가? 물론 이는 양도인과 양수인간의 계약내용에 따라 달라질 수 있으며, 포괄적 승계를 내용으로 하는 경우에는 계약인수에 해당할 것이다. 그러나 양수인이 이에 대하여 승계거부를 약정한 경우 소비자는 양수인에 대하여 책임을 추궁할 수 있는가의 문제가 제기된다. 이에 대하여 상법에서는 양수인이 반대의 합의를 한 경우 원칙적으로 양수인의 책임을 부정하고 있다. 따라서 양도인의 채권자는 양수인이 아닌 양도인에 대하여 책임을 추궁할 수 밖에 없다. 다만, 상법에서는 이에 대하여 두 가지 특칙을 정하고 있다. 하나는 양수인이 양도인의 상호를 계속하여 사용하는 경우와 다른 하나는 양수인이 채무인수에 대하여 광고한 경우이다. 즉, 양수인이 양도인의 상호를 계속하여 사용하는 경우 양도인의 영업상 채무에 대하여 양도인뿐만 아니라 양수인도 책임을 진다. 다만, 양수인이 영업양도를 받은 후 지체없이 양도인의 채무에 대하여 책임이 없음을 등기한 때에는 적용하지 아니하며, 양도인과 양수인이 지체없이 제3자에 대하여 그 뜻을 통지한 경우에 그 통지를 받은 제3자에 대하여도 같다(상법 제42조). 그럼 영업양수후 양수인이 상호를 계속 사용하여 소비자가 할부금을 양수인에게 지급한 경우 할부금지급의무를 이행한 것으로 인정될 것인가의 문제가 제기되며, 상법에서는 소비자가 선의이며 중대한 과실없이 양수인에게 변제한 때에는 그 효력이 있다고 규정하고 있기에 이의 요건을 충족한 경우 양수인에게 할부금을 지급하더라도 할부금을 지급한 것으로 인정된다(상법 제43조). 이러한 문제가 발생할 수 있는 것은 영업양수계약이 무효 또는 취소되었음에도 불구하고 소비자가 그 사실을 알지 못하고 양수인에게 할부금을 지급한 경우이며, 소비자가 선의, 무과실인 경우에 할부금지급의무를 이행한 것으로 인정된다. 또한 상호를 계속하여 사용하지 않은 양수인이 양도인의 영업으로 인한 채무를 인수할 것을 광고한 때에도 책임을 진다(상법 제44조). 그럼 양도인은 이의 책임을 면하는가? 이에 대하여 상법에서는 양수인의 책임을 규정하고 있으며, 양도인의 면책을 규정하고 있지 않다. 다만, 양수인이 상호를 계속 사용하거나 채무인수에 대한 광고를 하였을 경우 양도인은 영업양도 또는 광고 후 2년이 경과하면 그 책임을 면한다(상법 제45조).

그 결과 양수인이 다른 상호를 사용하거나 자신의 상호를 그대로 사용하였을 경우 및 채무인수에 대한 광고를 하지 않을 경우 양도인의 영업상 채무에 대하여 책임을 지지 않는다. 만일 이를 상조업 분야에 그대로 적용하게 되면 소비자는 양수인에 대하여 상조계약상의 권리를 주장할 수 없게 되는 문제가 발생하게 되며, 이는 예기치 못한 소비자피해로 직결하게 된다. 따라서 할부거래법에서는 이에 대한 특칙을 규정하고 있다. 즉, 상조업자가 사업의 전부를 양도하거나 상조업자에 대하여 합병 또는 분할이 있는 경우 해당 사업의 전부를 양수한 회사, 합병 후 존속하는 회사, 합병에 의하여 설립된 회사 또는 분할에 의하여 해당 사업의 전부를 승계한 회사는 그 상조업자의 지위를 승계한다. 다만, 지위를 승계하려는 자가 상조업자의 결격사유에 해당하는 경우에는 승계할 수 없다(동법 제22조 제1항). 또한 등록한 상조업자의 지위를 승계한 회사는 그 지위를 승계한 날부터 15일 이내에 신고서에 지위승계 사실을 증명하는 서류를 첨부하여 시 · 도지사에 신고하여야 한다. 이러한 신고서를 받은 시 · 도지사는 지위승계 사항을 확인하고, 지위승계 사항이 적힌 등록증을 다시 발급하여야 한다(동법 제22조 제2항, 동 시행령 제14조). 따라서 사업의 전부를 양수받은 자는 양도인의 상호를 사용하지 않는다고 하여 그 책임을 면하는 것은 아니므로 소비자의 상조서비스의 제공요청에 대하여 거절할 수 없다.

(2) 사업양도인의 책임

양도인은 사업의 전부에 대한 양도로 인하여 그 책임을 면하는가? 물론 상조업자가 양도 후 해산하였을 경우 더 이상 책임주체가 존재하지 않기 때문에 책임을 추궁할 수 없다. 반면에 상조업자가 사업의 전부를 양수하였지만, 그대로 존속하는 경우 책임을 추궁할 수 있는가의 문제가 제기된다. 이에 대하여 할부거래법에서는 양수인이 종전 상조업자의 지위를 승계한다고 규정하고 있지만, 이에 대하여는 면책적 승계인지 아니면 병존적 승계인지에 대하여 규정하고 있지 않다.[96] 따라서 상법의 구정을 통하여 유추해석할 수 밖에 없다. 앞에서 살펴본 바와 같이 상법에서는 양수인이 책임을 부담하

96) 선불식 할부거래에 있어서 소비자보호지침에서는 이의 예시로 다음과 같이 규정하고 있다. 첫째, 상조업체 A가 상조업체 B에 상조사업부문을 전부 양도하고 자신은 장의업자로 전환한 경우 B는 A에 가입된 고객에 대한 선수금보전, 해약환급금 지급 등 모든 할부거래법상 의무를 부담한다. 둘째, 상조업체 A와 상조업체 B가 합병하여 상조업체 C를 신설한 경우 C는 A, B에 가입된 고객에 대한 선수금보전, 해약환급금 지급 등 모든 할부거래법상 의무를 부담한다. 셋째, 상조업체 A가 서울 · 경기지역 상조사업만을 영위하고 여타지역의 상조사업부문을 분할하여 상조업체 B와 합병한 경우, B는 A의 여타지역 가입고객에 대한 선수금보전, 해약환급금 지급 등 모든 할부거래법상 의무를 부담한다. 동 지침상의 책임에 대하여는 사업의 양수인 등에 대한 책임이며, 양도인은 어떠한 책임을 부담하는가에 대하여는 언급하고 있지 않다.

는 경우에도 양수 이후 2년 동안 양도인의 책임을 인정하고 있다. 따라서 상조업자가 상조업 전부를 양수인에게 양도하였다고 하더라도 2년 동안은 그 책임을 면하지 못한다고 할 것이다. 그럼 양도인이 부담하는 책임은 무엇인가? 즉, 소비자는 양도인과 양수인 모두에게 상조서비스의 제공을 청구할 수 있는가의 문제이지만, 이에 대하여는 다음과 같이 해석하여야 할 것이다. 즉, 상조계약상의 채무인 상조서비스의 제공은 원칙적으로 양수인만이 부담하며, 양도인에 대하여는 이의 청구가 불가능하다고 할 것이다. 만일 이것이 가능하다면 영업양도에 있어서 경업금지규정은 의미가 없게 된다(상법 제41조). 즉, 영업을 양도한 상조업자는 더 이상 상조업을 영위할 수 없기 때문에 소비자가 양도인에 대하여 상조서비스의 제공을 요구하는 것은 타당하지 않다. 그러나 상조서비스를 제공하지 않는다고 하여 그 책임이 전부 면제되지 않는다. 즉, 양수인의 채무불이행 등으로 인하여 발생한 소비자에게 발생한 손해에 대하여 양도인은 양수인과 연대하여 책임을 진다고 할 것이다.

(3) 사업의 일부 양도에 있어서 양도인 또는 양수인의 책임

문제는 사업의 일부 양도이다. 사업의 일부 양도는 특정 지역의 영업만을 양도하거나 영업 중 일부만을 양도하는 것이다. 예를 들어, 수도권과 지방으로 구분하고, 지방에 대한 영업만을 양도하거나 재화에 대하여는 그대로 공급하고, 상조서비스(용역)만을 양수인이 인수하는 경우이다. 이에 대하여 할부거래법에서는 규정하고 있지 않다. 그럼 이 경우도 상기와 같이 적용할 수 있는가? 이 역시도 상기와 같은 기준에 따라 해결하는 것이 바람직할 것이다.

이러한 해결방안은 소비자의 동의 또는 승낙을 받지 않은 경우에 해당하며, 사업의 양도 또는 회사의 분할 또는 분할후 합병에 대하여 소비자의 동의 또는 승낙을 받은 경우에는 계약인수에 해당하기 때문에 양수인, 분할회사 또는 분할후 합병회사만이 그 책임을 부담한다고 할 것이다. 물론 양도인인 상조업자가 양도 등으로 인하여 면책되기 위하여는 이의 사실, 즉 양도 등에 따라 양수인만이 책임을 부담하며, 자신은 책임을 지지 않는다는 점을 명확하게 소비자에게 고지하여야 할 것이다.[97]

97) 채무인수에 대하여 병존적 채무인수인지 아니면 면책적 채무인수인지가 불명확할 경우 판례는 병존적 채무인수로 인정하고 있다. 즉, 채무인수가 면책적인가 중첩적인가 하는 것은 채무인수계약에 나타난 당사자 의사의 해석에 관한 문제이고(대판 1998.11.24, 98다33765), 채무인수에 있어서 면책적 인수인지, 중첩적 인수인지가 분명하지 아니한 때에는 이를 중첩적으로 인수한 것(대판 1962.4.4, 4294민상1087, 대판 1988.5.24, 87다카3104)으로 볼 것이다(대판 2002.9.24, 2002다36228).

다. 사업의 양도 등에 대한 통지와 계약의 해제

(1) 사업양도 등의 통지

할부거래법에서는 사업의 양도 등에 대하여 양수인의 책임만을 규정하고 있을 뿐, 소비자에 대한 통지의무를 규정하고 있지 않다. 그럼 양도인 또는 양수인은 사업의 양도 등에 대하여 전혀 통지의무를 부담하지 않는가의 문제가 제기된다. 그러나 다음의 점에서 이의 사실을 통지하여야 한다.

먼저, 사업을 양도할 경우 필연적으로 소비자의 개인정보에 대한 이전이 필요하다. 그럼 이 경우 소비자에 대한 통지없이 소비자의 개인정보가 이전될 수 있는가? 개인정보보호법이 제정되기 전이라고 한다면 상조업 분야에 있어서 이에 대한 통지의무를 규정하고 있는 법은 없었다. 그러나 2011년에 제정된 개인정보보호법은 모든 분야에서의 개인정보보호를 규율하고 있기에 상조업 분야 역시 동법의 적용을 받으며, 동법에서는 영업양도 등에 따른 개인정보의 이전에 대하여 다음과 같이 제한하고 있다. 먼저, 개인정보처리자는 영업의 전부 또는 일부의 양도·합병 등으로 개인정보를 다른 사람에게 이전하는 경우에는 미리 개인정보를 이전하려는 사실, 개인정보를 이전받는 자(이하 "영업양수자등"이라 한다)의 성명(법인의 경우에는 법인의 명칭을 말한다)·주소·전화번호 및 그 밖의 연락처, 정보주체가 개인정보의 이전을 원하지 아니하는 경우 조치할 수 있는 방법 및 절차를 서면으로 해당 정보주체에게 알려야 한다. 다만, 개인정보를 이전하려는 자가 과실 없이 이러한 사항을 정보주체에게 알릴 수 없는 경우에는 해당 사항을 인터넷 홈페이지에 30일 이상 게재하여야 한다. 다만, 인터넷 홈페이지를 운영하지 아니하는 영업양도자등의 경우에는 사업장등의 보기 쉬운 장소에 30일 이상 게시하여야 한다. 둘째, 영업양수자등은 개인정보를 이전받았을 때에는 지체 없이 그 사실을 서면으로 정보주체에게 알려야 하지만, 개인정보처리자가 그 이전 사실을 이미 알린 경우에는 그러하지 아니하다(동법 제27조, 동 시행령 제29조). 따라서 사업의 양도 등을 하고자 하는 상조업자는 이의 사실을 알려야 한다.

둘째, 사업의 양도 등은 계약당사자의 변경에 해당하는 문제이기 때문에 소비자에게는 당해 계약의 유지 여부를 판단함에 있어서 매우 중요한 요소이다. 즉, 상조계약은 단지 재화에 관한 계약이 아닌 노무제공계약까지 포함하고 있으며, 노무제공계약에 있어서 채무자는 중요부분에 해당한다. 따라서 상조업자의 변경은 소비자가 상조계약을 그대로 유지할 것인가의 여부를 판단함에 있어서 중요한 요소이기 때문에 이에 대한 통지는 필수적이라고 할 것이다. 또한 상조업자가 사업의 양도 등에 따라 상조계약상 책임을 면하기 위하여는 소비자의 동의 또는 승낙을 받아야 한다. 이는 계약인수에 해당하기 때문에 이의 효력이 소비자에게 발생하기 위하여는 소비자에게 통지하여 승낙을 얻어야 한다. 그럼 소비자에 대한 통지 및 동의의 방식은 무엇으로 하여야 하는가? 상기와 같이 개별통지 이외에 인터넷 홈페이지 등에 대한 게시만으로 이의 통지의무를 다 하였다고 할 수 있는가의 문제가 제기된다. 그러나 양도인인 상조업자가 면책을 받기 위하여는 단지 소비자에 대한 통지만으로 충분한 것이 아닌 소비자의 동의 또는 승낙을 얻어야 한다. 또한 소비자의 동의를 받음에 있어서는 일정기간 동안 동의하지 않은 경우 동의한 것으로 보는 동의간주방식은 배제되어야 할 것이다.

(2) 계약해제와 위약금

할부거래법에서는 후술하는 바와 같이 상조계약의 경우 소비자의 임의적인 해제권을 부여하고 있다. 따라서 소비자가 사업의 양도 등에 대하여 동의하지 않은 경우 등에 대하여도 해제권을 행사하여 상조계약을 해소할 수 있다. 그럼 이 경우 소비자는 상조계약의 해제에 따라 위약금을 부담하여야 하는가? 동법에서는 소비자의 해제시 원칙적으로 위약금을 청구할 수 있도록 규정하고 있지만, 예외적인 경우에 위약금을 청구할 수 없도록 규정하고 있다. 다만, 이러한 위약금청구금지사유에 있어서 사업의 양도 등의 경우를 포함하고 있지 않다. 따라서 이를 이유로 소비자가 상조계약을 해제하더라도 양수인은 위약금을 청구할 수 있게 된다. 그러나 사업의 양수는 계약당사자의 변경에 해당하며, 상조계약에는 노무제공계약이 포함되어 있다는 사실 및 양도인은 더 이상 상조서비스를 제공할 수 없다는 점을 감안한다면 영업양수를 이유로 소비자가 해제권을 행사할 경우 위약금을 청구할 수 없도록 하여야 할 것이다. 따라서 이러한 사유 역시 위약금을 청구할 수 없는 사유로 할부거래법에 추가하여야 할 것이다.

3. 소비자의 채무불이행(할부금 지연)

가. 소비자의 할부금지연과 지연이자율

상조계약에 있어서 소비자는 지정된 시기에 할부금을 지급할 의무를 부담한다. 따라서 소비자가 할부금의 지급을 지연하였을 경우 상조업자는 소비자에게 손해배상금을 청구할 수 있다. 즉, 할부금 납부 지연에 따른 지연이자를 청구할 수 있다. 그럼 구체적으로 얼마의 손해배상을 청구할 수 있는가? 할부거래법에서는 이에 대하여 규정하고 있지 않다. 다만, 후불식 할부계약에 있어서는 할부거래업자가 청구할 수 있는 지연손해금에 대하여 다음과 같이 규정하고 있다. 즉, 할부거래업자 또는 신용제공자가 할부금 지급의무를 이행하지 아니한 것을 이유로 소비자에게 청구하는 손해배상액은 지연된 할부금에 이자제한법에서 정한 이자의 최고한도의 범위에서 할부거래업자 또는 신용제공자가 소비자와 약정한 이율을 초과하지 못한다(동법 제12조 제1항, 동 시행령 제9조). 따라서 이자제한법에서 정하고 있는 최고이자율인 연 30%의 범위내에서 당사자간 합의한 이율을 곱하여 산정한 금액을 청구할 수 있다(이자제한법 제2조, 이자제한법 제2조 제1항의 최고이자율에 관한 규정). 또한 할부거래법에서는 소비자의 청약철회에 따라 할부거래업자가 대금의 환급을 지연하였을 경우 지연배상금을 지급하도록 하고 있으며, 이 경우 적용되는 이율은 연 20%이다(동법 제24조 제5항). 이와 더불어 후불식 할부계약에 있어서 할부수수료의 요율은 최고 30%이다(동법 제7조, 동 시행령 제5조).

그럼 선불식 할부계약에 대하여도 이러한 기준이 유추 적용될 수 있는가? 할부거래법에서 이에 대한 규정을 두고 있지 않은 상태에서는 후불식 할부계약에 관한 기준(최고 30%)이 적용된다고 할 것이지만, 이는 매우 높은 수준이다. 이러한 점은 청약철회에 따른 지연배상금의 경우에도 동일하며, 할부거래법에서는 연 20%를 정하고 있으며, 방문판매법 및 전자상거래소비자보호법에서는 연 24%로 정하고 있다. 그러나 이의 요율은 시중 은행금리를 고려할 때 매우 높은 수준이라고 할 것이며, 합리적인 수준으로의 인하가 필요하다. 또한 후불식 할부계약과 달리 선불식 할부계약의 경우 소비자가 재화 등을 공급받기 전이라는 점을 감안하여 양자의 기준을 동일하게 설정하는 것 역시 바람직하지 않다. 따라서 후불식 할부계약의 지연이자율보다는 낮게 설정할 필요가 있으며, 이에 대한 기준을 명문으로 규정하여야 할 것이다.

나. 상조업자의 상조서비스이행거절(항변권)

소비자가 상이 발생하여 상조업자에 대하여 상조서비스의 제공을 요청한 경우 상조업자는 지체없이 상조서비스를 제공하여야 한다. 그러나 소비자가 할부금의 납부를 지연한 상태에서 상조서비스의 제공을 요청하였을 경우에도 상조업자는 상조서비스를 제공하여야 하는가 아니면 미납 할부금의 지급을 청구하고 이의 지급시까지 상조서비스의 제공을 거절할 수 있는가의 문제가 발생한다. 이에 대하여 할부거래법에서는 규정하고 있지 않다. 그 결과 계약의 일반법인 민법에 따라 상조업자는 소비자의 상조서비스제공 요청에 대하여 미납할부금을 지급할 때까지 거절할 수 있다고 할 수 있다. 그러나 이러한 민법상의 원칙을 상조계약에 그대로 적용하는 것이 타당한 것인가의 문제가 제기된다. 즉, 상조계약에 있어서 상조서비스는 소비자에게 상이 발생하였을 경우 즉시 제공되어야 하기 때문에 일부 할부금의 미납에 대하여도 상조서비스의 제공을 거절할 수 있다면 상조계약을 체결한 소비자는 그 목적을 달성할 수 없게 된다. 그렇다고 하여 소비자의 기본적인 의무인 할부금을 미납하였음에도 불구하고 상조업자의 채무이행만을 요구하는 것 역시 타당하지 않다. 그럼 어떠한 방식으로 해결하는 것이 바람직한 것인가? 상조계약의 특성을 감안하여 이의 해결방안을 모색하여야 할 것이며, 이의 방안으로 상조계약이 해제되지 않는 한 상조서비스의 제공을 거절할 수 없도록 할 필요가 있다. 즉, 소비자가 상조서비스의 제공을 요청한 때, 상조업자가 이를 거절할 수 있는 경우로 상조계약을 해제한 때로 제한하고, 해제하지 않은 경우에는 상조서비스의 제공을 거절할 수 없도록 할 필요가 있다. 이는 상이 발생하였을 경우 즉시 상조서비스가 제공되어야 한다는 상조계약의 특성을 감안한 것이다. 물론 상조서비스를 제공받은 경우 소비자는 미납금액에 지연이자를 더한 금액을 즉시 지급하여야 함은 당연하다고 할 것이다.

다. 기한이익의 상실

상조계약을 체결한 소비자는 매 할부금지급시기에 할부금을 지급하여야 한다. 물론 이 시기에 할부금을 지급하지 않았을 경우 지연이자를 더 하여 지급하여야 함은 당연하다. 그러나 할부금 지급을 지연하였을 경우 미납금액 이외에 잔여 할부금에 대하여 기한의 이익을 상실하고 일시불 지급을 약정하였을 경우 당해 약정의 효력이 문제시된다. 후불식 할부계약의 경우 소비자의 기한이익상실에 대하여 할부금을 다음 지급기일까지 연속하여 2회 이상 지급하지 아니하고 그 지급하지 아니한 금액이 할부가격의 100분의 10을 초과하는 경우, 생업에 종사하기 위하여 외국에 이주하는 경우 또는 외국인과의 혼인 및 연고관계(緣故關係)로 인하여 외국에 이주하는 경우로 한정하고 있다(동법 제13조, 동 시행령 제10조). 그럼 이러한 후불식 할부계약에 관한 규정을 상조계약에 적용할 수 있는가? 그러나 후불식 할부계약은 소비자가 재화 등을 먼저 공급받았다는 점을 전제로 하지만, 상조계약은 아직 소비자가 상조서비스를 제공받지 않았다는 점을 감안하여야 한다. 따라서 소비자가 할부금지급을 지연할 경우 미납금액에 대한 일시불로 지급하더라도 잔여 할부금에 대하여는 기한의 이익을 상실하는 것은 타당하지 않다.

4. 상조서비스 중 일부만의 이행청구(일부해제)

상조계약에 있어서 급부의 목적물은 단일의 재화 또는 용역이 아닌 복수의 재화 및 용역으로 구성되어 있다. 따라서 소비자에게 상이 발생하였을 경우 상조업자는 계약서에 기재된 재화 및 용역을 제공하여야 한다. 문제는 소비자가 상이 발생하여 상조업자에게 상조서비스의 제공을 요청함에 있어서 모든 재화 및 서비스를 요구하는 것이 아닌 일부에 대하여만 이행을 청구하였을 경우 이행하지 않은 나머지 재화 등에 대한 대금을 청구할 수 있는가이다. 이는 계약의 일부에 대한 해제와 동일하다. 물론 이를 계약내용의 변경으로 접근할 수도 있을 것이다.

후술하는 할부거래법상 해제권은 상조계약 전체를 대상으로 한다. 따라서 일부의 해제에 대하여는 명시적으로 규정하고 있지 않기 때문에 해석상의 문제이다. 그럼 일부의 해제권을 인정할 것인가? 할부거래법에서는 민법과 달리 상조업자의 채무불이행이 없다고 하더라도 소비자의 임의적인 해제권을 인정하고 있다. 물론 여기에서의 해제권은 계약 전체를 대상으로 하지만, 소비자의 임의적인 해제권을 인정한 이상 이를 전체 계약을 대상으로 할 것인가 아니면 일부에 국한할 것인가에 대하여는 구별할 필요가 없다고 할 것이다. 또한 상조계약에 있어서 급부의 목적물은 분할할 수 없는 것이 아니기 때문에 일부에 대한 해제 역시 가능하다고 할 것이다. 따라서 소비자는 급부의 목적물에 대한 전부를 청구할 수 있으며, 반면에 일부만을 청구하는 것 역시 가능하다고 할 것이다. 다만, 일부에 대한 해제가 가능하다고 할지라도 이로 인하여 상조업자에게 발생한 손해에 대한 배상책임까지 면제하는 것은 아니기 때문에 소비자는 이로 인한 손해를 배상하여야 한다.

그럼 소비자가 일부에 대한 해제권을 행사한 경우 환급금은 어떻게 계산하여야 하는가? 물론 개별 재화 또는 용역에 대한 합산금액과 상조계약상 대금이 일치한다면 별다른 문제가 발생하지 않는다. 그러나 개별 재화 또는 용역에 대한 합산금액이 상조계약상 대금보다 많은 경우 일부 해제에 따른 환급금을 계산할 때 어떤 기준을 적용하여야 하는가의 문제가 발생한다. 즉, 상조업자는 상조서비스와 같이 묶음상품의 경우 개별 재화 등의 합산금액보다 할인한 금액을 대금으로 정한다. 따라서 전체 금액에서 소비자의 요청에 따라 제공하지 않은 재화 등에 대한 대금을 공제할 경우 상조업자에게 손해가 발생하게 된다. 그러나 이의 방식은 타당하지 않다. 즉, 상조업자가 이러한 대금을 결정한 것은 묶음상품이기 때문이며, 이를 분할할 경우에는 개별 상품별 가격에 의하여 산정하여야 한다. 그러므로 소비자가 일부에 대하여 해제한 경우 환급금을 결정함에 있어서는 이행한 재화 등에 대한 개별 가격을 합산한 금액을 대금으로 정하고, 전체 대금에서 이의 금액과 위약금을 공제하는 방식으로 처리하여야 할 것이다.

5. 상조서비스의 제공 후 대금의 지급

가. 대금완납이전의 상조서비스의 제공과 잔여대금의 지급문제

상조계약상 상조업자는 소비자에게 상이 발생한 경우 상조서비스를 제공하여야 하며, 소비자가 대금을 완납하였는가는 중요하지 않다. 즉, 상조계약은 선불식 할부계약이기 때문에 소비자가 대금을 완납한 후 상조서비스를 제공하는 것이 원칙적이지만, 상이라는 것이 그 발생을 예측하기가 곤란하기 때문에 대금의 완납이전에도 상이 발생할 수 있다. 또한 현행 상조계약에서는 상조서비스의 제공시기를 대금의 완납이후로만 정하고 있는 것이 아닌 상조계약의 체결이후 상이 발생한 경우 상조서비스를 제공하는 것을 내용으로 하고 있다.

문제는 소비자가 대금을 완납하기 이전에 상이 발생하여 상조서비스를 제공받은 경우 나머지 대금의 지급방식은 종전과 동일하게 분할하여 지급할 수 있는가 아니면 일시불로 지급하여야 하는가이다. 물론 대금을 완납한 이후에 상이 발생하여 상조서비스를 제공받았다고 한다면 이의 문제는 발생하지 않는다. 그러나 대금의 완납이전에 상이 발생할 수 있으며, 이 경우 소비자는 잔여 할부금에 대하여 계속하여 분할지급할 수 있는지 아니면 일시불로 지급하여야 하는가의 문제가 발생한다.

나. 지침 및 표준약관의 내용

선불식 할부거래에서의 소비자보호지침에서는 대금의 완납이전에 상조서비스를 제공하였을 경우 잔여 대금의 납부방식에 대하여는 직접적으로 규정하고 있지 않다. 다만, 상조업자의 정보제공의무(재화등의 가격과 대금의 지급방법 및 시기)에 관한 구체적인 예시로서 미납금은 장례절차 종료시 일시불로 납부를 제시하고 있다. 따라서 동 지침에서는 간접적으로 이를 규정하고 있다. 또한 상조서비스 표준약관에서는 이를 명시적으로 규정하고 있으며, 소비자가 할부금의 완납이전에 상조서비스를 제공받을 때에는 사후에 잔여납부금을 일시에 납부하여야 한다고 규정하고 있다(동 표준약관 제8조). 따라서 지침 및 표준약관 모두 소비자가 할부금을 전액 납부하지 않은 상태에서 상조서비스를 제공받은 경우 잔여 할부금에 대하여 분할지급이 아닌 일시불 지급을 규정하고 있다.

다. 상조계약의 선불식 할부계약성과 후불식 할부계약성

소비자가 대금완납이전에 상조서비스를 제공받은 경우 잔여 대금을 일시불로 지급하여야 하는지 아니면 분할하여 지급할 수 있는지의 여부를 판단하기 위하여는 이러한 상조계약이 선불식 할부계약에만 해당하는지 아니면 후불식 할부계약에도 해당하는지에 대한 검토가 필요하다. 즉, 후불식 할부계약에서는 기한의 이익상실규정을 두어 이에 해당하지 않은 사유를 이유로 잔여 할부금을 일시불로 청구하는 것을 금지하고 있지만, 선불식 할부계약에 대하여는 이러한 규정을 두고 있지 않다. 따라서 상조계약이 단지 선불식 할부계약에만 해당하고 후불식 할부계약에 해당하지 않은 경우에는 이러한 문제는 발생하지 않고, 당사자간의 합의에 의하여 해결될 수 있다.

그럼 상조계약은 할부거래법상 선불식 할부계약에만 해당하는가? 이미 앞에서 할부거래법상 선불식 할부계약의 정의규정을 검토하였으며, 이의 해석에 대하여는 두 가지의 방법으로 해석되고 있음을 제시하였다. 따라서 각각의 해석에 따라 상조계약을 해석하면 다음과 같다. 먼저, 대금의 완납 이후에 상조서비스를 제공하기로 하는 계약만을 동법상 선불식 할부계약으로 인정하는 견해에 따르면, 대금 완납 이전에 상이 발생할 경우 상조서비스를 제공하기로 하는 계약은 선불식 할부계약에 해당하지 않는다. 그러나 이러한 상조계약은 대금완납이전에 재화 등을 공급하기로 하는 계약에 해당하기 때문에 후불식 할부계약에 해당한다. 반면에 2회분 이상의 할부금을 지급한 후 상이 발생하여 상조서비스를 제공하기로 하는 상조계약 역시 동법상 선불식 할부계약에 해당한다는 입장에 따르면 현행의 상조계약은 선불식 할부계약에 해당한다. 다만, 이 역시 대금 완납이전에 상조서비스를 제공하기로 하는 계약이기 때문에 후불식 할부계약에도 해당하게 된다. 따라서 대금의 완납이전에 상이 발생한 경우 상조서비스를 제공하기로 하는 상조계약은 어느 견해에 의하더라도 후불식 할부계약에 해당한다.

라. 잔여할부금의 분할지급

상기에서 살펴본 바와 같이, 소비자가 대금을 완납하기 이전에 상이 발생한 경우 상조서비스를 제공하기로 하는 상조계약은 동법상 후불식 할부계약에 해당한다. 그럼 상조업자와 소비자간 상조계약을 체결하면서 대금 완납이전에 상조서비스를 제공하였을 경우 잔여 할부금을 일시불로 지급하기로 하는 약정(약관 또는 개별약정)을 하였을 경우 당해 약정이 유효한 것인가의 문제가 제기된다. 그러나 동법에서는 후불식 할부계약에 있어서 소비자의 기한이익상실규정을 두고 있으며, 이의 내용보다 소비자에게 불리한 약정은 그 형식(약관 또는 개별약정)과 관계없이 무효로 규정하고 있다(동법 제13조, 제43조). 따라서 소비자는 상조서비스를 제공받았다고 하더라도 이는 기한이익상실사유에 해당하지 않기 때문에 잔여 할부금에 대하여 일시불로 지급할 필요가 없으며, 이를 분할하여 지급할 수 있다. 그 결과 이와 반대로 규정하고 있는 지침 및 표준약관은 동법에 위반하는 내용을 규정하고 있기 때문에 조속한 개정이 요구된다.

그럼 이러한 문제가 발생하는 이유는 무엇인가? 동법 개정과정에 있어서 이의 문제에 대하여 고려하지 않았기 때문이다. 즉, 상조계약은 일반적으로 대금을 완납한 이후 상조서비스를 받는다는 것을 전제로 하였기 때문에 기존의 법제에서는 이를 규율하지 못하였다는 점에 근거하여 이러한 경우에 있어서 소비자를 보호하기 위하여 동법을 개정하여 선불식 할부계약을 규율대상으로 포함한 것이다. 따라서 동법 개정 당시 논의의 대상은 대금을 완납한 이후 제공되는 상조업이었으며, 대금 완납 이전에 상조서비스를 제공하기로 하는 상조계약은 이미 할부거래법상 후불식 할부계약에 해당하기 때문에 이러한 상조계약에 대한 소비자보호는 어느 정도 舊 할부거래법에서도 이루어졌다. 다만, 상조업에 대한 규율, 소비자피해보상보험제도 등 또는 소비자의 임의적 해제권 등의 필요성은 단지 대금 완납이후의 상조업 뿐만 아니라 그 이전에 제공되는 상조업에 대하여도 필요하였다. 그러나 할부거래법상 선불식 할부계약에 대한 정의규정의 미비로 인하여 과연 모든 상조업에 대하여 규율할 수 있는가의 문제가 제기된다. 또한 상조계약이 단지 선불식 할부계약에만 해당하고, 후불식 할부계약에는 해당하지 않는다는 잘못된 인식에 따라 동법을 개정하였기 때문에 상기와 같은 문제가 발생한 것이다. 그럼 대금을 완납하지 않은 상태에서 상조서비스를 제공받은 경우 잔여 할부금을 일시불로 지급하도록 개정하는 것이 타당한 것인가? 물론 상조업자의 측면에서 본다면 상조서비스를 제공하였기에 잔여 대금을 일시불로 지급하는 것이 당연하며, 소비자의 대금미납에 따른 위험을 방지할 수 있는 방안이라고 주장할 수 있다. 그러나 다음과 같은 점을 고려할 때, 상조서비스를 제공받았다고 하더라도 이의 대금을 일시불로 지급하여야 하는 것이 아닌 계속하여 분할 지급할 수 있도록 하여야 할 것이다. 즉, 선불식 할부계약이든 후불식 할부계약이든 핵심은 대금의 분할지급이다. 이러한 점 때문에 상조서비스계약을 별도의 상조업법이 아닌 할부거래법에서 규율하는 것이다. 그럼에도 불구하고 상조서비스가 제공되었다는 것만으로 잔여 할부금을 일시에 지급하도록 한다면 이를 지급할 능력이 없어서 선불식 할부계약을 체결한 소비자는 계약을 체결한 목적을 달성할 수 없도록 하는 것임과 더불어 잔여 할부금 전부를 지급하지 않았다는 것을 이유로 과중한 지연배상금을 부과할 경우 경제적 고통을 받을 수 있다. 물론 상조업체는 소비자의 대금미지급의 위험을 고려하여야 한다고 주장할 수 있지만, 이러한 위험 때문에 잔여 할부금 전부를 청구할 수 있도록 하여야 한다면 재화등의 공급이후 대금을 회수하는 후불식 할부계약의 존재의미는 찾을 수 없게 된다. 따라서 이러한 측면을 고려할 때, 대금의 완납이전에 상조서비스를 제공받은 경우에도 대금의 분할지급은 인정되어야 할 것이며, 잔여 할부금을 일시불로 청구할 수 있는 경우는 할부거래법 제13조에서 규정하고 있는 바와 같이 소비자가 기한의 이익을 상실하는 사유로 한정할 필요가 있다.[98] 다만, 이와 같이 잔여 대금을 계속하여 분할로 지급할 수 있다고 규정하더라도 할부수수료의 부과문제는 상조업자에게 위임하여야 할 것이며, 잔여 할부금에 대하여 할부수수료를 부과할 경우 그 할부수수료에 대하여 소비자에게 사전 공지되어야 할 것이다. 즉, 소비자가 잔여 대금을 일시불로 지급할 것인지 아니면 계속하여 분할지급할 것인지를 선택할 수 있도록 함과 더불어 분할지급할 경우 할부수수료가 부과됨을 공지하도록 하여야 할 것이다.

98) 拙稿, "상조서비스와 소비자보호에 관한 연구", 「법제연구」 제35호, 2008 · 12, 289면.

제5절 계약해소단계에서의 소비자보호

1. 상조업자의 계약해제와 손해배상청구

가. 소비자의 채무불이행(이행지체)

상조계약에 있어서 소비자는 매 지급시기에 할부금을 납부하여야 하며, 이를 이행하지 않은 경우 채무불이행에 해당한다. 또한 소비자의 채무불이행은 금전채무의 불이행이기 때문에 이행불능이 아닌 이행지체에 해당한다. 즉, 금전채무의 이행에 있어서 금전은 그 존재가 소멸할 수 있는 것이 아니기 때문에 이의 이행이 불가능한 이행불능의 문제는 발생하지 않는다. 따라서 단순히 소비자가 할부금을 지급하지 않았다고 하여 상조업자에게 해제권이 발생하는 것이 아닌 미납대금의 지급을 최고하고, 최고기간 내에 지급이 이루어지지 않았을 경우에 비로소 해제권은 발생하게 된다. 이러한 상조업자의 해제권의 발생요건과 관련하여 할부거래법은 민법에서 정한 요건을 보다 구체화함과 더불어 소비자보호측면에서 강화하고 있다.

나. 상조업자의 계약해제권의 발생요건

(1) 소비자의 채무불이행의 정도

상조업자가 상조계약을 해제할 수 있는 대표적인 경우는 소비자의 채무불이행이 있을 때이다. 즉, 소비자가 할부금을 지급하지 않았을 경우 상조업자는 상조계약을 해제할 수 있다. 그럼 소비자의 채무불이행은 어느 정도의 채무불이행을 말하는가? 일반적인 계약에 있어서는 대금을 일시불로 지급하여야 하기 때문에 소비자가 대금을 지급하지 않은 경우 이러한 문제는 발생하지 않는다. 그러나 상조계약에 있어서는 소비자가 대금을 일시에 지급하는 것이 아닌 분할하여 지급하기 때문에 이러한 문제가 발생하며, 이는 단지 상조계약뿐만 아니라 후불식 할부계약에도 동일하게 발생한다. 그러나 할부거래법에서는 이에 대하여 구체적인 규정을 두고 있지 않아 해석상의 문제가 발생한다. 그럼 1회의 할부금을 지급하지 않은 경우에 소비자의 채무불이행이 존재하는 것이기 때문에 후술하는 최고요건을 갖춘 경우 상조업자는 바로 상조계약을 해제할 수 있는가? 이행지체에 있어서 해제권의 발생요건을 규정하고 있는 민법을 그대로 적용하면 이 역시 가능하다고 할 것이다. 그러나 해제권은 채무자의 채무불이행으로 인하여 계약의 목적이 달성하기 곤란한 경우 당해 계약을 해소하기 위한이라는 점을 감안하여 해제권 발생요건으로서의 채무불이행의 정도를 구체적으로 규정하여야 한다. 따라서 1회의 할부금을 지급하지 않았다고 하여 상조업자가 상조계약의 목적을 달성할 수 없다고 평가하기에는 곤란할 것이다. 그럼 어느 정도의 채무불이행이 있을 경우 해제할 수 있도록 하는 것이 타당할 것인가? 쉽지 않은 문제이지만, 할부거래법상 기한의 이익상실에 관한 규정을 이 경우에도 적용할 필요가 있다고 할 것이다. 즉, 소비자가 할부금을 2회 이상 연속하여 지급하지 않고, 그 미지급한 금액이 전체 금액의 1/10을 초과한 경우에 기한의 이익상실사유로 규정하고 있다(동법 제13조 제1항 제1호). 따라서 상조계약 및 후불식 할부계약에 있어서 상조업자 또는 할부거래업자 해제권의 발생에 있어서 소비자 채무불이행의 정도는 3회 이상의 할부금 납부의 지연과 미지급한 금액이 전체 금액의 1/10을 초과한 경우로 제한할 필요가 있다고 할 것이다.[99]

(2) 최고기간의 도과

소비자가 대금을 지급하지 않았다고 하여 상조업자는 바로 상조계약을 해제할 수 있는 것은 아니다. 즉, 소비자의 대금지급의무를 이행하지 않은 것은 이행불능이 아닌 이행지체에 해당하기 때문에 해제권이 발생하기 위해서 상당한 기간을 정하여 그 이행을 최고한 후 최고기간내에 이행하지 않을 경우에 비로소 해제권이 발생하기 때문이다(민법 제544조 본문). 다만, 채무자가 이의 이행을 거절하거나 계약의 성질 또는 당사자의 의사표시에 의하여 일정한 시일 또는 기간내에 이행하지 않으면 계약의 목적을 달성할 수 없는 정기행위의 경우에는 최고없이 바로 계약을 해제할 수 있다(민법 제544조 단서, 제545조).

그럼 소비자의 채무불이행은 최고없이 해제할 수 있는 경우에 해당하는가? 물론 소비자가 사전에 대금을 지급하지 않겠다고 명시적으로 표시한 경우를 제외하고 정기행위에 해당하지 않는다. 따라서 상조업자가 약관에 대금 미납시 최고없이 바로 해제할 수 있다고 규정한 경우 당해 약관은 불공정한 약관으로 무효이다.[100]

---

99) 표준약관에서는 3회분의 연체만을 해제권의 발생요건으로 규정하고 있으나, 미납금액의 규모 역시 발생요건으로 추가할 필요가 있다.

100) 약관규제법에서는 법률에 따른 사업자의 해제권 또는 해지권의 행사 요건을 완화하여 고객에게 부당하게 불이익을 줄 우려가 있는 조항에 대하여 불공정한 약관으로 규정하고 있다(동법 제9조).

또한 할부거래법에서는 상조업자의 해제권의 발생요건에 대하여 민법보다 강화하고 있으며, 이의 내용은 다음과 같다. 즉, 상조업자는 소비자가 대금지급의무를 이행하지 아니하면 선불식 할부계약을 해제할 수 있다. 이 경우 상조업자는 그 계약을 해제하기 전에 14일 이상의 기간을 정하여 소비자에게 이행할 것을 서면으로 최고(催告)하여야 한다(동법 제26조). 이러한 동법의 내용은 민법과 비교하여 다음과 같은 점에서 차이가 있다. 먼저, 최고의 방식이다. 민법에서는 채권자가 채무자에게 이행을 최고함에 있어 그 방식에 대하여 제한을 두고 있지 않기 때문에 구두에 의한 최고가 가능하다. 그러나 할부거래법에서는 최고의 방식에 대하여 서면을 요구하고 있기 때문에 구두에 의한 최고는 효력이 없다. 둘째, 최고기간이다. 민법에서는 상당한 기간이라고 규정하고 있기 때문에 채권자가 정한 최고기간이 상당한 것인가에 대한 해석의 문제가 발생하지만(민법 제544조), 할부거래법에서는 최고기간을 14일 이상으로 규정하고 있다. 따라서 최고기간이 14일 미만인 경우 해제권은 발생하지 않으며, 14일 이상이 경과하였을 경우에 비로소 해제권이 발생하게 된다. 이를 구체적인 예로써 제시하면 다음과 같다. 소비자가 할부금을 지급하지 않아 상조업자가 소비자에게 7일의 기간을 부여하고 미납할부금의 지급을 요청하면서 7일 이내에 대금을 지급하지 않은 경우 당해 상조계약은 자동적으로 해제된다고 서면으로 통지하였을 경우 당해 상조계약은 7일이 경과한 시점이 아닌 14일이 경과한 시점에 해제되므로 소비자가 통지를 받은 날로부터 10일이 지난 시점에서 미납금액을 지급한 경우 당해 상조계약은 해제되지 않는다. 만일 상조업자가 서면이 아닌 구두로 최고하였을 경우 구두에 의한 최고는 동법상 최고로 인정되지 않기 때문에 14일이 경과하더라도 상조계약은 해제되지 않는다.

다. 해제에 따른 손해배상청구금액

상기에 따라 상조계약이 해제된 경우 상조업자는 이로 인하여 발생한 손해에 대하여 소비자에게 청구할 수 있으며, 소비자는 과실 없음을 이유로 항변할 수 없다. 즉, 소비자의 채무는 금전채무이며, 금전채무불이행의 경우에 채무자의 과실은 당연히 인정되기 때문이다. 또한 금전채무불이행에 있어서 채권자의 손해는 당연히 인정되기 때문에 상조업자는 손해의 발생을 별도로 입증할 필요가 없다(민법 제397조 제2항).

그럼 상조업자는 소비자에게 얼마의 손해배상금을 청구할 수 있는가? 이에 대하여 할부거래법에서는 규정을 두고 있지 않지만, 후불식 할부계약에 대하여는 다음과 같이 규정하고 있다. 할부거래업자가 할부계약을 해제한 경우에 소비자에게 청구하는 손해배상액은 재화등의 반환 등 원상회복이 된 경우에는 통상적인 사용료와 계약 체결 및 그 이행을 위하여 통상 필요한 비용의 합계액(다만, 할부가격에서 재화등이 반환된 당시의 가액을 공제한 금액이 그 사용료와 비용의 합계액을 초과하는 경우에는 그 공제한 금액), 재화등의 반환 등 원상회복이 되지 아니한 경우에는 할부가격에 상당한 금액(다만, 용역이 제공된 경우에는 이미 제공된 용역의 대가 또는 그 용역에 의하여 얻어진 이익에 상당하는 금액) 또는 재화등의 공급이 되기 전인 경우에는 계약체결 및 그 이행을 위하여 통상 필요한 금액과 지연손해금의 합계액을 초과하지 못한다(동법 제12조 제2항). 또한 할부거래업자 또는 신용제공자는 손해배상액의 예정, 위약금, 그 밖에 명칭 · 형식이 어떠하든 상기의 금액을 초과하여 손해배상을 청구할 수 없다(동조 제3항). 반면에 민법에서는 금전채무불이행의 손해배상액은 법정이율에 의하지만, 법령의 제한에 위반하지 아니한 약정이율이 있으면 그 이율에 의한다(동법 제397조 제1항).

이와 같이 할부거래법을 비롯한 소비자보호법[101]에서는 소비자보호차원에서 해제시 사업자가 청구할 수 있는 손해배상금에 대하여 상기와 같이 제한하고 있다. 그러나 이러한 점이 과연 소비자보호에 합치한 것인가의 문제가 제기된다. 소비자보호는 상대적 강자인 사업자와의 관계에서 그 지위의 특성상 발생할 수 있는 피해를 예방하기 위함이다. 그러나 채무불이행과 같이 소비자가 자신의 의무를 이행하지 않은 경우까지 소비자를 보호하는 것은 합리적인 보호의 수준을 도과한 것이다. 물론 과도한 손해배상금의 문제 역시 소비자피해이기 때문에 이에 대한 규율은 적절한 소비자보호에 해당한다고 할 수 있다. 그럼 할부거래법 등에서의 손해배상청구금액의 제한이 적절한 수준에 해당한 것인가? 그러나 할부거래법에서 정하고 있는 손해배상금은 통상손해 중 일부에 한정되며, 특별손해에 대하여는 배제하고 있다.[102] 그럼 특별손해에 대하여는 전면적으로 부정하는 것이 타당한 것인가? 이에 대하여는 다음의 두 가지 점에서 부당하다고 할 것이다. 첫째, 사업자의 채무불이행으로 인하여 소비자에게 손해가 발생한 경

101) 소비자에게 책임이 있는 사유로 재화등의 판매에 관한 계약이 해제된 경우 방문판매자등이 소비자에게 청구하는 손해배상액은 공급한 재화등이 반환된 경우에는 반환된 재화등의 통상 사용료액 또는 그 사용으로 통상 얻을 수 있는 이익에 상당하는 금액 또는 반환된 재화등의 판매가액에서 그 재화등이 반환된 당시의 가액을 뺀 금액 중 큰 금액 또는 공급한 재화등이 반환되지 아니한 경우에는 그 재화등의 판매가액에 상당하는 금액에 대금 미납에 따른 지연배상금을 더한 금액을 초과할 수 없다(방문판매법 제10조, 전자상거래소비자보호법 제19조).

102) 할부거래법 등에서의 손해배상청구금액은 민법상 통상손해에 해당한다고 하지만, 전적으로 통상손해에 해당하지 않는다. 즉, 재화등의 공급이 되기 전인 경우에는 계약체결 및 그 이행을 위하여 통상 필요한 금액과 지연손해금의 합계액을 초과하지 못하며, 체결 및 이행에 소요되는 모든 비용이 아닌 통상 필요한 금액, 즉 실질적으로 소요된 비용이 아닌 일반적으로 소요되는 비용만으로 한정하고 있기 때문이다.

우 소비자는 통상손해만을 주장할 수 밖에 없고, 특별손해에 대하여는 청구할 수 없는가이다. 그러나 소비자의 손해에 대하여는 할부거래법 등에서 규정하고 있지 않기 때문에 민법상 손해배상범위에 관한 규정이 적용되며, 이 경우 특별손해까지 청구할 수 있다. 따라서 채무불이행이 누구에 의하여 발생하였는가에 따라 손해배상의 범위가 차이가 있게 규정하는 것은 형평성에 반한다. 둘째, 소비자의 채무불이행까지 보호할 필요성이 있는가에 대한 의문이 제기된다. 물론 사업자의 과도한 손해배상청구를 감안하여 이의 규정이 필요하다고 하더라도 통상손해 중 일부만을 인정하는 현행 방식은 소비자에 대한 과도한 보호에 해당한다고 할 것이다. 따라서 이러한 손해배상책임의 범위에 대하여 개정할 필요가 있으며, 소비자의 책임을 현행과 같이 제한할 것이 아니라 과도한 손해배상약정을 금지하는 방식으로 개정하거나 현행 방식을 그대로 유지하고자 한다면 사업자의 채무불이행에 대한 손해배상책임에 대하여도 동일하게 제한하여야 할 것이다.

그럼 상조계약에 대하여는 어떠한 방식으로 이의 문제를 해결하여야 하는가? 이에 대하여는 후불식 할부계약에 관한 기준을 유추적용하는 방식과 민법에 의하여 해결하는 방식이 제기될 수 있다. 물론 후불식 할부계약에 관한 규정을 유추적용하는 것이 타당하겠지만, 위에서 언급한 바와 같은 문제가 발생할 수 있다. 따라서 이의 근본적인 해결을 위해서는 이에 관한 규정을 신설할 필요가 있지만, 현행법제하에서는 후불식 할부계약에 관한 규정을 유추적용할 수 밖에 없을 것이다.

2. 소비자의 계약해제권과 손해배상의 청구

가. 민법상 계약해제권과 손해배상책임

상조업자가 상조계약상의 채무를 이행하지 않은 경우 소비자는 당해 계약을 해제할 수 있다. 이러한 상조업자의 채무불이행은 이행지체, 이행불능 또는 불완전이행으로 구분할 수 있다. 또한 민법상 해제권의 발생요건으로는 상기의 채무불이행 이외에 하자담보책임을 규정하고 있으며, 학설은 사정변경 역시 해제권의 발생요건으로 인정하고 있다. 마지막으로 해제권의 발생은 반드시 법정 사유에 의해서만 발생하는 것이 아니며, 약정 사유에 의한 해제권 역시 인정된다.

이러한 민법상 해제권과 관련하여 문제가 되는 것은 이행지체에 있어서 상조업자의 고의 또는 과실이 요구되는가에서 부터 시작하여 상조서비스가 제공되어 소비자가 상조용품을 사용한 후에도 해제권을 행사할 수 있는가의 문제가 제기된다.

(1) 상조업자의 이행지체와 유책사유

이행지체라 함은 채무자가 이행기 때 이행할 수 있음에도 불구하고 이행을 하지 않은 것을 말하며, 이행이 가능하다는 점에서 이행이 불가능한 경우를 대상으로 한 이행불능과 차이가 있다. 상조계약에 있어서 이행기는 소비자에게 상이 발생하여 상조서비스의 제공을 요청한 시점이다. 이러한 상조계약은 정기행위에 해당하기 때문에 상조업자가 상의 발생시 상조서비스를 제공하지 않았다고 한다면 소비자는 별도의 최고없이 상조계약을 해제할 수 있다. 문제는 상조업자가 상조서비스를 제공하지 않음에 있어서 과실이 없는 경우 소비자는 상조계약을 해제할 수 있는가의 문제이다. 이에 학설은 과실을 요건으로 하는 견해와 이를 부정하는 견해로 대별하고 있다.

1) 유책사유 긍정설

긍정설에서는 해제의 역할에 대하여 손해배상책임과 함께 채무불이행에 대한 제재로 파악한다.[103] 따라서 민법에서는 이행불능의 경우를 제외하고 이행지체에 대하여 채무자의 유책사유에 대하여 명문의 규정을 두고 있지 않지만, 이행지체로 인한 책임(손해배상책임)에 있어서 채무자의 책임있는 사유에 기하여야 함을 요건으로 하고 있으므로 이행지체에 의한 해제 역시 동일하게 채무자의 책임있는 사유(고의 또는 과실)가 요구된다고 한다. 또한 금전채무에서 채무자에게 귀책사유가 없음을 이유로 항변하지 못한다는 점에서 근거를 두고 있다.[104]

2) 유책사유 부정설

부정설에서는 다음과 같은 이유에서 해제권의 발생요건에 유책사유를 요구하지 않고 있다. 첫째, 해제는 쌍무계약에서 존재하는 주관적 등가성의 파괴를 이유로 상대방이 일방적 의사표시에 의하여 계약의 구속력으로부터 벗어날 수 있도록 하는 제도이기 때문에 해제권자가 해제권의 행사로 인하여 자신의 채무를 면함과 동시에 계약의 구속

---

103) 명형구, “우리 민법상 이행지체로 인한 계약해제와 그 비교법적 특성”, 「법학논총」 제12집, 1995 · 10, 429면; 김동훈, “계약해제의 요건에 관한 연구”, 「법학논총」 제12집, 2000 · 2, 183면.

104) 곽윤직, 「채권각론」, 박영사, 2003, 86면; 김종률, 「민법강의」, 박영사, 2000, 748면; 지원림, 「민법강의」, 홍문사, 2002, 1158면; 윤철홍, 「요해채권각론」, 법원사, 1997, 94면; 內田 貴, 「民法 II(債權各論)」, 東京大學出版會, 1998, 88~89면; 鈴木祿彌, 「債權法講義」, 創文社, 1994, 130면; 品川孝次, 「契約法(上卷)」, 青林書院, 1989, 139면; 於保不二雄, 「債權總論」, 有斐閣, 1989, 93면.

력에서 벗어나 다른 계약상대방을 선택할 수 있는 자유를 갖게 하는 역할을 하는 제도이다.[105] 둘째, 이행불능에서 채무자의 유책사유는 위험부담과 구분의 필요성에 의한 것이며, 이를 근거로 하여 계약해제 전반에서 유책사유가 요구된다고 판단하는 것은 곤란하다. 셋째, 이행지체를 규정하고 있는 민법 제544조에서 명문으로 채무자의 유책사유를 요구하고 있지 않으며,[106] 이행지체후 상당한 기간의 최고기간을 도과하게 되면 계약위반의 중대성이 확인되며 이에 따라 해제권이 발생하기 때문에 유책사유를 불요한다. 넷째, 불완전이행에 의한 해제권의 발생에 대하여 채권자는 유책사유를 불문하고 하자담보책임을 주장할 수 있으며, 목적물에 대한 하자가 계약의 목적달성에 영향을 미치는 경우에 유예기간의 최고없이 계약을 해제할 수 있으므로 유책사유는 문제되지 않는다고 한다.[107] 다섯째, 과실책임주의는 현대에서 수정을 받고 있으며, 일반적으로 인정되어야 할 원칙으로서의 지위를 상실하고 있으며, 해제와 손해배상을 동일시할 논리적 필요성이 없다. 따라서 양자에 대한 다른 해석도 가능하며, 금전채무불이행으로 인한 손해배상의 경우에 있어 과실없음을 항변하지 못한다는 것은 손해배상을 염두에 둔 것이지 해제를 염두에 둔 것은 아니다.[108]

3) 소 결

해제권의 발생요건에 있어서 채무자의 유책사유가 필요한 것인가의 문제에 대한 접근은 해제의 본질적 기능에서부터 출발하여야 한다. 즉, 해제가 채무자의 불이행에 대한 제재라는 점은 인정되지만, 이보다 더 본질적인 것은 계약에 있어서 일방의 불이행이 있을 경우에 상대방은 당해 계약에서 추구하였던 목적을 다른 계약을 통하여 달성할 수 있도록 하기 위하여 종전의 계약관계에서 벗어날 수 있도록 하는 것이다. 따라서 해제에 대하여는 채무자가 아닌 채권자의 입장에서 고려하여야 하며, 채무자의 불이행이 유책사유에 기인하는가의 여부와 관계없이 불이행이라는 객관적인 사유만으로 해제권은 발생한다고 할 것이다.[109] 또한 긍정설에서는 유책사유에 기한 채무불이행의 효과로서 해제권과 손해배상책임을 인정하고 있다. 그러나 해제권은 채권자가 당해 계약관

105) 류승훈, "계약해제제도의 의미와 계약해제의 효과에 관한 일고", 「외법논집」 제14호, 2003 · 8, 209-210면; 김우덕 · 조봉제, "민법상 해제권에 관한 고찰", 「사회과학연구」 제2호, 1998 · 2, 35면; 조일환, "계약해제와 귀책사유", 「동의논집」제32집, 2000 · 2, 138면.

106) 이은영, 「채권각론」, 박영사, 2002, 229-230면.

107) 정진명, "계약해제와 유책사유", 「비교사법」 제5권 제1호, 1998 · 6, 14-17면.

108) 조정호 · 이우석, "이행지체로 인한 해제와 귀책사유", 「사회과학연구」 제16집 제1권, 1996 · 8, 47면.

109) G. H. Treitel, The law of Contract, Ninth edition, London: Sweet & Maxwell, 1995, p. 674.

계를 벗어날 수 있도록 하는 것을 목적으로 하며, 손해배상책임은 불이행으로 발생한 손해의 전보를 목적으로 하기 때문에 양자를 달리 취급하여야 한다. 따라서 손해배상책임에 있어서 채무자의 유책사유가 요구된다고 하여 해제권의 발생에 있어서 유책사유가 반드시 존재하여야 하는 것은 아니다. 이행불능의 경우에 민법 제546조에서 채무자의 유책사유를 요구하고 있으나, 이는 계약목적 달성의 불능에 대하여 위험부담과 구별을 위한 것이라는 부정설에 찬동한다. 그리고 판례에서는 부정하고 있으나,[110] 학설[111]에서 인정하고 있는 사정변경에 의한 해제권 역시 계약 당시의 기초된 사정이 추후 현저하게 변경된 경우에 당해 계약관계에서 당사자가 벗어날 수 있도록 한 것이기 때문에 유책사유는 발생요건에 포함되지 않는다. 또한 정기행위 역시 채무의 특성상 이행기를 도과한 후의 이행은 채권자에게 아무런 의미가 없기 때문에 일반적인 이행지체와 달리 최고라는 요건을 삭제하였다. 그러나 정기행위에 있어서 해제권의 발생에 유책사유를 요구하는 경우에 채무자의 유책사유없는 이행지체에 대하여 채권자는 이행기의 도과로 인하여 계약 그 자체가 아무런 의미가 없음에도 불구하고 계약에 구속된다는 모순이 발생하게 된다. 따라서 해제권은 채무자의 유책사유와 관계없이 객관적인 요소인 채무불이행이라는 요건만으로 발생한다[112]고 할 것이다.[113]

(2) 상조용품의 사용 후 해제권 인정여부

상조업자가 상조서비스를 제공하고, 소비자가 재화 등을 사용한 이후에도 해제권을 행사할 수 있는가의 문제가 제기된다. 이러한 문제가 발생하는 경우는 상조업자가 상조서비스를 제공하였지만, 계약의 목적을 달성할 수 없을 정도로 불완전하게 이행한 경우이다. 물론 학설과 판례는 불완전이행에 따른 계약해제권 역시 인정하고 있지만, 소비자의 고의 또는 과실로 인하여 계약의 목적물이 현저히 훼손되거나 이를 반환할

---

110) 판례는 매매계약을 체결할 때와 잔대금을 지급할 때와의 사이에 장구한 시일이 지나서 화폐가치의 변동이 극심하게 된 경우에 매도인의 사정변경 소송원리에 의한 계약해제권의 인정여부에 대하여 부정하였지만(대판 1963. 9. 12, 63다452), 계속적 계약에 대한 보증인인 이사가 퇴직한 경우에 사정변경을 이유로 보증계약을 해지할 수 있는가에 대하여 판례는 긍정하고 있다(대판 2002. 5.31, 2002다1673; 대판 2000. 3. 10, 99다61750).

111) 김형배,「채권각론」, 박영사, 2001, 76면; 김주수,「채권각론」, 삼영사, 1997, 142-143면; 윤철홍,「요해채권각론」, 법원사, 1997, 24면; 石川利夫 · 尾中普子,「債權法講義概說」, 評論社, 1985, 79면.

112) 영국 물품매매법(The Sale of Goods Act)에서는 계약상 의무를 조건(Condition)과 담보(Warrant)로 구분하여 전자의 위반에 대하여 해제권을 인정하고, 후자의 위반에 대하여는 해제권을 인정하지 않고 단지 손해배상청구권만을 인정하고 있다. 또한 계약상 의무가 조건에 해당한 경우에 유책사유와 관계없이 조건위반만으로 해제권은 발생하게 된다(P S Atiyah · John N Adams · Hector MacQeen, The Sale of Goods, Tenth edition, Longman, 2001, pp. 78-79; Jill Poole, Casebook on Contract law, Fifth edition, Blackstone Press, 2001, p. 398).

113) 拙稿, "전자상거래와 해제",「정보화정책」제11권 제1호, 2004 · 3, 77-78면.

수 없게 된 때 또는 가공이나 개조로 인하여 다른 종류의 물건으로 변경된 때에 해제권은 소멸한다(동법 제553조). 따라서 상조계약의 목적을 달성할 수 없을 정도로 상조업자가 불완전하게 이행한 경우 소비자는 해제권을 행사할 수 있다고 할 것이지만, 상조용품을 이미 사용한 경우에는 그 반환이 불가능하기 때문에 해제권은 행사할 수 없다고 할 것이다. 다만, 상조용품을 아직 사용하기 전이거나 부수적 또는 일부 상조용품에 국한하여 사용된 경우에는 주된 상조용품에 대한 반환이 불가능한 것이 아니기 때문에 해제권은 소멸하지 않으며, 사용된 부분에 대하여는 원상회복불가에 따른 가액반환의 문제로 해결하여야 할 것이다.

(3) 해제권 발생요건으로서의 최고

소비자에게 상이 발생하여 상조서비스의 제공을 요청하였음에도 불구하고 상조업자가 상조서비스를 제공하지 않거나 불완전하게 이행하였을 경우 소비자가 상조계약을 해제하기 위하여 상조업자의 채무불이행뿐만 아니라 상당한 기간을 정하여 이의 이행을 최고하여야 하는가의 문제가 제기된다. 물론 이행지체 또는 추완이 가능한 불완전이행의 경우에는 상당한 기간을 정하여 이행을 최고하였음에도 불구하고 채무자가 이행하지 않은 경우에 비로소 해제권은 발생하게 된다. 그러나 지정된 이행기에 이행하지 않으면 계약의 목적을 달성할 수 없는 정기행위에 있어서는 최고기간을 요하지 않는다. 그럼 상조계약은 이러한 정기행위에 해당하는가? 상조계약은 소비자에게 상이 발생한 경우 즉시 상례에 필요한 재화 및 서비스를 제공하는 것을 내용으로 한다. 이러한 재화 등은 상이 발생하였을 경우에 필요한 재화이며, 그 이후에는 소비자에게 의미가 없다. 따라서 상조계약은 상이 발생한 시기에 이행되어야 채권자인 소비자가 계약의 목적을 달성할 수 있기 때문에 정기행위에 해당하며, 상이 발생한 시기에 상조서비스가 제공되지 않거나 불완전하게 이행된 경우 소비자는 최고없이 바로 해제할 수 있다. 다만, 불완전이행 부분이 즉시 추완될 수 있거나 사소한 경우에는 그러하지 않는다.

(4) 손해배상책임

상조업자의 채무불이행이 존재할 경우 소비자는 상조계약을 해제함과 더불어 이로 인하여 발생한 손해에 대하여 배상을 청구할 수 있다. 그러나 해제권의 발생에 있어서 상조업자의 유책사유(고의 또는 과실)를 요하지 않는다고 할 수 있지만, 손해배상을 청구하기 위하여는 상조업자의 고의 또는 과실이 존재하여야 한다. 즉, 민법상 손해배상책임은 과실책임주의에 기초하기 때문에 반드시 상조업자의 고의 또는 과실이 존재하여야 한다. 다만, 소비자가 상조업자에 청구하는 손해배상책임은 채무불이행에 기초하기 때문에 상조업자의 고의 또는 과실을 소비자가 입증할 필요가 없다. 따라서 소비자는 상조업자의 채무불이행과 이로 인한 손해만을 입증하면 되고, 상조업자는 손해배상책임을 면하기 위하여 자신에게 고의 또는 과실이 없음을 입증하여야 한다(민법 제390조). 또한 이러한 손해가 상조업자의 이행보조자의 행위에 의하여 발생한 경우 상조업자는 자신에게 고의 또는 과실이 없다는 것을 입증하였다고 하여 면책이 되는 것은 아니다. 즉, 이행보조자의 고의 또는 과실은 채무자의 고의 또는 과실로 인정되기 때문에 상조업자에게 고의 또는 과실이 없다고 하더라도 이행보조자의 고의 또는 과실이 있는 경우 상조업자는 그 책임을 면하지 못한다(민법 제391조).

그럼 소비자는 상조업자에게 얼마만큼의 손해배상을 청구할 수 있는가? 이는 손해배상의 범위에 관한 문제이며, 민법에서는 통상손해와 특별손해로 구분하고 있다(민법 제393조). 통상손해라 함은 채무불이행이 있으면 사회일반의 관념에 따라 보통 발생하는 것으로 생각되는 범위의 손해를 말하며, 특별손해는 당사자 간에 있어서의 개별적·구체적 사정에 의하여 발생하는 손해를 말한다.[114] 양자의 가장 큰 차이점은 통상손해의 경우 채무자가 이를 알았거나 알지 못하였거나와 관계없이 청구할 수 있지만, 특별손해의 경우는 채무자가 이를 알았거나 알 수 있었을 때에 한하여 청구할 수 있다. 문제는 이러한 손해를 산정함에 있어서 재화 등의 가격이 상이한 경우 어느 시기의 가격을 손해배상의 기초로 하는가이며, 판례는 이행지체의 경우 최고 후 상당한 기간이 경과한 당시의 시가를 기준으로 하고 있다.[115] 따라서 상조계약을 체결할 당시보다 해제권이 발생한 시점의 재화의 가격이 높은 경우 소비자는 후자의 시가를 손해배상액으로 주장할 수 있다.

114) 곽윤직, 「채권총론」, 박영사, 2009, 121-122면.

115) 이행지체에 의한 전보배상에 있어서의 손해액 산정은 본래의 의무이행을 최고한 후 상당한 기간이 경과한 당시의 시가를 표준으로 하고, 이행불능으로 인한 전보배상액은 이행불능 당시의 시가 상당액을 표준으로 할 것인바, 채무자의 이행거절로 인한 채무불이행에서의 손해액 산정은 채무자가 이행거절의 의사를 명백히 표시하여 최고 없이 계약의 해제나 손해배상을 청구할 수 있는 경우에는 이행거절 당시의 급부목적물의 시가를 표준으로 해야 한다(대판 2007.9.20, 2005다63337).

나. 할부거래법상 계약해제권

(1) 계약해제권의 발생요건

1) 임의적 해제권

민법상 해제권은 상조업자의 채무불이행을 전제로 하지만, 할부거래법상 해제권은 상조업자의 채무불이행을 전제로 하지 않는다. 따라서 동법에서는 소비자에게 임의적 해제권을 부여하고 있다. 다만, 해제시 위약금을 청구할 수 없는 사유는 이행불능에 해당하는 사유가 포함되어 있기 때문에 일률적으로 임의적 해제권이라고 칭하기는 곤란하다. 그러나 상조업자의 채무불이행을 전제로 하지 않으며, 위약금을 청구할 수 없는 사유가 반드시 상조업자의 고의 또는 과실에 의하여 발생하는 것이 아니기 때문에 여기에서는 임의적 해제권이라고 칭한다.

상조계약을 체결한 소비자는 언제든지 그 이유를 불문하고, 상조계약을 해제할 수 있다. 이러한 점은 민법에 대한 특칙이라고 할 수 있다. 그럼 이와 같이 상조계약에 대하여 소비자에게 임의적 해제권을 부여한 이유는 무엇인가? 가장 큰 이유는 상조계약이 장기계약이며, 그 이행의 시기가 불확정하기 때문이라고 할 수 있다. 상이 발생하였을 경우 고액의 비용이 소요되기 때문에 미리 조금씩 적립하여 이의 비용으로 충당할 수 있다는 점은 소비자가 상조계약을 체결하는 가장 큰 이유 중 하나이다. 그러나 그 납입기간이 3년에서 10년이라는 장기이며, 매월 일정 금액을 납입한다는 것은 소비자에게 또 다른 경제적 부담으로 작용한다. 또한 재화 등을 사전에 공급받은 것이 아니라 언제 공급받을지 모르기 때문에 초기 계약체결의 필요성은 시간이 경과하면서 경감된다. 따라서 소비자의 입장에서는 경제적 부담을 해소하고, 현실적 필요성이 절감된 상태에서 상조계약을 계속적으로 유지하는 것이 적합하지 않을 수 있다. 또한 중도에 다른 이유로 목돈이 필요한 경우 적립하였던 할부금을 통하여 해결하고자 한다. 이러한 점을 감안하여 할부거래법에서는 소비자의 임의적인 해제권을 부여한 것이다. 다만, 소비자의 입장을 고려하더라도 이로 인하여 발생하는 상조업자의 손해에 대한 배상이 필요하기 때문에 일정한 위약금을 지급하도록 규정하고 있다. 그러나 과도한 위약금의 인정은 실질적으로 소비자의 해제권을 부정하는 것이기 때문에 적정 수준의 위약금을 결정하는 것이 동법상 해제권에 있어서 가장 핵심적인 문제라고 할 수 있다. 이에 동법에서는 이의 기준을 공정거래위원회가 정할 수 있도록 하였다(동법 제25조 제5항).

2) 재화 등의 공급전의 행사

할부거래법에서는 소비자의 해제권의 발생요건에 대하여 사업자의 채무불이행을 요구하고 있지 않지만, 재화 등의 공급이전에 행사할 것을 요구하고 있다. 따라서 상조업자가 소비자에게 재화 등을 공급하였다면 동법상 소비자의 해제권은 소멸하게 된다. 여기에서 재화 등의 공급은 무엇을 의미하는가? 일반적으로 상조계약에서 재화 등은 소비자에게 상이 발생하였을 경우에 제공하지만, 상조계약의 체결 또는 그 이후(상이 발생하기 전)에 상조계약상 모든 재화가 아닌 일부의 재화(수의 등)를 공급하기도 한다. 따라서 이의 규정과 관련하여 두 가지의 해석문제가 제기된다. 첫 번째는 여기에서 의미하는 재화등의 공급이 소비자에게 상이 발생하여 상조서비스를 제공한 경우만을 의미하는지 아니면 상이 발생하기 전이라도 상조용품을 공급한 경우를 의미하는지이다. 두 번째는 후자에 있어서 일부의 재화를 공급한 경우도 포함하는지 아니면 전부의 재화를 공급한 경우로 제한되는지이다.

먼저, 상조계약은 소비자에게 상이 발생한 경우 재화 등을 공급하며, 이를 소비하였기 때문에 상조업자가 계약의 내용에 적합하게 이행하였다면 계약의 해제라는 문제는 발생하지 않는다. 그럼 할부거래법상 재화 등의 공급은 이 경우에만 해당하는가? 이 규정에 대하여는 임의적 해제권과 연결하여 해석하여야 하며, 동시에 상조계약의 특성을 감안하여야 한다. 즉, 동법에서 상조업자의 채무불이행과 무관하게 해제권을 부여하였기에 이를 제한할 필요성이 있다고 할 것이다. 또한 일반적인 상조계약의 경우 대금의 완납이후 소비자에게 상이 발생하였을 경우에 재화 등을 제공하는 것을 전제로 하지만, 상이 발생하기 전에 재화 등을 공급하는 경우는 일반적인 상조계약과는 다른 형태가 된다. 따라서 재화 등의 공급은 단지 상이 발생하여 공급한 경우 뿐만 아니라 상이 발생하기 이전에 상조업자가 임의로 또는 소비자의 요청에 따라 공급한 경우를 포함한다고 할 것이다. 다만, 고시에서는 해제권의 행사전 상조업자가 소비자에게 재화 등을 공급한 경우 그 가액만큼 해약환급금에서 공제할 수 있다고 규정하고 있기에 상이 발생하기 전 재화등이 공급된 경우에도 해제권을 행사할 수 있다고 할 것이다(동 고시 제4조 제1항 단서). 그럼 동 고시의 단서규정은 할부거래법과 상충하는 것인가? 즉, 할부거래법에서는 재화등이 공급된 경우에는 해제권을 행사할 수 없다고 규정한 반면에 고시에서는 해제권을 행사할 수 있다고 규정하고 있기에 고시가 상위법을 위반한 것으로 보인다. 그러나 이의 문제는 후술하는 공급된 재화의 범주를 기준으로 해결한다면 상위법 위반의 문제가 아닌 조화롭게 해결할 수 있다고 할 것이다.

두 번째로 상조업자가 재화 등을 공급하였을 경우 일부의 재화까지 포함하는 것인지 아니면 상례에 필요한 주된 재화들을 전부 공급한 경우만을 의미하는지에 대한 문제이다. 물론 고시에서는 재화등이 공급된 경우에도 해제권을 행사할 수 있다고 규정하고 있다. 따라서 할부거래법과 고시의 규정을 조화롭게 해결하기 위하여는 다음과 같이 해석하여야 할 것이다. 할부거래법에서 재화등이 공급된 경우에 해제권을 행사할 수 없는 경우에 있어서 재화의 공급은 상례에 필요한 주된 재화들을 전부 공급한 경우로 한정하여 해석하고, 고시에 있어서 재화등이 공급된 경우는 일부의 재화가 공급된 경우로 해석하여야 할 것이다. 즉, 할부거래법상 사전에 설명하여야 할 사항 중 하나가 상조계약의 주된 목적이 되는 재화 등이 제공되기 전에 소비자에게 공급하는 재화등이 있는 경우 그 가격이며, 이러한 점은 상조계약의 경우 주된 재화등의 공급전에 일부 재화등이 공급될 수 있음을 전제한 것이다(동 시행규칙 제15조 제3호). 만일 일부의 재화에 대한 공급을 해제권의 배제사유로 인정할 경우 동법에서는 해제권을 행사할 수 없다고 규정하여야 함에도 불구하고 이를 배제사유로 규정하고 있지 않다. 또한 일부 또는 사소한 재화에 대한 공급을 해제권의 소멸사유로 정할 경우 상조업자는 소비자의 임의적 해제권을 배제하기 위하여 상조계약의 체결과 동시에 일부의 재화를 소비자에게 공급하게 된다. 그 결과 동법상 소비자에게 임의적인 해제권을 부여한 입법취지는 달성할 수 없게 된다. 그러므로 소비자의 해제권이 소멸하는 재화의 공급은 일부의 재화가 아닌 전부 또는 주된 재화들이 공급된 경우로 한정하여야 할 것이다. 그럼 주된 재화들은 무엇을 의미하는가? 물론 앞에서 예시한 수의 역시 상조계약에 있어서 주된 재화라 할 수 있지만, 단순히 수의만이 아닌 수의, 관, 유골함 등 상례에 있어서 고인용품으로 해석하여야 할 것이다.

(2) 해약환급금의 산정

소비자가 해제권을 행사한 경우 양 당사자는 원상회복의무를 부담하게 된다. 그러나 상조계약은 대금을 분할하여 선지급하고, 상이 발생한 경우 상조서비스를 제공한다. 따라서 해제권의 행사시 원상회복의무는 상조업자만이 부담하는 것이 일반적이지만, 부가상품 또는 일부의 재화 등을 미리 공급받은 경우 소비자 역시 원상회복의무를 부담한다. 상조업자의 원상회복의무는 소비자가 지급한 할부금의 환급이지만, 이의 전액이 아닌 일정한 위약금을 공제한 나머지 금액이다. 다만, 할부거래법상 소비자가 해제권을 행사하였다고 하여 일률적으로 위약금을 공제할 수 있는 것은 아니다. 즉, 동법에서는 위약금을 청구할 수 있는 경우와 위약금을 청구할 수 없는 경우로 구분하고 있다. 또한 상조업자는 해제로 인하여 발생한 손실을 초과하는 위약금을 청구할 수 없으며, 이의 구체적인 산정방식에 대하여는 공정거래위원회가 정할 수 있도록 하였다. 다만, 이러한 산정방식을 정함에 있어서 소비자의 계약해제권의 실질적 보장 가능성 및 상조업자가 상조체결 및 영업 관리를 하는데 드는 비용을 감안하여야 한다(동법 제25조 제5항, 동 시행규칙 제10조). 이에 공정거래위원회는 2011년에 선불식 할부계약의 해제에 따른 해약환급금 산정기준(공정거래위원회 고시 제2011-7호)을 고시하였다.

1) 위약금청구금지사유

① 할부거래법과 고시간 위약금청구금지사유의 비교

할부거래법상 상조업자는 소비자의 해제권 행사에 따라 위약금을 청구할 수 있지만, 휴업 또는 폐업신고를 한 때, 영업정지 처분을 받은 때, 등록이 취소되거나 말소된 때, 은행법에 따른 은행으로부터 당좌거래의 정지처분을 받은 때 또는 파산 또는 화의 개시의 신청이 있는 때를 이유로 소비자가 해제권을 행사한 경우에는 위약금을 청구할 수 없다(동법 제25조 제3항). 반면에 동 고시에서는 위약금을 청구할 수 없는 사유로 청약철회권의 행사 또는 사업자의 귀책사유로 인하여 해제된 경우만으로 규정하고 있다(동 고시 제4조 제2항).

그럼 할부거래법상 사유와 동 고시상의 사유가 동일한 것인가? 먼저, 동법에서는 청약철회권의 행사를 해제권 발생사유로 규정하고 있지 않음에도 불구하고 동 고시에서는 이를 규정하고 있다. 이의 취지로는 청약철회권의 행사기간내에 소비자가 해제한 경우 이를 청약철회권의 행사로 인정하여 위약금의 청구를 부정하겠다는 의미로 해석된다. 물론 이의 취지는 공감하지만, 청약철회권과 해제권은 상이한 것이다. 그럼에도 불구하고 해제권의 행사에 따른 위약금인정문제에 있어서 청약철회권을 포함시키는 것은 타당하지 않다. 또한 선불식 할부계약의 청약철회의 효과에 있어서 위약금 청구금지조항이 없기 때문에 이의 문제를 해결하기 위함이라고 할 수 있다. 그러나 이는 법률의 차원에서 해결할 문제이지, 결코 고시 차원에서 규정할 문제가 아니다. 둘째, 동 고시에서는 동법에서 정하고 있는 5가지 사유를 일괄하여 사업자의 귀책사유로 인한 해제된 경우로 정하고 있다. 이는 공정거래위원회가 동법상 5가지의 사우는 사업자의 고의 또는 과실에 의하여 발생할 수 밖에 없다고 판단한 결과이다. 그러나 동법에서 정하고 있는 5가지 사유는 일반적으로 사업자의 고의 또는 과실에 의하여 발생하는 경우라고 할 수 있지만, 반드시 사업자의 고의 또는 과실에 의하여만 발생하는 것은 아니다. 따라서 사업자의 고의 또는 과실없이 동법에서 정한 5가지 사유가 발생한 경우 동법에 의하면 소비자는 위약금을 부담하지 않지만, 동 고시에 따르면 위약금을 부담하여야 하는 문제가 발생하게 된다. 또한 상조업자는 상법상 회사에 한정되며, 회사는 사단법인이다(할부거래법 제19조, 상법 제169조). 그럼 자연인이 아닌 법인에게 고의 또는 과실이 인정될 수 있는가? 물론 민법에서는 법인의 불법행위책임을 인정하고 있지만, 이의 근거에 대하여는 법인 실체설에서 접근하는 견해와 법인 의제설에서 접근하는 견해[116]로 구분되고 있다. 다만, 법인의 불법행위책임을 규정하고 있는 민법 제35조에서는 법인의 고의 또는 과실을 요구하고 있지 않다. 따라서 법인에게 고의 또는 과실이 존재할 수 있는가에 대한 논란이 있음에도 불구하고 '귀책사유로 인한 경우'로 규정하는 것은 타당하지 않다.

이러한 문제가 발생하는 원인은 동법에서 정한 내용과 다르게 동 고시에서 규정하고 있기 때문이다. 또한 동법에서 정한 사유가 고시에 의하여 축소되는 결과가 발생하게 되며, 상위법에 위반한 내용을 규정하고 있는 것이며, 이는 소비자에게 유리한 것이 아닌 불리한 것이다. 따라서 이러한 문제를 유발시키지 않기 위하여 동 고시 제4조 제2항은 삭제하는 것이 바람직할 것이다.

② 할부거래법상 위약금 청구금지규정의 성질

할부거래법에서는 소비자의 해제시 위약금을 청구할 수 없는 사유로 상기의 5가지를 규정하고 있다. 그럼 동 규정은 열거주의방식에 해당하는가 아니면 예시주의방식에 해당하는가의 문제가 제기된다. 즉, 열거주의방식인 경우 동 규정에서 정하지 않은 사항에 대하여는 위약금을 청구할 수 있지만, 예시주의방식에 해당할 경우 이와 유사한 사유에 대하여도 위약금을 청구할 수 없게 된다. 그러나 동 규정은 예시주의방식이 아닌 열거주의방식에 해당한다고 해석하여야 한다. 즉, 동법상 소비자의 해제권은 민법상 인정되지 않은 해제권을 소비자보호 측면에서 인정한 것이므로 예외규정에 해당한다. 원칙적으로 해제권은 채무자의 채무불이행 또는 약정사유가 발생하였을 때에만 인정된다. 그러나 동법상 해제권은 상조업자의 채무불이행이 없으며, 이에 대한 합의가 없음에도 불구하고 소비자보호차원에서 소비자의 임의적인 해제권을 인정한 것이기 때문에 해제권 일반을 규정하고 있는 민법에 대한 특칙에 해당한다. 따라서 이를 해석함

116) 이영준, 「한국민법론-총칙편」, 박영사, 2004, 786면.

에 있어서는 계약의 일반법인 민법에 대한 해석의 원칙(유추 또는 확장 해석)이 아닌 엄격해석의 원칙이 적용되어야 한다. 따라서 동 조항에서 규정하고 있지 않은 사유를 추가할 수 없다고 할 것이다.

③ 위약금 청구금지사유로 추가되어야 할 사항

상조업자가 선불식 할부거래에 해당하는 상조업을 영위하기 위하여는 동법에 따라 등록하여야 한다. 그러나 등록하지 않은 상조업자가 발생할 수 있으며, 이러한 상조업자와 소비자는 상조계약을 체결할 수 있다. 그럼 이 경우 소비자가 상조계약을 해제하였을 경우 상조업자는 위약금을 공제한 나머지 할부금만을 지급할 수 있는가? 할부거래법상 위약금을 청구할 수 있는 사유로는 상기의 5가지만을 규정하고 있기에 이에 해당하지 않은 미등록 상조업자와의 상조계약을 소비자가 해제하였을 경우 상조업자는 소비자에게 위약금을 청구할 수 있다.[117] 그럼 이러한 방식이 과연 타당한 것인가? 물론 계약을 체결할 당시에 미등록 상태였지만, 추후 등록한 경우라면 상기의 5가지 사유에 해당하지 않는 한 위약금을 청구할 수 있다고 할 것이다. 그러나 해제시까지 등록하지 않은 상태라면 이의 타당성은 존재하지 않는다. 즉, 상조업자는 시 · 도지사에게 등록하여야 하며, 미등록시 공정거래위원회의 시정조치에 의하여 언제든지 영업활동이 금지될 수 있다. 따라서 미등록 상조업자와 계약을 체결하였다고 하더라도 소비자는 상례를 치루기 위하여 필요한 재화와 상조서비스를 제공받지 못할 위험에 처할 수 있다. 이러한 위험을 피하고자 소비자는 미등록 상조업자와의 계약을 해제하고, 등록한 상조업자와 계약을 체결하고자 하지만, 해제할 경우 위약금을 부담하여야 한다. 그러나 이 경우의 해제는 소비자의 임의적 해제와 분명히 차이가 있으며, 위약금의 청구를 금지하는 사유와 유사하다. 즉, 미등록 그 자체가 법 위반이기 때문에 언제든지 법 위반행위의 금지라는 공정거래위원회의 시정조치에 의하여 영업활동이 정지될 수 있다는 점을 이유로 해제하는 것이지 단지, 소비자의 개인적 사유로 해제하는 것과는 차이가 있다. 물론 이 경우의 위약금은 미등록 상조업자와 계약을 체결한 소비자가 부담하여

117) 공정거래위원회는 2012년 5월 부산지역의 9개 미등록 상조업체를 적발하고, 시정명령, 과태료 2백만원 부과, 검찰고발 및 경찰 수사의뢰 등의 조치를 취하였다. 구체적으로 그린상조(주) 등 5개 상조사업자는 2000. 9.부터 2011. 3.까지 소비자와 장례서비스 제공을 위한 선불식 할부계약을 체결한 후 가입회원으로부터 매월 일정금액의 선수금을 수령해 오면서, 2011. 3. 17.까지 개정 할부거래법에 따라 관할 부산광역시장에게 선불식 할부거래업을 등록하여야 함에도 등록하지 아니하였으며, 특히, 해월상조(주)의 경우는 선수금 보전(20%)을 위한 소비자피해보상보험 계약도 체결하지 아니하였다. 또한 (주)한국토탈상조 등 4개 사업자에 대해서는 선불식 할부거래업을 등록하지 아니하는 등 위법 행위를 적발하였으나 조사과정에서 폐업이 확인되어 시정조치 대상에서 제외하였다(공정거래위원회, "보도자료: 부산지역 10개 상조사업자의 불법행위 적발 및 제재", 2012 · 5 · 24).

야 할 몫이라고 치부할 수 있지만, 등록신청 중에 계약을 체결한 후 등록요건을 충족하지 못하여 등록되지 않은 경우 또는 등록된 업체라고 사업자가 기망한 경우 등에 있어서는 소비자가 위약금을 부담하여야 할 이유가 없다. 그럼에도 불구하고 미등록 상조업자와 체결한 계약을 해제할 경우 위약금을 부담하도록 하는 것은 타당하지 않으며, 이는 입법적 미비에 의하여 발생한 결과이다. 따라서 미등록 상조업자와 상조계약을 체결한 경우에도 동법상 위약금을 청구할 수 없는 사유로 추가하여야 할 것이다. 이는 미등록 상조업자와 계약을 체결한 소비자를 보호하는 방안임과 동시에 등록한 상조업자만이 상조업을 영위할 수 있도록 하고자하는 동법의 입법목적과도 합치하는 방안이라고 할 수 있다.[118] 또한 앞에서 언급한 사업의 양수를 이유로 소비자가 해제권을 행사한 경우 역시 위약금을 청구할 수 없는 사유로 추가하여야 할 것이다.

2) 해약환급금의 산정방식

해약환급금의 산정기준은 상조계약의 체결시점에 따라 상이하다. 즉, 고시가 시행된 2011년 9월 1일 이후에 체결된 상조계약은 동 고시에서 정한 기준에 따라 해약환급금이 결정되지만, 그 이전에 체결된 상조계약에는 소비자분쟁해결기준(2010년 1월 29일 개정, 공정거래위원회 고시 제2010-1호)에 따라 결정된다.

① 고시상의 해약환급금 산정기준

고시상 해약환급급은 위약금을 청구할 수 있는 경우와 위약금을 청구할 수 없는 경우로 구분되며, 전자는 다시 정기형과 부정기형으로 구분된다. 또한 상조업자가 해제권의 행사전에 재화 또는 부가상품을 소비자에게 공급한 경우 이의 가액을 공제할 수 있다(동 고시 제4조 제1항 단서, 제5조). 다만, 상조업자로부터 사전에 공급받은 재화등을 반환할 수 있는 경우 상조업자에게 반환할 수 있으며, 반환시 상조업자는 그 가치에 상당하는 금액(고지한 재화등의 가액의 85% 이상)을 위약금에서 감액할 수 있다.

먼저, 정기형 상조계약[119]에 있어서 해약환급금을 결정하는 계산산식은 납입금 누계에서 관리비 누계 및 모집수당 공제액을 차감한 금액으로 한다. 다만, 납입금 누계가 관리비 누계와 모집수당 공제액의 합보다 적은 경우에 해약환급금은 0으로 한다. 이의 구체적인 산정방식은 〈표 3-1〉과 같다. 반면에 부정기형 상조계약[120]의 경우에는 납입

118) 拙稿, 선불식 할부거래와 소비자 보호, 234-235면.

119) 정기형 선불식 할부계약이란 총 계약대금을 1년 이상의 기간을 두고 월별로 균분하여 납입하는 선불식 할부계약 형태를 말한다(동 고시 제2조 제5호).

120) 부정기형 선불식 할부계약이란 정기형을 제외한 선불식 할부계약 형태를 말한다(동 고시 제2조 제6호).

표 3-1 고시상 정기형 상조상품의 해약환급금 산정방식

해약환급금＝납입금 누계－관리비 누계－모집수당 공제액

- 모집수당 공제액＝모집수당×0.75＋모집수당×0.25×$\frac{\text{기 납입 월수}}{\text{총 납입기간 월수}}$
- 납입금 누계가 관리비 누계와 모집수당 공제액의 합보다 적은 경우에는 해약환급금을 0으로 함
- 모집수당은 총계약대금 대비 최대 10%로 하되, 500,000원을 초과할 수 없음
- 월별 관리비는 월 납입금 대비 최대 5%로 하되, 월별 관리비의 합계는 500,000원을 초과할 수 없음

금 누계에 0.85를 곱한 금액을 해약환급금으로 한다.

둘째, 소비자의 해제권 행사에 따라 위약금을 청구할 수 없는 경우에 해약환급금은 소비자가 납입한 금액을 반환하여야 하며, 사전에 재화등을 공급한 경우 그 가액을 공제할 수 있다. 다만, 소비자가 재화를 반환한 경우 상조업자는 가액을 청구할 수 없다.

② 소비자분쟁해결기준상의 해약환급금 산정기준

상기의 고시상 기준은 시행일(2011년 9월 1일) 이후에 체결된 상조계약에만 적용된다. 따라서 그 이전에 체결된 상조계약에 대하여는 소비자분쟁해결기준상의 해약환급금 산정기준이 적용된다.

분쟁해결기준상 해약환급금의 결정방식은 다음과 같다. 첫째, 상조업자가 증권 및 약관을 교부하지 않아 소비자가 계약일로부터 3개월 이내에 해제한 경우에는 기납입금을 환급한다. 둘째, 상조업자의 책임있는 사유로 계약이 해제 또는 해지되고 이로 인하여 손해가 발생한 경우는 상이 발생하기 전에는 기납입금을 환급하지만, 상이 발생하여 상조서비스가 제공된 경우에는 손해배상만을 한다. 셋째, 소비자의 책임있는 사유로 해지된 경우는 정기형(월 단위 납입)의 경우 〈표 3-2〉의 산식에 의하여 산정하며, 부정기형(일시불 등)의 경우 초기 납입금액의 80.5%를 환급한다. 다만, 계약체결 이후 소

표 3-2 분쟁해결기준(2010년)상 정기형 상조상품의 해약환급금 산정방식

- 환급액＝(상조적립금－$\frac{\text{총 계약기간 월수＋납입경과기간 월수＋1}}{\text{총 납입기간 월수}}$×모집수당)×0.9
- 회차별 상조적립금: 회차별 납입액 누계－회차별 관리비 누계
- 모집수당은 최대 15.3%(상품가격대비), 관리비는 최대 10%(상품가격대비)
  단, 총계약기간 월수≥60인 경우 총계약기간 월수＝60, 산출된 환급액의 100원 단위는 절삭한다.

비자가 기초생활자로 된 경우에는 전액 환급한다.

③ 소 결

ⓐ 해약환급금 산정에 있어서 기준금액의 타당성

고시상 해약환급금 산정에 있어서 기준금액은 소비자가 지급한 원금이다. 즉, 매월 3만원씩 120개월을 납입한 후에 해제하였다면 기준액은 360만원이다. 따라서 할부금의 적립기간에 대한 이자는 고려되지 않고 있다. 그럼 이와 같이 기준금액을 원금으로 정한 근거는 무엇인가? 이는 상조계약을 보험과 유사하게 평가한 결과라고 추정할 수 있다. 즉, 소비자가 보험계약을 중도에 해제하였을 경우 해약환급금을 산정함에 있어서 기준금액은 소비자가 납입한 원금이다.

그럼 이와 같이 해약환급금을 산정함에 있어서 원금만을 대상으로 하고 이자를 포함시키지 않은 방식이 과연 타당한 것인가? 먼저, 선불식 할부계약은 다음과 같은 점에서 보험과 동일하지 않다. 첫째, 보험은 위험의 분산이지만, 선불식 할부계약은 분산이 아닌 당사자가 부담한다. 즉, 생명보험에 있어서 보험사고(사망)가 발생한 경우 보험금을 수령하지만, 잔여 계약기간이 남아 있다고 하더라도 보험료를 계속하여 지급하지 않는다. 그러나 선불식 할부거래의 경우 상이 발생하여 상조서비스를 제공받았다고 하더라도 나머지 할부금의 지급의무가 면제되는 것이 아니라 잔여 할부금을 일시불로 지급하여야 한다.[121] 둘째, 보험은 보험사고가 발생하였을 경우 일정한 보험금을 지급하지만, 선불식 할부계약은 상에 필요한 재화와 서비스를 제공한다. 즉, 보험은 금융의 일종이지만, 선불식 할부거래는 재화 등의 판매에 해당한다. 따라서 상조서비스는 보험과 전혀 다르며, 단지 장래 발생할 상에 필요한 자금을 분할하여 마련하는 것이다. 그러므로 선불식 할부계약을 보험과 동일하게 파악하여 해약환급금의 기준금액을 원금만으로 정하는 것은 타당하지 않다. 또한 민법상 해제의 효과에 있어서 대금환급의 경우 이자를 가산하도록 규정하고 있다(민법 제548조). 이는 해제의 효과가 원상회복이며, 당해 계약관계가 없었던 상태로 양당사자를 복귀시키기 위함이다. 즉, 매수인이 대금을 지급함으로써 그 기간 동안 이를 사용하지 못하게 되었기 때문에 원상회복에는 단지 원금만의 반환이 아닌 이자까지의 반환을 요구하고 있다. 물론 할부거래법에서는 민법상 인정되지 않은 해제권을 부여하기 때문에 이자의 반환을 부정하고 있다고 할

121) 소비자가 상조서비스를 제공받았을 경우 잔여 할부금의 지급방식에 대하여 할부거래법에서는 규정을 두고 있지 않지만, 상조업 표준약관에서는 할부금의 완납이전에 상조서비스를 제공받았을 경우 사후에 잔여납부금을 일시에 납부하도록 규정하고 있다(동 표준약관 제8조).

수 있다. 그러나 할부거래법에서는 소비자에게 해제권을 인정하면서 손해배상책임을 인정하고 있다. 즉, 민법상 인정되지 않은 권리를 할부거래법에서는 인정하지만, 이로 인한 손해배상책임까지 면제한 것은 아니다. 이러한 점은 민법과의 차이점이면서도 민법과의 조화를 유지하는 것이다. 따라서 할부거래법에서는 민법상 인정되지 않는 임의적 해제권을 소비자에게 부여하고 있다는 점을 근거로 이자의 가산을 부정하는 것은 타당하지 않다.

이와 같은 측면에서 할부거래법상 해약환급금을 계산함에 있어 기준금액을 소비자가 지급한 원금만으로 계산하는 것은 소비자를 보호하는 것이 아니라 소비자를 불리하게 대우하는 것이다. 따라서 산정기준에 있어서 기준금액은 원금에 이자(상사이율 6%)[122]를 더한 금액으로 정하여야 할 것이다(상법 제55조).[123]

ⓑ 정기형과 부정기형간의 형평성

고시에서는 환급금 계산방식을 정기형과 부정기형으로 구분하여 다른 계산방식을 적용하고 있다. 물론 다른 계산방식을 적용함에도 불구하고 양자간 차이가 없다면 문제가 없지만, 양자간 해약환급금에 있어서는 큰 차이가 있다. 즉, 동일한 상조계약을 체결하면서 대금지급방식을 정기형과 부정기형으로 정하고, 중도에 해제한 경우 양자간 위약금으로 지급하는 금액이 기간에 따라 상이하다. 예를 들어, 甲과 乙이 각각 360만원에 해당하는 상조상품을 계약하면서 甲은 매월 3만원씩 120개월을 납입하기로 하고, 乙은 120만원씩 3년간 지급하기로 하고 1회분인 120만원을 납입하였다. 甲과 乙 모두 3개월이 경과한 후에 상조계약을 해제한 경우 고시상의 기준에 따르면 甲이 환급받을 수 있는 금액은 0원이지만, 乙이 환급받을 수 있는 금액은 96만원(120만원×0.85)이다. 따라서 甲이 위약금으로 지급하는 금액은 9만원이지만, 乙이 지급하는 위약금은 24만원이다. 물론 양자간 위약금이 동일해지는 시기는 120개월이 경과한 시점이다. 따라서 그 이전까지는 부정기형을 선택한 소비자가 정기형을 선택한 소비자보다 더 많은 위약금을 지급하게 되는 결과가 발생한다. 물론 이는 소비자가 지급한 원금만을 기준으로 하였으며, 이자까지 포함한다면 그 격차는 더 커진다. 그럼 동일한 상조상품에 대한 계약을 체결하였음에도 불구하고 대금지급의 방식이 상이하다고 하여 위약금의 범주가 상이하게 되는 현행 방식이 타당한 것인가에 대하여는 상기의 예를 살펴볼 때 그

122) 이자율을 정함에 있어서 상조계약의 유상성 및 상사법정이자율을 기초로 6%를 제시하였지만, 시중 적금금리가 이 보다도 더 낮다는 점을 감안한다면 이의 이자율에 대하여는 시중금리를 감안하여 시행령에서 정하는 방안 역시 고려할 수 있다.

123) 拙稿, 선불식 할부계약에 관한 연구, 206면.

부당성을 쉽게 알 수 있다. 따라서 양자간 위약금이 동일하게 산정될 수 있는 방안을 모색하여야 할 것이며, 이를 위하여 양자를 구분하여 계산하는 방식이 아닌 부정기형 역시 정기형에 의하여 산정된 위약금을 초과할 수 없도록 개정하여야 할 것이다.

ⓒ 공제비율(15%)에 대한 타당성

동 고시에서는 위약금으로 감액할 수 있는 공제비율을 15%로 정하고 있으며, 이를 모집수당과 관리비용으로 세분하고 있다. 이와 관련하여 문제가 되는 것은 15%라는 공제비율의 타당성과 이의 구성요소인 모집수당과 관리비용이다. 공정거래위원회는 기존의 심결례 및 고시[124]를 통하여 위약금의 비율을 대부분 10%로 정하고 있으며, 이를 초과한 경우 불공정한 것으로 판단하였다.[125] 그럼에도 불구하고 선불식 할부거래분야에서 공제비율을 15%로 정한 이유는 무엇인가? 물론 상조서비스계약의 체결과 이의 이행을 위한 준비에 소요되는 비용을 합리적인 수준에서 공제하기 위함이라고 할 수 있다.[126] 그러나 상조업 분야의 약관에 대한 공정거래위원회의 기존 심결례에서 "상조회사는 고객의 청구시 필요한 물품 등을 구입하여 제공하고 있다는 점, 영업사원에게 지급되는 모집수당은 회원모집영업에서 일반적으로 예상되는 지출로 그 지급기준이 특수할 뿐 본질적으로 근로의 대가에 불과하다는 점 등을 고려할 때, 상조회원 가입계약이 여타의 상품판매계약이나 용역제공계약에 비해 관리비, 운영비 등에 과다한 지출을 요한다거나 통상적인 계약체결에 비해 계약의 체결 및 이행비용이 특별히 과다하게 소요된다고 볼 수 없다"고 하였다.[127] 물론 이러한 입장은 과거의 입장이기에 현재에는 이를 변경하였다고 할 수 있다. 그럼 현재 대부분의 거래분야에서 위약금을 10%로 정하

124) 공정거래위원회는 계속거래 등의 해지 · 해제에 따른 위약금 및 대금의 환급에 관한 산정기준을 2011년 2월 1일에 제정하여 고시하였으며(공정거래위원회 고시 제2011-1호), 동 고시에서는 국내결혼중개업 · 컴퓨터 통신교육업 · 헬스 · 피트니스업 · 미용업 · 학습지업 분야에 있어서 위약금의 기준을 규정하고 있다. 그 구체적인 기준은 결혼중개업(20%)을 제외하고 다른 업종의 위약금은 총 계약대금 또는 재화등의 단위대금(학습지업)의 10%로 정하고 있다(동 고시 제4조).

125) 공정거래위원회의 위약금에 관한 심결례에서 그 기준을 초기 10%[공정거래위원회 제2002-083호(2002.6.10), 사건번호 2001약제4775 등]로 정하였지만, 그 이후 10-20%[공정거래위원회 제2006-090호(2006.7.25), 사건번호 2006약관1072 등]로 변경하였으며, 이후 다시 10%[공정거래위원회 제2007-016호(2007.2.13), 사건번호 2006약관2711 등]로 제시하고 있다(拙稿, 상조서비스와 소비자보호에 관한 연구, 293면).

126) 상조서비스업 분야에 있어서 소비자보호 및 상조서비스업계의 과제는 해약환불금의 적정화라고 하면서, 상조서비스 체제는 다른 물품의 구매 혹은 서비스에 대한 대가를 지급하는 내용과는 달리 고객이 원하는 상조서비스가 고객들이 원하는 때에 제공되기 위하여 상시 서비스제공체제를 유지관리하여야 하는 데 이러한 관리비용이 모집비용과 함께 사업기반으로써 또는 소비자를 위한 서비스체제 관리비용 차원에서 고려되어야 하기 때문에 일정한 해약위약금을 부담하는 것은 불가피하며, 이에 대한 적정한 조정시스템이 필요하다고 한다(권대우, "소비자보호 및 상조업활성화를 위한 상조업법 제정의 필요성", 「소비자보호 및 상조업 발전을 위한 상조업 관련법 개(제)정 워크샵」, 한국상조연합회, 2008 · 4, 26면).

127) 공정거래위원회 제2002-083호(2002.6.10), 사건번호 2001약제4775 등. 拙稿, 위의 논문, 294면.

고 있으면서 상조업분야에 대하여 15%로 정한 이유는 무엇인가? 공정거래위원회는 그 이유에 대하여 명확하게 제시하고 있지 않지만, 모집수당과 관리비용 때문이라고 추정할 수 있다. 그러나 이 역시 다음과 같은 이유에서 타당하지 않다. 먼저, 모집수당에 대하여는 일률적으로 10%로 정하고 있다. 모집수당은 선불식 할부거래업자의 모집원이 회원을 가입시켰을 때 지급하는 것이다. 물론 종전 회원모집방식이 모집원의 대면방식이기 때문에 모집수당을 지급한다고 볼 수 있지만, 현재는 온라인을 통한 가입도 존재한다. 후자의 경우 모집원의 모집행위가 존재하지 않기 때문에 모집수당을 공제하는 것은 타당하지 않다.[128] 둘째, 관리비용은 회원에 대한 관리비용과 상조용품에 대한 관리비용(영업관리비용)을 말한다. 그러나 상조용품은 특정회원만을 위하여 준비하는 것이 아니라 불특정회원을 위한 것이며, 이는 일반 매장에서 상품을 진열 · 관리하는 것과 동일하다. 그럼에도 불구하고 일반 거래에서 인정되지 않는 관리비용을 상조업이라고 하여 인정하는 것은 타당하지 않다. 물론 이는 시행규칙에서 상조계약의 체결 및 영업관리를 하는데 소요되는 비용이라고 규정하고 있기 때문에 고시에서는 체결에 소요되는 비용을 모집수당으로, 영업관리에 소요되는 비용을 관리비용으로 표현하고 있다고 할 수 있다. 그렇다고 하여 위약금을 산정함에 있어서 반드시 이의 항목별로 정할 필요는 없다고 할 것이다. 즉, 시행규칙에서 이의 비용을 감안하도록 규정한 것은 과도한 위약금의 문제가 발생하지 않도록 합리적인 위약금을 산정할 수 있는 하나의 기준을 제시한 것이지 모든 경우에 일률적으로 이의 기준을 적용하여야 하는 것은 아니다. 따라서 고시에서는 시행규칙의 내용을 고려하여 이의 기준을 마련하여야 할 뿐이지 이에 해당하지 않음에도 불구하고 무조건적으로 이에 맞추어 산정할 필요가 없다.

그러므로 모집원이 없는 경우에도 일괄적으로 모집수당을 공제할 수 있도록 하고 있으며, 사업자가 부담하여야 할 관리비용을 소비자에게 전가하는 현행의 공제비율은 타당하지 않다. 그렇다고 하여 소비자의 임의적인 해제권 행사시 전혀 위약금을 부과하지 않는 것이 타당한 것인가에 대하여는 부정하여야 한다. 그럼 어떠한 방식으로 위약금을 부과하여야 하는가? 즉, 현행 방식은 소비자를 비롯하여 사업자 모두에게 적합하지 않는 방식이다. 구체적으로 공제비율을 15%로 정한 것은 다른 거래분야와 비교하여 과도하다는 점에서 소비자에게 불리하며, 전자상거래를 통한 가입방식에 있어서 모집수당이 지급되지 않기 때문에 이를 공제할 수 없다. 그 결과 일반적인 거래분야보다

128) 상조업 표준약관 역시 회원이 모집인을 통하지 않고 전자거래 등 회사와 직접 거래함으로써 모집수당이 절약될 경우 회사는 미리 약정한 비율로 총 납입금을 할인할 수 있다고 규정하고 있다(동 표준약관 제6조 제2항).

낮은 위약금을 받게 되므로 사업자에게 적합하지 않다. 따라서 양자의 이익을 조정하는 측면에서 위약금비율을 계약금액의 10%로 정하고, 이의 세부내역(모집수당 및 관리비용)을 별도로 정하지 않는 것이다. 물론 이의 방식은 소비자가 할부금을 전체 대금의 10% 이상을 납입하였을 경우이며, 아직 납입한 할부금이 10%에 달하지 못한 경우에 있어서도 부족부분에 대하여 청구할 수 있는가의 문제가 제기된다. 그러나 이 경우는 아직 소비자가 상조서비스를 제공받지 않았다는 점을 감안한다면 기 납입한 할부금에 국한할 필요가 있다. 따라서 할부금의 납입금액이 대금의 10%로 해당하지 않을 경우에는 납입한 할부금 이외의 금액을 추가로 청구할 수 없도록 하는 것이 바람직할 것이다.

ⓓ 상조업자측의 사유로 인한 해제시 손해배상책임의 부존재

상조업자가 위약금을 청구할 수 있는 경우는 소비자가 임의적인 해제권을 행사하였을 경우이다. 그러나 위약금을 청구할 수 없는 경우는 상조업자측의 사유에 의한 것이며, 이는 더 이상의 상조서비스의 제공이 불가능하기 때문이다. 그럼에도 불구하고 고시를 비롯하여 분쟁해결기준에서는 손해배상에 대하여 언급하고 있지 않으며, 환급금액 역시 납입금으로 한정하고 있다. 따라서 소비자는 상조업자측의 사유를 이유로 상조계약을 해제하였다고 하더라도 손해배상금을 청구할 수 없도록 규정하고 있다. 이는 명백하게 소비자의 권리를 침해하는 것이다. 즉, 소비자의 임의적 해제시 위약금을 15%까지 청구할 수 있도록 하면서 상조업자측의 사유에 의한 경우에는 원금만을 반환하도록 하는 것은 동법이 소비자보호법이 아닌 상조업자보호법에 해당한다. 따라서 이의 사유로 소비자가 해제시 당연히 손해배상을 청구할 수 있도록 하여야 할 것이며, 이의 범위는 상조업자가 소비자에게 청구할 수 있는 위약금의 범주로 한정할 필요가 있다.

ⓔ 재화 등의 반환시 가액산정비율

소비자가 해제하기 전에 상조업자로부터 재화등을 공급받은 후 해제시 이의 반환이 가능하여 반환할 경우 상조업자는 해약환급금을 산정함에 있어서 반환된 재화의 가액을 감안하도록 규정하고 있다. 그러나 이의 비율은 재화등의 가액의 85% 이상으로 정하도록 규정하고 있다. 따라서 소비자가 부담하는 위약금은 납입금액에서 15% 미만에 해당하는 금액과 재화등의 가액에서 15% 미만에 해당하는 금액이다. 그 결과 소비자가 부담하는 위약금은 공정거래위원회가 제시한 15%가 아닌 그 이상이다. 물론 양자를 각기 다르게 평가하여야 한다고 주장할 수 있지만, 이는 두 개의 계약이 아닌 단일의 계약이다. 따라서 소비자가 부담하는 위약금은 공정거래위원회의 주장과 같이 최대 15%에 한정되기 위하여는 납입금액의 15%만으로 정하여야 하고, 재화 등의 반환시 이의

금액을 공제하여서는 아니된다. 물론 반환된 재화등이 일부 훼손되었다고 한다면 그 금액을 감하는 것은 원상회복의 법리상 당연하다고 할 것이며, 이 역시 고시에서 규정하고 있다. 그러므로 소비자가 사전에 공급받은 재화를 반환할 경우 최대 15%까지 공제할 수 있도록 한 동 고시 제5조 제2항 본문은 삭제되어야 할 것이다.

이와 더불어 고시에서는 소비자가 상조업자측의 사유로 해제할 경우 사전에 받은 재화등의 반환시 환급금액을 결정함에 있어서 재화등의 가액의 85% 이상으로 산정하도록 규정하고 있다. 즉, 이를 규정하고 있는 동 고시 제5조에서는 단지 고시 제4조 제1항에 따른 해제에 국한하고 있지 않기 때문에 제4조 제2항의 해제 역시 동일하게 적용된다고 할 것이다. 그러나 이의 규정은 상기에서 살펴본 근본적인 문제가 있으며, 상조업자측의 사유로 인한 경우에도 최대 15%까지 공제할 수 있도록 한 것은 과도한 상조업자의 보호에 해당한다. 이러한 문제가 근본적으로 발생한 이유는 고시 제4조 제2항 본문 때문이므로 이의 규정은 조속히 삭제되어야 할 것이다.

ⓕ 소비자분쟁해결기준의 적용에 대한 근거 및 그 내용

고시상 기준은 고시의 효력발생이후에 체결한 상조계약에만 적용되며, 그 이전에 체결된 상조계약에 대하여는 소비자분쟁해결기준상의 기준이 적용된다. 이는 소급효금지의 원칙을 반영한 것으로 추정된다. 그러나 소비자분쟁해결기준의 적용은 고시의 부칙에서 규정하고 있기 때문에 이 역시 고시의 내용 중 일부이다. 즉, 소비자분쟁해결기준은 분쟁당사자 사이에 분쟁해결방법에 관한 별도의 의사표시가 없는 경우에 한하여 분쟁해결을 위한 합의 또는 권고의 기준이다(소비자기본법 제16조 제3항). 따라서 상조업자의 약관 등에 이에 관한 사항이 있는가를 살펴보아야 할 것이며, 이에 관한 규정을 두고 있는 경우에는 약관에 의하여 해결하여야 할 것이다. 다만, 약관의 내용이 불공정하여 무효로 판단된다고 한다면 소비자분쟁해결기준이 적용될 수 있는 여지가 있다. 그렇다고 하더라도 소비자기본법상 분쟁해결기준은 합의 또는 권고의 기준일 뿐 법과 같은 절대적 기준은 아니다. 그럼에도 불구하고 고시에서 이를 법과 같이 강제적으로 적용하고 있다. 그 결과 고시에서 소급효를 인정하고 있다고 할 수 있으며, 이는 소급효금지의 원칙에 반한다.

또한 소비자분쟁해결기준의 내용 역시 많은 문제점을 내포하고 있다. 첫째, 소비자분쟁해결기준은 상조계약에 있어서 소비자에게 임의적인 해제권을 인정하고 있다. 물론 개정된 할부거래법에서 이를 인정하고 있기 때문이라고 할 수 있지만, 개정법은 2010년 9월 18일부터 시행되었다. 그럼 개정 할부거래법의 시행 이전에 상조계약에 대하여 소비자의 해제권이 인정되는가? 만일 다른 법률에서 소비자에게 임의적인 해제권을 부여하였다면 당연히 개정된 할부거래법이 시행되기 이전에도 소비자는 상조계약에 대하여 해제권을 행사할 수 있다고 할 수 있다. 그러나 어느 법에서도 상조계약을 체결한 소비자에게 임의적인 해제권을 부여하고 있지 않다. 그럼에도 불구하고 소비자분쟁해결기준에서는 계약체결 이후 소비자가 언제든지 상조계약을 해제할 수 있음을 규정한 것은 계약법의 기본원칙을 부정하는 것이다. 이러한 점은 2006년에 행하여진 공정거래위원회의 상조업자의 약관에 대한 심사에서 기인한 것으로 추정된다. 즉, 상조업자의 약관에서 소비자의 해제권에 대하여 회원이 전출로 인해 당사의 역무제공을 받을 수 없게 되었을 경우 또는 부득이한 경우에 한하여 인정하고 있었다. 이에 공정거래위원회는 "상조회원 가입계약은 회원의 서비스이용권 행사에 관한 계약으로 비록 실제 급부는 1회에 그치나 가입 후 대개 2~5년에 걸쳐 장기간 월불입이 행하여지고 불입 중이라도 언제든지 회원은 이용권을 행사하여 행사를 치룰 수 있는 권리를 보유하게 되는 것을 말한다. 즉, 이러한 계약은 대금지급방식으로 인해 계약기간은 장기적이지만, 실제 가정의례서비스가 이루어지는 것은 단기간이고 일회성을 지닌다는 특이성을 지니게 되나, 서비스가 이루어지기 전에는 사정변경에 따라 해지권, 계약해지의 가능성이 인정되어야 한다. 특히, 대금지급시기의 만기가 도래하여 전액 지불되었음에도 상조서비스를 이용할 계기가 없었던 경우 만기해제를 전제로 한 상품이 아니라 만기 후에도 그 적립금을 상조회사에서 계속 보유한 채 해당 행사 필요시 그 서비스를 제공하는 내용의 계약이므로 회원의 그 상조서비스 이용권에 대한 의사가 없을 시, 이에 대한 해지가 보장되어야 함이 타당하다. 한편, 계속계약관계의 한 부분으로 방문판매 등에 관한 법률(이하 방판법)은 계속거래를 규정(제2조)하고 계속거래의 소비자에게 별도 법률의 규정이 없는 한 언제나 해지권을 부여(제29조)하고 이를 위반한 약정은 효력이 없음(제45조)을 규정하고 있다. 결국, 상조회원 가입계약은 위와 같은 계약의 특이성으로 인해 회원의 중도해지가 제한될 수 없으며, 또한 이러한 장기지속적 계약관계의 특성을 지님으로써 소비자보호의 관점에서 계속거래의 유형으로 보아 방판법을 유추적용함이 타당한 바, 이에 위 조항은 소비자에게 불리하게 규정하고 있어 이는 법률의 규정한 고객의 해제권 또는 해지권을 배제하거나 제한하는 것으로 약관법 제9조 제1호에 해당하기 때문에 무효이다."고 하면서 해당 상조업자의 약관을 수정 · 삭제하도록 시정권고 조치하였다.[129] 즉, 공정거래위원회는 상조계약이 방문판매법상 계속거래와 유사하기 때문에

129) 공정거래위원회, "보도자료: 상조서비스, 해지가 어려우세요?", 2006 · 8 · 4, 3-4면. 시정권고 제2006-091호

계속거래에 있어서 소비자의 임의적 해지권을 부여한 것을 유추적용하여 이를 부정하고 있는 해당 상조업자의 약관에 대하여 무효로 판단하였다. 그러나 이러한 공정거래위원회의 결정은 잘못된 것이다. 즉, 공정거래위원회는 상조계약이 방문판매법상 계속거래와 유사하다고 하였지만, 양자는 전혀 유사하지 않다. 즉, 방문판매법상 계속거래는 대통령령이 정하는 일정기간 이상 계속하여 재화등을 공급하는 계약으로서 중도에 해지할 경우 대금환급의 제한 또는 위약금에 관한 약정이 있는 거래이다(동법(2006년) 제2조 제8호). 따라서 계속거래가 되기 위하여는 1개월 이상의 기간 동안 계속하여 재화등을 공급하기로 약정하여야 한다. 그러나 상조계약은 계속적으로 재화등을 공급하는 것이 아닌 1회의 상조서비스를 제공하는 것을 내용으로 한다. 따라서 상조계약과 계속거래는 유사하지 않다. 또한 계속거래의 경우 해제권이 아닌 해지권을 부여하고 있다. 만일 공정거래위원회가 주장한 바와 같이 소비자에게 해지권을 부여하여야 한다면 상조업자는 소비자가 납입한 할부금을 환급할 필요가 없다. 즉, 해지의 경우 해제와 달리 원상회복의무가 없기 때문이다. 그럼에도 불구하고 상조계약을 계속거래와 유사하게 판단하여 해제권을 부여하지 않은 상조업자의 약관에 대하여 불공정하다는 공정거래위원회의 결정은 잘못된 것이다. 따라서 오류의 결정을 이유로 소비자에게 임의적 해제권을 인정하는 것은 타당하지 않다.[130] 둘째, 증권 및 약관을 교부하지 않음을 이유로 3개월 이내에 해제한 경우 기납입금을 전액 환급하도록 규정하고 있다. 그러나 3개월 이내에 해제권을 행사한 경우에 위약금을 부담하지 않는지에 대하여는 명확하지 않다. 물론 증권 및 약관을 교부하지 않은 것을 요건으로 하지만, 이러한 것이 해제권의 발생요건에 해당하는가에서부터 시작하여 이를 교부하지 않은 것이 중대한 계약위반인 것인가의 문제가 제기된다. 물론 계약체결방식이 방문판매 또는 다단계방식으로 이루어졌다면 계약서 및 약관을 교부하여야 하지만, 이의 위반시 해제권 등에 대하여 규정하고 있지 않다. 그럼에도 불구하고 소비자분쟁해결기준에서 이와 같이 규정함에 대한

(2006. 7. 25.) 2006약관1100 등.

130) 매매계약에 있어서 당사자의 일방이 이행에 착수하기 전까지 계약금을 포기하거나 그 배액을 상환하고 당해계약을 해제할 수 있다(민법 제565조 제1항). 그럼 상조계약에도 이를 적용하여 아직 상조서비스를 제공받기 전에 소비자는 계약금을 포기하고 해제할 수 있는가의 문제가 제기된다. 만일 동 조항이 적용된다면 소비자의 임의적 해제권을 인정하고 있지 않았던 상조업자의 약관은 무효라고 할 수 있다. 그러나 이행의 착수는 상조업자만의 이행의 착수가 아닌 소비자의 이행의 착수도 포함된다. 따라서 소비자가 계약체결 이후 대금을 지급하였다면 이는 일방의 이행착수에 해당하기 때문에 민법 제565조 제1항에 의한 해제권을 행사할 수 없다. 판례 역시 이를 긍정하고 있다. 즉, 민법 제565조 제1항에서 말하는 당사자의 일방이라는 것은 매매 쌍방 중 어느 일방을 지칭하는 것이고, 상대방이라 국한하여 해석할 것이 아니므로, 비록 상대방인 매도인이 매매계약의 이행에는 전혀 착수한 바가 없다 하더라도 매수인이 중도금을 지급하여 이미 이행에 착수한 이상 매수인은 민법 제565조에 의하여 계약금을 포기하고 매매계약을 해제할 수 없다(대판 2000.2.11, 99다62074).

정당성의 근거에 대하여 의문이 제기될 수 밖에 없다. 셋째, 상조업자의 책임있는 사유로 계약을 해제한 경우 기납입금만의 반환을 규정하고 있을 뿐 손해배상에 대하여는 언급하고 있지 않다. 상조업자의 책임있는 사유로 상조계약이 해제되었고, 이로 인하여 손해가 발생하였다면 이의 배상은 당연함에도 불구하고 이를 규정하고 있지 않은 점 역시 타당하지 않다. 넷째, 소비자의 책임있는 사유로 해제하였을 경우 위약금은 약 20%이다. 물론 이의 산정방식 역시 원금만을 기준으로 하고 있다는 점은 앞에서 살펴본 바와 같은 문제가 있지만, 그 비율을 20%로 정하고 있다는 점 역시 문제이다. 즉, 일반적인 소비자거래에 있어서 위약금을 10%로 정하고 있음에도 불구하고 상조계약의 경우 20%로 정하고 있음은 타당하지 않다. 마지막으로 계약체결 이후 소비자가 기초생활자로 된 경우에는 위약금을 부과할 수 없도록 하고 있다. 이의 근거 역시 불명확하지만, 만일 소비자 중 기초생활자에 대한 특수한 배려를 하고자 하였다면 계약체결 이후 기초생활자로 된 자에 국한하지 않아야 한다. 즉, 기초생활자가 상조계약을 체결한 이후 해제하였다면 위약금을 청구할 수 있지만, 계약체결 이후 기초생활자가 된 경우에 위약금을 청구할 수 없도록 한 것은 이의 정당성의 문제는 별론으로 하더라도 그 근본적인 취지와도 일치하지 않는다. 이러한 문제점을 가지고 있는 소비자분쟁해결기준을 적용한다는 것은 타당하지 않다.

⑨ 소비자분쟁해결기준 제정이전의 상조계약에 있어서 해약환급금

고시에서는 2011년 8월 31일 이전에 체결된 상조계약의 해제시 환급금의 산정방식에 대하여 2010년 1월 29일에 개정된 소비자분쟁해결기준을 적용하고 있다. 그럼 2010년 1월 28일 이전에 체결된 상조계약에도 이의 기준이 적용되는가? 물론 소급효문제를 회피하기 위하여 부칙에 이러한 규정을 두고 있다. 그럼 이러한 소급효의 문제는 소비자분쟁해결기준에도 동일하게 적용될 것이므로 2010년 1월 28일 이전에 체결된 상조계약에는 소비자분쟁해결기준이 적용되지 않는다고 해석하여야 한다. 그러나 소비자분쟁해결기준(재정경제부 고시 제2007-54호)에 상조업이 포함된 것은 2007년 10월 17일부터이며, 이의 내용은 2010년 1월 29일의 소비자분쟁해결기준과 동일하다. 따라서 고시 시행 이전에 체결된 상조계약의 해약환급금의 문제를 소비자분쟁해결기준에 의하여 해결하고자 하였다면 2007년 소비자분쟁해결기준부터 적용했어야 했다. 그렇다고 하여 이의 문제가 완전하게 해결될 수 있는가? 즉, 2007년 10월 17일 이전에 체결된 상조계약에 대하여는 소비자분쟁해결기준을 적용할 수 없기 때문이다. 물론 고시에서 고시 시행 이전에 체결된 상조계약이라고 하고 있기에 시기와 관계없이 2011년 8월 31일 이

전에 체결된 모든 상조계약이 적용된다고 할 수 있지만, 이는 소급효금지원칙에 반하게 된다. 이러한 문제가 발생하는 근본적인 이유는 고시 부칙에서 간접적으로 소급효를 긍정하고 있기 때문이며, 이 문제의 근본적인 해결을 위해서는 부칙 제2조를 삭제하여야 할 것이다.

다. 계약해제권의 행사기간

할부거래법상 소비자의 해제권 역시 형성권에 해당한다. 그럼 소비자의 해제권도 제척기간의 적용을 받는가의 문제가 제기된다. 즉, 민법상 형성권의 제척기간에 대한 일반적인 규정을 두고 있지 않고 개별적으로 규정하고 있다. 이에 학설은 형성권의 제척기간에 대하여 일반적으로 10년을 인정하고 있다.[131] 물론 10년의 기간에 대한 기산점은 권리를 행사할 수 있을 때이다. 이러한 점을 소비자의 해제권에 적용한다면 소비자는 계약의 체결과 동시에 해제권을 행사할 수 있기 때문에 계약체결일로부터 10년이내에 해제권을 행사하지 않으면 제척기간의 경과에 따라 소비자의 해제권은 소멸한다고 볼 수 있다. 그러나 동법상 소비자의 해제권은 민법상 해제권의 제척기간의 적용을 받지 않는다고 할 것이다. 즉, 상조계약은 언제 발생할 지 모르는 상을 대비하기 위하여 체결하는 것이며, 소비자의 해제권은 상조계약이 존속하는 한 언제든지 이를 해소할 수 있도록 한 것이다. 따라서 소비자의 해제권은 상조계약이 존속하는 한 이를 행사할 수 있어야 하기 때문에 권리행사기간의 문제는 발생하지 않는다.

라. 해제에 따른 해약환급금의 지급시기

소비자의 해제권 행사에 따라 상조업자는 해약환급금을 소비자에게 지급하여야 한다. 민법상 이의 의무는 해제의 효과가 발생하는 시점에 이행하여야 하기 때문에 소비자의 해제에 관한 의사표시가 효력을 발생하는 시점에 상조업자는 대금을 반환하여야 하며, 이를 지연한 경우 지연이자를 지급하여야 한다. 그러나 할부거래법에서는 이의 특칙을 규정하여 대금의 반환시기에 대하여 해제된 날로부터 3영업일 이내에 반환하도록 규정하고 있으면서 이의 지연시 지연배상금(연 20%)을 함께 지급하도록 규정하고 있다(동법 제25조 제4항).

131) 김준호, 「채권법」, 법문사, 2011, 501면.

제 4 장

상조계약과 약관

제1절 약관의 개관

1. 약관의 의의 및 규제의 필요성

가. 약관의 의의 및 구속력의 근거

(1) 약관의 의의

약관이라 함은 그 명칭이나 형태 또는 범위에 상관없이 계약의 한쪽 당사자가 여러 명의 상대방과 계약을 체결하기 위하여 미리 마련한 계약의 내용을 말한다(약관규제법 제2조 제1항).[1] 따라서 약관이 되기 위하여는 작성에 있어서 일방성과 사전성을 충족하여야 한다. 또한 내용에 있어서는 계약의 내용에 관한 사항을 규정하고 있어야 한다. 마지막으로 대상에 있어서 다수의 상대방에게 사용하기 위함이어야 한다. 이러한 요건을 갖추면 약관으로 인정되며, 그 형식이나 명칭에 있어서는 제한이 없다. 다만, 이러한 요건을 갖추더라도 모든 약관에 대하여 약관규제법이 적용되는 것이 아니다. 즉, 상법 제3편(회사), 근로기준법 기타 대통령령이 정하는 비영리사업의 분야[2]에 속하는 계약에 관한 약관에 대하여 동법은 적용되지 않으며, 특정한 거래분야의 약관에 대하여 다른 법률에 특별한 규정이 있는 경우에 당해 법률이 우선하여 적용된다(동법 제30조).

(2) 구속력의 근거

사업자가 일방적으로 작성한 약관이 소비자(상대방)까지 구속하는 근거에 대하여 학설은 종전에 자치법설과 상관습설, 계약설로 대립하고 있었지만 현재에는 대부분 계약설[3]을 취하고 있으며, 판례 역시 계약설을 따르고 있다.[4] 즉, 사업자가 간편한 업무처리를 위하여 작성한 약관을 법으로써 인정하는 자치법설은 사업자에게 입법권을 부여

---

1) 공정거래위원회는 약관에 해당하지 않은 경우로서 부동산 분양가격 · 입회금 · 임차보증금 · 이용료 · 수수료 · 이익 · 로열티 배분 비율 등 각종 재화와 용역의 가격조항 그 자체, 아파트 · 상가 등의 공동규약 · 공제조합의 공제규정 · 회사의 정관 등 단체의 내부 구성원간의 규율조항, 계약서에 공란으로 비워두었다가 계약당사자가 개별적인 교섭을 거쳐 기재한 위약금 등에 관한 조항 등을 제시하고 있다(공정거래위원회 약관심사지침; 2008년 1월 1일).

2) 동법 시행령에서는 이에 해당하는 분야를 규정하고 있지 않다.

3) 곽윤직, 앞의 채권각론, 21-24면; 권오승, 「소비자보호법」, 법문사, 2005, 144면. 이러한 계약설을 취하면서 규범과 유사한 비자발적 구속성을 인정하는 절충설도 있다(이은영, 앞의 채권각론, 50-51면).

4) 대판 1990.4.27, 89다카24070; 대판 1989.11.14, 88다카29177.

하게 되며, 소비자의 동의없이도 당연히 계약내용으로 될 수 있다는 점에서 부당하다. 또한 약관이 있을 때 계약은 그에 의한다고 하는 상관습설 역시 강자에 의한 일방적인 경제적 약자의 지배를 정당화한다는 점에서 부당하다. 따라서 약관이 사업자 뿐만 아니라 소비자에게도 적용이 되는 것은 약관에 대하여 상대방인 소비자가 이를 계약의 내용으로 편입하는 것을 동의하였다는 계약설이 타당하다. 약관규제법 역시 이러한 점에 입각하여 약관의 제시, 설명 및 교부의 의무를 사업자에게 부여하고 있으며, 이의 위반시 당해 약관의 내용을 계약내용으로 주장할 수 없도록 하고 있다. 다만, 여객운송업, 전기 · 가스 및 수도사업, 우편업, 공중전화서비스 제공 통신업의 약관은 명시 및 교부의무가 면제되므로 구속성의 근거는 당사자의 합의가 아닌 법률에 있다고 할 것이다.[5)]

나. 약관규제의 필요성

(1) 편입통제의 필요성

사적 자치의 원칙상 계약의 내용은 양당사자의 합의에 따라 정해지는 것이 원칙이다. 그러나 절차의 복잡성, 장시간의 소요 등을 이유로 사업자가 사전에 일방적으로 계약의 내용이 될 사항을 정하고, 추후 상대방의 동의를 얻어 이를 계약의 내용으로 편입시킬 경우 사업자를 비롯하여 소비자 등은 간편하게 계약을 체결할 수 있다. 그러나 약관은 계약의 내용이 되기 때문에 계약에 있어서 매우 중요한 요소이다. 그러므로 약관의 존재 및 약관의 내용에 대한 소비자의 인식은 가장 기본적이라 할 수 있다. 그러나 사업자가 이를 소비자에게 제시하지 않아 그 내용을 알 수 없는 상태에서 약관이 계약의 내용으로 편입된다면 양당사자의 합의에 의하여 체결된다는 계약의 기본 원칙은 유명무실하게 될 수 밖에 없다. 또한 약관의 내용은 사업자가 일방적으로 작성하였기에 소비자가 그 내용을 이해하기란 쉽지 않다. 따라서 계약의 내용인 약관에 대하여 소비자가 그 내용을 충분하게 인식할 수 있는 여지를 부여하여야 한다. 이러한 측면에서 약관규제법에서는 편입통제요건으로 사업자에게 명시, 설명 및 교부의무를 부과하고 있다.

(2) 내용통제의 필요성

경제적 약자인 소비자가 사업자와 계약을 체결함에 있어 사업자가 제시하는 약관을

5) 곽윤직, 앞의 채권각론, 23면.

거부하거나 소비자에게 불리한 약관에 대하여 다른 특약을 정한다는 것은 거의 불가능하다. 따라서 계약체결을 위하여 사업자가 제시한 약관에 대하여 동의할 수 밖에 없는 현실에서 동의하였다는 것만으로 소비자에게 불리한 즉, 불공정한 약관에까지 구속된다는 것은 사적자치의 미명하에 사적자치의 원칙을 침해하는 것이다. 그러므로 소비자가 약관에 동의를 하였더라도 소비자에게 불이익한 약관조항의 효력을 부정하여 소비자를 보호함과 더불어 사법의 기본원칙인 사적자치의 원칙을 유지하여야 할 필요가 있다. 이러한 측면에서 약관규제법에서는 내용통제요건을 규정하고 있다. 다만, 약관규제법의 적용대상인 약관이라고 할지라도 모든 약관이 내용편입통제의 대상이 되는 것은 아니다. 즉, 국제적으로 통용되는 운송업, 국제적으로 통용되는 금융업 및 보험업 및 「무역보험법」에 따른 무역보험의 약관에 대하여는 내용통제의 기준인 동법 제7조부터 제14조까지의 규정을 적용하지 아니한다. 그러나 내용통제의 일반기준인 동법 제6조는 적용된다(동법 제15조, 동 시행령 제3조).

2. 약관에 대한 규제

가. 약관의 작성에 있어서 사업자의 의무

약관은 계약의 내용으로 편입될 수 있지만, 사업자가 일방적으로 작성하기 때문에 그 내용이 전문적인 내용으로 구성될 수 있다. 그 결과 당해 분야의 전문가가 아닌 자는 그 내용을 보더라도 이해할 수 없게 된다. 특히, 약관의 작성언어를 외국어로 할 경우 당해 외국어를 알지 못하는 자는 약관의 내용을 알 수 없다. 또한 약관의 내용 중 소비자와 이해관계가 밀접한 사항에 대하여 다른 문자와 동일하게 기재한 경우 쉽게 중요사항을 파악할 수 없다. 이러한 점을 고려하여 약관규제법에서는 약관의 작성자인 사업자에 대하여 약관의 작성시 다음과 같은 주의의무를 부과하고 있다. 즉, 사업자는 약관을 작성함에 있어 언어는 기본적으로 한글을 사용하여야 하며, 용어의 사용에 있어서는 표준화 · 체계화된 용어를 사용하며, 약관의 중요한 내용은 부호 · 문자 · 색채 등으로 명확하게 표시하여 알아보기 쉽게 작성하여야 한다(동법 제3조 제1항). 그럼 이러한 작성의무를 위반하였을 경우의 효력은 무엇인가? 이에 대하여 약관규제법에서는 규정을 두고 있지 않다. 다만, 약관의 작성의무는 약관의 명시의무와 일정한 관련이 있다. 즉, 명시의무는 고객이 약관의 내용을 인식할 수 있도록 하는 것이기 때문에 고객이 알 수 없는 문자로 작성하거나 글자 크기를 현저히 작게 하였을 경우 상기의 작성의무를 위반함과 동시에 명시의무를 위반하였다고 볼 수 있다.[6)]

나. 약관의 편입에 있어서 의무

(1) 약관의 명시 및 교부의무

사업자가 사전에 작성한 약관이 당해 계약의 내용으로 편입되기 위하여는 소비자에게 약관을 명시하고, 소비자의 요청이 있을 경우 이를 교부하여야 한다(약관규제법 제3조 제2항). 약관의 명시라 함은 약관의 존재를 상대방인 소비자가 인식할 수 있는 상태에 두는 것을 말한다. 명시의 방법에는 제한이 없으나, 계약의 종류에 따라 일반적으로 예상되는 방법으로 분명하게 밝혀야 한다. 구체적인 예로서 사업장 내에 상대방이 약관의 내용을 인식할 수 있도록 게시하거나 계약서에 병기 또는 별첨하는 등의 방식이다. 특히, 전자상거래의 경우 메인페이지 등에 게시하거나 링크화하는 것도 명시의무의 이행으로 인정하고 있다.[7)] 또한 출력에 제한이 있는 이동통신단말기 등을 이용하여 거래하는 사업자는 약관의 내용을 순차적으로 나타나게 하거나 그 내용을 확인할 수 있는 방법을 화면에 나타나게 하여 동 의무를 이행할 수 있다(전자상거래소비자보호법 시행규칙 제7조 제2항). 그러나 사업자가 사이버몰의 초기화면에 연결화면장치(하이퍼링크)를 소비자가 쉽게 인식할 수 없도록 설치한 경우(다른 표시 · 광고사항과 동일한 문자나 형태로 제공한 경우)에도 명시의무이행으로 인정할 수 있는가의 문제점이 발생한다. 이러한 점은 전자상거래소비자보호법 시행규칙에서 약관의 명시의무이행에 관하여 연결화면의 설치만을 규정하고 있을 뿐 구체적으로 어떠한 방식으로 이행하여야 하는가에 대하여는 규정하고 있지 않기 때문에 발생한다(동 시행규칙 제7조 제1항). 그러나 약관의 명시의무는 상대방이 약관의 내용을 쉽게 인식하여 계약의 내용으로 편입할 것인가의 여부를 결정함에 있어서 중요한 것이기 때문에 약관의 존재에 대한 인식가능성을 저해하는 연결화면장치의 설치는 명시의무를 이행한 것으로 인정할 수 없다. 따라서 동 시행규칙에서 연결화면장치의 마련뿐만 아니라 약관의 연결화면장치의 존재를 소비자가

6) 공정거래위원회, 앞의 책, 34면.

7) 사업자가 단순히 사이버몰의 하단에 약관의 연결화면을 설치한 경우에 계약의 내용으로 편입될 것인가에 대하여 미국 법원에서는 이를 부정하여 계약위반책임을 인정하지 않았다(Ticketmaster v. Tickets.com U.S. District Court, Central District of California, August 10, 2000). 즉, 약관의 내용을 하이퍼링크만 시키고 피고가 동의하지 않은 상태에서 원고의 사이버몰과 피고의 사이버몰을 하이퍼링크한 경우에 원고는 피고의 행위가 약관을 위반한 것이라고 주장하였으나 법원은 단순히 약관의 연결화면을 설치한 것만으로는 계약의 내용이 되지 못한다고 판시하였다(Simmons & Simmons, E-Commerce Law, Palladian Law Publishing, 2001, p. 13).

쉽게 알 수 있도록 초기화면의 상단에서 다른 문자와 색상을 차별하고 글자크기를 확대하거나 별도의 약관란을 설치할 의무를 부과할 필요가 있다.[8)]

이와 달리 약관의 교부의무는 소비자가 요청할 경우에 한하여 발생한다. 약관의 내용이 계약서에 부기되어 있거나 계약서에 별첨되어 있는 경우에는 교부의무는 이행한 것이지만, 사업장에 게시된 약관의 경우 소비자가 교부를 요청한 때 사본을 교부하여야 한다. 다만, 교부의무를 종이문서로만 이행하여야 하는가의 문제가 제기되지만, 전자문서 역시 종이문서와 동일한 효력을 가지기 때문에 약관을 전자문서로 교부하였다고 하더라도 교부의무의 이행에는 문제가 없다고 할 것이다(전자거래기본법 제4조 제1항).[9)] 다만, 여객운송업, 전기 · 가스 및 수도사업, 우편업, 공중전화서비스 제공 통신업의 약관에 대하여는 이러한 약관의 명시 · 교부의무가 적용되지 않는다(동법 제3조 제2항).

(2) 약관의 설명의무

사업자는 계약의 성질상 설명이 현저히 곤란한 경우를 제외하고 당해 약관에서 중요한 내용을 소비자가 이해할 수 있도록 설명하여야 한다(약관규제법 제3조 제3항).[10)] 중요한 내용이라 함은 당해 고객의 이해관계에 중요한 영향을 미치기 때문에 계약체결시 반드시 알아두어야 할 사항으로서 사회통념상 당해 사항을 알거나 알지 못하는 것이 계약체결의 여부에 영향을 미칠 수 있는 사항을 말하며, 급부내용의 변경 · 계약해제 또는 해지 사유 · 사업자의 책임감면조건 · 고객의 책임가중조건 등이 이에 속한다.[11)] 판례도 중요한 내용을 결정함의 기준을 그 내용에 대해 설명을 들었다면 계약을 체결하지 아니하였을 것을 제시하고 있다.[12)]

---

8) 拙稿, "사이버몰의 약관과 소비자보호에 관한 연구", 「민사법학」 제26호, 2004 · 9, 399면.

9) 약관규제법에서는 약관을 사용하는 사업자에 대한 의무로서 한글 및 평이한 용어로 작성의무 및 명시 · 교부 · 설명의무만을 두고 있으며, 약관의 보관의무에 대하여는 규정을 두고 있지 않다. 이러한 점은 소비자가 교부받은 약관을 보관하고 있는 경우에는 별다른 문제가 발생하지 않지만, 이를 분실하거나 계약체결시 교부를 요청하지 않고 추후에 요청할 수 있다. 따라서 약관의 분실 등으로 인하여 발생하는 문제를 해소하기 위하여는 약관에 대한 보관의무를 명시하여야 할 것이다. 또한 이러한 보관의무는 현행약관에 대한 보관의무 뿐만 아니라 舊 약관(약관이 변경된 경우)에 대한 보관의무 역시 필요하다(박희주, "전자거래에 있어서 소비자보호", 「인터넷법연구」 제1호, 2002, 98면).

10) 이와 달리 전자상거래는 체결의 비대면성 및 신속성으로 인하여 설명의무가 면제되는 약관이라고 하는 견해가 있지만(장경환, 앞의 글, 37면), 설명의무가 면제되는 경우는 계약의 성질상 설명이 현저히 곤란한 경우에 한정되기 때문에 체결의 비대면성 및 신속성을 이유로 설명의무의 면제를 인정하기는 곤란하다(이병준, "모바일 전자상거래에서의 약관의 편입과 정보제공의무의 이행", 「인터넷 법률」 제23호, 2004 · 5, 54면; 김윤명 외, 「사이버스페이스법」, 법률서원, 2001, 145면).

11) 권재열, "약관규제의 법리", 「법제」 제517호, 2001 · 1, 55면; 김진환, "약관규제법과 전자약관의 계약편입", 「법학연구」 제10집, 2001, 45면.

그러나 중요사항이라고 하여 반드시 설명의무가 발생하는 것은 아니다. 즉, 판례는 보험약관의 중요한 내용에 해당하는 사항[13]이라 하더라도 보험계약자나 그 대리인이 그 내용을 충분히 잘 알고 있거나, 거래상 일반적이고 공통된 것이어서 보험계약자가 별도의 설명 없이도 충분히 예상할 수 있었거나, 이미 법령에 의하여 정하여진 것을 되풀이하거나 부연하는 정도에 불과한 사항이라면 그러한 사항까지 보험자에게 명시 · 설명의무가 인정된다고 할 수는 없다고 판시하였다.[14] 따라서 설명의무가 인정되는 중요한 내용은 법령에서 정하지 않은 사항, 법령에서 정하고 있는 사항과 달리 규정하는 사항[15] 등으로 한정된다. 다만, 상대방이 법령의 내용을 오인하여 착오에 빠진 상태를 사업자가 알고 있는 경우에는 이에 대한 설명의무는 신의칙상 배제되지 않는다고 할 것이다. 이러한 중요한 내용에 대한 설명의무는 구체적이고 상세하게 이루어져야 한다.[16] 다만, 계약의 성질상 설명이 현저하게 곤란한 경우에는 이러한 설명의무는 면제된다(동법 제3조 제3항 단서).

(3) 의무위반에 대한 효과

사업자가 명시, 교부 및 설명의무를 위반하여 계약을 체결한 경우에 사업자는 당해 약관의 전부 또는 일부를 계약의 내용으로 주장할 수 없다.[17] 그러나 소비자는 유리한 경우에 이를 계약의 내용으로 주장할 수 있다(약관규제법 제3조 제4항).

다. 해석통제

(1) 신의성실의 원칙

약관은 계약의 내용이므로 이에 대한 해석은 법률행위에 대한 해석에 의하게 된다.[18] 따라서 법률행위해석의 원칙에 의하여 약관의 내용을 해석함에 있어서 신의칙에

---

12) 대판 1996.6.25, 96다12726; 대판 1995.12.12, 95다11344.

13) 보험계약의 중요한 내용에 해당하는 사항으로 보험상품의 내용, 보험료율의 체계 및 보험청약서상 기재사항의 변동사항 등을 제시하고 있다(대판 1998.11.27. 98다32564).

14) 대판 2006.1.26. 2005다60017,60024; 대판 2003.1.10. 2002다32776 등.

15) 구체적인 예로서 보험약관에서 피보험자의 폭행 또는 구타에 기인하는 배상책임은 보상하지 아니한다는 면책조항을 규정하고 있는 경우에 그 면책조항이 상법 제659조 제1항의 내용을 초과하는 범위에서 브험자의 명시 · 설명의무의 대상이 된다고 판시하였다(대판 2006.1.26. 2005다60017, 60024).

16) 대판 1998.11.27. 98다32564.

17) 대판 1999.5.11, 98다59842; 대판 1999.3.9, 98다43342 · 43359; 대판 1998.11.27, 98다32564; 대판 1998.6.23, 98다14191; 대판 1998.4.10, 97다47255; 대판 1997.9.26, 97다4494.

18) 이은영, 「약관규제법」, 박영사, 1994, 60면.

입각하여 양당사자에게 공정하게 해석하여야 한다. 또한 동일한 약관의 내용을 해석함에 있어서 소비자에 따라 차별적으로 해석하는 것은 금지되며, 모든 소비자에게 동일하게 해석되어야 한다(약관규제법 제5조 제1항).

(2) 작성자불이익의 원칙

약관을 해석하여도 그 내용이 불명확한 경우에 그 원인을 준 자가 불이익을 부담하여야 한다(약관규제법 제5조 제2항). 즉, 약관은 양당사자가 합의하여 그 내용을 정한 것이 아니고 일방 당사자가 작성한 것이기 때문에 그로 인한 불이익은 작성자가 부담하는 것이 신의칙상 당연하다. 따라서 약관의 내용이 불명확하여 다의적으로 해석될 수 있는 경우에 당해 약관의 조항은 작성자에게 불이익한 방향으로 해석되어야 한다.[19]

(3) 개별약정우선의 원칙

양당사자가 계약을 체결함에 있어서 약관의 내용과 다른 내용을 개별적으로 합의한 경우에 약관의 규정이 아닌 개별약정이 우선하여 적용된다(약관규제법 제4조).[20] 또한 개별약정은 당사자간의 교섭을 통하여 이루어졌기 때문에 일방에 의한 사전성이라는 요건을 갖추지 못하였다. 따라서 이는 약관에 해당하지 않기 때문에 약관규제법의 적용을 받지 않는다.

그럼 구체적으로 개별약정을 판단하는 기준은 무엇인가? 이에 대하여 판례는 다음과 같이 판시하고 있다. 즉, 계약의 일방 당사자가 다수의 상대방과 계약을 체결하기 위해서 일정한 형식에 의하여 미리 계약서를 마련하여 두었다가 어느 한 상대방에게 이를 제시하여 계약을 체결하는 경우에도 그 상대방과 사이에 특정 조항에 관하여 개별적인 교섭(또는 흥정)을 거침으로써 상대방이 자신의 이익을 조정할 기회를 가졌다면, 그 특정 조항은 약관의 규제에 관한 법률의 규율대상이 아닌 개별약정이 된다고 보아야 한다. 이때 개별적인 교섭이 있었다고 하기 위해서는 비록 그 교섭의 결과가 반드시 특정 조항의 내용을 변경하는 형태로 나타나야 하는 것은 아니라 하더라도, 적어도 계약의 상대방이 그 특정 조항을 미리 마련한 계약서의 내용에 구속되지 아니하고 당사

---

19) 이은영, 앞의 약관규제법, 60면. 약관을 해석함에 있어서는, 신의성실의 원칙에 따라 당해 약관의 목적과 취지를 고려하여 공정하고 합리적으로 해석하되, 개개 계약 당사자가 기도한 목적이나 의사를 참작함이 없이 평균적 고객의 이해가능성을 기준으로 객관적 · 획일적으로 해석하여야 하며, 위와 같은 해석을 거친 후에도 약관 조항이 객관적으로 다의적으로 해석되고 그 각각의 해석이 합리성이 있는 등 당해 약관의 뜻이 명백하지 아니한 경우에는 고객에게 유리하게 해석하여야 한다(대판 2011.9.8, 2009다73295).

20) 대판 2001.3.9, 2000다67235; 대판 1998.9.8, 97다53663; 대판 1997.9.5, 95다47398.

자와 사이에 거의 대등한 지위에서 당해 특정 조항에 대하여 충분한 검토와 고려를 한 뒤 영향력을 행사함으로써 그 내용을 변경할 가능성이 있어야 하고, 약관 조항이 당사자 사이의 합의에 의하여 개별약정으로 되었다는 사실은 이를 주장하는 사업자 측에서 증명하여야 한다.[21)]

(4) 변경된 약관의 적용

소비자가 동의한 약관의 내용이 추후 변경된 경우, 변경된 약관이 당해 계약의 내용으로 인정되기 위하여는 상기의 명시 · 설명 및 교부의무를 이행하여야 한다. 이러한 약관의 변경시 변경된 약관의 내용이 계약의 내용으로 편입될 수 있는가의 문제는 계속적 계약 또는 장기계약에서 주로 문제가 된다. 이 경우에 있어서 상대방인 소비자가 변경된 내용에 대한 인식가능성을 부여하고, 자신에게 불이익하게 변경된 내용에 대하여 거부가능성을 보장하기 위하여는 당연히 상기의 명시 · 설명 및 교부의무가 인정되어야 할 것이다. 따라서 변경된 약관에 대하여 상기의 요건을 갖추지 못한 경우에는 변경된 약관의 내용은 계약내용으로 되지 못하며, 변경전 약관의 내용이 그대로 효력을 갖는다고 할 것이다.[22)] 그러나 계약체결과 달리 약관규제법에서는 변경된 약관이 구속력을 발생하기 위한 요건에 대하여 규정하고 있지 않다. 따라서 변경된 약관의 구속력 발생요건을 규정할 필요가 있으며, 이는 다시 변경된 약관이 적용되는 자의 주소 등을 알고 있는 경우와 이를 과실없이 알지 못하는 경우로 구분하여 규정하여야 할 것이다. 먼저, 전자의 경우 개별 회원에 대한 우편 등을 통한 통지를 통하여 변경된 내용을 종전과 대비하여 명시하여야 할 것이며, 중요한 내용에 해당하는 경우 이에 대한 설명까지 포함되어야 할 것이다. 또한 변경된 약관에 대한 동의를 받기 위하여 우편 등을 통하여 전달한 경우 수신에 대한 비용은 사업자가 부담하여야 할 것이다. 반면에 후자의 경우에는 주소 등을 알지 못하기 때문에 개별적으로 동의를 받는 것은 불가능함으로 변경된 약관의 내용에 대한 비교표와 이에 대한 설명을 일정기간 이상 동안 영업장을 비롯하여 불특정 다수인이 이를 인식할 수 있는 방법(일간지에 대한 게시 등)으로 공지하여야 할 것이며, 이에 대한 동의 또는 거부의 의사표시를 할 수 있는 절차를 제공하여

21) 대판 2010.9.9, 2009다105383 판결.

22) 판례 역시 "동일한 보험계약당사자가 일정한 기간마다 주기적으로 동종계약을 반복 체결하는 계속적 거래관계에 있어서 종전계약의 내용이 된 보험약관을 도중에 가입자에게 불리하게 변경하였다면 보험자로서는 새로운 보험계약 체결시 그와 같은 약관변경사실 및 내용을 가입자인 상대방에게 고지하여야 할 신의칙상의 의무가 있다고 봄이 상당하고, 이러한 고지없이 체결된 보험계약은 과거와 마찬가지로 종전약관에 따라 체결된 것으로 봄이 타당하다"고 판시하고 있다(대판 1986.10.14. 선고 84다카122).

야 할 것이다.

라. 내용통제

(1) 불공정약관의 판단기준

약관규제법상 불공정약관을 판단하는 기준은 일반적 기준과 구체적 기준으로 구분된다. 양자의 차이점은 전자의 경우 구체적인 기준을 제시하는 것이 아니라 추상적 일반적 기준을 제시하여 이에 해당하는 경우 불공정약관으로 인정하는 것이며, 후자의 경우 이의 충족 여부를 판단하기 위한 요건이 구체적으로 제시되어 있어 이의 요건을 충족하는 경우 불공정한 약관으로 인정하는 것이다. 또한 전자 중 일부의 경우 일반적 추상적 기준에 충족할 경우 불공정약관으로 추정하지만, 후자의 경우 바로 불공정한 약관으로 인정된다. 따라서 후자의 경우 별도의 절차없이 무효가 되지만, 전자의 경우 추정이기 때문에 이에 대한 반증, 즉 상당한 이유가 있는 경우에 불공정약관으로 인정되지 않을 수 있다. 그러나 약관규제법에서 제시하고 있는 일반적 불공정약관의 기준을 충족한 경우 반증을 통하여 이를 부정하기란 사실상 불가능하기 때문에 구체적 기준에 따른 불공정약관과 동일하다고 볼 수 있다. 또한 국제적으로 통용되는 약관, 국제적으로 통용되는 운송업의 약관 · 금융업 및 보험업의 약관 및 수출보험법에 따른 수출보험의 약관에 대하여는 개별적 불공정약관을 판단하는 조항의 일부 또는 전부가 적용되지 않지만, 일반적 불공정약관에 관한 내용은 적용된다(동법 제15조).

(2) 일반적 불공정약관

사업자가 작성한 약관에 대하여 소비자가 동의를 하였다고 하여도 당해 약관의 내용이 신의칙에 비추어 공정을 잃은 경우에는 무효가 된다(약관규제법 제6조 제1항). 이러한 불공정 약관의 대표적인 예로써 소비자에게 부당하게 불리한 조항,[23] 소비자가 계약의 제반사정에 비추어 예상하기 어려운 조항, 계약의 목적을 달성할 수 없을 정도로 계약에 따르는 본질적 권리를 제한하는 조항이 있으며, 이에 해당하는 약관조항은 공정을 잃은 것으로 추정된다(약관규제법 제6조 제2항).[24] 일반적 불공정약관의 요건인 계약

---

23) 이에 대한 판단은 사업자와 고객의 이익형량에 기초하여 사업자가 어떤 특정 조항으로 인하여 이익을 얻은 대가로 고객에게 어떠한 이익이 부여되고 있는가를 비교하며, 설사 일정한 사항에 대한 불이익이 있더라도 다른 사항에 이익이 있어 계약의 전체적인 내용이 정당하게 조정된 경우라면 고객에게 부당하게 불리한 조항이라고 할 수 없다(공정거래위원회 약관심사기준).

24) 공정거래위원회는 "공정을 잃은"에 대하여 사업자의 이익과 고객의 이익 사이에서 고객에게 부당하게 불리한 것

목적달성의 불능을 판단함에 있어서 기준은 물리적인 기준에 의하여 결정되는 것이 아니라 사회통념을 기준으로 하여 결정된다.[25] 이와 같이 일반적 불공정약관에 대한 기준은 사업자의 약관이 다음에서 언급하는 구체적 불공정약관에 해당하지 않을 경우에 신의칙 위반여부를 판단하는 기준으로서의 역할을 한다. 그러나 일반적 불공적 약관의 기준에 해당하는 약관의 조항에 대하여 공정을 잃은 것으로 추정하고 있지만, 그 구체적인 요건을 살펴보면 부당하게 불리한 조항, 계약의 제반사정에 비추어 예상하기 어려운 조항, 계약의 목적을 달성할 수 없을 정도로 본질적 권리를 제한하는 조항은 모두 이미 신의칙에 반한다고 볼 수 있으므로 이를 공정을 잃은 것으로 추정할 것이 아니라 바로 신의칙에 위반하는 조항으로 인정하여 그 효력을 무효화하여야 할 것이다.

(3) 개별적 불공정약관

1) 면책조항 등

사업자, 이행보조자 또는 피용자의 고의 또는 중대한 과실로 인한 법률상의 책임을 배제하는 조항, 상당한 이유없이 사업자의 손해배상범위를 제한하거나 소비자에게 사업자가 부담할 위험을 이전하는 조항, 상당한 이유없이 사업자의 담보책임을 배제 또는 제한하거나 그 담보책임에 따르는 소비자의 권리행사의 요건을 가중시키는 조항, 보장된 내용에 대한 책임을 배제 또는 제한하는 조항은 사업자의 책임을 부당히 감면하는 조항으로써 신의칙에 반하는 불공정 조항이므로 무효가 된다(약관규제법 제7조).

사업자의 행위로 인하여 소비자에게 피해가 발생한 경우 사업자는 손해배상책임을 진다(민법 제390조, 제750조 등). 또한 사업자의 이행보조자 또는 피용자의 행위로 인하여 소비자에게 손해가 발생한 경우 역시 손해배상책임을 부담한다(민법 제391조, 제5756조). 그럼에도 불구하고 사업자가 약관에 이로 인하여 발생한 손해에 대하여 책임을 지지 않는다는 약관의 조항은 불공정약관에 해당하여 무효이다. 다만, 무효로 인정되는 경우는 고의 또는 중대한 과실에 한정되므로 경과실의 경우에는 동 조항에 따라 무효가 되지 않지만, 일반적 불공정약관에 해당하는 경우에는 무효가 될 수 있다. 사업자가 배상하여야 할 손해배상의 범위는 통상손해와 특별손해로 구분되며, 특별손해의 경우는 사업자가 이를 알았거나 알 수 있는 경우로 한정된다(민법 제393조). 따라서 소비자에게 발생한 손해액에 대하여 전액이 아닌 일정금액만을 배상한다는 것은 동 규정에

을 말하며, 그 판단기준은 사업자의 이익과 고객의 이익을 비교형량하여 정한다고 제시하고 있다.

25) 김효신, "약관규제의 일반원칙과 수정해석", 「법학논고」 제13집, 1997, 267면.

의하여 무효가 된다. 계약체결이후 불가항력으로 인하여 계약의 목적을 달성할 수 없는 경우에 위험부담의 문제가 발생하며, 이의 부담은 원칙적으로 채무자인 사업자가 부담한다. 따라서 사업자는 목적물에 대한 재산권을 이전할 의무를 면하는 반면에 소비자는 대금을 지급할 의무를 면하며, 이미 지급한 경우 사업자는 이를 반환하여야 한다(민법 제537조). 그럼에도 불구하고 위험부담을 소비자에게 전가하여 대금을 청구할 수 있도록 하거나 반환을 금지하는 것을 내용으로 하는 약관의 조항은 무효이다. 계약의 목적물 또는 권리에 하자가 있는 경우 사업자는 하자담보책임을 부담한다(민법 제569조 이하). 동 책임은 무과실책임이다. 따라서 상당한 이유없이 약관에서 하자담보책임을 면제하거나 사업자의 과실을 요구하거나 행사기간을 법정기간(6월 또는 1년)보다 단기간으로 정하거나, 계약의 목적을 달성할 수 없음에도 불구하고 해제권의 불인정 또는 교환을 부정하는 약관 등은 불공정약관으로 무효이다.

2) 고액의 손해배상액의 예정

계약의 당사자는 상대방의 채무불이행에 관한 손해배상액을 예정할 수 있다(민법 제398조 제1항). 따라서 사업자는 소비자와 계약을 체결함에 있어서 소비자의 채무불이행 등으로 발생하는 손해에 대하여 추후 발생할 수 있는 분쟁을 예방하기 위하여 사전에 손해배상액을 정할 수 있다. 그러나 사업자가 약관에서 정한 손해배상액이 지나치게 과다한 경우에 먼저 소비자는 법원에 적당한 감액을 청구할 수 있으며(민법 제398조 제2항), 당해 조항을 신의칙상 불공정한 조항으로 무효임을 주장할 수 있다(약관규제법 제8조). 또한 할부거래 등 특수거래에 있어서 당해 계약의 해제로 인하여 발생하는 사업자의 손해에 대하여 소비자가 부담할 손해배상액이 과다하게 예정된 경우에 당해 사업자가 소비자에게 청구할 수 있는 금액은 일정범위내로 축소된다(할부거래법 제12조, 방문판매법 제10조, 제19조, 제30조, 전자상거래소비자보호법 제19조).

3) 계약의 해제 · 해지

법률이 규정하고 있는 해제권 · 해지권을 배제하거나 그 행사를 제한하는 조항, 법률에서 부여하지 않은 해제권을 사업자에게 부여하거나 그 요건을 완화하여 소비자에게 부당하게 불이익을 줄 수 있는 조항, 소비자의 원상회복의무를 가중하거나 부당하게 포기하도록 하는 조항, 사업자의 원상회복의무를 부당하게 경감하는 조항은 효력이 없다(약관규제법 제9조).

해제권이라 함은 유효하게 체결된 계약을 추후 채무자의 채무불이행이 있을 경우 채권자의 일방적 의사표시에 의하여 당해 계약을 소멸시키는 형성권을 말한다. 반면에 해지권은 계속적 계약관계에 있어서 채무자의 채무불이행이 있을 경우 채권자의 일방적 의사표시에 의하여 당해 계약의 효력을 장래에 향하여 소멸시키는 형성권을 말한다. 이러한 해제권 등의 발생원인은 당사자간의 합의 또는 법률의 규정이 있다. 법정해제권으로는 이행지체에 의한 해제권, 이행불능으로 인한 해제권, 불완전이행으로 인한 해제권, 하자담보책임에 따른 해제권, 사정변경에 따른 해제권, 채권자지체에 따른 해제권 등이 있다. 만일 사업자가 소비자의 법정 해제권의 발생을 부정할 경우 당해 약관의 조항은 불공정약관으로 무효가 된다. 반면에 사업자의 해제권의 발생에 있어서 법정 사유외에 약정해제권을 인정할 경우 이를 무효로 하고 있다. 계약을 해제한 경우 양 당사자는 원상회복의무를 부담한다. 만일 소비자가 계약을 해제한 경우 당해 약관에서 당해 목적물을 개봉하기 전의 상태로 만들어 반환하도록 하고, 사용 등의 경우에 있어 목적물의 반환을 원상회복의무로 인정하지 않을 경우 또는 행위채무에 있어서 사업자의 행위와 동일한 내용으로 원상회복을 요구하는 경우에는 소비자의 원상회복의무를 가중하는 것이므로 무효이다. 또한 소비자의 대금환급권을 부정하거나 현금인 경우에 이자지급을 면제하는 조항은 소비자의 원상회복에 대한 권리를 포기하게 하거나 사업자의 원상회복의무를 부당하게 경감하는 조항으로 이는 무효이다.

4) 채무의 이행

상당한 이유없이 급부의 내용을 사업자가 일방적으로 결정, 변경할 수 있도록 하는 조항, 상당한 이유없이 사업자가 이행하여야 할 급부를 일방적으로 중지하거나 제3자가 대행할 수 있도록 하는 조항은 효력이 없다(약관규제법 제10조).

사업자가 이행하여야 할 채무는 크게 목적물의 인도 채무와 행위 채무로 구분할 수 있다. 전자의 경우 계약에서 정해진 목적물에 대한 재산권을 이전하거나 인도하여야 한다. 이러한 목적물은 다시 특정물과 종류물로 구분되며, 종류물의 경우도 특정이 되면 특정된 물건을 인도하여야 한다. 이를 변경하기 위하여는 당연히 채권자인 소비자의 동의가 있어야 한다. 따라서 소비자의 동의없이 일방적으로 목적물의 변경을 인정하는 약관의 조항은 불공정약관으로 무효가 된다. 다만, 목적물의 훼손 등으로 당해 계약의 목적물을 인도할 수 없는 경우 이와 동일한 다른 목적물의 인도를 인정하면서 소비자의 계약해제권을 동시에 인정하는 경우 등에는 상당한 이유가 있는 것으로 인정될 여지가 있다. 반면에 행위채무의 경우(예를 들어, 학원수강계약 등)에 채무자 및 채무자의 능력 등이 계약의 목적에 있어서 매우 중요한 역할을 차지한다. 따라서 채무자의 변경은 채권자인 소비자의 입장에서 계약의 목적을 달성할 수 없는 경우이므로 소비자의 동의없이 이를 변경하거나 중단을 인정하는 것을 규정하고 있는 약관의 내용은 불공정한 약관으로 무효가 된다. 다만, 사업자 등의 질병 등으로 인하여 채무의 이행이 곤란한 경우 소비자의 동의하에 변경 또는 중단하거나 손해배상을 인정하는 경우에는 그러하지 아니하다.

5) 소비자의 권익보호

법률의 규정에 의한 소비자의 항변권, 상계권 등의 권리를 상당한 이유없이 배제 또는 제한하거나 소비자의 기한의 이익을 박탈하는 조항, 소비자의 정보를 정당한 이유없이 누설하는 것을 인정하는 조항은 효력이 없다(약관규제법 제11조).

항변권이라 함은 채권자의 청구권의 행사를 일시 또는 영구히 저지할 수 있는 권리를 말한다. 이에는 쌍무계약에서 인정하는 동시이행의 항변권 · 불안의 항변권, 보증인의 최고 · 검색의 항변권, 상속인의 한정승인 등이 있으며, 할부거래법상 소비자의 항변권 등이 있다. 특히, 할부거래법상 소비자의 항변권은 후불식 할부계약상 사업자가 자신의 채무를 이행하지 않고 할부금을 청구할 경우에 이를 거부할 수 있는 권리로 그 중요성이 강조되고 있다. 따라서 사업자가 자신의 채무를 이행하지 않고 소비자의 할부금청구를 요구하였을 경우에도 소비자가 이를 거부할 수 없도록 규정하고 있는 약관은 불공정한 약관으로 무효이다. 상계권은 상계적상에 있는 양자간의 채권을 자동채권의 범주내에서 일방적 의사표시에 의하여 소멸시키는 권리이다. 이러한 상계권은 일방만이 이행하고 상대방이 이행하지 않을 위험을 감소하기 위하여 인정된 권리이기 때문에 소비자는 사업자에 대한 채권을 가지고 사업자의 채권에 대하여 상계의 의사표시로서 소멸시킬 수 있다. 그럼에도 불구하고 이를 부정하는 약관의 조항은 무효이지만, 사업자의 채권이 소비자의 불법행위에 기하여 발생한 경우 이를 수동채권으로 하여 상계할 수 없다. 따라서 이를 배제하는 약관의 조항은 무효가 아니다. 기한의 이익은 기한이 도래하지 않음으로 인하여 가지는 채무자의 이익을 말한다. 소비자가 기한의 이익을 가지는 경우가 대표적으로 할부거래이며, 소비자의 기한의 이익을 박탈하기 위하여는 할부금의 지연이 2회이상 연속하여 이루어지고, 지연금액이 전체 할부금의 10분의 1을 초과하거나 생업에 종사하기 위하여 외국에 이주하거나 외국인과의 결혼 및 연고관계로 이주하는 경우에 한정된다(할부거래법 제13조). 따라서 이러한 요건을 완화하여 소비자의 기한의 이익을 침해하는 것을 내용으로 하는 약관의 조항은 불공정한 약관으로 무효이다. 마지막으로 소비자의 개인정보를 보호하여야 함에도 불구하고, 요금의 청구 · 목적물의 배송 등의 이유없이 소비자의 개인정보를 제3자에게 제공하는 것을 인정하는 약관의 조항은 무효이다.

6) 의사표시의 의제

일정한 작위 또는 부작위가 있을 때 소비자의 의사표시가 표명 또는 표명되지 않는 것으로 보는 조항은 원칙적으로 무효이다. 다만, 소비자에게 상당한 기간 내에 의사표시를 하지 아니하면 의사표시가 표명되거나 표명되지 아니한 것으로 본다는 뜻을 명확하게 따로 고지하거나 부득이한 사유로 그러한 고지를 할 수 없는 경우에는 그러하지 아니하다. 또한 소비자의 의사표시의 형식이나 요건에 부당하게 엄격한 제한을 가하거나 소비자의 이익에 중대한 영향을 미치는 사업자의 의사표시를 소비자에게 도달한 것으로 의제하는 조항, 사업자의 의사표시에 장기의 기간 또는 불확정한 기한을 정하는 조항은 무효이다(약관규제법 제12조).

소비자의 의사표시의 대표적인 예로서 사업자가 소비자의 동의 또는 청약이 없음에도 불구하고 상품 등을 배송한 후 포장의 개봉 또는 즉시 반환 또는 거부의 의사표시를 하지 않은 경우에 계약이 성립하는 것으로 인정하는 약관의 조항이다. 이러한 약관의 조항은 상기의 의사표시의 의제에 해당하여 무효이지만, 거부의 의사표시를 할 수 있는 상당한 기간을 인정할 경우에는 예외적으로 유효하다.[26] 특히, 계속적 계약관계의 경우(예를 들어, 신문구독 · 우유배달 등)에 계약의 존속기간의 도과에도 불구하고 소비자의 거부의 의사표시가 없는 경우 자동갱신을 인정하는 경우가 많으며, 이 경우 자동갱신이 이루어지기 위하여는 이에 대한 명시적인 고지와 상당한 기간의 허용이 요구된다. 소비자의 의사표시의 방식은 원칙적으로 제한이 없다. 따라서 소비자는 구두 또는 서면 등의 방식으로 자유롭게 의사표시를 할 수 있으나, 반드시 서면, 등기우편, 내용증명우편 등으로 행사하도록 하거나 그 표시방식을 어렵게 정하여 사실상 권리행사에 제한을 가하는 조항은 무효이다. 예를 들어, 방문판매 등에 있어서 청약의 철회는 방식에 있어서 제한이 없음에도 불구하고 반드시 내용증명우편에 의한 서면으로 행사하도록 하는 것이 대표적인 예이다. 또한 소비자의 중대한 이익에 영향을 미치는 사업자의

26) 일본의 경우 소비자의 청약 또는 동의없이 사업자가 일방적으로 상품 등을 배송하여 수령한 소비자가 이에 대하여 승낙하지 않은 경우, 상품의 배송일로부터 14일 또는 소비자가 수거를 요청한 날로부터 7일이내에 상품을 수거하지 않은 경우 반환청구권을 부정하고 있다(일본 특정상거래법 제59조).

의사표시는 원칙적으로 개별 통지하여 소비자의 불이익발생을 방지하여야 함에도 불구하고 영업장에 일시적인 게시만으로 의사표시가 도달하는 것으로 인정하는 조항 역시 불공정 약관에 해당하여 무효이다. 마지막으로 사업자의 의사표시 기간에 대하여 장기의 기간 또는 불확정기간을 정하고 있는 조항으로서, 소비자가 청약을 한 경우 사업자는 승낙기간내에 또는 승낙기간을 정하고 있지 않은 경우 상당한 기간내에 승낙을 하여야 함에도 불구하고 언제든지 이에 대한 승낙을 할 수 있다고 규정하고 있는 약관의 조항은 무효이다.

7) 대리인의 책임과중

소비자를 위하여 대리인이 계약을 체결한 경우 소비자가 채무를 이행하지 않은 경우 대리인에게 그 의무의 전부 또는 일부를 이행할 책임을 지우는 내용의 약관조항은 무효이다(약관규제법 제13조).

대리인이 체결한 법률행위의 법적 효과는 본인에게 발생하며, 본인이 채무를 이행하지 않은 경우에 사업자는 채무의 이행 또는 채무불이행에 기한 손해배상을 본인에게 청구하여야 한다. 만일 본인이 채무를 이행하지 않은 경우에 대리인에게 채무의 이행을 청구할 수 있는 경우는 대리인이 무권대리인이거나, 연대채무 또는 보증채무를 부담한 경우에만 가능하다(민법 제135조 제1항). 이러한 경우를 제외하고 본인이 채무를 이행하지 않은 경우에 대리인은 아무런 책임을 부담하지 않으며, 대리인의 책임을 인정하는 약관의 내용은 무효가 된다.

8) 소제기의 금지

소비자에게 부당하게 불리한 소제기의 금지 또는 재판관할의 합의조항, 상당한 이유없이 소비자에게 입증책임을 부과시키는 조항은 무효이다(약관규제법 제14조).

소비자거래와 관련하여 분쟁이 발생할 경우 분쟁의 해결방법 중 대표적인 방안은 소송을 통한 것이다. 소의 제기는 당해 분쟁에 대하여 관할권이 있는 법원에 소송을 제기하여야 하며, 이를 관할법원이라 한다. 관할법원의 결정은 민사소송법에서 정하고 있으며, 기본 원칙은 피고의 주소지를 관할하는 법원이다(민사소송법 제2조). 따라서 소비자가 소를 제기할 경우 사업자의 주소지를 관할하는 지방법원이 관할권을 갖는 것이 원칙이지만, 특수거래의 경우 소비자의 소제기를 원활하게 하기 위하여 이에 대한 특칙을 두어 소비자의 주소지를 관할하는 지방법원에 관할권을 부여하고 있다(할부거래법 제44조, 방문판매법 제46조, 전자상거래소비자보호법 제36조). 따라서 특수거래로 인한 분쟁을 해결하기 위한 소의 제기에 있어서 관할법원을 소비자의 주소지 등을 관할하는 지방법원이 아닌 사업자의 주소지 등을 관할하는 지방법원으로 정하는 약관의 조항은 무효이다. 또한 손해배상의 청구에 있어서 채무불이행책임의 경우 사업자의 책임있는 사유에 대한 입증은 소비자가 아닌 사업자가 이의 부존재를 입증하여야 함에도 불구하고, 이의 입증책임을 소비자에게 전가시키거나 불법행위에 기한 손해배상책임의 특칙인 제조물책임과 표시광고공정화법상 손해배상책임은 무과실책임임에도 불구하고 사업자의 책임있는 사유를 요구하는 경우 역시 소비자에게 부당하게 입증책임을 가중시키는 조항으로 무효이다.

제2절 상조서비스 표준약관

1. 표준약관의 의의 및 필요성

가. 표준약관의 의의

표준약관이라 함은 사업자 또는 사업자단체가 일정한 거래분야에서 건전한 거래질서를 확립하고 불공정한 내용의 약관이 통용되는 것을 방지하기 위하여 일정한 약관의 내용을 정하여 공정거래위원회의 심사를 받거나 공정거래위원회가 직접 작성한 약관을 말한다.[27)]

나. 표준약관의 필요성

소비자거래는 부합계약의 특성으로 재화 등에 관한 계약을 체결함에 있어 양 당사자가 구체적인 계약내용을 협의하여 정하는 것이 아니라 사업자가 사전에 작성한 약관에 소비자가 동의함으로써 계약내용이 결정된다. 그러나 사업자가 사전에 일방적으로 계약내용을 정하기 때문에 내용면에 있어서 불공정한 약관조항이 포함될 수 있으며, 추후 소비자피해를 유발시키는 주된 원인으로 작용할 수 있다. 이러한 불공정약관조항

27) 拙著, 「소비자보호법」, 세창출판사, 2008, 174면.

은 추후 약관규제법의 적용에 의하여 무효로 인정하여 소비자를 보호할 수 있으나 이는 사후적 구제방안이며, 소비자보호에 있어서 최선책이 아닌 차선책에 불과하다. 따라서 불공정한 약관의 이용으로 인하여 발생할 수 있는 소비자피해를 예방할 수 있는 방안은 당해 거래분야에서 일반적으로 사용할 수 있는 약관을 작성하여 이를 사용하기 전에 당해 약관의 불공정성 여부를 심사하여 공정한 약관을 마련한 후 이를 구체적인 거래분야에서 이용하는 것이며, 이러한 필요성에 의하여 신설된 것이 표준약관제도이다. 이러한 표준약관은 사업자 등의 자율적인 규제방안의 일환이며, 불공정 약관의 사용으로부터 발생할 수 있는 소비자피해를 예방할 수 있는 방안이다. 또한 사업자와 소비자간 공정한 거래질서를 사전에 확보할 수 있음과 더불어 사업자에 대한 신뢰성을 향상시키는 기능을 한다.

2. 상조서비스 표준약관의 제정 및 구성

가. 상조서비스 표준약관의 제정 및 개정

상조서비스 표준약관(이하에서는 "표준약관"이라고 함) 역시 상조서비스업의 전국적인 확대에 따라 급증하는 소비자피해를 예방하기 위하여 한국상조연합회가 마련한 표준약관(안)에 대하여 상조업계, 한국소비자원 및 한국소비자단체협의회 등의 의견을 수렴하고, 약관심사자문위원회의 자문 및 공정거래위원회의 의결을 거쳐 2007년 12월에 승인되었다.[28] 이후 2010년 12월 17일에 일부 개정되었다. 즉, 개정된 내용은 계약의 해지 및 해약환급금에 관한 제15조이다. 현행 표준약관은 2011년 9월 23일 개정된 것이며, 개정의 주요 내용으로 사업자의 피해보상증서 발급 및 예치내역열람 조치의무를 명확히 하고, 상조상품에 가입한 회원의 계약해지시 「선불식 할부계약의 해제에 따른 해약환급금 산정기준 고시」에 따라 해약금을 환급하도록 하였다.

나. 표준약관의 구성

상조서비스 표준약관은 총 18개 조항으로 구성되어 있으며, 주된 내용은 계약체결(제2조, 제3조), 철회권(제4조), 회비납부(제5조 내지 제8조), 상조서비스(제10조 내지 제13조), 회원의 채무불이행(제14조), 해지 및 해약환급금(제15조), 양도 및 명의변경(제16조),

28) 공정거래위원회, "보도자료: 공정위 상조서비스 표준약관 승인", 2007 · 12 · 13.

금융정보제공동의서의 요청 및 제공(제17조) 및 관할법원(제18조)으로 구성되어 있다.

3. 상조서비스 표준약관의 내용

가. 목 적

제1조 (목적)

이 계약은 __________(이하 '회사'라 한다)의 회원으로 가입한 사람이 매월 일정액의 납부의무를 지고 회사는 가정의례 발생시 약정된 물품과 서비스(이하 '상조서비스'라 한다)를 제공하는 의무를 지는 것을 목적으로 하며 금전이나 금리의 지급을 대상으로 하지 않는다.

(1) 회원과 회사의 의무

표준약관 제1조에서는 회원과 회사간 법률관계의 기본적인 사항을 제시하고 있다. 즉, 상조계약에 따라 회원은 매월 일정액을 납입할 의무를 부담하며, 회사는 가정의례(상 또는 혼례)의 발생시 약정된 상조서비스를 제공할 의무를 부담한다.

(2) 선불식 할부계약

표준약관은 매월 일정액을 사전에 납부하는 상조계약만을 대상으로 한다. 따라서 상조대금을 일시불로 지급하는 상조계약에 대하여 표준약관은 적용되지 않는다. 다만, 회원이 할부가 아닌 일시불로 납입할 경우에 대금할인을 규정하고 있기 때문에 일시불 상조계약에 전면적으로 적용되지 않는다고 말할 수 없다(표준약관 제6조).

(3) 재화 등의 판매

표준약관상 상조계약은 상조서비스의 제공을 목적으로 하기 때문에 상이 발생하였을 경우 일정한 금액을 지급하거나 이에 대한 이자를 지급하는 것을 목적으로 하는 계약에는 적용되지 않는다. 이러한 점은 상조계약이 재화 등에 대한 계약이며, 상조보험이 아니라는 점을 명시하고 있다.

나. 회원가입

제2조 (회원의 가입)

① 회사로부터 상조서비스를 제공받을 수 있는 회원으로 가입하고자 하는 사람은 회원 가입신청서에 필요한 사항을 기재하고 기명날인 또는 서명한 후 이를 회사 또는 모집인에게 제출하여야 하며, 가입자는 가입과 동시에 가입상품에 따른 1회 이상의 납입금을 납부하여야 한다. 이는 전자거래 또는 통신매체를 통하여 가입하는 경우에도 마찬가지이다.

② 회사는 가입하고자 하는 사람이 가입하기 전 약관을 교부하고 약관의 중요한 내용을 설명하여야 하며, 직접 또는 모집인을 통하여 가입자가 납입한 납입금의 영수증을 발급하여야 한다.

③ 가입절차를 완료한 회원에 대하여 회사는 지체없이 회원증서를 교부한다.

④ 회원이 회원증서를 분실하여 회사에 재교부를 신청한 때에는 회사는 회원증서를 재발행하여 교부하고 실비수준의 수수료(예: 5,000원)를 받을 수 있으며, 이 경우 이미 교부된 회원증서는 무효가 된다.

(1) 개인회원의 가입

1) 회원가입신청

표준약관에서는 상조계약의 체결을 회원가입으로 표현하고 있다. 따라서 회사와 상조계약을 체결하고자 하는 자는 회원 가입신청서에 필요한 사항을 기재하고, 기명날인 또는 서명한 후 이를 회사 또는 모집인에게 제출하여야 한다. 상조계약을 체결한 회원은 가입과 동시에 가입상품에 따른 1회 이상의 납입금을 납부하여야 한다. 그럼 상조계약을 체결하면서 1회 이상의 납입금을 납부하지 않은 경우 상조계약의 효력은 무엇인가의 문제가 제기된다. 즉, 상조계약이 성립하기 위하여 반드시 1회 이상의 납입금을 납부하여야 하는가 아니면 납입금의 납부와 관계없이 양당사자의 합의만으로 상조계약의 효력은 발생하며, 1회 이상의 납입금을 납부하지 않은 경우 상조업자에게 해제권이 발생할 것인가이다. 이에 대하여 표준약관에서는 규정을 두고 있지 않다. 물론 거래의 현실상 상조계약의 체결과 동시에 소비자가 1회의 납입금을 납부하기 때문이라고 할 수 있지만, 계약을 체결만하고 1회 납입금을 추후에 지급하기로 하는 상조계약 역시 존재한다. 그럼 이 경우 상조계약을 요물계약으로 판단하여 상조계약이 효력을 발생하지 않음으로 판단할 것인가 아니면 상조계약은 유효하지만, 채무불이행에 따라 상조업자에게 해제권만을 부여할 것인가? 이에 대하여는 후자로 판단하여야 할 것이다. 즉, 할부거래법에서도 선불식 할부계약을 요물계약으로 정의하고 있지 않다. 또한 보험계약에서도 1회의 보험금을 납입하기로 하였지만, 보험계약자가 보험금을 납입하지 않은 경우 다른 약정이 없는 한 계약성립 후 2월이 경과하면 그 계약은 해제된 것으로 본다고 규정하고 있다(상법 제650조 제1항). 따라서 1회의 납입금을 지급하지 않더라도 상조계약은 유효하지만, 상조업자는 소비자의 채무불이행을 이유로 해제할 수 있다고 할 것이다. 만일 소비자가 1회 이상의 납입금을 납부한 경우 상조업자는 영수증을 교부하여야 한다.

2) 약관의 교부 및 설명

회사는 소비자가 가입하기 전 약관을 교부하고 약관의 중요한 내용을 설명하여야 한다. 이는 약관규제법상 편입통제요건을 규정한 것이다. 그러나 설명하여야 할 약관의 중요한 내용에 대하여 명시하고 있지 않고, 단지 약관규제법의 내용을 그대로 규정하고 있다. 표준약관은 사업자가 약관으로 바로 사용할 수 있다는 점을 감안한다면 약관규제법의 내용보다 명확하게 규정하는 것이 바람직하다. 그렇다고 한다면 회사가 소비자에게 설명하여야 할 약관의 중요한 내용은 무엇인가? 표준약관의 내용만을 본다면 단체계약에 있어서 선택권, 철회권, 회원의 월납입금 납부의무, 선납할인 및 모집수당할인, 비용의 추가부담, 잔여 납부금의 납부, 주소변경 통보의무, 상조서비스의 이용, 상조서비스의 제공지역, 상조서비스의 내용, 회원의 채무불이행 효과, 계약의 해지 및 해약환급금, 회원지위의 양도 · 명의변경, 금융정보제공동의서의 요청 및 제공, 분쟁해결 및 관할법원에 관한 사항 모두가 소비자가 상조계약을 체결함에 있어서 필요한 내용이기 때문에 약관의 중요한 내용이라고 할 수 있다. 그러나 청약철회권, 계약의 해지 및 해약환급금, 재판관할에 관한 사항은 이미 할부거래법에서 규정하고 있는 사항이기 때문에 이에 대한 설명의무는 발생하지 않는다. 문제는 약관에서 이와 다르게 정한 경우이며, 이는 할부거래법의 내용보다 소비자에게 더 유리한 경우와 더 불리한 경우로 구분할 수 있다. 그러나 양자 모두 설명의무와는 무관하다고 할 수 있다. 즉, 청약철회권 등에 관한 할부거래법상 규정은 편면적 강행규정이기 때문에 약관에서 동법의 내용보다 소비자에게 불리할 경우 당해 약관은 설명 여부와 관계없이 무효이다. 반면에 약관의 내용이 소비자에게 더 유리한 경우에 있어서 설명하지 않음으르 인하여 당해 약관의 내용은 계약으로 편입되지 않는가이다. 그러나 이는 설명의무의 취지에 기초하여 판단하여야 한다. 즉, 약관규제법상 설명의무는 임의규정 또는 일반적인 거래관행보다 소비자에게 불리한 내용을 약관에서 정하고 있는 경우 이의 내용을 사전에 소비자에게 설명하여 줌으로써 이의 거부 또는 협상을 할 수 있는 기회를 부여하기 위함이다. 따라서 약관의 내용이 할부거래법보다 유리한 경우 이를 설명하지 않았다고 하여 계약의 내용이 되지 않음으로 인정하는 것은 약관규제법상 설명의무의 취지에 반하는 것이다. 따라서 당연히 계약의 내용으로 편입된다고 할 것이다.

3) 회원증서의 교부 및 재발행

회사는 상조계약을 체결한 즉시 회원에 대하여 회원증서를 교부한다. 회원이 회원증서를 분실하여 회사에 재교부를 신청한 때 회사는 회원증서를 재발행하여 교부하고 실비수준의 수수료(예: 5,000원)를 받을 수 있으며, 이 경우 이미 교부된 회원증서는 무효가 된다. 여기에서 회원증서는 무엇을 의미하는가? 일반적으로 회원증서는 회원임을 나타내는 증서를 말한다. 즉, 상조계약을 체결한 소비자가 상이 발생하여 상조회사에 상조서비스를 요청하였을 경우 회원증서를 제시하여 회원임을 증명하게 된다. 그럼 회원증서에는 어떠한 사항이 기재되어 있는가? 물론 이는 상조회사마다 상이하기 때문에 이를 구체적으로 제시하기가 곤란하지만, 단순히 회원임을 증명하기 위한 목적이라고 한다면 소비자의 인적 사항과 상품명이 기재되면 된다(표준약관 제13조 제2항 참조). 그럼 이러한 사항만이 기재된 회원증서를 교부하였을 경우 상조회사의 법 위반의 문제는 없는가? 할부거래법에서는 상조계약을 체결하였을 경우 상조회사는 지체없이 사전에 제공하여야 할 정보가 모두 기재된 계약서를 교부할 의무를 부과하고 있다. 따라서 회원증서에 이러한 사항이 모두 기재되었다면 법 위반의 문제는 발생하지 않지만, 이의 사항 중 일부가 누락되어 있다면 법 위반이 된다. 그럼 당사자간의 합의로 이의 사항의 미기재를 약정할 수 있는가? 그러나 계약서 교부의무를 규정하고 할부거래법 제23조는 강행규정이다. 따라서 소비자에게 불리한 약정은 효력이 없다(동법 제43조). 그 결과 표준약관은 사업자의 법 위반을 조장할 수 있는 여지를 담고 있으므로 이의 내용은 수정되어야 할 것이다. 그럼 구체적으로 어떻게 수정되어야 하는가? 먼저, 회원증서와 계약서를 구분하여야 한다. 즉, 회원증서는 회원임을 나타내는 증서일 뿐 계약서는 아니다. 따라서 상조계약의 체결시 회사가 즉시 교부하여야 할 것은 회원증서가 아닌 계약서이다. 물론 회원임을 간편하게 확인할 수 있는 회원증서 역시 회사가 교부할 수 있지만, 이것으로 계약서를 대체할 수 없기 때문에 기본적으로 회사는 회원에게 계약서를 교부하여야 하며, 회원임을 확인할 수 있는 회원증서를 교부할 수 있다고 규정하여야 할 것이다.

그럼 회원증서가 교부되었을 경우 상조서비스를 제공받기 위하여 반드시 회원증서를 제시하여야 하는가? 이는 소비자의 권리가 지명채권인가 아니면 증권부 채권인가의 문제이다. 전자라고 한다면 증서는 단지 증거문서에 해당할 뿐 권리의 행사에 있어서 필수요건은 아니다. 그러나 후자일 경우 소비자가 상조서비스를 요청하기 위하여 증서를 반드시 제시하여야 한다. 물론 표준약관에서 재발행된 경우 종전 회원증서는 효력을 상실한다라고 규정하고 있기 때문에 상조서비스를 요청하기 위하여 회원증서의 제시가 필요한 것으로 해석될 수 있다. 그러나 상조서비스의 이용에 대하여 표준약관에서는 반드시 회원증서의 제시를 요건으로 하고 있지 않다. 따라서 회원증서는 회원임을 나타내는 증서, 즉 상조계약을 체결하였다는 사실을 증명하는 증서일 뿐 상조서비스를 제공받기 위한 요건은 아니라고 할 것이다.

(2) 단체회원의 가입

제3조 (단체회원의 가입)

① 제2조는 법인 기타 단체의 명의로 복수의 인원이 집단으로 가입할 경우에도 준용한다.

② 단체의 구성원 중 상조서비스 대상이 되는 회원에 대한 개별적인 가입이 힘들거나, 개별적인 회원자격을 인정할 필요가 없을 때에는 회사는 해당 단체의 구성원에게 포괄적인 회원자격을 인정할 수도 있다.

③ 포괄적인 회원자격은 소속단체별로 가입구좌수에 따른 상조서비스를 이용할 수 있음을 의미하며, 선택권은 소속단체장이 행사한다.

1) 개인회원의 가입절차의 준용

상조계약은 개인 소비자가 체결할 수 있지만, 단체가 체결할 수도 있다. 이와 같이 단체가 상조계약을 체결하는 이유 중 하나는 체결절차의 간소화이다. 즉, 각 소비자별로 상조계약을 체결할 경우 소비자의 수 만큼 계약을 체결하여야 하지만, 단체로 체결할 경우 단일의 계약으로 체결할 수 있는 장점이 있다. 또한 단체가 구성원의 복지 차원에서 상조계약을 체결할 수 있다. 단체에 의한 상조계약에 있어서 체결절차는 개인 상조계약의 체결에 관한 내용이 그대로 적용된다.

2) 상조서비스의 이용한도 및 선택

단체계약은 개인계약과 달리 상조서비스의 이용횟수가 복수이다. 물론 이의 이용횟수는 계약에서 정한다. 따라서 단체에 소속된 회원은 그 이용횟수 만큼 상조서비스를 이용할 수 있다. 문제는 무제한이 아닌 상조서비스의 이용에 있어서 횟수 제한이 있을 경우 어느 회원에게 상조서비스를 이용할 수 있는 권한을 부여할 것인가이다. 이에 대하여 단체계약에 있어서 단체의 구성원 모두가 회원자격을 갖지만, 그 이용에 대한 선택권은 소속단체장이 행사한다. 물론 단체의 구성원 중 누가 상조서비스를 이용할 수 있는가는 내부에서 정할 사항이지만, 상조회사와의 관계에서는 이의 결정권을 소속단체장에게 있다. 그러나 선택권에 관한 사항(제3항 후문)은 표준약관 제11조와 중복된다. 따라서 이의 내용을 삭제할 필요가 있다.

다. 철회권

제4조 (철회권의 행사)

① 회원은 약관을 받은 날부터 14일 이내에 계약철회권을 행사할 수 있다. 단, 약관 및 회원증서를 교부받지 못하였을 경우에는 계약일로부터 3월 이내에 계약철회권을 행사할 수 있다.

② 제1항의 회원가입계약에 대한 철회의 의사표시를 서면으로 하는 경우에는 서면을 발송한 날에 그 효력이 발생한다.

③ 제1항과 제2항에 따라 계약을 철회한 회원에 대하여 회사는 납입금을 철회일로부터 3영업일 이내에 반환하며, 회원은 상조서비스를 이용할 수 있는 자격을 상실한다. 단, 회사가 3영업일 내에 반환하지 않을 경우에는 납입금에 대해 연 24%의 지연이자를 지급한다.

(1) 철회권의 행사기간

소비자는 약관을 받은 날로부터 14일 이내에 철회권을 행사할 수 있다. 다만, 약관 및 회원증서를 교부받지 못한 경우에는 계약일로부터 3월 이내에 행사할 수 있다. 이러한 표준약관상 철회권에 관한 내용은 할부거래법과 일치하는가? 할부거래법상 철회권은 계약서를 교부받은 날로부터 14일 이내에 행사할 수 있으며, 계약서를 교부받지 못한 경우에는 계약일로부터 3월 이내에 행사할 수 있다(동법 제24조). 그러나 표준약관은 기준일(청약철회권 행사기간의 기산점)을 계약서의 교부일이 아닌 약관의 교부일로 정하고 있다. 따라서 계약서가 아닌 약관만이 교부된 경우에도 철회권의 행사기간이 진행되도록 규정하고 있다. 이는 할부거래법의 내용과 상이하다. 또한 3개월의 요건 역시 계약서의 미교부가 아닌 약관과 회원증서이다. 물론 회원증서가 계약서를 대체한다면 문제가 없지만, 앞에서 살펴본 바와 같이 일반적으로 회원증서는 계약서가 아니다. 따라서 이 역시도 할부거래법의 내용과 상이하다. 그럼 표준약관에서 할부거래법의 내용과 다르게 정할 수 있는가? 그러나 할부거래법의 내용은 강행규정이기 때문에 이 보다도 소비자에게 불리한 것은 효력이 없으며, 표준약관의 내용은 할부거래법보다 소비자에게 불리하다. 따라서 철회권에 관한 표준약관의 규정(제4조 제1항)은 무효이다. 이러한 점은 표준약관이 공정거래위원회의 심사를 거쳐 마련되었음에도 불구하고 관련법령과 일치하지 않은 내용을 규정하고 있으며, 표준약관의 기능을 고려할 때 매우 심각한 문제라고 할 수 있다. 따라서 조속한 시일 내에 수정되어야 할 것이다.

(2) 효과발생시기 및 효과

소비자가 서면으로 철회권을 행사한 경우 그 효과는 서면의 발송시이다. 즉, 철회서가 도달한 시점이 아닌 발송한 시점에 상조계약의 효력은 소멸한다. 또한 철회권은 형성권이기 때문에 회사가 이에 대하여 승낙하여야 하는 것은 아니다.

소비자가 상조계약을 철회한 경우 회사는 철회서를 받은 날로부터 3영업일 이내에 지급받은 할부금 등을 반환하여야 하며, 이의 지연시 연 24%의 지연배상금을 더하여 지급하여야 한다. 할부거래법에서는 지연배상금에 대하여 연 20%로 정하고 있지만(시행령 제7조), 표준약관에서는 연 24%로 더 높게 정하고 있다. 그럼 할부거래법과 다르게 정한 표준약관의 효력은 어떠한가? 지연배상금의 이율을 정하고 있는 할부거래법의 규정은 편면적 강행규정이다. 따라서 소비자에게 불리한 경우에만 무효일 뿐 소비자에게 유리한 경우는 유효하기 때문에 표준약관의 규정은 유효하다. 그러나 과도한 지연배상금은 반드시 소비자에게만 유리한 것은 아니다. 즉, 상조회사가 소비자에게 위약금을 청구함에 있어서 기준이율 역시 높아지기 때문이다. 따라서 이에 대하여는 최소 할부거래법상 이율로 인하할 필요가 있다.

라. 할부금의 지급

(1) 회원의 월납입금 납부의무

제5조 (회원의 월납입금 납부의무)

① 회원은 이 계약에 따라 가입 시에 정한 월납입금을 매월 약정한 기일에 납부하여야 한다.

② 가입상품에 따른 월납입금, 납입회수는 다음과 같다.

(예시)

상품금액	월납입금	납입회수
1,200,000원	20,000원	60회
2,160,000원	30,000원	72회
4,800,000원	50,000원	96회

③ 회원은 원칙적으로 은행지로 또는 계좌이체를 통하여 월납입금을 납부하며, 모집인을 통하거나 직접 회사에 납부할 수 있다.

④ 회사의 월납입금납부증빙내역에 이의가 있는 회원은 영수증을 첨부하여 잘못된 내역의 정정을 요구할 수 있다.

⑤ 제3항에 따라 회원이 모집인을 통하거나 직접 회사에 월납입금을 납부할 경우 회사는 영수증을 발행하며, 제4항의 영수증은 은행지로 또는 계좌이체를 통하여 납부한 경우 지로영수증, 거래원장, 입금확인서도 그에 갈음할 수 있다.

⑥ 회원은 언제든지 회사의 월납입금납부증빙내역에 대해 확인을 요구할 수 있다.

1) 할부금의 납입의무 및 납입방식

상조계약을 체결한 소비자는 매월 지정된 일자에 할부금을 납부하여야 한다. 납부 기간 및 금액은 상조계약에서 정한 바에 따른다. 물론 소비자가 반드시 매월 납입하여야 하는 것은 아니며, 납입 도중 잔여 할부금을 일시에 납입할 수 있으며, 일정 할부금을 일시불로 지급할 수 있다. 이 경우 상조업자는 표준약관 제6조에 따라 할인할 수 있다.

할부금의 납입방식은 계약체결시 정한 방법에 따르지만, 이에 대한 약정이 없는 경우 소비자는 원칙적으로 은행지로 또는 계좌이체를 통하여 월납입금을 납부하며, 모집인을 통하거나 직접 회사에 납부할 수 있다.

2) 영수증의 교부 및 이의 신청

소비자가 할부금을 납부한 경우 회사는 영수증을 발행하며, 은행지로 또는 계좌이체를 통하여 납부한 경우 지로영수증, 거래원장, 입금확인서도 그에 갈음할 수 있다.

또한 소비자는 언제든지 회사의 월납입금납부증빙내역에 대해 확인을 요구할 수 있다. 만일 할부금 납입내역이 실제와 상이한 경우 영수증을 첨부하여 잘못된 내역의 정정을 요구할 수 있다.

이와 같이 표준약관에서는 영수증 교부 및 소비자의 이의신청에 대하여 규정하고 있지만, 이에 대하여는 다음과 같은 보완이 필요하다. 먼저, 조문의 체계이다. 즉, 회원이 할부금을 납부한 경우 회사는 영수증을 발행하여야 할 것이다. 따라서 제5항은 제4항으로 위치를 변경하여야 한다. 둘째 제4항에서는 이의신청을 규정하고 있지만, 이는 제6항의 확인 후에 하는 것이 일반적이다. 따라서 조항의 위치가 제6항의 다음으로 변경되어야 한다. 즉, 현행 제4항부터 제6항까지의 조항의 위치는 제5항이 제4항으로, 제6항이 제5항으로, 제4항은 제6항으로 이동하여야 할 것이다. 마지막으로 표준약관에서는 회원의 할부금납부에 대한 이의신청만을 규정하고 있을 뿐 그 이후의 절차에 대하여는 규정을 하고 있지 않다. 따라서 이의 절차에 대한 규정이 필요하며, 이의 내용으로는 다음과 같은 내용이 보완되어야 할 것이다. 즉, 회원의 이의신청을 받은 회사는 3영업일 이내에 할부금의 납부에 관한 내역을 확인한 후 그 내역이 사실과 일치하는 경우 회원에게 이의 사실을 통지하고, 오류가 있는 경우 정정하여 그 정정내용을 회원에게 통지하도록 하여야 할 것이다.

(2) 선납할인 및 모집수당 할인

제6조 (선납할인 및 모집수당 할인)

① 회원이 납입금의 전부 또는 일부를 선납할 경우, 회사는 미리 약정한 비율로 총납입금을 할인할 수 있다.
(예시) 전액 선납한 경우 상품금액의 10% 할인
12개월분을 선납한 경우 1회 납입금의 50% 할인

② 회원이 모집인을 통하지 않고 전자거래 등 회사와 직접 거래함으로써 모집수당이 절약될 경우 회사는 미리 약정한 비율로 총납입금을 할인할 수 있다.
(예시) 회사방문, 홈페이지를 통해 가입한 경우 상품금액의 5% 할인

1) 선납할인

소비자는 할부금을 매월 지정된 시기에 납입하여야 하지만, 잔여 할부금 전부 또는 일부를 미리 지급할 수 있다. 이를 할부금의 선납이라고 하며, 이는 소비자가 기한의 이익을 포기하는 것이다. 이 경우 회사는 총납입금 중 일부를 할인할 수 있으며, 할인

의 비율은 회사가 정한 비율에 의한다. 다만, 선납을 한다고 하여 회사는 반드시 할인을 하여야 하는 것은 아니다.

2) 모집수당 할인

회원이 모집인을 통하지 않고 전자거래 등 회사와 직접 거래함으로써 모집수당이 절약될 경우 회사는 미리 약정한 비율로 총납입금을 할인할 수 있다. 즉, 모집비용이 절감되기 때문에 이를 할인한다는 것이다. 그러나 모집수당의 할인은 다음과 같은 문제점이 있다. 즉, 상조상품의 대금이 상조서비스에 대한 대가뿐만 아니라 모집인에 대한 수당까지 포함되어 있으며, 그 결과 상조서비스의 가격은 총납입금 보다 적은 금액(총납입금-모집수당)이라는 것이다. 또한 전자거래 등의 방식으로 상조계약을 체결한 경우 모집인이 존재하지 않기 때문에 후술하는 상조계약의 해제시 해약환급금을 결정함에 있어서 모집수당을 공제할 수 없다. 그럼 소비자의 해제시 회사는 모집수당이 할인된 금액에서 관리비용만을 공제하여야 하며, 이는 회사에게 발생한 손실보다 더 적은 위약금을 청구하게 된다. 이러한 문제가 발생하는 근본적인 문제는 위약금 산정의 기준을 관리비용과 모집수당으로 정하고 있기 때문이며, 이에 대하여는 후술한다.

(3) 비용의 추가부담

제7조 (비용의 추가부담)

회사는 회원이 가입 후 아래 기간 이내에 상조서비스를 제공할 경우에는 기재된 비용을 추가로 받을 수 있다.

(예시)

(예:120)만원 상품: 가입 후 6개월 이내 행사시: (예:30,000)원

상조계약을 체결한 후 소비자에게 상이 발생한 경우 회사는 대금의 완납 여부와 관계없이 상조서비스를 제공하여야 한다. 이에 표준약관에서는 상조서비스의 제공시기를 구분하여 계약체결이후 일정 기간이내에 상조서비스를 제공하는 경우 일정금액을 추가로 청구할 수 있도록 규정하고 있다. 물론 반드시 청구하는 것은 아니지만, 일반적으로 상조회사의 약관에서는 이를 규정하고 있다.[29] 이와 같이 추가비용의 지급을 규정하고

29) 보람상조 프라임 약관에서는 상조상품별로 6개월 또는 1년 이내 상조서비스 제공시 10만원에서 16만원까지 추가로 지급할 것을 규정하고 있다(약관 제7조).

있는 이유는 무엇인가? 이에 대하여는 다음과 같이 추정할 수 있다. 즉, 회원의 할부금 납부가 일정 기간 이상이 되어야 적립할부금에 대한 이자수입이 발생하게 되어 납입금과 이자를 대금으로 충당하게 되지만, 그 기간에 달하지 않은 상태에서 상조서비스를 제공할 경우 충분한 이자 수입이 발생하지 않기 때문에 추가비용을 청구할 수 있도록 한 것이다.

그럼 이러한 추가비용은 할부거래법의 내용과 일치하는가? 회사는 소비자와 상조계약을 체결하기 전에 일정한 정보를 제공하여야 하며, 이에는 재화 등의 가격에 관한 정보가 포함되어 있다. 여기에서의 가격은 소비자가 지급하여야 할 최종적인 재화 등의 가격을 의미한다. 물론 소비자가 지급하여야 할 대금에는 재화 등의 가격 이외의 요소가 존재할 수 있으며, 이러한 경우 소비자가 재화 등의 가격 이외에 추가적으로 부담하여야 할 사항이 있는 경우 그 내용 및 금액에 관한 정보 역시 제공하여야 한다. 물론 계약체결시 추가비용에 관한 정보를 소비자에게 설명하였다면 이의 문제는 발생하지 않는다. 그럼 이의 내용을 설명하지 않고 단지 약관에서만 기재하고 있는 경우 회사는 소비자에게 추가비용을 청구할 수 있는가? 그러나 할부거래법에서는 회사에 대하여 사전정보제공의무를 부여하고 있으며, 이와 다른 합의 중 소비자에게 불리한 것은 효력이 없다고 규정하고 있다. 따라서 사전설명없이 단지 계약서에만 이의 사항을 규정하고 있는 경우 당해 약관은 할부거래법에 의하여 효력이 없으므로 이의 비용을 청구할 수 없다고 할 것이다. 또한 약관규제법에 의하면, 추가비용은 소비자가 당해 계약을 체결여부를 결정함에 있어서 필요한 사항, 즉 중요내용이라고 할 수 있기 때문에 이에 관한 사항을 설명하여야 한다. 따라서 상조업자가 이를 소비자에게 설명하지 않은 경우 당해 내용은 계약의 내용으로 주장할 수 없다.

(4) 잔여 납부금의 납부

제8조 (잔여 납부금의 납부)

회원이 월부금의 완납이전에 상조서비스를 제공받을 때에는 사후에 잔여납부금을 일시에 납부하여야 한다.

상조서비스의 제공시기인 상의 발생은 인간이 예측하기 곤란하다. 따라서 할부금을 납입한 후 또는 완납하기 이전에도 발생할 수 있다. 표준약관에서는 대금을 완납하기 이전에 상이 발생하여 상조서비스를 제공받은 경우 잔여 납부금에 대하여 일시에 완납할 것을 규정하고 있다. 그러나 상조계약은 단지 선불식 할부계약뿐만 아니라 후불식 할부계약에도 해당한다. 즉, 후불식 할부계약은 대금의 완납이전에 재화등을 공급받기로 하는 계약이며, 상조계약은 대금의 완납과 관계없이 상이 발생하면 상조서비스를 제공하기로 하는 계약이기 때문에 선불식 할부계약임과 동시에 후불식 할부계약에 해당하게 된다. 그러나 후불식 할부계약의 경우 잔여 대금을 일시에 지급하여야 하는 경우, 즉 소비자가 기한의 이익을 상실하는 경우는 할부금의 납부를 지연한 경우(2회 이상 연속하여 지연하고, 지연금액이 전체 대금의 1/10을 초과한 경우) 등으로 한정하고 있다. 따라서 재화 등을 공급받은 경우는 기한의 이익상실사유에 해당하지 않기 때문에 소비자는 상조서비스를 제공받았다고 하더라도 잔여 대금을 일시불로 지급할 필요가 없으며, 이를 약관에서 규정한 경우 할부거래법을 위반한 것이다. 따라서 이를 규정하고 있는 표준약관 제8조는 할부거래법 제43조에 위반한 규정으로 무효이다.

마. 주소변경시 통지의무

제9조 (주소변경 통보의무)

① 회원이 주소 및 연락처가 변경된 경우에는 회원은 15일 이내에 회사로 이를 통보하여야 한다.

② 회원이 주소 및 연락처의 변경을 통보하지 않은 경우에는, 회사는 종전에 신고된 주소 및 연락처로 통지함으로써 통지의무를 면하게 된다.

(1) 통지기간

회원의 주소 및 연락처가 변경된 경우 회원은 15일 이내에 회사로 이를 통보하여야 한다. 즉, 회원의 주소 및 연락처는 회사가 회원에게 각종 통지를 함에 있어서 기초가 되기 때문에 이의 변경시 회사에 대하여 통지하도록 규정하고 있다. 특히, 주소지의 변경은 상조서비스 제공 가능지역을 판단하는 기초가 될 수 있기 때문에 이에 대한 통지를 요구하고 있다.

(2) 미통지시의 효과

회원이 주소 또는 연락처가 변경되었음에도 불구하고 이를 회사에 통지하지 않았을 경우 회사는 종전의 주소 및 연락처로 통지함으로써 통지의무를 면하게 된다. 물론 회원이 통지하지 않았을 경우 회사가 회원의 주소 등을 알 수 없다는 점에서 이의 규정을 두고 있지만, 회원이 통지하지 않더라도 이의 주소 등을 알 수 있음에도 불구하고 단지 종전 주소 등으로 통지함으로써 그 의무를 다한 것으로 간주하기에는 곤란하다. 따라서 이는 회원의 주소 등이 변경되었지만 회원이 이를 회사에 통지하지 않고, 회사 역시 과실없이 이를 알지 못한 경우로 한정할 필요가 있다.

바. 상조서비스

제10조 (상조서비스의 이용)

① 회원본인과 배우자, 회원 및 그 배우자의 직계존속, 회원의 직계비속은 상조서비스를 이용할 권리를 갖는다.

② 회원은 계약체결 시 상조서비스의 이용자와 상조서비스의 내용을 미리 정할 수 있으며, 이 경우 회사의 동의를 얻어 변경할 수 있다.

③ 회원은 계약체결 후 가입 상품금액보다 많은 상품금액의 상조서비스를 이용하고자 할 경우에는 이용에 앞서 회사와 협의하여 추가비용을 결정하고 변경할 수 있다.

④ 상조서비스는 원칙적으로 1구좌당 1회에 한한다. 단, 회사가 납입금 범위 내에서 상품금액이 적은 상조서비스를 2회 이상 이용할 수 있게 하는 경우에는 예외로 한다.

1) 상조서비스의 이용권자

표준약관에서는 상조서비스를 이용할 수 있는 자로 회원본인과 배우자, 회원 및 그 배우자의 직계존속, 회원의 직계비속으로 정하고 있다. 그럼 이러한 자의 의미는 무엇인가? 즉, 이러한 자가 사망하였을 경우 상조서비스를 신청할 수 있다는 의미인지 아니면 이러한 자가 상조서비스를 신청할 수 있다는 의미인가이다. 이에 대하여는 후자로 해석하여야 할 것이다. 즉, 동 규정의 문언상 이러한 자는 상조서비스를 신청할 수 있다고 규정하고 있기 때문에 상조서비스 신청권자를 열거한 것이다. 그렇다고 한다면 다음과 같은 문제점이 제기된다. 즉, 상조서비스를 신청할 수 있는 자가 복수이지만, 상조서비스는 1회에 한하여 신청할 수 있다. 따라서 회원본인이 아닌 다른 자가 상조서비스를 신청하거나 중복하여 신청할 경우 회원본인은 상조서비스를 신청할 수 없다는 문제점이 제기된다. 그럼 이와 같이 표준약관을 정한 이유는 무엇인가? 이는 상조서비스의 제공의 전제인 상의 발생에 있어서 누구의 상인가의 문제가 제기될 수 있다. 즉, 회원 본인이 사망할 수도 있으며, 그 이외의 자가 사망할 수도 있다. 물론 후자의 경우 회원 본인의 신청이 신청하여야 할 것이지만, 회원 본인이 신청할 수 없는 상황이 발생할 수 있다는 점을 감안하였다고 할 수 있다. 그러나 신청권자에 대하여 우선순위를 정하지 않고, 복수의 자를 규정한 결과 상기에서 제기한 문제가 발생할 수 있다. 따라서 이러한 문제를 야기시키지 않기 위하여 신청권자는 회원 본인으로 한정하고, 회원 본인이 사망하거나 신청할 수 없는 경우에 한하여 회원 본인 이외의 자가 신청할 수 있도록 개정하여야 할 것이다.

2) 상조서비스의 내용

회원은 계약체결 시 상조서비스의 내용을 미리 정할 수 있다. 반면에 상조서비스의 내용을 정하지 않을 수도 있다. 그러나 할부거래법상 급부의 목적물인 상조서비스의 내용은 확정되어야 하기 때문에 이를 추후에 정하는 것은 불가능하다. 그럼 이를 규정한 이유는 무엇인가? 이는 상조서비스의 내용에 대한 변경가능성을 염두에 둔 것이다. 즉, 계약체결시 결정하였던 상조서비스의 내용을 추후에 변경할 수 있도록 함과 더불어 이의 변경을 위하여 회사에 대한 동의를 요구하기 위함이다. 따라서 표준약관에서는 이러한 점을 감안하여 규정하여야 할 것이며, 상조서비스의 내용에 대한 사후 결정방식이 아닌 결정된 상조서비스의 내용을 변경할 수 있는 절차를 규정하여야 할 것이다.

이와 같이 상조서비스의 내용은 계약체결시 결정되는 것이 원칙이다. 그러나 추후 소비자가 더 고액의 상품으로 변경하고자 하는 경우 회사의 동의가 필요하다. 또한 상조서비스는 1회의 제공을 원칙으로 하지만, 회사의 동의하에 상품금액이 적은 상조서비스를 2회 이상 이용할 수 있다. 물론 이 경우 납입금액의 범주 내에서 허용됨은 당연하다고 할 것이다.

(2) 단체계약과 상조서비스

제11조 (단체계약과 상조서비스)

① 법인 또는 단체의 대표가 구성원들을 위하여 상조서비스 이용계약을 체결한 경우, 그 단체의 구성원들은 가입된 구좌수 만큼 상조서비스를 이용할 수 있다.

② 구성원에게 이용권 및 이용서비스를 부여하는 것은 계약에서 합의된 내용에 따라 소속단체장이 결정한다.

단체계약을 체결하였을 경우 상조서비스는 단체의 회원 수만큼 상조서비스를 이용할 수 있는 것이 아니라 계약에서 정한 상조서비스 제공횟수만큼 이용할 수 있다. 따라서 단체계약은 선불식 할부계약에 해당함과 더불어 계속거래에도 해당한다. 이러한 단체계약에 있어서 핵심은 단체의 회원 중 누구에게 상조서비스를 이용할 수 있는 권한을 부여할 것인가의 문제이다. 물론 이는 단체 내부에서 정할 사항이지만, 회사와의 관계에서 이의 권한을 갖는 자를 특정할 필요가 있다. 이에 표준약관에서는 소속 단체장에게 이의 권한을 부여하고 있다.

(3) 상조서비스의 제공지역

제12조 (상조서비스의 제공지역)

① 회사가 제공하는 상조서비스는 계약 시에 예정된 지역에서 제공함을 원칙으로 하며, 회사의 사정으로 서비스 제공지역을 변경하고자 하는 경우에는 적용일을 명시하여 변경지역과 그 적용일로부터 2월 전에 해당지역 회원에게 통지하여야 한다.

② 이사 등 회원의 사정으로 상조서비스가 제공되어야 할 지역에 변경이 생긴 경우에는 회사는 이에 협력하여야 한다.

③ 회사가 서비스 지역을 변경함으로써 상조서비스를 제공받을 수 없게 된 회원은 계약을 해지할 수 있다. 이 경우 회사는 회원의 신청일로부터 3영업일 이내에 회원이 납부한 납입금 전액과 납입금에 대하여 각각 그 받은 날부터 신청일까지 상사법정이율(연 6%)을 가산하여 반환하며, 지연 시 제14조 제1항에 따른 지연이자를 지급하여야 한다.

1) 회원의 상조서비스의 제공지역변경

회원에게 상이 발생하여 회사가 상조서비스를 제공할 지역은 계약체결시 정해진 지역으로 한다. 다만, 회원의 이사 등에 따라 상조서비스 제공지역이 변경된 경우 회원은 이를 사전에 회사에 통지하여야 한다. 또한 회원의 주소 등이 변경되었다고 하더라도 회사는 변경된 지역에서 상조서비스의 제공을 요청받은 경우 이를 제공하여야 한다. 그러나 계약체결 당시 상조서비스 제공제한지역 또는 회원의 동의를 얻어 상조서비스 제공제한지역으로 추가된 지역으로 회원이 이사를 한 후 당해 지역에서 상조서비스의 제공을 요청한 경우 회사는 상조서비스의 제공을 거부할 수 있다. 그럼 회원이 상조서비스를 제공할 수 없는 지역으로 이사한 경우 회사는 상조계약을 해제할 수 있는가? 그러나 이는 부정된다고 할 것이다. 즉, 회원이 상조서비스를 반드시 이사한 지역에서만 요청할 수 있는 것은 아니기 때문에 단지 상조서비스의 제공이 불가능한 지역으로 이사하였다는 것만으로 회사가 해제하는 것은 타당하지 않다. 다만, 회원은 후술하는 바와 같이 상조계약을 해제할 수 있지만, 이에 따른 위약금은 지급하여야 한다.

2) 회사의 상조서비스의 제공지역변경

회사의 사정으로 서비스 제공지역을 변경하고자 하는 경우 회사는 적용일을 명시하여 변경지역과 그 적용일로부터 2월 전에 해당지역 회원에게 통지하여야 한다. 다만, 회사가 서비스 지역을 변경함으로써 상조서비스를 제공받을 수 없게 된 회원은 계약을 해제할 수 있다. 이 경우 회사는 회원의 신청일로부터 3영업일 이내에 회원이 납부한 납입금 전액과 납입금에 대하여 각각 그 받은 날부터 신청일까지 상사법정이율(연 6%)을 가산하여 반환하며, 지연 시 제14조 제1항에 따른 지연이자를 지급하여야 한다. 표준약관에서는 회원의 권리를 해지권으로 표현하고 있지만, 이는 해지가 아닌 해제이다. 이와 같이 회사의 주소변경 등에 따라 상조서비스를 제공받을 수 없는 경우 소비자의 해제권을 규정하고 있다. 이는 회사의 책임있는 사유에 의한 해제이기 때문에 당연히 이로 인하여 발생한 소비자의 손해배상청구권은 인정되어야 한다. 그러나 표준약관에서는 회사의 손해배상책임에 대하여는 규정하지 않고 단지 환급지연에 따른 지연이자만의 지급을 규정하고 있다. 물론 해석을 통하여 당연히 회사의 손해배상책임이 인정되기 때문에 이를 명시할 필요가 없다고 할 수 있다. 그러나 표준약관의 다른 부분에서 당연히 인정되는 손해배상책임에 대하여 명시하고 있다는 점을 감안한다면 이 경우에도 회사의 손해배상책임을 명시적으로 규정할 필요가 있다.

(4) 상조서비스의 내용

제13조 (상조서비스의 내용)

① 상조서비스는 계약 시에 상품별로 확정한 내용대로 제공되어야 한다. 단, 회사는 확정된 물품 중 시간의 경과로 인한 단종, 품절 등 대상품목의 물품을 제공할 수 없는 경우에는 계약 시의 확정된 물품과 실질적으로 동등한 물품으로 대체할 수 있다.

② 제1항의 회사가 제공하는 상품별 상조서비스의 내용은 회원증서에 명시하여 교부한다.

상조서비스의 내용은 계약체결시 상품별로 확정된 내용대로 제공되어야 하며, 이의 내용은 회원증서에 명시되어야 한다. 그러나 상조계약의 체결시점과 상조서비스가 제공되는 시점은 상이하기 때문에 계약체결시 합의한 재화 등의 품절 등이 발생할 수 있으며, 이로 인하여 상조서비스를 제공할 시점에 당해 재화를 제공할 수 없는 문제가 발생할 수 있다. 이에 표준약관에서는 이러한 경우 계약체결시의 확정된 물품과 실질적으로 동등한 물품으로 대체할 수 있음을 규정하고 있다. 물론 현실적으로 동일한 재화를 공급할 수 없기에 이와 동등한 재화로 공급할 수 있음을 규정하고 있기에 일응 타당한 것으로 보인다. 그러나 이 역시 상조서비스의 내용변경에 해당하며, 회원의 변경시 회사의 동의를 요구함에 반하여 회원의 동의없이 일방적으로 급부의 내용을 변경할 수 있음을 규정하고 있다. 물론 이와 등등한 재화로 제한을 하고 있지만, 이에 대하여는 회원의 동의가 선행되어야 한다. 따라서 회원의 동의절차 없이 회사의 일반적 변경권을 규정하고 있는 표준약관은 약관규제법 제10조 제1항에 반하기 때문에 무효라고 할 것이다.

사. 상조계약의 해제

(1) 회원의 채무불이행과 회사의 해제권

제14조 (회원의 채무불이행 효과)

① 회원이 정당한 사유 없이 월납입금의 납부를 지연한 경우에는 그 지연일수에 (　　)%의 지연이자율을 적용한 지연이자를 지급하여야 한다. 단, 지연이자율은 연 24%를 초과할 수 없다.

② 회원이 3회 이상 월납입금의 납부를 연체한 경우 회사는 서면으로 월납입금의 납부를 최고하고, 회원이 최고의 통지를 받은 날부터 14일 이내에 연체된 월납입금을 납부하지 않을 경우에 회사는 계약을 해지할 수 있다.

③ 제2항에 따라 계약이 해지된 경우 회원은 제15조 제2항에 따라 해약환급금을 청구할 수 있다.

④ 제3항의 규정에 의한 해약환급금은 회원이 계약의 해지통지를 받은 날부터 5년 이내에 청구하여야 한다.

1) 지연이자

회원은 지정된 납입기일에 납입금을 납부하여야 하며, 이의 지연시 손해배상금을 지급하여야 한다. 이에 표준약관에서는 지연손해금의 산정기준으로 지연이자율을 최고 24%로 정하고 있다. 물론 할부거래법에서는 지연손해금의 이율을 정하고 있지 않으므로 이자제한법의 한도내에서 정할 수 있다고 할 것이다. 그러나 후불식 할부계약의 경우 규정을 두고 있음에도 불구하고 선불식 할부계약에 대하여 이를 규정하고 있지 않음은 입법적 미비라 할 것이다. 다만, 이를 정함에 있어서 후불식 할부계약의 경우 연 30%의 범위내이지만, 이는 과도한 이율이라고 할 것이다. 따라서 시중 금리를 감안하여 합리적인 수준에서 정하여야 할 것이다.

2) 회사의 해제권

회원이 납입금을 연체한 경우 회사는 상조계약을 해제할 수 있다. 표준약관에서는 회사의 권리를 해지라고 표현하고 있지만, 이는 해제에 해당한다. 즉, 해지라고 한다면 원상회복의무가 없기 때문에 해지시까지의 계약은 유효하다. 그러나 상조계약은 회원이 납입한 납입금의 반환을 인정하고 있으며, 이는 원상회복의무의 내용이다. 따라서 해지가 아닌 해제로 표현하여야 할 것이다. 표준약관에서는 회사의 해제권의 발생요건으로 3회 이상의 납입금을 연체한 경우로만 정하고 있다. 물론 할부거래법에서는 이의 요건을 정하고 있지 않기 때문에 합리적인 범위내에서 정할 수 있다고 할 것이지만, 상조계약의 납입기간을 고려할 때 단지 3회의 미납만을 가지고 해제할 수 있음을 정하는 것은 타당하지 않다. 따라서 3회 이상의 미납과 더불어 미납금액이 전체 대금의 1/10을 초과한 경우로 제한할 필요가 있다.

또한 회사가 해제하기 위하여는 서면에 의한 최고와 최고를 받은 날로부터 14일이내에 연체된 금액의 미납을 요건으로 하고 있다. 그럼 이러한 요건은 할부거래법에서 정한 요건과 동일한 것인가? 할부거래법에서는 서면에 의한 최고와 더불어 14일 이상의 최고기간을 부여하도록 규정하고 있다. 따라서 표준약관과 할부거래법은 서면에 의한 최고는 동일하지만, 최고기간에 대하여는 차이가 있다. 즉, 할부거래법상 최고기간은 14일 이상이어야 한다. 따라서 소비자가 납입할 수 있는 기간은 최고를 받은 날로부터 14일 이상의 기간동안이다. 그러나 표준약관에서는 최고를 받은 날로부터 14일 이내에 미납금액을 납입하도록 규정하고 있다. 양자의 차이점은 무엇인가? 할부거래법에서는 최고기간의 최단기간을 정하고 있지만, 표준약관에서는 최고기간의 최장기간을 정하고 있다. 물론 할부거래법에서 14일 이상으로 정하고 있으며, 표준약관 역시 14일 이내라고 정하고 있기 때문에 14일로 정하였다면 법 위반의 문제가 발생하지 않는다. 그러나 표준약관에서 최장기간으로 정한 결과 회사가 14일 이상의 기간을 부여할 여지를 축소하고 있다. 따라서 할부거래법상 최고기간에 대한 규정을 감안하여 표준약관에서 이를 규정하여야 할 것이며, 최고시 "14일 이상의 기간을 부여한다"로 개정하여야 할 것이다.

3) 해약환급금에 대한 반환청구권의 행사

회사의 해제권의 행사에 따라 회원은 지연배상금 및 해제로 인하여 발생한 손해배상금을 제외하고 잔여 납입금에 대하여 환급을 청구할 수 있다. 따라서 표준약관에서도 이를 규정하고 있으며, 환급청구권의 소멸시효를 5년으로 정하고 있다. 이러한 내용은 일응 타당한 것으로 보인다. 그러나 회사가 환급을 지연한 경우에 대한 책임을 규정하고 있지 않다. 이는 동 규정에서 회사의 의무이행방식이 아닌 회원의 권리행사방식으로 규정한 결과이다. 이는 불합리하다고 할 것이며, 회사가 해제권을 행사한 경우 소비자에게 대금환급방법(직접 수령 또는 계좌이체 등)에 대하여 선택하도록 하고, 이에 따라 회사는 해약환급금을 3영업일 이내에 환급하도록 함과 더불어 이의 위반시 지연배상금을 지급하도록 규정하여야 할 것이다. 이러한 점은 할부거래법에서 규정하여야 할 사항이지만, 동법에서는 이에 관한 사항을 규정하고 있지 않다. 입법적 미비라 할 것이며, 조속한 법 개정이 요구되는 분야이다.

(2) 계약의 해지 및 해약환급금

제15조 (계약의 해지 및 해약환급금)

① 회원이 상조서비스를 이용할 의사가 없을 경우 계약을 해지할 수 있다.

② 회원의 사정으로 해지된 경우 회사는 회원의 납입금에서 모집수당, 기타 관리비 등을 공제한 아래 산식에 따른 해약환급금을 회원의 신청일로부터 3영업일 이내에 회원에게 환급하여야 한다. 단, 납입금의 범위 내에서 회원이 다른 상조서비스를 이용하였을 경우 해약환급금은 산식에 따른 환급금에서 회원이 이용한 상조서비스의 상품금액을 공제하여 환급한다.

〈 해약환급금 산식 〉 ☞【표준해약환급금(율)표 참조】
① 정기형 상품의 경우 해약환급금 = 납입금 누계 − 관리비 누계 − 모집수당 공제액 ② 부정기형 상품의 경우 해약환급금 = 납입금 누계 × 0.85

- 정기형 상품이란 총계약대금을 1년이상의 기간을 두고 월별로 균분하는 상품
- 부정기형 상품이란 정기형을 제외한 상품
- 모집수당공제액 = 모집수당 × 0.75 + 모집수당 × 0.25 × $\frac{\text{기납입월수}}{\text{총납입기간 월수}}$
- 납입금 누계가 관리비 누계와 모집수당 공제액의 합보다 적은 경우에는 해약환급금을 0으로 함
- 모집수당은 총계약대금 대비 최대 10%로 하되, 500,000원을 초과할 수 없음
- 월별 관리비는 월 납입금 대비 최대 5%로 하되, 월별 관리비의 합계는 500,000원

을 초과할 수 없음
③ 회원이 제6조에 따라 납입금을 할인 받았을 경우 제2항의 해약환급금 산식에 규정된 납입금은 할인에 의해 실제로 지급한 금액이 대상이 되며 할인분은 포함되지 아니한다.
④ 제2항의 규정에도 불구하고 회원이 계약이후 기초생활수급자가 된 경우에는 납입금 전액을 환급한다.
⑤ 회원의 신청에도 불구하고, 3영업일 이내에 해약환급금을 지급하지 못할 경우에는 해약환급금에 제14조 제1항에 따른 지연이자를 가산하여 지급하여야 한다.
⑥ 제1항에 따라 회원이 계약을 해지하고자 할 경우 아래 구비서류를 제출하여야 한다.
- 회원본인: 신분증, 회원증서, 해약신청서
- 대리인: 회원증서, 위임장, 회원본인의 인감증명서, 대리인의 신분증, 해약신청서

⑦ 회사가 자기의 책임 있는 사유로 상조서비스 제공의무를 이행하지 아니한 경우 회원은 계약을 해지하고 손해배상을 청구할 수 있다.

1) 회원의 임의적 해제권

표준약관에서는 할부거래법에 따라 회원의 임의적인 해제권을 부여하고 있다. 물론 표준약관에서 이를 해지라고 표현하고 있지만, 원상회복의무를 규정하고 있기에 이는 해지가 아닌 해제에 해당한다.

2) 해약환급금의 지급

회원이 상기의 해제권을 행사한 경우 당해 상조계약은 소멸하지만, 이로 인하여 발생한 회사의 손해에 대하여는 배상하여야 한다. 따라서 회사는 회원이 납입한 금액 중 위약금을 공제한 나머지 해약환급금을 지급하여야 한다. 그러나 해약환급금을 산정함에 있어서 회원이 납입한 원금만을 기준으로 하는 것은 타당하지 않으며, 전자상거래와 같이 모집수당의 지급사유가 없음에도 불구하고 이를 공제하도록 하는 것은 타당하지 않다. 또한 정기형과 부정기형의 해약환급금에 있어서 차등을 두고 있는 점 역시 그 타당성을 인정하기가 곤란하다. 이러한 제 문제점에 대하여는 이미 앞에서 언급하였기 때문에 여기에서는 반복하지 않는다.

3) 사업자의 책임있는 사유에 의한 해제

회원의 임의적 해제가 아닌 회사의 책임있는 사유로 인하여 해제하였을 경우 회원은 상조계약의 해제와 더불어 이로 인한 손해배상을 청구할 수 있다. 그러나 표준약관

에서는 회사의 책임있는 사유로만 정하고 있다. 그 결과 회사의 피용인이 아닌 이행보조자의 책임있는 사유에 대하여는 책임을 지지 않는 것으로 해석될 여지를 두고 있다. 이러한 문제점이 발생하는 이유는 표준약관에서 "회사가 자기의 책임 있는 사유"로 규정하고 있기 때문이며, 이의 여지를 남기지 않기 위하여 "자기의"라는 요건을 삭제할 필요가 있다.

아. 회원지위의 양도

제16조 (회원지위의 양도 · 명의변경)

① 회원은 상조서비스를 받을 수 있는 회원으로서의 지위는 회사의 동의를 얻어 타인에게 양도할 수 있다.

② 회원의 지위가 양도된 경우 새로운 회원이 된 양수인은 회원으로서의 권리와 의무를 승계한다.

③ 회사는 회원지위의 양도 · 명의변경에 대하여 실비수준의 수수료(예:5,000원)를 받을 수 있다.

(1) 회원지위의 양도의 법적 성질

표준약관에서는 상조계약을 체결한 회원이 자신의 지위를 제3자에게 양도할 수 있음을 규정하고 있다. 그럼 회원의 지위양도는 무엇을 의미하는가? 즉, 상조서비스의 제공을 받을 수 있는 권리의 양도를 의미하는가 아니면 계약당사자의 지위를 양도하는 것인가의 문제이다. 전자의 경우라고 한다면 양수인은 회사에 대하여 단지 상조서비스만을 청구할 수 있을 뿐 계약당사자로서의 제반권리(계약해제권 등)를 행사할 수 없다. 또한 양도인인 회원이 아직 납입금을 완납하지 않았다고 하더라도 회사는 양수인이 아닌 양도인에 대하여만 할부금의 납부를 요청할 수 있다. 반면에 후자의 경우라면 양수인은 계약당사자의 지위를 승계한 것이기 때문에 계약상의 모든 권리와 의무를 인수한 것이다. 따라서 잔여 납입금에 대하여는 납입할 의무를 부담하며, 중도에 계약을 해제할 수 있다. 이와 같이 해석의 논란이 있을 수 있지만, 표준약관의 내용을 검토할 때, 이는 단지 상조서비스를 청구할 수 있는 권리만의 양도가 아닌 계약당사자로서의 지위를 양도한 것으로 보아야 할 것이다. 즉, 표준약관에서는 양수인이 상조계약상의 권리와 의무를 승계한다고 규정하고 있으며, 이는 계약당사자의 지위에 대한 양도를 나타내고 있다. 따라서 양수인은 잔여 납입금이 남아 있는 경우 이를 납입할 의무를 부담하며, 계약해제권 역시 행사할 수 있다고 할 것이다.

(2) 회원지위의 양도의 효력발생요건

회원이 자신의 지위를 제3자에게 양도하고자 할 경우 당해 계약의 효력은 언제 발생하는가? 즉, 양도인과 양수인간의 합의만으로 채무자인 회사에게 그 효력이 발생하는가 아니면 회사의 승낙 또는 동의를 받아야 효력이 발생하는가의 문제이다. 이에 대하여는 민법에서 규정하고 있지 않다. 그러나 이에 대하여는 후자의 요건을 갖추어야 할 것이다. 즉, 단순히 권리만을 양도할 경우 양도인과 양수인간의 합의만으로 효력이 발생하지만, 채무자에게 대항하기 위하여는 양도인이 채무자에게 통지하거나 채무자의 승낙이 있어야 한다(민법 제450조). 즉, 채무자의 승낙은 채권양도의 대항요건에 불과하다. 그러나 계약당사자의 지위양도는 단지 채권만을 양도하는 것이 아닌 채무의 인수를 포함하며, 그 이외의 계약당사자로서의 지위까지 양도하는 것이기 때문에 채무자의 승낙을 요한다고 할 것이다. 표준약관에서는 이러한 점을 반영하여 회원의 지위를 양도할 경우 회사의 동의를 받도록 하고 있다. 그럼 회사는 회원지위의 양도요청에 대하여 거절할 수 있는가? 회사는 반드시 회원의 양도요청에 대하여 반드시 동의할 필요는 없다. 그러나 회사는 동의권을 행사함에 있어서 신의성실의 원칙에 적합하게 행사하여야 하기 때문에 양수인이 상조서비스를 제공받고자 하는 지역이 상조서비스의 제공이 불가능하거나 양수인의 채무이행이 현저히 곤란한 경우에 한하여 거절권을 행사할 수 있다고 할 것이다.

자. 금융정보제공동의서의 제공

제17조 (금융정보제공동의서의 요청 및 제공)

① 회사가 은행과 예치계약을 체결한 경우 회원은 해당은행을 통하여 예치내역을 열람하거나 소비자피해보상 증서를 발급받기 위하여 회사에 금융정보제공동의서를 요청할 수 있다.

② 예치계약을 체결한 회사는 제2조에 따라 회원의 가입절차가 완료되거나 제1항에 따라 소비자가 동의서를 요청한 경우, 금융정보제공동의서를 소비자 또는 해당은행에 제공한다.

상조업은 소비자가 상조서비스를 제공받기 전에 대금을 납부하기 때문에 추후 회사의 폐업 등으로 인하여 상조서비스를 제공받지 못하거나 기 납입한 할부금을 반환받지 못하는 피해가 발생할 수 있다. 이러한 점을 감안하여 할부거래법에서는 상조업자에 대하여 소비자피해보상보험계약 등을 의무적으로 체결하도록 규정하고 있다. 이는 소비자의 선수금의 보전방법임과 동시에 피해구제방안이기 때문에 회사 및 지급의무자는 상조계약을 체결한 소비자에게 소비자피해보상증서를 발급하여야 한다(할부거래법 제27조 제6항). 그러나 표준약관에서는 회사 및 지급의무자의 발급의무로 규정하고 있는 것이 아닌 회원이 소비자피해보상증서의 발급을 요청하였을 경우 발급에 필요한 금융정보제공동의서를 제공하는 것으로 규정하고 있다. 이는 할부거래법의 내용과 상이하며, 설명의무 및 계약서 교부의무를 위반함과 더불어 동법 제27조 제6항을 위반한 것이다. 즉, 상조계약을 체결하기 전 회사는 회원에게 일정한 정보에 대하여 설경하여야 하며, 그 중 하나가 바로 소비자피해보상에 관한 사항이며, 이러한 사항은 계약서에 명시되어야 한다. 또한 회사는 소비자피해보상증서를 발급하여야 하며, 지급의무자[30] 역시 발급의무를 부담한다. 따라서 소비자가 증서의 발급을 요청하는 것이 아닌 회사 및 지급의무자가 발급하여야 하기 때문에 이와 다르게 정하고 있는 표준약곤은 할부거래법에 반한다. 따라서 할부거래법 제43조에 따라 당해 표준약관의 조항은 므효이다.

차. 분쟁해결 및 관할법원

제18조 (분쟁해결 및 관할법원)

① 이 계약에 규정하지 아니한 사항은 회사와 회원이 합의하여 결정하되, 합의되지 아니할 경우에는 관계법령 및 일반관례에 따른다.

② 제1항의 규정에도 불구하고 법률상 분쟁이 발생한 경우에는 회사 또는 회원은 소비자기본법 등에 따른 분쟁조정기구에 분쟁조정을 신청하거나 중재법 등에 따라 운영 중인 중재기관에 중재를 신청할 수 있다.

③ 이 계약과 관련된 분쟁에 관한 소송은 민사소송법상의 관할소재지 법원에 제기하여야 한다.

(1) 분쟁해결의 기준

회사와 회원간 상조계약과 관련하여 분쟁이 발생하였을 경우 당해 분쟁의 해결에 대하여는 약관에서 정한 바에 따른다. 즉, 약관은 계약의 내용이기 때문에 이에 의하여

30) 지급의무자라 함은 소비자피해보상보험계약등에 따라 소비자피해보상금을 지급할 의무가 있는 자를 말한다(동법 제27조 제4항).

해결됨은 당연하다고 할 것이다. 물론 약관이 편입통제요건 및 내용통제요건을 모두 갖춘 경우에 한한다. 그럼 약관에서 정하지 않은 사항에 대하여 분쟁이 발생할 경우에는 어떠한 기준에 의하여 해결되는가? 이에 표준약관에서는 '회사와 회원이 합의하여 결정하되, 합의되지 아니할 경우에는 관계법령 및 일반관례에 따른다'고 규정하고 있다. 그 결과 약관에서 정하지 않은 사항에 대하여는 1차적으로 당사자간의 합의에 의하고, 2차적으로 관계법령 및 일반관례에 의하게 된다. 물론 타당한 것처럼 보이지만, 관계법령을 당사자간의 합의보다 항상 후순위로 정하고 있음은 문제가 있다. 즉, 법령은 그 성격에 따라 임의규정과 강행규정으로 구분되며, 강행규정은 당사자간의 합의보다 우선하여 적용된다. 물론 당사자간의 합의가 편면적 강행규정보다 소비자에게 유리한 경우에는 합의가 우선하여 적용될 것이다. 그럼에도 불구하고 이러한 사정을 고려하지 않고 일률적으로 당사자간의 합의가 법령보다 우선함을 정하고 있는 표준약관은 문제가 있으며, 이의 개정이 필요하다고 할 것이다.

(2) 분쟁해결방법

상조계약과 관련하여 분쟁이 발생하여 당사자간의 합의에 따라 해결되지 않을 경우 분쟁해결기구에 분쟁해결을 신청하여 당해 분쟁을 해결할 것이다. 이러한 분쟁해결의 기본방식은 소송이지만, 소송이 가지고 있는 한계로 인하여 최근에는 소송외적 분쟁해결방식에 의한 분쟁해결이 이루어지고 있다. 이러한 소송외적 분쟁해결방식으로는 크게 조정과 중재가 있다.[31] 이에 표준약관에서도 이러한 사항을 감안하여 분쟁이 발생한

31) 중재는 사전 또는 분쟁의 발생시에 중재에 의한 분쟁해결을 합의하여 분쟁의 해결을 중재위원회에 요청하면 당사자는 중재위원회의 중재결정에 기속되지만(중재법 제35조), 조정은 조정절차의 도중에서 당사자가 합의를 포기할 수 있으며, 조정안에 대하여도 거부가 인정된다는 점에서 차이가 있다(민사조정법 제27조). 이러한 점에서 중재는 국제거래에서 발생하는 분쟁의 주된 해결수단으로 작용하였으며, 이에 관한 국제적 규범[1958년 뉴욕협약(New York Convention: 국제연합의 외국중재판정의 승인 및 집행에 관한 협약), 1965년 워싱턴협약(ICSID Convention: 일방국가와 타방국가 국민간의 투자분쟁해결에 관한 협약), 1976년 국제거래법위원회중재규칙(UNCITRAL Arbitration Rules), 1985년 국제거래법위원회모델중재법(UNCITRAL Model Arbitration Law)]도 제정되었다(박상조 · 주기종 · 윤종진, 「국제상사중재법론」, 한올출판사, 1997, 135-150면). 또한 중재는 양당사자가 분쟁을 중재기관을 통하여 해결하기로 약정한 경우에만 중재를 신청할 수 있지만 조정은 상대방의 동의여부와 관계없이 조정기관에 분쟁해결을 요청할 수 있다는 점에서 차이가 있다(중재법 제3조 2호, 제8조, 제9조, 민사조정법 제2조). 그러나 중재판정이나 조정이 성립한 경우에는 모두 확정판결과 동일한 효력이 있다는 점에서 동일하다(중재법 제30조, 민사조정법 제29조).

32) 중재합의는 반드시 서면으로 하여야 하지만, 독립된 합의뿐만 아니라 계약에 중재조항을 포함시키는 방식으로도 할 수 있다. 또한 당사자들이 서명한 문서에 중재합의가 포함된 경우, 편지, 전보(電報), 전신(電信), 팩스 또는 그 밖의 통신수단에 의하여 교환된 문서에 중재합의가 포함된 경우, 어느 한쪽 당사자가 당사자 간에 교환된 문서의 내용에 중재합의가 있는 것을 주장하고 상대방 당사자가 이에 대하여 다투지 아니하는 경우 또는 계약이 중재조항을 포함한 문서를 인용하고 있는 경우(계약이 서면으로 작성되고 중재조항을 그 계약의 일부로 하고 있는 경우에 한함)에도 중재합의가 있는 것으로 본다(중재법 제8조).

경우 회사 또는 회원은 소비자기본법 등에 따른 분쟁조정기구에 분쟁조정을 신청하거나 중재법 등에 따라 운영 중인 중재기관에 중재를 신청할 수 있다고 규정하고 있다. 문제는 중재신청에 관한 사항이다. 조정과 달리 중재절차에 따라 분쟁을 해결하기 위하여는 중재합의가 있어야 한다. 또한 중재의 경우 절차진행 도중 소송을 제기할 수 없으며, 소 제기시 당해 소는 각하처리된다(중재법 제9조). 물론 중재합의의 방식에 있어서 반드시 별도의 서면으로 하여야 하는 것은 아니기 때문에 약관에 이를 포함한 경우도 중재합의로 인정된다.[32] 따라서 당해 약관의 조항을 중재합의로 인정할 경우 상조계약과 관련된 분쟁은 중재절차에 의하여만 해결되어야 하고, 조정 또는 소송을 통해서는 해결될 수 없다. 그러나 상기의 표준약관은 분쟁해결의 다양한 방식 중 소송외적 분쟁해결방식으로 해결될 수 있음을 규정한 것이지 중재합의로 인정하기에는 곤란하다. 즉, 상조계약과 관련하여 분쟁이 발생하였을 경우 이의 분쟁은 조정, 중재 또는 소송에 의하여 해결될 수 있음을 나타낸 것이므로 만일 중재에 의하여 분쟁을 해결하고자 한다면 이에 대한 별도의 합의가 필요하다고 할 것이다.

(3) 재판관할

상조계약과 관련하여 회사 또는 회원이 상기의 소송외적 분쟁해결방식이 아닌 소송을 통하여 분쟁을 해결하고자 한다면 관할권을 가지고 있는 법원에 소를 제기하여야 한다. 그럼 관할법원은 어디인가? 표준약관에서는 이에 대하여 구체적으로 정하지 않고, 민사소송법상 관할소재지 법원으로 규정하고 있다. 따라서 회사 또는 회원은 관할법원을 찾기 위하여 민사소송법을 검토하여야 한다. 그러나 이는 할부거래법이 개정되기 이전, 즉 상조업을 할부거래법에서 규율하기 이전의 내용을 그대로 반영한 것이다. 개정된 할부거래법에서는 관할법원을 규정하고 있으며, 이의 내용은 다음과 같다. 할부거래 및 선불식 할부거래와 관련된 소(訴)는 제소 당시 소비자의 주소를, 주소가 없는 경우에는 거소를 관할하는 지방법원의 전속관할로 한다. 다만, 제소 당시 소비자의 주소 및 거소가 분명하지 아니한 경우에는 「민사소송법」의 관련 규정을 준용한다(동법 제44조). 따라서 상조계약과 관련하여 분쟁이 발생한 경우 관할법원은 기본적으로 제소 당시 소비자의 주소를, 주소가 없는 경우에는 거소를 관할하는 지방법원이다. 그럼 이와 다른 관할법원을 합의를 통하여 정할 수 있는가? 민사소송법에서는 전속관할이 정해진 경우 합의관할을 인정하고 있지 않다(동법 제31조). 따라서 전속관할에 대하여 합의를 통하여 관할법원을 변경할 수 없다. 그럼 표준약관상 관할법원에 관한 규정은 할부거래법에 위반되는가? 물론 민사소송법에 의한다고 규정하고 있으며, 민사소송법 제31조에 따라 할부거래법 제44조의 관할법원이 관할권을 갖게 되기 때문에 할부거래법에 위반된다고 할 수 없다. 그러나 할부거래법에서 관할법원을 정하고 있음에도 이를 모호하게 표현하고 있음은 문제가 있다고 할 것이며, 이의 내용은 할부거래법과 같이 규정되어야 할 것이다.

제 5 장

소비자피해보상보험계약 및 편면적 강행규정 등

제1절 소비자피해보상보험계약 등의 개관

1. 소비자피해보상보험계약 등의 종류

상조업자가 상조업을 등록하기 위하여 반드시 소비자피해보상을 위한 보험계약, 소비자피해보상금의 지급을 확보하기 위한 「은행법」에 따른 은행과의 채무지급보증계약, 소비자피해보상금의 지급을 확보하기 위한 「은행법」 제2조 제1항 제2호 및 같은 법 제5조에 따른 금융회사 · 「우체국 예금 · 보험에 관한 법률」에 따른 체신관서 · 「보험업법」에 따른 보험회사(이하 "예치기관"이라 한다)와의 예치계약 또는 공제조합[1]과의 공제계약 중 하나를 체결하여야 한다(동법 제27조 제1항, 동 시행령 제16조 제2항). 상조업자가 상기의 계약을 체결 또는 유지하는 경우 선수금 등의 자료를 제출함에 있어서 거짓의 자료를 제출하여서는 아니되다(동법 제27조 제9항).

2011년 5월을 기준으로 300개 상조업자가 체결한 소비자피해보상보험계약등의 유형으로는 예치기관에의 예치가 197개(64.6%)로 다수를 차지하고 있으며, 공제조합에의 가입이 106개(34.8%), 은행 지급보증이 2개(0.6%)로 조사되었다.

표 5-1 선수금보전 현황[2]

(단위: 개, 백만원)

구분	은행 예치	은행 지급보증	공제조합 가입	계
업체수(%)	197(64.6)	2(0.6)	106(34.8)	305*(100.0)
선수금(A)(%)	360,781(16.5)	18,335(0.8)	1,802,557(82.6)	2,181,673(100.0)
보전 금액(B)	81,758	7,155	360,511	449,424
보전 비율(B/A)	22.7%	39.0%	20.0%	20.6%

* 현대종합상조㈜, 금강종합상조㈜, 아산상조㈜, ㈜대명라이프웨이 등 4개사는 복수의 선수금보전 계약을 체결함.

1) 상조공제조합으로는 한국상조공제조합과 상조보증공제조합이 있다.

2) 공정거래위원회, "보도자료: 300개 상조회사의 주요 재무정보 등 최초 공개", 2011 · 7 · 8, 2-6면.

2. 소비자피해보상보험계약 등의 필요성

상조업자가 상조업을 등록하기 위하여 상기와 같은 소비자피해보상보험계약 등을 반드시 체결하게 한 이유는 무엇인가? 이는 상조업의 특성에서 비롯된다. 즉, 상조업은 선불식 할부거래에 해당하며, 상조서비스를 제공하기 전에 소비자가 미리 대금을 납부한다는 점을 감안한 것이다. 구체적으로 소비자로부터 대금을 먼저 지급받은 후 상조회사의 폐업 등으로 인하여 소비자가 상조서비스를 받지 못한 경우가 발생하였으며, 폐업하지 않더라도 소비자로부터 받은 선수금을 다른 용도로 사용하였을 경우 역시 상조서비스를 받지 못할 수 있다. 물론, 소비자가 손해배상을 청구하여 배상을 받을 수 있다면 어느 정도의 피해구제는 가능하지만, 이러한 경우 책임재산의 부족으로 인하여 손해배상을 받을 수 있는 가능성 역시 매우 낮다. 따라서 이러한 경우를 대비하여 소비자가 지급한 대금을 제3자에게 보관하거나 사업자의 폐업 등으로 인하여 발생하는 소비자피해를 구제할 수 있는 방안이 필요하게 되었으며, 이를 위하여 마련된 것이 소비자피해보상보험계약 등이다.

그러나 현행 소비자피해보상보험계약 등은 소비자가 상조계약을 체결하는 근본적인 이유를 제대로 반영하고 있지 않다. 즉, 소비자가 상조계약을 체결하는 이유는 상이 발생하였을 경우 이에 필요한 다양한 재화 및 용역을 해결하기 위함이다. 이는 피해보상의 방법에 있어서 단지 납입금액만을 보상받는 방식으로는 해결될 수 없다. 물론 아직 상이 발생하지 않았다고 한다면 신속하게 다른 상조업체와의 상조계약을 체결하여 해결할 수 있지만, 이러한 시간적 여유가 없는 소비자에게는 금액보상이 아닌 상조서비스의 이행이 더 필요하다. 물론 다른 거래형태라고 한다면 이러한 이행의 급박성이 요구되지 않기 때문에 금액보상만으로 충분히 해결할 수 있지만, 상조계약은 단순한 재화등에 대한 거래와 상이하기 때문이다. 따라서 소비자피해보상의 내용은 단지 금액보상의 방식이 아닌 이행보증의 방식으로 이루어져야 함에도 불구하고 현행 소비자피해보상보험계약등은 모두 금액보상으로 구성되어 있기 때문에 상조계약의 특성에 적합한 보상방법이라고 할 수 없다. 물론 보험계약, 채무지급보증계약, 예치계약은 지급의 무자가 금융기관이기 때문에 이러한 이행보증을 할 수 없다. 그러나 공제조합의 경우 소속 회원사간의 계약을 통하여 금액보상과 더불어 이행보증까지 행할 수 있음에도 불구하고 금액보상에 한정하고 있음은 상조업분야에 있어서 소비자피해보상의 방법으로 미흡하다.

제2절 소비자피해보상보험계약 등의 내용 및 지급

1. 소비자피해보상보험계약등의 요건

상조업자가 체결하여야 하는 소비자피해보상보험계약등은 다음의 요건을 모두 충족하여야 한다. 첫째, 지급사유에 해당하는 경우 소비자피해를 보상하는 것을 그 내용으로 하여야 한다. 둘째, 피보험자 또는 수혜자는 해당 소비자피해보상보험계약등을 체결한 자가 판매하는 재화등의 구매자로 하고, 피해보상금은 해당 구매자가 수령할 수 있도록 하여야 한다. 셋째, 소비자가 신속하고 쉽게 피해보상을 받을 수 있도록 하고, 보상이 지연되는 경우에는 지연배상금이 지급되도록 하여야 한다. 넷째, 정당한 사유 없이 소비자의 의사표시 방법을 제한하거나 소비자에게 지나친 입증책임의 부담을 부과하지 않아야 한다. 다섯째, 정당한 사유 없이 피해보상의 범위나 지급의무자 또는 재화등의 판매자의 책임을 한정하지 않아야 한다. 여섯째, 소비자에게 예상하기 어려운 위험이나 손해를 줄 우려가 있거나 부당하게 불리한 약정을 두지 않아야 한다. 일곱째, 보험계약 또는 채무지급보증계약은 「보험업법」 제2조 제6호에 따른 보험회사 또는 「은행법」 제2조 제1항 제2호에 따른 은행과 체결하여야 한다. 여덟째, 상조자가 소비자피해보상보험계약등의 계약을 체결하여 거래하는 기간은 1년 이상의 기간으로 하고, 정당한 사유 없이 계약해지의 요건을 용이하게 정하여 소비자에게 불이익을 주지 않아야 한다. 마지막으로 지급의무자는 소비자가 방문 · 전화 또는 인터넷을 통하여 해당 소비자에 관한 소비자피해보상보험계약등의 내용 및 이에 따라 보전(補塡)된 소비자피해보상금의 액수를 쉽게 열람할 수 있도록 필요한 조치를 하여야 한다(동법 제27조, 동 시행령 제16조 제1항).

2. 보전금액(보상범위)

가. 보전금액의 산정방식

상조업자가 소비자피해보상보험계약등에 따라 보전하여야 할 금액(들 이상의 계약을 체결한 경우에는 각 계약에 따라 보전되는 금액을 합산한다) 및 그 산정기준은 선수금 합계액의 100분의 50을 초과하지 아니하는 범위에서 다음의 계산방식에 의한다. 이 경우 상조업자가 재화등을 실제로 인도하지 아니한 경우는 재화등이 공급된 것으로 보지 아니한다(동법 제27조 제2항, 동 시행령 제16조).

표 5-2 소비자피해보상보험계약등에 따라 보전하여야 할 금액의 산정방식

보전하여야 할 금액=
(선불식 할부거래업자가 소비자로부터 선불식 할부계약과 관련되는 재화등의 대금으로서 미리 수령한 금액−선불식 할부거래업자가 소비자에게 공급한 재화등의 가액)×50/100

나. 연도별 보전금액의 범위

상조업자가 보전하여야 할 금액은 선수금의 50% 이상이지만, 이는 2014년 3월 18일 이후부터이다. 따라서 그 이전까지의 선수금 보전비율은 다음과 같다. 다만, 보전비율은 고정된 것이 아니라 기간의 경과함에 따라 보전비율은 상향조정된다(동법 부칙 제5조 제2항).

표 5-3 연도별 보존비율

대상업체	기간	보전비율*
법시행(2010년 9월 18일) 당시 상조업자에 해당된 자	2010.9.18. ~ 2011.3.17.	10%
	2011.3.18. ~ 2012.3.17.	20%
	2012.3.18. ~ 2013.3.17.	30%
	2013.3.18. ~ 2014.3.17.	40%
	2014.3.18. 이후	50%

* (상조업자가 소비자로부터 선불식 할부계약과 관련되는 재화등의 대금으로서 미리 수령한 금액− 상조업자가 소비자에게 공급한 재화등의 가액)에 대한 비율을 의미

3. 지급사유

가. 법령상 지급사유

지급의무자는 다음의 어느 하나에 해당하는 사유가 발생한 경우 지체없이 이를 소비자에게 지급하여야 하며, 정당한 사유 없이 이를 지연한 경우에는 지연배상금을 지급하여야 한다(동법 제27조 제4항, 동 시행령 제16조 제5항). 첫째, 상조업자가 폐업한 경우이다. 둘째, 상조업자가 「은행법」에 따른 은행으로부터 당좌거래의 정지처분을 받은 경우이다. 셋째, 등록이 말소된 경우 및 등록이 취소된 경우이다. 넷째, 상조업자가 「채무자 회생 및 파산에 관한 법률」에 따른 파산 선고를 받은 경우이다. 마지막으로 상조업자에 대하여 「채무자 회생 및 파산에 관한 법률」에 따른 회생절차개시의 결정이 있는 경우이다.

나. 이행지체 등과 지급사유

할부거래법에서는 지급의무자의 지급사유에 대하여 상기의 사유로 한정하고 있다. 그럼 그 이외의 사유를 이유로 선수금을 지급할 수 있는가? 이의 대표적인 사례가 상조업자의 이행지체 또는 불완전이행에 따른 소비자피해이며, 상기에 해당하지 않은 이행불능 역시 동일한 문제가 발생하게 된다. 물론 지급사유를 규정하고 있는 동법의 규정이 열거주의가 아닌 예시주의라고 한다면 이와 유사한 사유가 발생하였을 경우 선수금을 소비자에게 지급할 수 있다. 그러나 동 규정은 예시주의가 아닌 열거주의에 해당하기 때문에 동법에서 규정하고 있지 않은 사유에 대하여는 선수금을 지급할 수 없게 된다. 그럼 이행지체 등의 사유에 의하여 발생한 소비자피해에 대하여 보상하지 않는 것은 과연 타당한 것인가? 먼저, 소비자피해보상보험계약 등의 취지를 살펴보면 상조계약에서 발생하는 소비자피해를 보상하기 위함이다. 물론 상기에서 제시한 사유는 소비자피해의 대표적인 사례라고 할 수 있다. 그러나 지급사유를 규정하고 있는 동법 제27조 제4항의 내용을 검토할 때, 휴업 또는 영업정지처분 등으로 인하여 상조서비스를 제공받지 못한 경우와 같은 이행지체 등을 배제할 이유가 없다. 즉, 동조 제4호에서는 상조업자의 채무불이행 등으로 인한 소비자피해보상을 위하여 대통령령으로 정하는 경우로 규정하고 있다. 즉, 법상 요건은 상조업자의 채무불이행 등으로 인한 소비자피해이다. 따라서 상조업자의 이행지체 또는 불완전이행 역시 상조업자의 채무불이행에 해당함에도 불구하고 이를 구체적으로 정하여야 할 시행령에서는 이를 배제하고 있다. 물론 상조업자의 임의적인 피해구제가 이루어질 경우 보험회사 등을 통한 구제가 불필요하다는 점에서 이와 같이 규정하였다고 볼 수 있다. 그러나 상조업자가 임의적으로 보상하지 않은 경우 소비자는 상조계약으로 인하여 피해를 입었음에도 블구하고 보험등을 통하여 보상을 받지 못하게 되는 결과가 발생하게 되며, 이는 소비자피해보상보험계약등의 근본적인 취지와 일치하지 않는다. 따라서 상기에서 제시한 사유를 지급사유로 추가하여야 할 것이지만, 단순히 상조업자의 채무불이행으로 인한 손해로 규정할 경우 상조업자의 임의적 피해구제가 아닌 보험회사등과의 해결을 하고자 할 수 있으므로 이로 인한 피해와 더불어 법원 또는 분쟁조정기관 등에 의하여 손해배상책임이 확정되었음에도 불구하고 상조업자가 배상하지 않은 경우로 규정할 필요가 있다.

4. 소비자피해보상증서등의 발급

소비자피해보상보험계약등을 체결한 상조업자 및 지급의무자는 소비자에게 소비자피해보상보험증서를 발급하여야 한다(동법 제27조 제6항). 구체적으로 상조업자는 소비자피해보상금의 지급의무자 및 계약기간 등이 적힌 소비자피해보상보험증서를 소비자에게 발급하여야 하고, 상조업자가 소비자와 선불식 할부계약을 체결한 경우에는 그 사실 및 내용을 지급의무자에게 알려야 한다. 이러한 통지를 받은 지급의무자는 상조업자명 및 계약기간 등이 기재된 소비자피해보상보험증서를 소비자에게 발급하여야 한다. 다만, 다른 법령에 따른 불가피한 사유가 있는 경우에는 기재사항이 포함된 별도 서식의 소비자피해보상보험증서를 발급할 수 있다(동 시행규칙 제12조).

5. 지급 및 지연배상금

지급의무자는 지급사유가 발생한 경우 지체없이 이를 소비자에게 지급하여야 하며, 정당한 사유없이 이를 지연할 경우 지연배상금을 지급하여야 한다(동법 제27조 제4항). 먼저, 지연시 지급하여야 할 지연배상금은 연 20%의 이율의 곱하여 산정한 금액을 말한다. 이의 과도함은 앞에서 언급하였기에 여기에서는 생략한다. 둘째, 선수금의 환급시기에 대하여 동법에서는 '지급사유가 발생한 경우 지체없이'로 규정하고 있다. 그러나 지급의무자가 지체없이 지급하기란 사실상 곤란하다. 즉, 지급하기 위하여는 소비자의 지급청구가 있어야 한다. 이의 문제에 대하여는 후술한다. 마지막으로 지급의무자는 보험계약에 있어서 보험회사, 채무지급보증계약에 있어서 은행, 예치계약에 있어서 예치기관, 공제계약에 있어서 공제조합이다. 그러나 지급절차에 대하여는 예치기관의 경우만을 규정하고 있으며, 그 이외의 지급의무자에 대한 지급절차에 관하여는 규정을 두고 있지 않다. 물론 보험회사의 경우 보험금의 지급이기 때문에 상법 등에 의하여 해결될 수 있지만, 공제조합 등의 경우에는 절차규정의 미비는 지급의무자의 전적인 재량으로 귀결될 수 있다. 물론 공제조합의 경우 후술하는 바와 같이 공제규정을 정하도록 하고 있으며, 이에 대하여 공정거래위원회의 인가를 받도록 규정하고 있다. 그러나 법상에서 전혀 규정함이 없이 공제조합이 자율적으로 정할 수 있도록 함은 타당하지 않다. 따라서 최소한의 기준은 법 차원에서 규정할 필요가 있다.

제3절 예치계약

1. 예치계약의 체결 및 선수금의 예치

상조업자가 소비자피해보상보험계약등 중에서 예치계약을 체결할 경우 반드시 「은행법」 제2조 제1항 제2호 및 같은 법 제5조에 따른 금융회사, 「우체국 예금 · 보험에 관한 법률」에 따른 체신관서, 「보험업법」에 따른 보험회사와 체결하여야 한다(동법 제27조 제1항 제3호, 동 시행령 제16조 제2항). 이러한 예치계약의 내용은 상조업자가 예치기관에 선수금 보전금액의 예치만을 위한 계좌를 개설하도록 하고, 예치기관은 해당 선수금 보전금액을 다른 금융자산과 분리하여 관리하도록 한다는 사항이 포함되어야 한다. 상조업자는 상기의 예치계약을 체결한 경우에 선수금 보전금액을 예치기관에 예치하도록 하여야 한다(동 시행규칙 제11조 제1항).

2. 예치금의 지급청구 및 지급

가. 청구권자

예치기관이 예치금을 지급하여야 할 자는 소비자와 상조업자로 구분된다. 즉, 상기의 지급사유가 발생한 경우에는 소비자에게 지급하여야 하지만, 상조업자가 상조서비스 등을 제공한 경우에는 상조업자가 예치금의 반환을 청구할 수 있다.

나. 소비자에게의 지급 및 관련자료의 보존

예치기관은 상기의 지급사유가 발생한 경우에는 지체없이 예치금을 인출하여 해당 상조업자와 상조계약을 체결한 소비자에게 우선하여 지급하여야 한다(동법 제27조 제4항, 제5항). 이의 구체적인 절차는 다음과 같다. 먼저, 소비자가 예치기관에 예치금의 지급을 요청하는 경우에는 예치금 지급요청서에 상기의 지급사유 중 어느 하나에 해당하는 사실을 증명하는 서류 또는 상조업자의 확인서를 첨부하여 예치기관에 제출하여야 한다. 예치기관은 「정보통신망 이용촉진 및 정보보호 등에 관한 법률」 제2조 제1항 제1호에 따른 정보통신망을 이용하여 선수금 보전금액의 예치신청 · 지급 및 반환 등에 필요한 절차를 수행할 수 있다. 이 경우 예치기관은 상조업자와 소비자의 신원 파악을 위하여 「전자서명법」 제2조 제8호에 따른 공인인증서를 사용하도록 할 수 있다. 예치기관은 소비자가 제출한 서류 등을 해당 예치금을 지급한 날 또는 반환한 날부터 5년간 보관하여야 한다(동 시행규칙 제11조 제2항 제1호, 제4호, 제5호).

이와 관련하여 예치기관이 소비자에게 지급하여야 할 시기는 지급사유가 발생한 시점이다. 그러나 이의 구체적인 지급절차를 규정하고 있는 시행규칙에서는 소비자의 지급청구요청에 따라 지급하도록 규정하고 있다. 따라서 예치기관이 소비자에게 예치금을 지급하여야 할 시기는 지급사유가 발생한 시점이 아닌 소비자의 지급청구를 받은 시점 이후이어야 한다. 또한 소비자가 지급을 청구하기 위하여 지급사유가 발생한 사실을 증명하는 서류 또는 상조업자의 확인서를 제출하도록 하고 있다. 그러나 증빙자료를 발급받기가 그리 쉽지만은 않으며, 더욱이 폐업 등을 한 상조업자로부터 이의 확인서를 받기란 곤란하다. 그 결과 절차적 요건으로 인하여 소비자가 예치금을 청구하기가 사실상 곤란하다. 그럼 이의 문제는 어떻게 해결하여야 하는가? 소비자로부터 지급청구를 받은 예치기관이 이의 내용을 상조업자 또는 시 · 도지사 등을 통하여 확인하도록 할 필요가 있다. 또한 시 · 도지사 또는 공정거래위원회가 지급사유에 해당하는 조치를 취한 경우 예치기관에 통보할 의무를 부과하는 방안 역시 고려할 필요가 있다. 이와 같이 지급사유에 대한 확인의무를 소비자가 아닌 예치기관 등에 부과할 경우 소비자는 간편하게 예치금을 청구할 수 있게 된다. 따라서 예치기관이 예치금을 소비자에게 지급하여야 할 시기는 소비자의 청구를 받은 시점부터 시작하여 지급사유의 발생 여부를 확인하는 시간적 여유를 감안하여 소비자의 지급청구를 받은 날로부터 3영업일 이내로 정하여야 할 것이다.

다. 상조업자에게의 지급 및 관련자료의 보존

상조업자는 상조계약의 내용에 따른 재화등의 공급을 완료하는 등 상조계약과 관련된 소비자와의 법률관계가 모두 종료된 경우 또는 예치계약에 갈음하여 소비자피해보상보험계약 등의 어느 하나에 해당하는 계약을 체결한 경우에는 예치기관에 예치금의 반환을 요청할 수 있다. 상조업자가 예치금의 반환을 요청하려는 경우에는 예치금 반환요청서에 해당 소비자와 상조계약과 관련한 법률관계가 모두 종료되었음을 증명하는 서류 또는 해당 소비자의 확인서 또는 소비자피해보상보험계약등의 어느 하나에 해당하는 계약을 체결하였음을 증명하는 서류를 첨부하여 예치기관에 제출하여야 한다. 예치기관은 「정보통신망 이용촉진 및 정보보호 등에 관한 법률」 제2조 제1항 제1호에 따른 정보통신망을 이용하여 선수금 보전금액의 예치신청 · 지급 및 반환 등에 필요한 절차를 수행할 수 있다. 이 경우 예치기관은 상조업자의 신원 파악을 위하여 「전자서명법」 제2조 제8호에 따른 공인인증서를 사용하도록 할 수 있다. 예치기관은 상조업자가 제출한 서류 등을 해당 예치금을 지급한 날 또는 반환한 날부터 5년간 보관하여야 한다(동 시행규칙 제11조 제2항 제2호 내지 제5호).

3. 담보 등의 제공금지

누구든지 예치기관에 예치된 예치금을 상계 · 압류(가압류를 포함한다)하지 못하며, 상조업자는 예치금을 양도하거나 담보로 제공하여서는 아니 된다. 다만, 다른 상조업자에 대한 상조계약 당사자로서의 지위 양도 또는 영업의 양도의 경우에는 예치금을 양도할 수 있다(동법 제27조 제3항, 동 시행령 제16조 제4항).

제4절 공제조합

1. 공제조합의 설립

가. 공제조합의 설립절차

상조업자는 공제사업을 영위하기 위하여 공제조합을 설립할 수 있다(동법 제28조, 동 시행령 제18조). 다만, 공제조합은 명칭상 조합이지만, 그 실질은 법인이다. 따라서 민법상 조합에 관한 규정이 아닌 법인에 관한 규정이 적용되며, 비영리 사단법인이다. 그러나 할부거래법에서는 공제조합의 설립에 대하여 특칙을 정하고 있으며, 이의 구체적인 내용은 다음과 같다. 먼저, 공제조합의 설립을 위한 발기인은 10인 이상의 상조업자이어야 한다. 즉, 민법상 사단법인은 2인 이상의 발기인이 있으면 되지만, 동법에서는 이의 요건을 강화하였다. 둘째, 민법상 사단법인은 주무관청의 허가를 얻어야 하지만(민법 제32조), 동법에서는 주무관청, 즉 공정거래위원회의 인가를 얻도록 하고 있다. 셋째, 공제조합은 주된 사무소의 소재지에서 설립등기를 함으로써 성립하며, 이는 민법과 동일하다(민법 제33조).[3] 넷째, 공제조합의 기본재산은 조합원의 출자금 등으로 조성하되, 출자금은 200억원 이상이어야 한다. 다섯째, 공제조합에 가입한 자는 공제사업의 수행에 필요한 출자금 등을 공제조합에 내야 한다. 마지막으로 공정거래위원회는 공제조합의 설립을 인가하였을 때에는 이를 공고하여야 한다.

나. 공제조합의 정관 및 공제규정

공제조합의 정관에 기재되어야 할 사항으로는 조합원의 자격과 가입 · 탈퇴에 관한 사항, 임원에 관한 사항, 출자금의 부담기준에 관한 사항, 이사회에 관한 사항, 이사장

3) 할부거래법에서는 공제조합의 등기사항에 대하여 규정을 두고 있지 않지만, 민법의 법인에 관한 규정을 준용하고 있기 때문에 법인등기를 규정하고 있는 민법 제49조 이하가 적용된다.

선임에 관한 사항, 목적, 명칭, 사무소의 소재지, 출자 1좌(座)의 금액과 그 납입방법 및 지분계산에 관한 사항, 자산 및 회계에 관한 사항, 총회의 구성 및 운영에 관한 사항, 임원추천위원회의 구성, 추천위원의 결격사유 및 운영에 관한 사항, 직원에 관한 사항, 융자에 관한 사항, 업무와 그 집행에 관한 사항, 정관의 변경에 관한 사항, 해산과 남은 재산의 처리에 관한 사항 및 공고의 방법에 관한 사항이다. 공제조합은 상기의 사항을 기재한 정관을 마련한 경우 공정거래위원회의 인가를 받아야 하며, 이를 변경하는 경우에도 동일하게 인가를 받아야 한다.

또한 공제조합은 공제사업의 범위와 방식에 관한 공제규정을 정하여 공정거래위원회의 인가를 받아야 하며, 공제규정을 변경하는 경우에도 또한 같다(동법 제30조).[4]

2. 공제조합의 사업

공제조합이 영위할 수 있는 사업으로는 소비자피해보상을 위한 공제사업 및 소비자의 권익보호를 위한 공익사업, 소비자피해예방과 홍보를 위한 출판 및 교육사업, 시장의 건전한 발전을 위한 자율정화사업 및 공정거래위원회로부터 위탁받은 사업이다. 이러한 공제사업에 대하여는 보험업법을 적용하지 않는다(동법 제29조).

3. 공제조합에 대한 감독

가. 공제조합 등에 대한 감독의 필요성

상조계약은 후불식 할부계약과 달리 소비자가 재화 등을 공급받기 전에 대금을 지급하며, 그 결과 사업자의 도주 또는 파산 등이 발생하였을 경우 심각한 소비자피해를 야기하게 된다. 따라서 사업자의 파산 등이 발생하였을 경우 소비자가 지급한 대금을 반환받을 수 있는 방안이 필요하게 됨은 지극히 당연하다고 할 것이다. 이에 동법에서도 소비자의 선수금을 보전하기 위한 방안으로 소비자피해보상보험계약, 은행과의 채무지급보증계약, 예치계약 또는 공제계약을 규정하고 있으며, 상조업자가 시 · 도지사

4) 민법상 사단법인의 정관에 기재되어야 하는 사항으로는 목적, 명칭, 사무소의 소재지, 자산에 관한 규정, 이사의 임면에 관한 규정, 존립시기나 해산사유를 정한 때에는 그 시기 또는 사유이다(민법 제40조). 다만, 이사의 대표권에 대한 제한은 필수기재사항은 아니지만, 이를 정관에 기재하지 않은 경우 효력이 없다(민법 제41조).

에게 등록하기 위하여 상기의 어느 하나의 계약을 반드시 체결하도록 규정하고 있다. 이러한 소비자피해보상보험계약등의 주된 목적은 상조업자의 파산 등으로 발생하는 소비자피해를 어느 정도의 범위내에서 보호하고자 함이며, 이는 상조업의 특성에서 발생하는 문제에 대한 소비자안전장치 중 하나이다. 그러나 이러한 안전장치가 제 기능을 발휘하지 못할 경우 상조업자에 의한 소비자피해보다 더 광범위하고 중대한 소비자피해가 발생하게 된다. 즉, 지급의무자가 파산한 경우 등과 같은 상황이 발생할 경우 이는 어느 한 상조업자에 의한 소비자피해보다 더 중대한 소비자피해가 발생하게 된다. 이와 유사한 사례가 이미 미국에서 발생하였다. 즉, 미국에서 부동산거래는 에스크로(Escrow) 사업자를 통하여 이루어지는 거래관행이 존재하였기에 양당사자는 거래의 안전을 위하여 에스크로 사업자에게 대금과 등기이전에 필요한 서류를 인도 후 매수인은 부동산에 대한 권리를 취득하며, 매도인은 대금을 지급받게 된다.[5] 이는 대금을 지급한 이후 부동산에 대한 권리를 이전받지 못하여 발생하는 피해를 예방하기 위함이다. 그러나 에스크로 사업자가 대금과 등기이전에 필요한 서류를 수령한 이후 부동산을 제3자에게 처분하고 모든 대금을 가지고 도주하는 사건이 빈번하게 발생하였으며, 그 결과 양 당사자 모두 피해를 입게 되었다. 이에 에스크로 사업을 영위할 수 있는 자격 요건을 강화하였으며, 이러한 에스크로 제도는 전자상거래 분야까지 확대되었다.[6] 우리나라 역시 선불식 통신판매[7]에서 발생하는 소비자피해를 방지하고자 2005년 전자상거래소비자보호법을 개정하여 결제대금예치제도 등을 도입하여 시행하고 있으며, 미국의 경험을 기초로 결제대금예치업자의 자격요건[8]을 엄격히 정하고 있다.

5) 미국 캘리포니아주에서 에스크로를 통한 부동산 거래에 대하여는 George Devine, For Sale by Owner in California, Nolo, 2011, pp. 174~186.

6) Donna L. Grogan, California Real Estate Escrow, Dearborn, 2005, pp. 9~11. 그러나 에스크로 계약을 체결하지 않았음에도 불구하고, 이를 가장한 인터넷 쇼핑몰을 통한 소비자피해가 발생함에 따라 전자상거래를 이용하는 소비자에 대하여 사기피해의 방지를 위하여 에스크로 사업자의 허가증을 확인할 것을 요구하고 있다(Jacquelyn Lynn, Online Shopper's Survival Guide, Enterpreneur Press, 2006, pp. 121~122).

7) 전자상거래소비자보호법의 규율대상인 거래형태는 전자상거래와 통신판매이다. 즉, 양 거래형태 모두 계약의 일종이며, 유상 · 쌍무계약이다. 따라서 양 채무는 별도의 합의가 없는 한 동시이행의 관계에 있지만, 일반적으로 소비자가 대금을 먼저 지급한다. 이와 같이 재화의 공급이전에 소비자의 대금지급이 먼저 이루어지는 통신판매를 선불식 통신판매라 한다. 그러나 선불식 통신판매에서 소비자가 먼저 대금을 지급하기 때문에 통신판매업자가 재화를 공급하지 않을 경우 소비자피해가 발생하게 되며, 2003년과 2004년에 광범위하고 막대한 소비자피해(하프플라자, 와우북 사건 등)가 현실적으로 발생하였다. 이에 선불식 통신판매에서 소비자피해를 방지하고자 2005년 전자상거래소비자보호법을 개정하여 결제대금예치제도 등을 도입하였다. 결제대금예치제도에 관하여는 이종인, 「전자상거래에서의 에스크로 서비스와 소비자보호 연구」, 한국소비자보호원, 2003, 13~53면; 拙稿, "전자소비자계약에 있어서 결제대금예치제도에 관한 연구" 「정보화정책」 제14권 제2호, 2007 · 6, 67~78면 ; 윤정배, "인터넷 쇼핑몰 거래에서 소비자보호방안으로서의 에스크로 제도에 관한 연구" 「광운비교법학」 제5권, 2004, 360~375면.

8) 결제대금예치업을 영위하기 위하여 금융감독위원회에 등록하여야 하며, 등록하기 위하여는 적극적 요건과 소극

이와 같이 상조업분야에서의 소비자보호를 위한 안전장치인 소비자피해보상보험이 제 기능을 발휘하기 위하여는 지급의무자의 적정한 업무집행이 요구되며, 이를 위하여 감독기관의 적절한 감독이 필요하다.

나. 공제조합 등에 대한 감독

(1) 감독기관 및 감독의 내용

선수금의 보존 및 지급의무를 담당하는 지급의무자에 대한 감독기관은 공정거래위원회이다. 또한 지급의무자 중 공제조합에 대하여는 별도의 감독규정을 두고 있다. 즉, 공정거래위원회는 소비자피해보상업무의 감독을 위하여 필요한 경우 지급의무자에게 선수금 보전과 관련된 자료의 제출을 요구할 수 있으며, 지급의무자의 업무집행 등이 법령에 적합하지 아니한 경우 이의 시정을 명할 수 있고, 그 밖에 소비자의 피해구제 등과 관련하여 필요한 경우에는 적합한 조치를 요구할 수 있다(동법 제27조 제7항, 제8항). 또한 공제사업을 운영하기 위하여 공정거래위원회의 인가를 받아 설립된 공제조합에 대하여 공정거래위원회는 감독권을 갖는다. 구체적인 감독의 내용으로는 공제조합에 대한 업무 및 회계에 관한 보고서의 제출 또는 그 밖에 필요한 조치를 명하거나 소속 공무원으로 하여금 공제조합의 업무 및 회계 상황을 조사하거나 장부 또는 그 밖의 서류를 검사하는 것이다. 또한 공제조합의 운영 및 업무 집행 등이 법령이나 정관 등에 적합하지 아니한 경우 그 시정을 명할 수 있고, 그 밖에 소비자의 피해구제 등과 관련하여 필요한 경우에는 적합한 조치를 요구할 수 있다. 마지막으로 공제조합의 임직원이 공제규정을 위반하여 업무를 처리하거나 위의 시정명령 또는 조치를 이행하지 아니한 경우 관련 임직원에 대한 징계 · 해임을 요구하거나 해당 위반행위를 시정하도록 명할 수 있다(동법 제31조).

(2) 지급의무자에 대한 감독규정의 문제점

상기와 같이 상조업분야에서 선수금을 보전하기 위한 안전장치로 소비자피해보상보험계약 등을 규정하고 있으며, 이를 담당하는 기관이 적절하게 업무를 수행하는지에 대한 감독규정을 두고 있다. 그러나 이러한 동법상 감독규정은 다음과 같은 문제점을 내포하고 있다. 첫째, 소비자피해보상보험 등은 소비자의 선수금을 보전하기 위한 제

적 요건을 모두 충족하여야 한다. 이의 구체적인 요건에 대하여는 拙著, 앞의 책, 338~341면.

도이며, 상조업을 영위하기 위한 필수조건이다. 그러나 상조업자가 중도에 선수금 보전조치를 강구하지 않은 경우, 예를 들어 소비자피해보상보험계약 등이 만료되었음에도 불구하고 이를 갱신하지 않은 경우 지급의무자의 보고의무는 존재하지 않는다. 물론 이는 등록사항의 변경이기 때문에 상조업자는 시 · 도지사에게 이를 신고하여야 한다. 그러나 상조업자가 신고하지 않은 경우 이를 알지 못하는 소비자는 피해를 입을 수밖에 없다. 따라서 이러한 문제점을 야기시키지 않기 위하여 상조업자가 소비자피해보상보험계약 등을 갱신하지 않은 경우 지급의무자에게 보고의무를 부과하여야 할 것이다.[9] 둘째, 공제조합에 대한 감독에 대하여 동법에서는 모순된 규정을 가지고 있다. 즉, 동법 제28조에서 공제조합에 대한 감독에 필요한 사항은 시행령에 위임하였음에도 불구하고 동법 제31조에서는 공제조합에 대한 감독 규정을 두고 있다. 즉, 시행령에 위임한 사항을 법에서 규정하고 있는 것이다. 또한 시행령에서 규정하고 있는 사항은 공제조합의 운영에 대한 보고사항이다. 물론 보고 역시 감독의 일환으로 볼 수 있지만, 법의 체계성에 있어서 문제점을 가지고 있다. 따라서 동법 제28조에서 규정하고 있는 공제조합에 대한 감독사항은 제28조가 아닌 동법 제31조에서 규정하여야 할 것이다. 셋째, 공정거래위원회는 지급의무자 및 공제조합에 대하여 다양한 감독권한을 행사할 수 있지만, 지급의무자 또는 공제조합이 이에 따르지 않았을 경우에 대한 행정규제 또는 벌칙규정이 존재하지 않는다. 즉, 공정거래위원회는 지급의무자 또는 공제조합에 대하여 조사 및 자료 제출 등을 요구할 수 있으며, 부적합한 경우 시정을 명할 수 있다. 그러나 이를 이행하지 않은 경우에 대한 규제 또는 벌칙규정을 두고 있지 않음으로 인하여 사실상 지급의무자에 대한 감독은 유명무실하게 되었다. 또한 동법에서 규정하고 있는 영업정지 또는 과징금처분은 모두 상조업자를 대상으로 하고 있으며, 지급의무자를 대상으로 하고 있지 않다(동법 제40조, 제41조). 그리고 벌칙 규정의 주체 역시 상조업자에 한정되며, 처벌의 대상이 되는 행위에 있어서 지급의무자 또는 공제조합에 관한 조문은 포함되어 있지 않다. 마지막으로 공제조합의 인가에 관한 사항만을 규정하고 있을 뿐 인가취소에 관한 규정을 두고 있지 않다. 물론 인가권자인 공정거래위원회가 인가취소권을 당연히 갖는다고 해석할 수 있다. 그러나 인가취소에 따라 공제조합은

9) 2012년 7월 5일 입법예고된 할부거래법 개정안에서는 지급의무자의 통보의무 및 소비자가 확인할 수 있는 절차 마련의무를 신설하고 있다(동법 개정안 제27조의2). 즉, 지급의무자는 제27조 제1항에 따라 선불식 할부거래업자와 체결한 소비자피해보상보험계약등이 해지 · 만료된 경우에는 해당 할부거래업자가 등록한 시 · 도지사에게 해지 · 만료 사실을 즉시 통보하여야 한다. 또한 지급의무자는 「금융실명거래 및 비밀보장에 관한 법률」 제4조 제1항에도 불구하고 소비자가 방문 · 전화 또는 인터넷을 통하여 해당 소비자에 관한 소비자피해보상보험계약등의 내용 및 이에 따라 보전(補塡)된 소비자피해보상금의 액수를 즉시 열람할 수 있도록 필요한 조치를 하여야 한다.

해산되며, 이로 인하여 공제계약의 해소에 따라 소비자피해보상의 문제를 비롯하여 자산의 배분문제, 정부의 출연금의 상환문제 등 다양한 문제가 발생하게 된다. 그러나 이에 관한 규정을 두고 있지 않음으로 인하여 추후 공제조합의 인가취소가 발생할 경우 복잡한 문제를 야기하게 된다.

따라서 상기에서 제시한 제반문제점을 해결하기 위하여 공제조합을 포함한 지급의무자의 법 위반행위에 대한 행정적 규제규정(영업의 정지 또는 과징금)과 이에 대한 벌칙규정을 신설하고, 인가취소의 요건 및 인가취소에 따른 효과 등에 대하여도 별도의 규정을 두어야 할 것이다.

제5절 편면적 강행규정

1. 편면적 강행규정의 의의

법 또는 법의 규정은 임의법(규)과 강행법(규)으로 구분된다. 즉, 법 규정과 당사자간의 합의가 상이할 경우 당사자간의 합의가 우선할 경우 이의 법을 임의법(규)이라고 하며, 법 규정이 우선할 경우 강행법(규)이라고 한다. 또한 강행규정은 다시 법 규정에 위반되는 당사자간의 합의 전부를 무효로 하는 경우와 합의가 상대방에게 유리한 경우 그 합의의 효력을 인정하는 경우로 구분되며, 후자를 편면적 강행규정이라고 한다. 이러한 편면적 강행규정은 소비자보호를 목적으로 하는 법에서 주로 규정하고 있으며, 이의 대표적인 예가 할부거래법 제43조, 방문판매법 제45조, 전자상거래소비자보호법 제35조이다. 즉, 당해 법률의 규정과 다른 합의를 하였을 경우 무효로 인정되는 것은 그러한 합의가 소비자에게 불리한 경우이며, 반대로 소비자에게 유리한 합의는 인정된다.

2. 편면적 강행규정의 대상

상조계약과 관련하여 편면적 강행규정으로는 계약체결 전의 정보제공 및 계약체결에 따른 계약서 발급(동법 제23조), 소비자의 청약철회(동법 제24조), 소비자의 상조계약 해제(동법 제25조) 및 상조업자의 상조계약 해제(동법 제26조)이다. 따라서 상기의 제규정의 내용보다 소비자에게 불리한 합의는 그 형식(약관 또는 개별약정)과 관계없이 모두 무효이다. 그러나 당사자간 합의가 상기의 제 규정보다 소비자에게 유리한 경우, 예를 들어 청약철회기간을 14일 보다 장기인 20일로 정하였을 경우 이러한 합의는 유효하기 때문에 소비자는 법상 기간인 14일이 아닌 약정기간인 20일 이내에 청약을 철회할 수 있다.

제6절 재판관할

1. 관할법원의 결정

상조계약으로 인한 분쟁이 발생하였을 경우 이의 해결방법은 다양하지만, 대표적인 방법이 소송이다. 이러한 소송은 소의 제기에서부터 시작되며, 어느 법원에 소를 제기하여야 하는가는 매우 중요한 문제이다. 즉, 소송은 관할권을 가진 법원에서 처리되어야 하기 때문에 관할권이 없는 법원에 소를 제기하였을 경우 수소(受訴)법원은 관할권을 가진 법원으로 당해 사건을 이송하게 된다.

이러한 소송관할권을 정하고 있는 법이 민사소송법이다. 동법상 재판관할(토지관할)은 다음과 같다. 먼저, 보통재판적에 있어서 자연인(피고)의 경우 그 사람의 주소 또는 거소에 의하여 결정되며, 주소 또는 거소를 알 수 없는 경우 마지막 주소에 의하여 결정된다. 법인 등의 경우에는 주된 사무소 또는 영업소가 있는 곳에 따라 결정되며, 국가의 경우 국가를 대표하는 관청 또는 대법원이 있는 곳에 따라 결정된다(동법 제2조 내지 제6조). 특별재판적은 근무지, 거소지, 의무이행지, 어음 · 수표 지급지, 선적이 있는 곳(선원) 또는 군사용 청사가 있는 곳 또는 군함선의 선적이 있는 곳의 법원(군인 · 군무원), 재산이 있는 곳, 사무소 · 영업소가 있는 곳, 선적이 있는 곳, 선박이 있는 곳, 불법행위지, 해난구조지, 부동산소재지, 등기 · 등록지 등에 의하여 결정된다(동법 제7조 내지 제24조). 또한 당사자간의 합의에 의하여 관할법원이 결정될 수 있으며, 이를 합의관할이라고 한다(동법 제29조). 이와 더불어 피고의 응소에 의하여 관할권이 발생할 수 있으며, 이를 변론관할이라고 한다(동법 제30조). 마지막으로 재판의 적정 및 공평이라는 공익적 요구에 따라 특정법원에만 관할권을 인정하는 것이 있으며, 이를 전속관할이라고 한다(동법 제31조).[10)]

이와 같이 민사소송법에서는 관할법원을 정하는 기준을 규정하고 있지만, 원고가 관할권없는 법원에 소송을 제기하였을 경우 수소법원은 관할권있는 법원으로 이송한다(동법 제34조).

2. 전속관할

상조계약과 관련한 분쟁이 발생하여 당사자가 소송을 통하여 이를 해결하고자 할 경우 원고(상조업자 또는 소비자)는 제소 당시 소비자의 주소를, 주소가 없는 경우에는 거소를 관할하는 지방법원에 소를 제기하여야 하지만, 제소 당시 소비자의 주소 및 거소가 분명하지 아니한 경우에는 민사소송법의 관련 규정을 준용한다(할부거래법 제44조).

이와 같이 할부거래법에서 전속관할을 규정한 취지는 무엇인가? 이는 전속관할의 근본적인 취지인 재판의 적정 및 공평이라는 공익적 요구에 근거한 것이다. 즉, 일반적으로 사업자와 소비자간 계약에서 발생하는 분쟁에 대하여 재판관할권은 상기의 보통재판적 또는 특별재판적에 의하여 해결되지만, 대부분은 사업자의 주소 또는 영업소의 소재지를 관할하는 법원에 관할권을 부여한다. 이의 방식은 일반적으로 약관에서 정하고 있다. 즉, 당해 계약에 관한 약관의 조항 중에 관할법원을 규정하고 있으며, 분쟁발생시 사업자를 기준으로 관할법원을 정하고 있다. 그럼 소비자가 이에 대한 반대의 합의, 즉 소비자를 기준으로 관할법원을 정할 수 있는가? 이는 사실상 불가능하다. 먼저, 소비자는 당해 계약을 체결할 때, 즉 약관에 대한 동의를 할 때 분쟁발생을 예상하지 않는다. 따라서 재판관할에 대하여 크게 고려하지 않는다. 또한 소비자가 이에 대한 반대의 의견을 제시할 경우 사업자는 소비자와의 계약체결을 거절하게 된다. 즉, 약관은 계약체결의 신속화 및 간편화를 도모하였지만, 상대적 약자인 소비자의 계약내용결정

10) 송상현 · 박익환, 「민사소송법」, 박영사, 2011, 90-109면.

의 자유를 박탈하고 있다. 그 결과 소비자는 약관을 수용할 수 밖에 없으며, 약관상 재판관할은 합의관할에 해당하기 때문에 상기의 특별재판적에 해당하게 된다. 이와 같이 사업자와 소비자간 계약에서 합의관할이 정해져 있기 때문에 소비자는 분쟁발생시 사업자의 주소 등을 관할하는 법원에 소를 제기하여야 하지만, 소비자가 동 법원에 소를 제기하여 당해 분쟁을 해결하기란 그리 쉽지 않다. 또한 소비자분쟁에 있어서 그 피해금액이 그리 많지 않다는 점을 감안한다면 다른 지역에 있는 법원에서의 소송은 소비자의 입장에서 소송진행에 따른 과다한 비용과 시간 등을 요하게 된다. 따라서 소비자는 이러한 점 때문에 소송을 통한 분쟁해결을 포기하게 된다. 일부 사업자의 경우 소송진행에 따른 곤란성을 악용하기 위하여 사업자를 기준으로 한 재판관할조항을 약관에 포함시키고 있다. 따라서 합의관할을 인정할 경우 소비자가 소송을 통하여 분쟁을 해결하기가 곤란하다는 점을 감안하여 할부거래법에서는 전속관할규정을 두어 소비자가 용이하게 소송을 통하여 분쟁을 해결할 수 있는 기초를 제공하고 있다.

제7절 사업자단체의 등록

1. 사업자단체의 설립 및 등록

상조업자는 상조업의 건전한 발전과 소비자의 신뢰도 제고, 그 밖에 공동이익의 증진을 목적으로 사업자단체를 설립할 수 있다. 이러한 사업자단체는 반드시 법인격을 갖추어야 하는 것은 아니기 때문에 법인격없는 사단법인으로 존립할 수 있다. 또한 설립된 사업자단체가 반드시 공정거래위원회에 등록하여야 하는 것은 아니지만, 동법상 공정거래위원회의 사무위탁을 받기 위하여는 등록을 하여야 한다.

사업자단체가 공정거래위원회에 등록하기 위하여는 목적, 명칭, 주된 사무소 · 지부의 주소 및 인터넷 홈페이지 주소, 대표자의 성명 · 주민등록번호 · 주소 · 전화번호 · 전자우편주소, 설립연월일, 회원의 수(지부의 수를 포함한다) 및 사업내용을 기재한 신청서와 정관, 인력 · 재정 상황 및 재원 확보방안과 주요 설비의 목록 및 성능에 관한 자료를 첨부하여 공정거래위원회에 제출하여야 한다(동법 제45조, 동 시행령 제32조). 이와 같이 공정거래위원회에 등록한 사업자단체는 설립연월일을 제외하고 기재사항 또는 첨부사항이 변경된 경우 그 변경사항이 발생한 날부터 20일 이내에 공정거래위원회에 통보하여야 한다(동 시행령 제32조 제3항).

2. 사업자단체의 위탁사무의 처리

공정거래위원회는 이 법을 효율적으로 집행하기 위하여 필요한 경우 사무의 일부를 등록한 사업자단체에 위탁할 수 있다. 사무를 위탁받은 사업자단체의 임직원은 「형법」 제129조부터 제132조까지의 규정에 따른 벌칙을 적용할 때에는 공무원으로 본다(동법 제46조).

이와 같이 동법에서는 공정거래위원회의 사무 중 일부를 등록사업자단체에 위탁할 수 있음을 규정하고 있다. 물론 사무처리의 효율성 또는 자율규제 측면에서 이를 위탁할 수 있다고 하지만, 수탁기관이 사업자단체라는 점을 감안할 때, 부적절한 업무처리의 위험성은 존재한다. 따라서 사무의 위탁의 장점을 살리고, 이로 인한 부작용을 최소화하기 위한 조치가 필요하다. 이에 관한 사항이 위탁한 사무에 대한 감독, 처리 · 보고, 조사 · 확인, 자료의 제출 또는 시정에 필요한 조치의 요구 등이다. 그러나 동법에서는 이를 구체적으로 규정하고 있는 것이 아닌 포괄적으로 시행령에 위임하고 있으며, 시행령에서는 이에 관한 사항을 규정하고 있지 않다. 물론 조속한 시행령의 개정을 통하여 이의 문제를 해결하는 것이 필요하지만, 과연 이러한 사항을 포괄적으로 시행령에 위임하는 것이 위임입법의 원칙에 합치하는 것인가의 문제와 더불어 공제조합 등에 대한 감독 등의 규정과 비교하여 형평성의 문제가 제기된다. 즉, 공제조합의 감독 등에 대하여는 법률의 차원에서 규정하고 있음에도 불구하고 사업자단체에 대한 감독 등에 대하여 포괄적으로 시행령에 위임한 것은 공제조합에 대한 감독 등과 비교할 때 형평성의 문제가 제기되며, 구체적인 기준을 제시하고 있지 않다는 점에서 위임입법의 원칙을 위반한 것으로 평가될 수 있다. 따라서 사업자단체에 대한 감독 등에 대하여 공제조합과 같이 법률에서 이의 내용을 규정하고, 세부적인 사항에 대하여만 시행령에 위임하여야 할 것이다.

제 6 장

상조업과 공법적 규제

제1절 사업자의 금지행위

제2절 위반행위에 대한 조사 및 감독

제3절 시정조치 및 과징금

제4절 벌칙

제1절 사업자의 금지행위

1. 계약체결에 있어서 금지행위

상조업자[1]는 상조계약의 체결과 관련하여 다음과 같은 행위를 하여서는 아니된다.[2] 첫째, 상조업자는 계약의 체결을 강요하여서는 아니된다. 이의 예로 상조사업자가 상조업체에 취업하기 위해 지원한 사람들에게 취업요건으로 상조계약 체결을 요구하고, 거부하는 경우 직원채용에서 제외시키겠다고 공지한 경우를 고시에서 제시하고 있다. 둘째, 상조업자는 거짓ㆍ과장된 사실을 알리거나 기만적 방법을 사용하여 상대방과의 거래를 유도하여서는 아니된다. 이의 예로 상조상품을 은행적금보다 금리가 높은 저축성 상품으로 홍보하는 경우, '전원 장례지도사 1급', '원하는 장례식장에서 다 된다', '대기업과 계약이 되어 있다', 상조이행보증회사를 통하여 무조건 상조서비스를 제공한다' 등 사실과 다른 설명으로 가입을 유도한 경우 또는 상조상품을 홍보한다는 내용을 표시하지 아니한 무료초대권으로 소비자를 극장으로 유인하여 상조상품을 판매하는 경우를 고시에서 제시하고 있다. 셋째, 상대방의 청약이 없음에도 재화등의 대금을 청구하여서는 아니된다. 이의 예로 상조사업자가 특정 사업자단체의 임원들과 협의하여 사업자단체의 회원을 본인의 동의 없이 상조상품에 가입시키고 회원에게 매월 대금고지서를 발급한 경우(다만, 사업자단체의 회원들이 임원들에게 계약체결 권한을 위임한 경우는 제외) 또는 상조업체간 체결한 회원인수계약에 대하여 해당 소비자의 동의를 받지 않았음에도 불구하고, 인수업체가 해당 소비자에게 대금을 청구하거나 CMS이체를 통하여 대금을 지급받은 경우를 고시에서 제시하고 있다. 마지막으로 소비자가 계약을 체결할 의사가 없음을 밝혔음에도 전화, 팩스, 컴퓨터통신 등을 통하여 계약체결을 강요하는 행위이다. 이의 예로 계약을 체결하지 않겠다고 밝혔음에도 상조사업자가 하루에 2번 이상 혹은 일주일에 2~3번씩 3달간 반복해서 전화로 계약체결을 요구한 경우 또는 소

1) 2012년 7월 5일 입법예고된 할부거래법 개정안에서는 금지행위를 하지 않아야 할 자로 현행 상조업자에 모집인을 추가하고 있다(동법 개정안 제34조).

2) 할부거래법상 금지행위를 하지 않아야 할 자는 상조업자(선불식 할부거래업자)이다. 그러나 소비자와 계약을 체결하는 자는 상조업자가 아닌 피용자 등이며, 이러한 금지행위를 실질적으로 행하는 자는 피용자 등이다. 따라서 금지행위의 수범주체를 이러한 자까지 포함될 수 있도록 개정하여야 할 것이다.

비자가 전화, 이메일 등을 통하여 가입거부의사를 밝혔음에도 메신저 쪽지, 홈페이지 게시판, 방명록, 소셜 네트워크를 통해서 계약체결을 독촉하는 글을 반복적으로 남기는 경우를 지침에서 제시하고 있다.[3)4)]

2. 권리행사 또는 피해구제에 있어서 금지행위

상조업자는 소비자의 권리행사 또는 피해구제에 있어서 다음의 행위를 하여서는 아니된다. 첫째, 청약의 철회 또는 계약의 해제를 방해할 목적으로 상대방을 위협하는 행위이다. 둘째, 거짓 · 과장된 사실을 알리거나 기만적 방법을 사용하여 청약의 철회 또는 계약의 해제를 방해하는 행위이다. 셋째, 청약의 철회 또는 계약의 해제를 방해할 목적으로 주소 · 전화번호 등을 변경하는 행위이다. 이의 예로 사무실을 이전하지 않았음에도 주기적으로 상호와 전화번호를 변경하는 경우 또는 소비자와 계약체결 후 사무실을 이전하였거나 합병 · 인수가 되었는데도 그러한 사실과 주소 · 전화번호 등을 고의적으로 알려주지 않는 경우를 고시에서 제시하고 있다. 넷째, 분쟁이나 불만처리에 필요한 인력 또는 설비가 부족한 상태를 상당 기간 방치하여 상대방에게 피해를 주는 행위이다. 이의 예로 소비자가 불만사항에 대한 사업자의 이메일 또는 팩스 답변이 불충분하여 직접 전화통화를 하고자 함에도 불구하고, 사업자가 이메일 또는 팩스를 통해서만 불만처리를 할 수 있도록 하고 전화통화를 거부하는 경우, 소비자가 전화를 하였으나 전화상담원이 부족하여 통상적인 방법으로는 통화를 하기가 곤란하거나 ARS 등을 통하여 여러 단계를 거치게 한 후 결국에는 상담원과 연결이 되지 않게 해 둔 경우, 소비자가 상품의 질에 불만이 있어 계약을 해제하고 환급을 요구하였으나, 업무 담당자가 퇴사하였다는 말을 들었고 한 달이 넘도록 충원되지 않는 경우, 소비자가 상조사업자 또는 그 직원과 전화통화가 이루어지지 않아 자동안내에 따라 수차례 자신의 전화번호를 남겼음에도 불구하고, 사업자가 특별한 사정없이 전화를 하지 않는 경우(다만, 소비자가 전화번호를 잘못 남겼거나 소비자의 부재 등으로 인하여 부득이하게 연락이 지연된 경우는 제외) 또는 소비자가 서면으로 청약을 철회하기 위하여 상조사업자에게 팩스

3) 선불식 할부거래에서의 소비자보호 지침 II. 일반사항 7. 금지행위.

4) 2012년 7월 5일 입법예고된 할부거래법 개정안에서는 계약체결과 관련된 금지행위로 「방문판매 등에 관한 법률」 제2조제5호에 따른 다단계판매를 통하여 선불식 할부계약을 체결하는 행위 및 대출 등 모집인의 고유업무 수행과 관련된 불리한 조건을 제시하여 선불식 할부계약을 체결할 것을 요구하는 행위를 추가하고 있다(동법 개정안 제34조 제14호, 제15호).

를 보내려고 하였으나, 상조사업자가 팩스가 없다고 하면서 직접 사무실로 찾아올 것을 요구하는 경우를 고시에서 제시하고 있다. 다섯째, 소비자가 계약을 해제하였음에도 불구하고 정당한 사유 없이 이에 따른 조치를 지연하거나 거부하는 행위이다. 이의 예로 상조업체 A가 상조업체 B를 인수한 후 B의 고객이 개인사정으로 계약을 해제하였는데, 고객정보가 인수인계되지 않았다는 이유로 A가 1년 이상 해약환급금 지급을 미루는 경우를 고시에서 제시하고 있다. 여섯째, 청약의 철회 또는 계약의 해제와 관련하여 분쟁이 발생한 경우 대금을 지급받기 위하여 소비자에게 위계를 사용하거나 위력을 가하는 행위이다. 이의 예로 계약상에 추가요금에 대한 내용이 없음에도 물가상승을 이유로 수의에 대하여 추가요금을 요구하여 소비자가 계약해제를 요구하자, 사업자가 추가요금을 지급받기 위하여 위력을 가한 경우를 고시에서 제시하고 있다. 마지막으로 자신이 공급하는 재화등을 소비자가 양도 · 양수하는 것을 상당한 이유 없이 제한하거나 양도 · 양수함에 있어 과다한 비용을 부과하는 행위이다. 이의 예로 甲이 상조업체 A의 상조상품에 가입한 후 乙에게 회원자격(상조서비스 수혜자)을 양도했으나, A가 양도를 이유로 甲이 납입한 금액의 50%만을 인정하는 경우를 고시에서 제시하고 있다.[5)]

3. 영업행위와 관련된 금지행위

상조업자는 영업행위와 관련하여 다음의 행위를 하여서는 아니된다. 첫째, 소비자피해보상보험계약등을 체결하지 아니하고 영업하는 행위이다.[6)] 이의 예로 소비자가 계약할 당시 소비자피해보상보험계약등이 체결되어 있었으나, 소비자의 대금납부가 계속되는 동안에 상조사업자의 공제료 미납입, 법정 예치비율 위반 등의 이유로 소비자피해보상보험계약등이 해지된 경우를 고시에서 제시하고 있다. 둘째, 소비자피해보상보험계약등을 체결하지 아니하였음에도 소비자피해보상보험계약등을 체결한 사실을 나타내는 표지나 이와 유사한 표지를 제작 또는 사용하는 행위이다. 이의 예로 상조사업자가 소비자피해보상보험계약이 해지되었음에도 소비자피해보상보험계약등을 체결한

5) 선불식 할부거래에서의 소비자보호 지침 II. 일반사항 7. 금지행위.

6) 2012년 7월 5일 입법예고된 할부거래법 개정안에서는 이의 행위뿐만 아니라 제27조 제2항 및 법률 제10141호 할부거래에 관한 법률 개정법률 부칙 제5조에 따라 보전하여야 할 금액을 보전하지 아니하고 영업하는 행위를 추가하고 있다(동법 개정안 제34조 제7호).

사실을 나타내는 표지를 사용하는 경우 또는 상조사업자가 홈페이지에 "○○보증과 □□보험에 가입하여 어떠한 경우에도 고객님의 불입금을 안전하게 보장한다"는 내용으로 소비자피해보상보험계약을 체결한 것처럼 광고하였으나, 실제로는 소비자의 계좌에서 월불입금이 과다하게 인출될 경우에 대한 손해배상금의 지급을 보장하는 것이었던 경우를 고시에서 제시하고 있다. 마지막으로 다른 사람에게 자기의 명의 또는 상호를 사용하여 상조업을 하게 하거나 상조업 등록증을 대여하는 행위이다. 다만, 상조업자가 위탁 · 제휴 등을 통하여 타회사가 회원모집만을 수행토록 하는 것은 이의 행위에 해당하지 않는다.[7)]

4. 개인정보침해행위

상조업자는 본인의 허락을 받지 아니하거나 허락받은 범위를 넘어 소비자에 관한 정보를 이용(제3자에게 제공하는 경우를 포함한다)하는 행위를 하여서는 아니된다. 다만, 다음의 어느 하나에 해당하는 경우에는 그러하지 아니한다. 첫째, 재화등의 배송 등 소비자와의 계약이행에 불가피한 경우로서 소비자와의 계약을 이행하기 위하여 재화등의 배송 또는 전송을 업(業)으로 하는 자에게 소비자에 관한 정보를 제공하는 경우, 소비자와의 계약을 이행하기 위하여 재화등의 설치, 사후 서비스, 그 밖에 약정한 서비스의 제공을 업으로 하는 자에게 소비자에 관한 정보를 제공하는 경우 또는 소비자피해보상보험계약등을 체결한 지급의무자에게 소비자에 관한 정보를 제공하는 경우이다. 둘째, 재화등의 거래에 따른 대금을 정산하기 위하여 필요한 경우이다. 셋째, 도용을 방지하기 위하여 본인임을 확인할 때 필요한 경우로서 소비자의 신원 및 실명이나 본인의 진의(眞意)를 확인하기 위하여 전기통신사업법 제5조 제3항 제1호에 따른 기간통신사업자, 신용정보의 이용 및 보호에 관한 법률 제2조 제5호에 따른 신용정보회사, 해당 거래에 따른 대금결제와 직접 관련된 결제업자 또는 법령에 따라 또는 법령에 따른 인 · 허가를 받아 도용방지를 위한 실명확인을 업으로 하는 자에게 소비자에 관한 정보를 제공하는 경우 또는 미성년자와 거래할 때 법정대리인의 동의 여부를 확인하기 위하여 정보를 이용하는 경우이다. 마지막으로 다른 법률에 따라 불가피한 사유가 있는 경우이다.[8)]

7) 선불식 할부거래에서의 소비자보호 지침 II. 일반사항 7. 금지행위.
8) 선불식 할부거래에서의 소비자보호 지침 II. 일반사항 7. 금지행위.

제2절 위반행위에 대한 조사 및 감독

1. 위반행위에 대한 조사

가. 위반행위에 대한 조사권자

공정거래위원회, 시 · 도지사 또는 시장 · 군수 · 구청장(자치구의 구청장을 말한다. 이하 같다)은 상조업자[9]가 이 법을 위반한 사실이 있다고 인정할 때에는 직권으로 필요한 조사를 할 수 있다(동법 제35조 제1항). 이와 같이 상조업자의 법위반행위에 대한 조사권을 등록기관인 시 · 도지사뿐만 아니라 시장등에까지 부여하고 있다. 그럼 행정기관에 대하여 상조업자의 법 위반행위에 대한 조사권한을 부여한 취지는 무엇인가? 동법은 상조업분야의 공정한 거래질서의 확립 및 소비자피해를 예방하기 위함이며, 이를 위하여 상조업자가 법 위반행위를 하여 소비자피해를 야기시키고, 이 분야의 거래질서를 혼란하게 할 경우 행정기관이 적절하게 규제하여야 하기 때문이다.

그러나 상조업자의 법 위반행위에 대한 조사기관과 관련하여 다음과 같은 문제점이 지적된다. 먼저, 행정기관이 상조업자의 법 위반행위를 조사하기 위하여 상조업자의 현황에 대하여 파악하고 있어야 하며, 이의 기초가 등록이다. 그럼에도 불구하고 등록기관이 아닌 시장등에까지 규제권한을 부여한 것은 상조업자에 대하여 전혀 알지 못하는 행정기관에게 이를 규제하도록 한 것이며, 이는 실질적인 규제를 통한 소비자보호 및 건전한 거래질서의 확립하고자 하는 입법목적과 상치한다. 따라서 등록기관과 규제기관을 일치시킬 필요가 있으며, 이를 위하여 상조업자에 대한 규제기관에서 시장 등은 배제하여야 할 것이다. 둘째, 지방정부차원에서 상조업자를 규제할 수 있는 여건을 갖추고 있는가의 문제이다. 법에서 권한을 부여하거나 중앙정부의 권한을 위임한 경우 지방정부가 실질적으로 권한을 행사하기 위하여는 이를 실질적으로 행사할 수 있는 조직력을 갖추고 있어야 한다. 그럼 현재 지방정부는 이러한 소비자행정을 담당할 조직력을 확보하고 있는가의 문제가 제기된다. 지방정부가 이러한 조직력을 갖추고 있지 못함에도 불구하고 이의 권한만을 부여하였을 경우 실질적인 행정규제는 불가능하다.

9) 2012년 7월 5일 입법예고된 할부거래법 개정안에서는 법 위반행위에 대한 조사 및 시정조치 등에 대한 대상자로 현행 상조업자에 모집인을 추가하고 있다(동법 개정안 제35조, 제38조, 제39조).

즉, 실효성없는 규정을 동법에서 규정하고 있는 것이다. 현재 지방정부(광역지방자체단체)의 소비자행정조직은 소비생활센터 등을 통하여 이루어지고 있지만, 이의 구성원은 매우 적은 실정이다. 즉, 광역자치단체에 설치되어 있는 소비생활센터의 인원(공무원)은 1인에서 많게는 3인에 불과하다.[10] 따라서 현행 지방정부차원에서 상조업자의 현황과 법 위반행위를 조사 및 감독하기에는 사실상 불가능하다. 그럼 상조업자에 대한 규제권한을 공정거래위원회에게만 부여할 것인가? 공정거래위원회의 행정조직력 역시 그리 충분하지 않으며, 지방에 소재한 상조업자에 대한 적절한 규제는 사실상 곤란하다. 따라서 지방정부(광역지방자체단체)와 함께 상조업자에 대하여 행정적 규제를 하는 것이 타당하지만, 지방정부의 열악한 소비자행정체계를 개선할 수 있는 방안이 필요하다. 구체적으로 지방정부가 상조업자에 대한 행정적 규제를 충실하게 수행할 수 있도록 해당 부서의 공무원의 정원을 확대하거나 공정거래위원회의 직원을 파견하도록 하여야 할 것이다. 다만, 공정거래위원회의 직원을 파견하는 것이 매우 바람직하지만, 현행 공정거래위원회의 조직 여건상 이는 사실상 불가능하다. 즉, 할부거래법을 담당하는 공정거래위원회의 부서는 소비자정책국의 특수거래과이며, 동과에서는 할부거래법과 방문판매법을 소관하고 있다. 두 개의 법에서 규율하고 있는 거래업종은 총 8개이다. 즉, 방문판매법의 규율대상은 방문판매 · 전화권유판매 · 다단계판매 · 후원방문판매 · 계속거래 및 사업권유거래이며, 할부거래법의 규율대상은 후불식 할부거래와 선불식 할부거래이다. 그럼 이를 담당하는 특수거래과의 인원은 이의 업무를 충분히 담당할 수 있는가? 2012년 6월을 기준으로 특수거래과는 과장 1인을 포함하여 총 13명이다. 그럼 13명의 인원으로 전국적으로 분포되어 있는 7개 거래업종의 사업자들을 규율할 수 있는가? 누가 보더라도 곤란하다는 것을 알 수 있다. 따라서 현행 공정거래위원회의 조직체계에서는 지방정부에 대한 담당공무원의 파견을 통한 해결은 불가능하기 때문에 지방정부의 소비자행정을 담당하는 공무원을 증원하여 해결하여야 할 것이다. 물론 공정거래위원회의 소비자행정조직을 확대[11]함과 더불어 지방정부로 파견하여 이를 담당하게 하는 것이 바람직하지만, 지속성을 고려한다면 지방정부의 소비자행정담당 공무원을 증원하는 것이 함께 고려되어야 할 것이다. 이와 더불어 중앙정부 차원에서 시간이 경과할수록 중요성이 높아지고 있으며, 그 범위가 확대되고 있는 소비자행정

10) 강수현, "지역소비생활센터 운영활성화를 통한 소비자주권의 실질화 도모", 「공정거래위원회 창립 30주년 공동학술심포지엄 자료집」, 공정거래위원회, 2011 · 4, 67면.

11) 拙稿, "소비자기본법의 평가와 과제", 「저스티스」 제120호, 한국법학원, 2010 · 12, 25~26면.

을 전문적으로 담당할 수 있는 독립된 소비자행정기관의 신설(일본의 소비자청 등) 역시 신중한 검토가 필요하다.[12)]

나. 공정거래위원회에의 통보 및 결과통보

시 · 도지사 또는 시장 · 군수 · 구청장이 상조업자의 법 위반행위를 조사하려는 경우에는 공정거래위원회에 통보하여야 하며, 공정거래위원회는 조사 등이 중복될 우려가 있는 경우에는 시 · 도지사 또는 시장 · 군수 · 구청장에게 조사의 중지를 요청할 수 있다. 이 경우 요청을 받은 시 · 도지사 또는 시장 · 군수 · 구청장은 상당한 이유가 없으면 그 조사를 중지하여야 한다. 공정거래위원회, 시 · 도지사 또는 시장 · 군수 · 구청장은 상기의 조사를 한 경우에는 그 결과(조사 결과 시정조치명령 등의 처분을 하려는 경우에는 그 처분의 내용을 포함한다)를 해당 사건의 당사자에게 문서로 알려야 한다(동법 제35조 제2항, 제3항).

2. 부당행위에 대한 정보공개

공정거래위원회는 상조업분야에서의 공정거래질서 확립과 소비자 피해예방을 위하여 필요한 경우에는 상조업자의 이 법 위반행위에 대한 조사 결과 등 부당행위에 대한 정보를 공개할 수 있다. 이 경우 공정거래위원회는 해당 상조업자에게 정보공개의 목적, 내용, 기간 및 방법 등을 정보공개일 15일 전까지 통지하여야 한다. 통지를 받은 상조업자는 공개하는 내용 중 사실과 다른 내용이 있는 경우에는 정보공개일 5일 전까지 그 사실을 증명하는 서류를 첨부하여 서면으로 공정거래위원회에 그 내용의 정정 또는 비공개를 요구할 수 있다. 이 경우 공정거래위원회는 상조업자의 요구가 정당하다고 인정되면 공개 내용을 변경하거나 해당 정보를 공개하지 아니할 수 있다(동법 제36조, 동 시행령 제24조).

---

12) 일본 소비자청 및 소비자위원회에 대하여는 전병서, 「일본 소비자청 및 소비자위원회설치법에 관한 연구」, 법제처, 2010, 4~48면 ; 松本恒雄, "消費者廳設置の意義" 「月刊國民生活」, 國民生活センタ*ha*, 2009 · 9, 13~15면 ; 山本隆司, "消費者廳 · 消費者委員會-消費者安全消費者情報-" 「ジュリスト」 No.1399, 有斐閣, 2010 · 4, 21~34면 ; 宇賀克也, "消費者廳關連3法の行政法上の意義と課題"「ジュリスト」 No.1382, 有斐閣, 2009 · 7, 19~36면 ; 齊藤憲道, "緒に就いた新たな消費者行政"「NBL」No.928, 商事法務, 2010 · 5, 7~11면 ; 吉岡和弘, "動き出す消費者廳と消費者委員會" 「ジュリスト」 No.1382, 有斐閣, 2009 · 7, 37~44면 등.

제3절 시정조치 및 과징금

1. 시정권고와 시정조치

가. 처분권자

상조업자의 법 위반행위를 시정하기 위한 행정기관의 권한은 기본적으로 시정권고와 시정조치가 있다. 그러나 이의 권한을 행사할 수 있는 기관은 상이하다. 즉, 시정권고에 대하여는 공정거래위원회 뿐만 아니라 시 · 도지사 등도 행사할 수 있지만, 시정조치 등에 대하여는 공정거래위원회만이 행사할 수 있다(동법 제38조 내지 제40조, 제42조). 이와 같이 규제기관이 상이하기 때문에 상조업자가 시정권고를 수락하지 않은 경우에 있어서 문제가 제기된다. 즉, 상조업자가 시 · 도지사 등의 시정권고를 수락하였다면 문제가 없지만, 수락하지 않은 경우 시 · 도지사 등에게는 시정조치 등의 권한이 없으며, 이의 권한을 가지고 있는 공정거래위원회에 이에 관한 사항(시정권고의 불수락)을 통보할 의무도 없다. 따라서 상조업자의 법 위반행위가 지속되어 소비자피해가 발생함에도 불구하고 이를 인식하고 시정권고를 하였지만, 이에 불응한 경우 시 · 도지사 등은 더 이상의 조치를 취할 수 없다. 물론 절차적 규정은 없지만, 불수락의 경우 시 · 도지사 등이 공정거래위원회에 이의 사실을 통보하여 시정조치 등을 명하도록 할 수 있겠지만, 신속성을 요구하는 경우에 있어서는 적합하지 않다. 따라서 시정조치 등의 권한에 대하여도 시 · 도지사에게 부여하는 것이 바람직할 것이다.

시 · 도지사 또는 시장등이 시정권고를 하는 경우에는 공정거래위원회에 보고하여야 하며, 공정거래위원회는 동법의 시행을 위하여 필요하다고 인정할 대에 그 소관 사항에 관하여 시 · 도지사 등에게 조사 · 확인 또는 자료의 제출을 요구하거나 그 밖에 시정에 필요한 조치를 하도록 요구할 수 있다(동법 제37조).[13] 이와 같이 상조업자의 법 위반행위에 대한 시정권고는 공정거래위원회, 시 · 도지사 및 시장등이 행할 수 있기

13) 방문판매법 및 전자상거래소비자보호법에서는 행정청(공정거래위원회, 시 · 도지사 또는 시장 · 군수 · 구청장)이 사업자에게 시정권고하고, 이를 수용한 경우 시정조치를 명한 것으로 인정하고 있다(방문판매법 제48조 제1항, 전자상거래소비자보호법 제31조 제1항). 그러나 시정권고와 달리 시정조치 권한은 공정거래위원회만이 가지고 있다. 따라서 시 · 도지사 등의 경우 시정조치 권한이 없음에도 불구하고, 시정권고를 수락한 경우 시정조치를 행한 것으로 본다는 것은 모순이다.

때문에 이의 중복을 방지하고자 공정거래위원회에 보고하도록 규정하고 있다. 그러나 시정권고에 대한 보고규정은 조문체계상의 문제점을 가지고 있다. 물론 공정거래위원회에 대한 보고이기 때문에 제3절 조사 및 감독에서 규정하고 있다고 할 수 있지만, 이는 시정권고에 관한 사항이기 때문에 동법 제37조에서 규정할 사항이 아닌 시정권고를 규정하고 있는 동법 제38조에서 규정할 사항이다.

나. 시정권고와 시정조치의 대상

시정권고의 대상은 상조업자의 동법 위반행위 또는 동법상 의무불이행이다. 또한 시정조치의 대상은 동법의 일정규정을 위반한 행위 또는 동법상 의무불이행이다. 그럼 양자의 대상은 상이한 것인가? 법문상으로만 본다면 동법 위반행위 부분에서 차이가 있다. 즉, 시정권고는 동법의 위반행위이지만, 시정조치는 일부 규정의 위반행위이다. 그러나 실질적으로는 차이가 없다. 즉, 시정권고 및 시정조치의 대상은 공통적으로 동법상 의무불이행이다. 동법에서는 법위반과 의무위반을 구별하고 있지만, 양자는 상이한 것이 아닌 동일한 것이다. 즉, 상조업자에 대한 동법의 규정은 작위의무와 부작위의무로 구성되어 있으며, 작위의무를 위반하여 동법상 행위의무를 이행하지 아니하거나 부작위의무를 위반하여 일정한 행위를 한 경우 모두 동법의 위반이다. 따라서 동법 위반행위와 동법상 의무불이행은 동일한 의미이지 결코 다른 의미가 아니다. 특히, 시정조치는 동법의 일부규정을 위반한 경우에만 부과되는 것으로 규정하고 있지만, 동법상 의무불이행을 추가하고 있기 때문에 사실상 동법의 일부가 아닌 전부의 위반행위를 대상으로 한다. 그럼에도 불구하고 일부의 규정위반에 대하여만 시정조치를 명할 수 있는 것처럼 오인을 유발하는 현행 법규정은 개정되어야 한다. 둘째, 상조업자가 동법을 위반하는 행위를 하였을 경우 공정거래위원회는 시정권고를 한 후에 시정조치를 명하여야 하는가 아니면 바로 시정조치를 명할 수 있는가?[14] 물론 법문에서 시정조치를 하기 전에 시정권고를 하도록 규정하고 있지만, 이는 의무사항이 아닌 재량사항이다. 따라서 공정거래위원회는 법 위반행위를 한 선불식 할부거래업자에 대하여 시정권고 또는 시정조치를 선택적으로 행할 수 있다. 그러나 시정권고는 사업자가 자율적으로 법 위반행위를 시정하도록 요구한 것이며, 시정명령은 강제적으로 법 위반행위를 시정하도록 요구하는 것이다. 따라서 양자는 기능적으로 차이가 있기 때문에 이의 대상 역시

14) 시정권고에 관한 권한은 공정거래위원뿐만 아니라 시 · 도지사 등도 가지고 있지만, 시정조치권은 공정거래위원회만이 가지고 있기 때문에 시 · 도지사 등에 있어서 이러한 문제는 발생하지 않는다(동법 제38조, 제39조).

구분하는 것이 필요하다. 그럼 어떠한 방식으로 구별하여야 하는가? 기본적으로 상조업자의 법 위반행위에 대하여 스스로 시정할 수 있도록 먼저 시정권고하는 것이 바람직하다. 다만, 상조업자가 시정권고에 따르지 않거나 소비자피해예방을 위하여 신속한 조치가 필요한 경우에 한하여 시정권고를 하지 않고 바로 시정조치를 명할 수 있음으로 개정하여야 할 것이다.

다. 시정권고 등의 내용

공정거래위원회 등의 시정권고의 내용은 해당 행위의 중지, 이 법에 다른 의무의 이행, 그 밖에 소비자 피해예방 및 구제에 필요한 조치이며, 시정조치의 내용은 해당 위반행위의 중지 · 이 법에 규정된 의무의 이행 · 시정조치를 받은 사실의 공표[15] · 소비자 피해 예방 및 구제에 필요한 조치 · 그 밖에 시정을 위하여 필요한 조치를 포함한 시정을 위한 조치이다(동법 제38조 제1항, 제39조 제2항). 이러한 시정권고 및 시정조치의 내용과 관련하여 다음의 두 가지 점에서 문제가 제기된다. 첫째, 소비자피해구제에 필요한 조치이다. 물론 선불식 할부거래업자의 법 위반행위로 소비자가 손해를 입은 경우 배상의 문제가 발생하며, 선불식 할부거래업자가 임의적으로 배상하지 않은 경우 소비자는 소송 등을 제기하여 배상을 받을 수 밖에 없다.[16] 그러나 소송 등의 방식은 시간, 절차 및 비용의 문제를 야기시키기 때문에 행정기관이 이의 배상을 명한 경우 신속한 구제가 이루어질 수 있다는 장점이 있다. 이러한 점으로 인하여 동법에서는 소비자피해구제에 관한 조치를 시정권고 및 시정조치의 내용에 포함시키고 있다. 물론 시정권고는 기속력이 없기 때문에 사업자가 이를 거부할 수 있으므로 피해구제를 이의 내용을 포함시킬 수도 있다고 할 수 있지만, 이를 시정조치에 포함시키는 것은 부당하다. 즉, 피해구제의 대표적인 방식은 손해배상이며, 이는 상조업자의 위법행위를 요건으로 한다. 따라서 상조업자의 위법성을 전제로 하기 때문에 이의 조건이 충족되어야 한다. 그럼 상조업자의 위법성은 최종적으로 누가 판단하는가? 즉, 공정거래위원회가 판단한다면 이의 내용은 타당하다. 그러나 위법성은 행정기관이 최종적으로 판단하는 것이

15) 공정거래위원회는 선불식 할부거래업자에 대하여 시정조치를 받은 사실의 공표를 명하는 경우에는 위반행위의 내용 및 정도, 위반행위의 기간 및 횟수, 위반행위로 인하여 발생한 소비자피해의 범위 및 정도를 고려하여 공표의 내용 및 그 횟수 등을 정한다(동 시행령 제26조).

16) 선불식 할부거래업자의 법 위반행위로 인하여 발생하는 소비자피해에 대한 구제방안은 단지 손해배상만이 아닌 이행강제 등이 있다(곽윤직, 「채권총론」, 박영사, 2009, 107~114면). 그러나 이행강제를 요구하더라도 이행하지 않은 경우 궁극적으로 손해배상의 문제로 직결하기 하기 때문에 여기에서는 손해배상만을 다룬다.

아닌 법원에서 판단하며, 법원의 최종적인 판단이 있기 전까지 무죄추정의 원칙에 따라 위법한 것으로 인정되지 않는다. 그럼에도 불구하고 시정조치의 내용에 소비자피해구제에 필요한 조치를 규정하고 있는 것은 3권분립의 원칙에 반하며, 무죄추정의 원칙에도 반한다. 따라서 이를 포함하고 있는 동법의 규정은 이를 삭제하는 방향으로 개정되어야 한다. 둘째, 동법상 시정조치의 내용은 열거주의가 아닌 예시주의 방식을 취하고 있다. 즉, 공정거래위원회가 법 위반행위를 한 상조업자에게 명할 수 있는 시정조치는 법 위반행위의 시정을 위한 조치이며, 이에는 해당 위반행위의 중지 · 동법에 규정된 의무의 이행 · 시정조치를 받은 사실의 공표[17] · 소비자피해예방 및 구제에 필요한 조치 및 그 밖에 시정을 위하여 필요한 조치[18]를 포함하여야 한다고 규정하고 있다. 즉, 시정조치의 내용은 동법 제39조 제2항 각호에서 규정하고 있는 사항만이 아닌 이 중 하나를 포함한 시정을 위한 조치이기 때문에 각호에서 규정한 사항 이외에 다른 사항을 시정조치의 내용으로 상조업자에게 부과할 수 있다. 그 결과 동법 제39조 제2항의 내용(각호 부분 제외)과 제5호는 중복된다. 즉, 제2항에서 '시정을 위한 조치'로 규정하고 있기 때문에 공정거래위원회는 각호에서 규정하고 있지 않은 시정을 위하여 필요한 조치를 명할 수 있으며, 다시 동항 제5호에서 그 밖에 시정을 위하여 필요한 조치를 명할 수 있도록 규정하고 있다. 즉, 제1호 내지 제4호에서 규정하고 있는 시정조치의 내용만으로 법 위반행위의 시정이 곤란할 경우가 있기 때문에 이에 대한 일반조항을 둔 것이다. 그럼에도 불구하고 제39조 제2항에서 일반규정을 두고 다시 제5호에서 일반규정을 둔 것은 법 체계성 문제를 야기한다. 따라서 양자 중 어느 하나를 삭제하는 것이 법 체계상의 문제를 해소하는 방안이 된다.

---

17) 시정조치를 받은 사실의 공표제도의 제도적 취지에 대하여 판례는 독점규제 및 공정거래에 관한 법률 제24조가 시정조치의 하나로서 시정명령을 받은 사실의 공표를 규정하고 있는 목적은 일반 공중이나 관련 사업자들이 법위반 여부에 대한 정보와 인식의 부족으로 피고의 시정조치에도 불구하고, 위법사실의 효과가 지속되고 피해가 계속되는 사례가 발생할 수 있으므로 조속히 법위반에 관한 중요 정보를 공개하는 등의 방법으로 일반 공중이나 관련 사업자들에게 널리 경고함으로써 계속되는 공공의 손해를 종식시키고 위법행위가 재발하는 것을 방지하고자 함에 있다고 판시하고 있다(대법원 2006. 5. 12. 선고 2004두12315 판결).

18) '독점규제 및 공정거래에 관한 법률' 제21조에 정한 '기타 시정을 위한 필요한 조치'에는 행위의 중지뿐만 아니라 그 위법을 시정하기 위하여 필요하다고 인정되는 제반 조치가 포함된다. 따라서 사업자들이 상호 정보교환을 통하여 부당한 공동행위를 하기에 이른 경우에 공정거래위원회는 그것이 부당한 공동행위의 시정을 위하여 필요하다면 그 사업자들에 대하여 정보교환 금지명령을 할 수 있다. 다만, 그와 같은 정보교환 금지명령이 '독점규제 및 공정거래에 관한 법률' 제21조에서 정한 필요한 조치로서 허용되는지는 그 정보교환의 목적, 관련시장의 구조 및 특성, 정보교환의 방식, 교환된 정보의 내용, 성질 및 시간적 범위 등을 종합적으로 고려하여 판단하여야 한다. 나아가 시정명령의 속성상 다소간 포괄성 · 추상성을 띨 수밖에 없다 하더라도, 정보교환 금지명령은 금지되어야 하는 정보교환의 내용이 무엇인지 알 수 있게 명확하고 구체적이어야 하며, 당해 위반행위의 내용과 정도에 비례하여야 한다(대법원 2009. 5. 28. 선고 2007두24616 판결).

라. 시정권고의 수락에 대한 효과

상조업자가 공정거래위원회 등의 시정권고를 수락한 경우 시정조치가 행하여진 것으로 본다(동법 제38조 제3항). 그러나 시정권고는 사실상 상조업자가 자율적으로 법 위반행위를 시정하도록 하는 것이며, 시정조치는 공정거래위원회에 의하여 타율적으로 법 위반행위를 시정하도록 하는 것이다.[19] 즉, 양자가 상이한 것임에도 불구하고 이를 동일하게 취급하는 것은 부당하다. 물론 시정권고를 수락한 경우 단지 시정명령이 내려진 것으로만 본다면 큰 문제는 없지만, 시정조치로 인정한 결과 동법 제40조에서 규정하고 있는 영업정지처분 또는 과징금의 대상(시정조치에도 불구하고 위반행위의 반복 또는 시정조치의 미이행)이 될 수 있다. 즉, 영업정지 또는 과징금은 시정권고가 아닌 시정조치를 전제로 하고 있지만, 시정권고를 수락한 경우 시정조치로 인정되기 때문에 이의 대상이 된다. 이러한 점은 상조업자의 자발적 시정을 통한 소비자피해의 예방확보라는 시정권고의 본질과 상이하다. 따라서 시정권고의 수락을 시정조치로 인정하는 규정은 삭제되어야 하며, 동 규정은 "시정권고를 수락한 경우 제39조에 따른 시정조치를 명하지 아니하지만, 이를 이행하지 않은 경우에는 그러하지 아니한다"로 개정되어야 할 것이다.

마. 과거 행위에 대한 시정조치 등의 면제

상조업자가 동법을 위반하고, 5년이 경과한 경우에는 그 위반행위에 대하여 시정조치 또는 과징금을 부과하지 않는다(동법 제35조 제5항). 즉, 5년이 경과한 위반행위에 대하여 규제의 필요성이 존재하지 않기 때문에 행정적 규제를 면제한 것이다. 그러나 이와 관련하여 다음과 같은 문제가 제기된다. 먼저, 조문의 체계문제이다. 즉, 동 규정은 상조업자의 법 위반행위에 대한 조사 및 감독에 관한 절에 위치하고 있지만, 이의 내용은 조사에 대한 처분에 관한 사항이다. 따라서 조문의 체계상 제4절 시정조치 및 과징금의 부과에서 규율하여야 하며, 구체적으로 동법 제39조 및 제42조에서 규율할 사항이다. 둘째, 동 규정상의 문언을 살펴볼 때, 법 위반행위가 5년이 경과하지 않으면 시정조치 또는 과징금을 부과할 수 있다. 즉, 과거의 위반행위에 대하여 시정조치를 부과할 수 있다는 의미이다. 과연 과거의 위법행위에 대하여 시정조치를 부과할 수 있는 것인

---

19) 시정권고는 비권력적 사실행위 중 규제적 행정지도에 해당하지만, 시정조치는 명령적 행정행위에 해당한다(김남진, 「행정법 I」, 박영사, 2007, 203~204/279~280면).

가? 이는 시정조치의 본질적인 기능인 현재의 위법행위를 금지하여 이로 인한 피해의 발생을 방지하기 위함이라는 점을 감안할 때, 과거의 위법행위에 대하여 시정조치를 부과할 수 없다.[20] 그럼에도 불구하고 과거의 위법행위에 대하여 시정조치를 부과할 수 있도록 규정하고 있는 동법은 시정조치의 근본적인 기능과 상반된다. 다만, 동법상 시정조치의 내용에는 소비자피해구제에 필요한 조치를 포함하고 있다(동법 제39조 제2항 제4호). 그 결과 과거의 위법행위에 대하여 시정조치를 취할 수 있는 법적 근거를 두고 있는 것이다. 그러나 시정조치의 내용에 소비자피해구제를 포함시키는 것이 타당한 것인가에 대하여는 앞에서 살펴본 바와 같은 문제점이 지적된다.

2. 영업정지

공정거래위원회는 상조업자가 변경 또는 휴·폐업 등의 신고를 하지 아니하거나 거짓으로 신고한 경우, 계약의 체결을 강요하거나 청약의 철회 또는 계약의 해제를 방해할 목적으로 상대방을 위협하는 행위를 한 경우, 거짓·과장된 사실을 알리거나 기만적 방법을 사용하여 상대방과의 거래를 유도하거나 청약의 철회 또는 계약의 해제를 방해하는 행위를 한 경우, 청약의 철회 또는 계약의 해제를 방해할 목적으로 주소·전화번호 등을 변경하는 행위를 한 경우, 소비자피해보상보험계약등을 체결하지 아니하였음에도 소비자피해보상보험계약등을 체결한 사실을 나타내는 표지나 이와 유사한 표지를 제작 또는 사용하는 행위를 한 경우, 청약의 철회 또는 계약의 해제와 관련하여 분쟁이 발생한 경우 대금을 지급받기 위하여 소비자에게 위계를 사용하거나 위력을 가하는 행위를 한 경우로서 상기의 시정조치에도 불구하고 위반행위가 반복되거나 시정조치를 이행하지 아니한 경우에는 1년 이내의 기간을 정하여 그 영업의 전부 또는 일부의 정지를 명할 수 있다(동법 제40조).[21]

20) 舊 하도급거래 공정화에 관한 법률(2007. 7. 19. 법률 제8539호로 개정되기 전의 것. 이하 '하도급법'이라고 한다) 제25조 제1항은 공정거래위원회는 하도급법 제13조·제16조 등의 규정을 위반한 원사업자에 대하여 하도급대금 등의 지급, 법위반행위의 중지 기타 '당해 위반행위의 시정'에 필요한 조치를 권고하거나 명할 수 있다고 규정하고 있는바, 하도급법이 제13조·제16조 등의 위반행위 그 자체에 대하여 과징금을 부과하고(제25조의3 제1항) 형사처벌을 하도록(제30조 제1항) 규정하고 있는 것과 별도로 그 위반행위를 이유로 한 시정명령의 불이행에 대하여도 형사처벌을 하도록(제30조 제2항 제2호) 규정하고 있는 점 및 이익침해적 제재규정의 엄격해석 원칙 등에 비추어 보면, 비록 하도급법 제13조·제16조 등의 위반행위가 있었더라도 그 위반행위의 결과가 더 이상 존재하지 아니한다면, 하도급법 제25조 제1항에 의한 시정명령을 할 수 없다고 보아야 한다(대법원 2010. 9. 30. 선고 2008두16377 판결).

21) 2012년 7월 5일 입법예고된 할부거래법 개정안에서는 영업정지 처분의 대상행위로 소비자피해보상보험계약등을 체결하지 아니하거나 제27조 제2항 및 법률 제10141호 할부거래에 관한 법률 개정법률 부칙 제5조에 따라 보전하여야 할 금액을 보전하지 아니하고 영업하는 행위를 추가하고 있다(동법 개정안 제40조).

3. 소비자피해분쟁조정의 요청과 시정조치의 면제

가. 소비자피해분쟁조정의 요청

공정거래위원회, 시 · 도지사 또는 시장 · 군수 · 구청장은 이 법 위반행위와 관련하여 소비자의 피해구제신청이 있으면 제38조에 따른 시정권고 또는 제39조에 따른 시정조치를 하기 전에 한국소비자원, 시 · 도지사가 「소비자기본법」 제16조 및 같은 법 시행령 제7조에 따라 설치한 소비자피해구제기구 또는 그 밖에 소비자보호 관련 법령에 따라 설치 · 운영되는 분쟁조정기구에 그 조정을 의뢰할 수 있다. 이 경우 공정거래위원회, 시 · 도지사 또는 시장 · 군수 · 구청장은 조정안을 당사자가 수락하고 이행하는 경우에는 시정조치를 하지 아니한다는 뜻을 당사자에게 알려야 한다. 소비자피해분쟁조정기구의 조정안에 대하여 당사자가 수락하고 이행한 경우에는 시정조치를 하지 아니한다(동법 제41조, 동 시행령 제28조).

나. 소비자피해분쟁조정의 요청 등에 관한 문제점

(1) 피해구제와 시정조치의 관계

분쟁조정기구를 통한 소비자피해구제는 대표적으로 상조업자의 법 위반행위로 인하여 발생한 손해에 대한 배상이다.[22] 그러나 시정조치는 상조업자의 법 위반행위를 금지함으로써 장래 발생할 수 있는 소비자피해를 예방하기 위함이다.[23] 물론 시정조치 역시 현재 발생한 소비자피해가 지속 또는 확대되지 않도록 하는 기능을 가지고 있다는 점에서 피해구제와 무관하다고 할 수 없지만, 본질적인 기능이라고 할 수는 없다. 따라서 피해구제가 이루어진 경우 시정조치를 면제하는 것은 양자의 기능이 동일할 경우에만 적합하지만, 양자는 기능적 측면에서 차이가 있기 때문에 피해구제가 이루어졌음을 이유로 시정조치를 면제하는 것은 적합하지 않다. 또한 동법의 규정을 위반하여 소비

22) 상조업자의 법 위반행위에 따른 피해구제는 단지 손해배상만이 아닌 결함있는 재화에 대한 보수 또는 교환 등도 포함될 수 있다. 물론 결함있는 재화로 인하여 소비자의 생명, 신체 또는 재산에 위해를 가할 우려가 있는 경우 소비자기본법에서 리콜제도를 두고 있다(동법 제47조 내지 제50조). 그러나 할부거래법상 피해구제는 이러한 결함을 요건으로 하지 않고 광범위한 피해구제를 규정하고 있기 때문에 과연 사법의 영역에 해당하는 문제를 전적으로 공법적 차원에서 해결하는 것이 바람직한 것인가의 의문이 제기된다.

23) 시정조치의 기능에 대하여 집행절차의 일부로서의 시정명령, 시정조치를 통한 금지 여부의 명확화, 위반상태의 제거를 위한 조치로 제시하고 있다(이희정, "사후규제에 있어 시정명령의 기능에 대한 시론" 「경제규제와 법」 제1권 제2호, 2008 · 11, 180~184면).

자피해를 야기시킨 경우에 있어서 상조업자는 소비자피해를 배상한 경우 공정거래위원회 등은 시정권고 등을 부과하지 않는다. 그 결과 법 위반행위에 대한 시정이 이루어지지 않더라도 소비자피해에 대한 배상이 이루어진 경우 시정권고 등을 할 수 없게 되며, 그 결과 시정권고 등이 가지고 있는 효과는 발생하지 않게 된다. 또한 시정권고를 수락한 경우 그 효과는 시정조치가 내려진 것으로 보지만, 조정안을 수락하고 이를 이행한 경우 시정조치가 면제된다. 즉, 시정권고를 수락하거나 조정안에 따라 소비자피해를 배상한 경우 차이가 없음에도 불구하고 전자의 경우에는 시정조치가 이루어진 것으로 보고, 후자의 경우에는 시정조치를 면제하는 것과 같이 차등을 두는 것은 형평성의 원칙에도 맞지 않는다. 따라서 상조업자가 조정기관의 조정안을 수락하고, 이를 이행한 경우 시정조치의 면제방식이 아닌 과징금 또는 벌칙을 적용함에 있어 이를 고려하는 방안으로 개정되어야 할 것이다.

(2) 시정조치면제권자

상조업자가 조정기구의 조정안을 수락하고, 이를 이행한 경우 시정조치를 명하지 아니한다. 이러한 분쟁조정을 의뢰할 수 있는 기관은 단지 공정거래위원회뿐만 아니라 시 · 도지사 등도 신청할 수 있다. 그러나 시정조치를 명할 수 있는 기관은 공정거래위원회뿐이다. 따라서 공정거래위원회가 분쟁조정을 의뢰하였다면 자신의 권한을 행사하지 않을 수 있지만, 시 · 도지사 등이 분쟁조정을 의뢰한 경우 자신의 권한이 아닌 공정거래위원회의 권한에 대하여 결정할 수 없다. 그 결과 법 규정상 모순이 존재하며, 이를 해결하는 방안은 앞에서 언급한 바와 같이 등록기관과 규제기관을 일치시키는 것이다. 즉, 시 · 도지사에게 시정권고권한만을 부과할 것이 아닌 시정조치 등의 권한을 부여한다면 이러한 문제점은 발생하지 않는다.

(3) 시정권고 · 시정조치의 내용 중 소비자피해구제에 필요한 조치와의 관계

상기에서 살펴본 바와 같이 조정기관의 조정안을 수락하고 이를 이행한 경우 시정조치를 면제하는 이유는 신속한 소비자피해를 구제하기 위함이다. 그러나 공정거래위원회 등의 시정권고 등의 권한행사를 통하여 더 신속하고, 효율적으로 소비자피해를 구제할 수 있다. 즉, 시정권고 등의 내용에 있어서 소비자피해의 예방 또는 구제에 필

24) 권오승, 「경제법」, 법문사, 2011, 268면. 하도급거래 공정화에 관한 법률상의 과징금 부과가 제재적 성격을 가진 것이기는 하여도 기본적으로는 하도급거래 공정화에 관한 법률 위반행위에 의하여 얻은 불법적인 경제적 이익을 박탈하기 위하여 부과되는 것이고, 위 법이 준용하는 독점규제 및 공정거래에 관한 법률 제55조의3 제1항에서도 이를 고

요한 조치가 포함되어 있다. 앞에서 언급한 바와 같이 소비자피해구제를 시정조치의 내용에 포함시키는 것이 타당하지 않더라도 현행법상 이의 내용이 포함되어 있기 때문에 공정거래위원회는 소비자피해구제에 필요한 조치를 상조업자에게 명할 수 있다. 물론 이를 이행하지 않을 수 있지만, 이를 이행하지 않을 경우 3년 이하의 징역 또는 1억원 이하의 벌금이 부과되기 때문에 이를 거부하기란 사실상 불가능하다(동법 제48조). 그럼 신속한 소비자피해구제를 목적으로 한다면 굳이 절차, 시간 및 비용이 많이 소요되는 조정절차에 의할 것이 아닌 시정명령을 통하여 해결하면 더 효과적이다. 물론 동 제도가 소비자피해의 구제뿐만 아니라 사업자의 자율적 시정을 요구하고 있다는 점을 고려한다면 어느 정도 타당하다고 할 수 있지만, 상기에서 제시한 다양한 문제점이 존재하기 때문에 이에 대한 근본적인 검토가 필요하다.

4. 과징금

가. 과징금의 법적 성질

과징금제도는 위법행위에 대한 제재와 불법이득에 대한 박탈이라는 이중적 성격을 가지고 있다.[24] 그러나 과징금 제도가 일률적으로 이중적 성격을 갖는 것은 아니다. 즉, 과징금의 부과대상이 법 위반 그 자체에 부과하는 경우에는 양자의 성격을 갖는다고 할 수 있지만, 영업정지 처분에 대한 대체제재일 경우 위법행위에 대한 제재의 성격만을 갖는다. 그럼 할부거래법상 과징금은 양자의 성격을 모두 갖는가 아니면 위법행위에 대한 제재의 성격만을 갖는가? 할부거래법상 과징금은 상조업자의 법 위반행위에 대하여 부과되는 것이 아닌 영업정지 처분에 대한 대체제재로 부과되기 때문에 원칙적으로 위법행위에 대한 제재의 성격만을 갖는다. 그러나 그 산정방식에 있어서는 매출액을 기준으로 하고 있기 때문에 불법이득의 박탈이라는 요소를 전적으로 배제하기는 곤란하다.

려하여 과징금을 부과할 때 위반행위의 내용과 정도, 기간과 횟수 외에 위반행위로 인하여 취득한 이익의 규모 등도 아울러 참작하도록 규정하고 있으므로, 과징금의 액수는 당해 위반행위의 구체적 태양 등에 기하여 판단되는 그 위법성의 정도뿐 아니라 그로 인한 이득액의 규모와도 상호 균형을 이루어야 하고, 이러한 균형을 상실할 경우에는 비례의 원칙에 위배되어 재량권의 일탈 · 남용에 해당할 수가 있다(대판 2010.1.14, 2009두11843).

나. 과징금의 산정

공정거래위원회는 영업정지를 명하여야 할 경우로서 영업정지가 소비자에게 심한 불편을 주거나 공익을 해할 우려가 있으면 영업정지를 갈음하여 해당 선불식 할부거래업자에 대하여 위반행위 관련 매출액을 초과하지 아니하는 범위에서 과징금을 부과할 수 있다. 이 경우 관련 매출액이 없거나 이를 산정할 수 없는 경우 등에는 5천만원을 초과하지 아니하는 범위에서 과징금을 부과할 수 있다(동법 제42조 제1항). 과징금 산정의 기초가 되는 위반행위 관련 매출액은 해당 상조업자가 위반행위의 발생 시부터 그 종료 시(해당 행위가 과징금 부과처분을 명하는 공정거래위원회의 심의일까지 종료되지 아니한 경우에는 그 심의일을 위반행위의 종료일로 본다)까지 상조계약과 관련하여 소비자로부터 지급받은 재화등의 대금의 100분의 30에 해당하는 금액을 말한다(동 시행령 제30조). 공정거래위원회는 과징금을 부과할 때 위반행위로 인한 소비자 피해정도, 소비자피해에 대한 상조업자의 보상노력 정도, 위반행위로 인하여 취득한 이익의 규모 및 위반행위의 내용 · 기간 및 횟수 등을 고려하여야 한다(동법 제42조 제2항). 또한 공정거래위원회는 이 법을 위반한 상조업자인 회사의 합병이 있는 경우에는 그 회사가 행한 위반행위를 합병 후 존속하거나 합병으로 새로 설립된 회사가 한 행위로 보아 과징금을 부과 · 징수할 수 있다(동조 제3항).

다. 과징금의 납부기한의 연장 및 분할납부

공정거래위원회는 과징금의 금액이 매출액에 100분의 1을 곱한 금액 또는 10억원을 초과하는 경우로서 재해 또는 도난등으로 재산에 현저한 손실을 받는 경우, 사업여건의 악화로 사업이 중대한 위기에 처한 경우, 과징금의 일시납부에 따라 자금사정에 현저한 어려움이 예상되는 경우 또는 이에 준하는 사유가 있는 경우로 인하여 과징금을 부과받은 자(이하 "과징금납부의무자"라 한다)가 과징금의 전액을 일시에 납부하기가 어렵다고 인정되는 때에는 그 납부기한을 연장하거나 분할납부하게 할 수 있다. 이 경우 필요하다고 인정하는 때에는 담보를 제공하게 할 수 있다. 과징금납부의무자가 과징금 납부기한의 연장 또는 분할납부를 신청하고자 하는 경우에는 과징금 납부를 통지받은 날부터 30일 이내에 공정거래위원회에 신청하여야 한다. 과징금 납부기한의 연장은 그 납부기한의 다음 날부터 1년을 초과할 수 없다. 또한 분할납부를 하게 하는 경우에는 각 분할된 납부기한간의 간격은 6월을 초과할 수 없으며, 분할 횟수는 3회를 초과할 수 없다.

공정거래위원회는 납부기한이 연장되거나 분할납부가 허용된 과징금납부의무자가 분할납부 결정된 과징금을 그 납부기한내에 납부하지 아니한 때, 담보의 변경 기타 담보보전에 필요한 공정거래위원회의 명령을 이행하지 아니한 때 또는 강제집행 · 경매의 개시 · 파산선고 · 법인의 해산 · 국세 또는 지방세의 체납처분을 받은 때 등 과징금의 전부 또는 잔여분을 징수할 수 없다고 인정되는 때에는 그 납부기한의 연장 또는 분할납부 결정을 취소하고 일시에 징수할 수 있다(할부거래법 제42조 제4항, 공정거래법 제55조의4, 동 시행령 제62조).

라. 과징금의 징수 및 체납처분

공정거래위원회는 과징금납부의무자가 납부기한내에 과징금을 납브하지 아니한 경우에는 납부기한의 다음 날부터 납부한 날까지의 기간에 대하여 연 100분의 40의 범위안에서 「은행법」 제2조의 규정에 의한 은행의 연체이자율을 참작하여 공정거래위원회가 정하여 고시한 이율을 적용하여 계산한 가산금을 징수한다. 공정거래위원회는 과징금납부의무자가 납부기한내에 과징금을 납부하지 아니한 때에는 기간을 정하여 독촉을 하고, 그 지정한 기간안에 과징금 및 상기의 가산금을 납부하지 아니한 때에는 국세체납처분의 예에 따라 이를 징수할 수 있다. 이러한 독촉은 납부기한 경과후 15일이내에 서면으로 하여야 하며, 독촉장을 발부하는 경우 체납된 과징금의 납부기한은 발부일로부터 10일이내로 한다.

공정거래위원회는 과징금 및 가산금의 징수 또는 체납처분에 관한 업무를 국세청장에게 위탁할 수 있다. 이 경우 업무의 위탁은 공정거래위원회의 의결서, 세입징수결의서 및 고지서, 납부독촉장을 첨부한 서면으로 하여야 한다. 체납처분 업무를 위탁받은 국세청장은 그 사유가 발생한 날부터 30일이내에 체납처분에 관한 업무가 종료한 경우에는 그 업무종료의 일시 기타 필요한 사항 및 공정거래위원회로부터 진행상황에 대한 통보요청이 있는 경우에는 그 진행상황을 공정거래위원회에 서면으로 통보하여야 한다(할부거래법 제42조 제4항, 공정거래법 제55조의6, 동 시행령 제64조, 제64조의2).

공정거래위원회는 체납된 과징금의 징수를 위하여 필요하다고 인정되는 경우에는 국세청장에 대하여 과징금을 체납한 자에 대한 국세과세에 관한 정보의 제공을 요청할 수 있다. 이 경우 공정거래위원회의 의결서, 세입징수결의서 및 고지서, 납부독촉장을 첨부한 서면으로 하여야 한다. 국세청장은 정보제공 요청을 받은 때에는 특별한 사정이 없는 한 30일 이내에 서면으로 국세과세에 관한 정보를 제공하여야 한다.

제4절 벌 칙

1. 형 벌

가. 3년 이하의 징역 또는 1억원 이하의 벌금형

다음의 어느 하나에 해당하는 자에게는 3년 이하의 징역 또는 1억원 이하의 벌금이 부과된다. 다만, 이에 해당하는 자가 해당 법 위반행위와 관련하여 판매 또는 거래한 대금 총액의 3배에 상당하는 금액이 1억원을 초과하는 때에는 3년 이하의 징역 또는 판매하거나 거래한 대금 총액의 3배에 상당하는 금액 이하의 벌금에 처한다. 첫째, 등록을 하지 아니하고(등록이 취소된 경우를 포함한다) 선불식 할부거래업을 하는 자이다. 둘째, 거짓이나 그 밖의 부정한 방법으로 등록을 하고 선불식 할부거래업을 하는 자이다. 셋째, 소비자피해보상보험계약등을 체결하지 아니하고 영업하는 행위를 한 자이다. 넷째, 시정조치 명령에 응하지 아니한 자이다. 마지막으로 영업정지 명령을 위반하여 영업을 한 자이다. 이러한 자에게 형벌을 부과함에 있어서는 징역형과 벌금형을 병과할 수 있다(동법 제48조).

나. 2년 이하의 징역 또는 200만원 이하의 벌금형

이 법에 따른 직무에 종사하거나 종사하였던 공정거래위원회의 위원 또는 공무원이 그 직무상 알게 된 사업자 또는 사업자단체의 비밀을 누설하거나 이 법의 시행을 위한 목적외에 이를 이용한 경우 2년 이하의 징역 또는 200만원 이하의 벌금에 처한다(동법 제49조).

다. 1년 이하의 징역 또는 3천만원 이하의 벌금형

다음의 어느 하나에 해당하는 자에게는 1년 이하의 징역 또는 3천만원 이하의 벌금이 부과된다. 첫째, 소비자피해보상보험계약등을 체결 또는 유지함에 있어 거짓으로 선수금 등의 자료를 제출한 자이다. 둘째, 계약의 체결을 강요하거나 청약의 철회 또는 계약의 해제를 방해할 목적으로 상대방을 위협하는 행위를 한 상조업자이다. 둘째, 거짓 · 과장된 사실을 알리거나 기만적 방법을 사용하여 상대방과의 거래를 유도하거나 청약의 철회 또는 계약의 해제를 방해하는 행위를 한 상조업자이다. 셋째, 청약의 철회 또는 계약의 해제를 방해할 목적으로 주소 · 전화번호 등을 변경하는 행위를 한 상조업자이다. 넷째, 소비자피해보상보험계약등을 체결하지 아니하였음에도 소비자피해보상보험계약등을 체결한 사실을 나타내는 표지나 이와 유사한 표지를 제작 또는 사용하는 행위를 한 상조업자이다. 다섯째, 청약의 철회 또는 계약의 해제와 관련하여 분쟁이 발생한 경우 대금을 지급받기 위하여 소비자에게 위계를 사용하거나 위력을 가하는 행위를 한 상조업자이다. 마지막으로 다른 사람에게 자기의 명의 또는 상호를 사용하여 상조업을 하게 하거나 상조업 등록증을 대여하는 행위를 한 상조업자이다. 이러한 자에게 형벌을 부과함에 있어서는 징역형과 벌금형을 병과할 수 있다(동법 제50조).[25]

라. 1천만원 이하의 벌금형

다음의 어느 하나에 해당하는 자에게는 1천만원 이하의 벌금이 부과된다. 첫째, 상대방의 청약이 없음에도 재화등의 대금을 청구하는 행위를 한 상조업자이다. 둘째, 소비자가 계약을 해제하였음에도 불구하고 정당한 사유 없이 이에 따른 조치를 지연하거나 거부하는 행위를 한 상조업자이다(동법 제51조).

마. 양벌규정

법인의 대표자나 법인 또는 개인의 대리인, 사용인, 그 밖의 종업원이 그 법인 또는 개인의 업무에 관하여 상기의 위반행위를 하면 그 행위자를 벌하는 외에 그 법인 또는 개인에게도 해당 조문의 벌금형을 과(科)한다. 다만, 법인 또는 개인이 그 위반행위를 방지하기 위하여 해당 업무에 관하여 상당한 주의와 감독을 게을리하지 아니한 경우에

25) 2012년 7월 5일 입법예고된 할부거래법 개정안에서는 금지행위로 추가하고 있는 제34조 제14호 및 제15호를 동법 제50조 벌칙규정의 적용대상으로 추가하고 있다(동법 개정안 제50조 제1항 제2호).

는 그러하지 아니하다(동법 제52조).

2. 과태료

가. 5천만원 이하의 과태료

다음의 어느 하나에 해당하는 자에게는 5천만원 이하의 과태료가 부과된다. 첫째, 변경 또는 휴 · 폐업 등의 신고를 거짓으로 한 자이다. 둘째, 등록한 상조업자의 지위를 승계한 회사가 신고를 거짓으로 한 경우이다(동법 제53조 제1항).

나. 3천만원 이하의 과태료

다음의 어느 하나에 해당하는 자에게는 3천만원 이하의 과태료가 부과된다. 첫째, 변경 또는 휴 · 폐업 등의 신고를 하지 아니한 자이다. 둘째, 상조업자의 정보공개를 위한 공정거래위원회의 관련자료의 요청에 자료를 제출하지 아니하거나 거짓 자료를 제출한 자이다. 셋째, 등록한 상조업자의 지위를 승계한 회사가 신고를 하지 아니한 경우이다. 마지막으로 소비자의 열람에 제공하는 재화등의 거래기록 · 소비자피해보상보험계약등의 체결내용을 거짓으로 작성한 자이다(동조 제2항).

다. 1천만원 이하의 과태료 또는 100만원 이하의 과태료

다음의 어느 하나에 해당하는 자에게는 1천만원 이하의 과태료가 부과된다. 첫째, 계약서를 발급하지 아니하거나 거짓으로 적은 계약서를 발급한 자이다. 둘째, 계약금, 할부금 또는 지연배상금을 환급하지 아니한 자이다. 셋째, 대금 또는 지연배상금을 환급하지 아니하거나 과다한 위약금을 청구한 자이다. 넷째, 휴업기간 또는 영업정지기간 중에 청약의 철회 등에 관한 업무를 계속하지 아니한 자이다. 다섯째, 재화등의 거래기록 · 소비자피해보상보험계약등의 체결내용을 소비자가 열람할 수 있도록 하지 아니한 자이다. 여섯째, 출석처분을 받은 당사자 중 정당한 사유 없이 2회 이상 응하지 아니한 자로서 이 법을 위반한 자이다. 일곱째, 보고 또는 필요한 자료나 물건의 제출을 하지 아니하거나 거짓 보고 또는 자료나 물건을 제출한 자이다. 마지막으로 조사를 거부 · 방해 또는 기피한 자이다(동조 제3항). 이와 더불어 질서유지명령에 따르지 아니한 자에게는 100만원 이하의 과태료가 부과된다(동조 제5항).

부 록

1. 할부거래에 관한 법률
2. 할부거래에 관한 법률 시행령
3. 할부거래에 관한 법률 시행규칙
4. 선불식 할부거래에서의 소비자보호 지침
5. 선불식 할부계약의 해제에 따른 해약환급금 산정기준 고시
6. 상조서비스 표준약관

1. 할부거래에 관한 법률

제1장 총 칙

제1조(목적) 이 법은 할부계약 및 선불식 할부계약에 의한 거래를 공정하게 함으로써 소비자의 권익을 보호하고 시장의 신뢰도를 높여 국민경제의 건전한 발전에 이바지함을 목적으로 한다.

제2조(정의) 이 법에서 사용하는 용어의 뜻은 다음과 같다.

1. "할부계약"이란 계약의 명칭·형식이 어떠하든 재화나 용역(일정한 시설을 이용하거나 용역을 제공받을 수 있는 권리를 포함한다)(이하 "재화등"이라 한다)에 관한 다음 각 목의 계약을 말한다.
   가. 소비자가 사업자에게 재화의 대금(代金)이나 용역의 대가(이하 "재화등의 대금"이라 한다)를 2개월 이상의 기간에 걸쳐 3회 이상 나누어 지급하고, 재화등의 대금을 완납하기 전에 재화의 공급이나 용역의 제공(이하 "재화등의 공급"이라 한다)을 받기로 하는 계약(이하 "직접할부계약"이라 한다)
   나. 소비자가 신용제공자에게 재화등의 대금을 2개월 이상의 기간에 걸쳐 3회 이상 나누어 지급하고, 재화등의 대금을 완납하기 전에 사업자로부터 재화등의 공급을 받기로 하는 계약(이하 "간접할부계약"이라 한다)
2. "선불식 할부계약"이란 계약의 명칭·형식이 어떠하든 소비자가 사업자로부터 다음 각 목의 어느 하나에 해당하는 재화등의 대금을 2개월 이상의 기간에 걸쳐 2회 이상 나누어 지급함과 동시에 또는 지급한 후에 재화등의 공급을 받기로 하는 계약을 말한다.
   가. 장례 또는 혼례를 위한 용역(제공시기가 확정된 경우는 제외한다) 및 이에 부수한 재화
   나. 가목에 준하는 소비자피해가 발생하는 재화등으로서 소비자의 피해를 방지하기 위하여 대통령령으로 정하는 재화등
3. "할부거래"란 할부계약에 의한 거래를 말하며, "할부거래업자"란 할부계약에 의한 재화등의 공급을 업으로 하는 자를 말한다.
4. "선불식 할부거래"란 선불식 할부계약에 의한 거래를 말하며, "선불식 할부거래업자"란 선불식 할부계약에 의한 재화등의 공급을 업으로 하는 자를 말한다.
5. "소비자"란 다음 각 목의 어느 하나에 해당하는 자를 말한다.
   가. 할부계약 또는 선불식 할부계약에 의하여 제공되는 재화등을 소비생활을 위하여 사용하거나 이용하는 자
   나. 가목 외의 자로서 사실상 가목의 자와 동일한 지위 및 거래조건으로 거래하는 자 등 대통령령으로 정하는 자
6. "신용제공자"란 소비자·할부거래업자와의 약정에 따라 재화등의 대금에 충당하기 위하여 신용을 제공하는 자를 말한다.

7. "지배주주"란 다음 각 목의 어느 하나에 해당하는 자를 말한다.
   가. 대통령령으로 정하는 특수관계인과 함께 소유하고 있는 주식 또는 출자액의 합계가 해당 법인의 발행주식총수 또는 출자총액의 100분의 30 이상인 경우로서 그 합계가 가장 많은 주주 또는 출자자
   나. 해당 법인의 경영을 사실상 지배하는 자. 이 경우 사실상 지배의 구체적인 내용은 대통령령으로 정한다.

제3조(적용제외) 이 법은 다음 각 호의 거래에는 적용하지 아니한다.
1. 사업자가 상행위(商行爲)를 위하여 재화등의 공급을 받는 거래. 다만, 사업자가 사실상 소비자와 같은 지위에서 다른 소비자와 같은 거래조건으로 거래하는 경우는 적용한다.
2. 성질상 이 법을 적용하는 것이 적합하지 아니한 것으로서 대통령령으로 정하는 재화등의 거래

제4조(다른 법률과의 관계) 할부거래 및 선불식 할부거래에서의 소비자보호와 관련하여 이 법과 다른 법률이 경합하여 적용되는 경우에는 이 법을 우선하여 적용한다. 다만, 다른 법률을 적용하는 것이 소비자에게 유리한 경우에는 그 법률을 적용한다.

제2장 할부거래

제5조(계약체결 전의 정보제공) 할부거래업자는 할부계약을 체결하기 전에 소비자가 할부계약의 내용을 이해할 수 있도록 총리령으로 정하는 바에 따라 다음 각 호의 사항을 표시하여야 한다. 다만, 「여신전문금융업법」에 따른 신용카드회원과 신용카드가맹점 간의 간접할부계약의 경우에는 제3호, 제4호, 제6호 및 제7호의 사항을 표시하지 아니할 수 있다.
1. 재화등의 종류 및 내용
2. 현금가격(할부계약에 의하지 아니하고 소비자가 재화등의 공급을 받은 때에 할부거래업자에게 지급하여야 할 대금 전액을 말한다. 이하 같다)
3. 할부가격(소비자가 할부거래업자나 신용제공자에게 지급하여야 할 계약금과 할부금의 총합계액을 말한다. 이하 같다)
4. 각 할부금의 금액 · 지급횟수 및 지급시기
5. 할부수수료의 실제연간요율
6. 계약금(최초지급금 · 선수금 등 명칭이 무엇이든 할부계약을 체결할 때에 소비자가 할부거래업자에게 지급하는 금액을 말한다. 이하 같다)
7. 제12조제1항에 따른 지연손해금 산정 시 적용하는 비율

제6조(할부계약의 서면주의) ① 할부거래업자는 총리령으로 정하는 바에 따라 다음 각 호의 사항을 적은 서면(「전자거래기본법」 제2조제1호에 따른 전자문서를 포함한다. 이하 같다)으로 할부계약을 체결하여야 한다. 다만, 「여신전문금융업법」에 따른 신용카드회원과 신용카드가맹점 간의 간접할부계약의 경우 제4호, 제5호 중 지급시기 및 제11호의 사항을 적지 아니할 수 있다.

1. 할부거래업자 · 소비자 및 신용제공자의 성명 및 주소
2. 재화등의 종류 · 내용 및 재화등의 공급 시기
3. 현금가격
4. 할부가격
5. 각 할부금의 금액 · 지급횟수 · 지급기간 및 지급시기
6. 할부수수료의 실제연간요율
7. 계약금
8. 재화의 소유권 유보에 관한 사항
9. 제8조에 따른 청약철회의 기한 · 행사방법 · 효과에 관한 사항
10. 제11조제1항에 따른 할부거래업자의 할부계약의 해제에 관한 사항
11. 제12조제1항에 따른 지연손해금 산정 시 적용하는 비율
12. 제13조에 따른 소비자의 기한의 이익 상실에 관한 사항
13. 제16조에 따른 소비자의 항변권과 행사방법에 관한 사항

② 할부거래업자는 할부계약을 체결할 경우에는 제1항에 따른 계약서를 소비자에게 발급하여야 한다. 다만, 「여신전문금융업법」에 따른 신용카드회원과 신용카드가맹점 간의 간접할부계약의 경우 소비자의 동의를 받아 해당 계약의 내용을 팩스나 「전자거래기본법」 제2조제1호에 따른 전자문서(이하 이 조에서 "전자문서"라 한다)로 보내는 것으로 대신할 수 있으며, 팩스나 전자문서로 보낸 계약서의 내용이나 도달에 다툼이 있으면 할부거래업자가 이를 증명하여야 한다.

③ 신용제공자는 제1항제4호부터 제6호까지, 제9호, 제11호부터 제13호까지의 사항을 적은 서면을 소비자에게 발급하여야 한다.

④ 할부계약이 제1항 각 호의 요건을 갖추지 못하거나 그 내용이 불확실한 경우에는 소비자와 할부거래업자 간의 특약이 없으면 그 계약내용은 어떠한 경우에도 소비자에게 불리하게 해석되어서는 아니 된다.

제7조(할부수수료의 실제연간요율) 제5조제5호 및 제6조제1항제6호에 따른 할부수수료의 실제연간요율의 계산방법과 최고한도는 「이자제한법」에서 정한 이자의 최고한도의 범위에서 대통령령으로 정한다.

제8조(청약의 철회) ① 소비자는 다음 각 호의 기간(거래당사자가 그 보다 긴 기간을 약정한 경우에는 그 기간을 말한다) 이내에 할부계약에 관한 청약을 철회할 수 있다.

1. 제6조제1항에 따른 계약서를 받은 날부터 7일. 다만, 그 계약서를 받은 날보다 재화등의 공급이 늦게 이루어진 경우에는 재화등을 공급받은 날부터 7일
2. 다음 각 목의 어느 하나에 해당하는 경우에는 그 주소를 안 날 또는 알 수 있었던 날 등 청약을 철회할 수 있는 날부터 7일
   가. 제6조제1항에 따른 계약서를 받지 아니한 경우
   나. 할부거래업자의 주소 등이 적혀 있지 아니한 계약서를 받은 경우
   다. 할부거래업자의 주소 변경 등의 사유로 제1호의 기간 이내에 청약을 철회할 수 없는 경우

3. 제6조제1항에 따른 계약서에 청약의 철회에 관한 사항이 적혀 있지 아니한 경우에는 청약을 철회할 수 있음을 안 날 또는 알 수 있었던 날부터 7일
4. 할부거래업자가 청약의 철회를 방해한 경우에는 그 방해 행위가 종료한 날부터 7일

② 소비자는 다음 각 호의 어느 하나에 해당하는 경우에는 제1항에 따른 청약의 철회를 할 수 없다. 다만, 할부거래업자가 청약의 철회를 승낙하거나 제6항에 따른 조치를 하지 아니한 경우에는 제2호부터 제4호까지에 해당하는 경우에도 청약을 철회할 수 있다.

1. 소비자에게 책임있는 사유로 재화등이 멸실되거나 훼손된 경우. 다만, 재화등의 내용을 확인하기 위하여 포장 등을 훼손한 경우는 제외한다.
2. 사용 또는 소비에 의하여 그 가치가 현저히 낮아질 우려가 있는 것으로서 대통령령으로 정하는 재화등을 사용 또는 소비한 경우
3. 시간이 지남으로써 다시 판매하기 어려울 정도로 재화등의 가치가 현저히 낮아진 경우
4. 복제할 수 있는 재화등의 포장을 훼손한 경우
5. 그 밖에 거래의 안전을 위하여 대통령령으로 정하는 경우

③ 소비자가 제1항에 따라 청약을 철회할 경우 제1항에 따른 기간 이내에 할부거래업자에게 청약을 철회하는 의사표시가 적힌 서면을 발송하여야 한다.

④ 제1항에 따른 청약의 철회는 제3항에 따라 서면을 발송한 날에 그 효력이 발생한다.

⑤ 제1항 또는 제2항을 적용함에 있어서 계약서의 발급사실과 그 시기, 재화등의 공급 사실과 그 시기 및 제2항 각 호 중 어느 하나에 해당하는지 여부에 관하여 다툼이 있는 경우에는 할부거래업자가 이를 입증하여야 한다.

⑥ 할부거래업자는 제2항제2호부터 제4호까지의 규정에 따라 청약을 철회할 수 없는 재화등에 대하여는 그 사실을 재화등의 포장이나 그 밖에 소비자가 쉽게 알 수 있는 곳에 분명하게 표시하거나 시용(試用) 상품을 제공하는 등의 방법으로 소비자가 청약을 철회하는 것이 방해받지 아니하도록 조치하여야 한다.

제9조(간접할부계약에서의 청약의 철회 통보) ① 소비자가 할부거래업자에게 간접할부계약에 관한 청약을 철회한 경우 제8조제1항에 따른 기간 이내에 신용제공자에게 청약을 철회하는 의사표시가 적힌 서면을 발송하여야 한다.

② 소비자가 신용제공자에게 제1항에 따른 서면을 발송하지 아니한 경우 신용제공자의 할부금지급청구를 거절할 수 없다. 다만, 다음 각 호의 어느 하나에 해당하는 경우에는 소비자가 그 서면을 발송하지 아니한 경우라도 신용제공자의 할부금지급청구를 거절할 수 있다.

1. 신용제공자가 제8조제1항의 기간 이내에 할부거래업자에게 재화등의 대금을 지급한 경우
2. 신용제공자가 할부거래업자로부터 제10조제4항에 따른 할부금청구의 중지 또는 취소를 요청받은 경우

제10조(청약의 철회 효과) ① 소비자는 제8조에 따라 청약을 철회한 경우 이미 공급받은 재화등을 반환하여야 한다.

② 소비자가 제8조에 따라 청약을 철회한 경우 할부거래업자(소비자로부터 재화등의 계약금 또는

할부금을 지급받은 자 또는 소비자와 할부계약을 체결한 자를 포함한다. 이하 이 조에서 같다)는 다음 각 호의 어느 하나에 해당하는 영업일 이내에 이미 지급받은 계약금 및 할부금을 환급하여야 한다. 이 경우 할부거래업자가 소비자에게 재화등의 계약금 및 할부금의 환급을 지연한 때에는 그 지연기간에 따라 「이자제한법」에서 정한 이자의 최고한도의 범위에서 대통령령으로 정하는 이율을 곱하여 산정한 지연이자(이하 "지연배상금"이라 한다)를 함께 환급하여야 한다.

1. 재화를 공급한 경우에는 제1항에 따라 재화를 반환받은 날부터 3영업일
2. 용역을 제공한 경우에는 제8조제3항에 따른 청약을 철회하는 서면을 수령한 날부터 3영업일

③ 할부거래업자는 제1항의 경우에 이미 용역(일정한 시설을 이용하거나 용역을 제공받을 권리는 제외한다)이 제공된 때에는 이미 제공된 용역과 동일한 용역의 반환을 청구할 수 없다.

④ 할부거래업자는 간접할부계약의 경우 제8조제3항에 따른 청약을 철회하는 서면을 수령한 때에는 지체 없이 해당 신용제공자에게 재화등에 대한 할부금의 청구를 중지 또는 취소하도록 요청하여야 한다. 이 경우 할부거래업자가 신용제공자로부터 해당 재화등의 대금을 이미 지급받은 때에는 지체 없이 이를 신용제공자에게 환급하여야 한다.

⑤ 신용제공자는 제4항에 따라 할부거래업자로부터 할부금의 청구를 중지 또는 취소하도록 요청받은 경우 지체 없이 이에 필요한 조치를 취하여야 한다. 이 경우 소비자가 이미 지불한 할부금이 있는 때에는 지체 없이 이를 환급하여야 한다.

⑥ 할부거래업자가 제4항에 따른 요청을 지연하여 소비자로 하여금 신용제공자에게 할부금을 지불하게 한 경우 소비자가 지불한 금액에 대하여 소비자가 환급받는 날까지의 기간에 대한 지연배상금을 소비자에게 지급하여야 한다.

⑦ 신용제공자가 제5항에 따른 환급을 지연한 경우 그 지연기간에 따른 지연배상금을 소비자에게 지급하여야 한다. 다만, 할부거래업자가 제4항에 따른 요청을 지연하여 신용제공자로 하여금 소비자에 대한 할부금의 환급을 지연하게 한 경우에는 그 할부거래업자가 지연배상금을 지급하여야 한다.

⑧ 할부거래업자 또는 신용제공자는 소비자가 청약을 철회함에 따라 소비자와 분쟁이 발생한 경우 분쟁이 해결될 때까지 할부금 지급거절을 이유로 해당 소비자를 약정한 기일 이내에 채무를 변제하지 아니한 자로 처리하는 등 소비자에게 불이익을 주는 행위를 하여서는 아니 된다.

⑨ 할부거래업자는 소비자가 제8조에 따라 청약을 철회한 경우 이미 재화등이 사용되었거나 일부 소비된 경우에는 그 재화등을 사용하거나 일부 소비하여 소비자가 얻은 이익 또는 그 재화등의 공급에 든 비용에 상당하는 금액으로서 대통령령으로 정하는 범위의 금액을 초과하여 소비자에게 청구할 수 없다.

⑩ 할부거래업자는 소비자가 제8조에 따라 청약을 철회한 경우 공급받은 재화등의 반환에 필요한 비용을 부담하며, 소비자에게 청약의 철회를 이유로 위약금 또는 손해배상을 청구할 수 없다.

제11조(할부거래업자의 할부계약 해제) ① 할부거래업자는 소비자가 할부금 지급의무를 이행하지 아니하면 할부계약을 해제할 수 있다. 이 경우 할부거래업자는 그 계약을 해제하기 전에 14일 이상의 기간을 정하여 소비자에게 이행할 것을 서면으로 최고(催告)하여야 한다.

② 할부거래업자 또는 소비자는 제1항에 따라 할부계약이 해제된 경우에는 상대방에게 원상회복(원상회부)하여 줄 의무를 진다. 이 경우 상대방이 원상회복할 때까지 자기의 의무이행을 거절할 수 있다.

③ 할부거래업자는 재화등의 소유권이 할부거래업자에게 유보된 경우 그 할부계약을 해제하지 아니하고는 그 반환을 청구할 수 없다.

제12조(할부거래업자 등의 손해배상 청구금액의 제한) ① 할부거래업자 또는 신용제공자가 할부금 지급의무를 이행하지 아니한 것을 이유로 소비자에게 청구하는 손해배상액은 지연된 할부금에 「이자제한법」에서 정한 이자의 최고한도의 범위에서 대통령령으로 정하는 이율을 곱하여 산정한 금액에 상당하는 지연손해금을 초과하지 못한다.

② 할부거래업자가 제11조제1항에 따라 할부계약을 해제한 경우에 소비자에게 청구하는 손해배상액은 다음 각 호의 어느 하나에 해당하는 금액과 제1항에 따른 지연손해금의 합계액을 초과하지 못한다.

1. 재화등의 반환 등 원상회복이 된 경우에는 통상적인 사용료와 계약 체결 및 그 이행을 위하여 통상 필요한 비용의 합계액. 다만, 할부가격에서 재화등이 반환된 당시의 가액을 공제한 금액이 그 사용료와 비용의 합계액을 초과하는 경우에는 그 공제한 금액
2. 재화등의 반환 등 원상회복이 되지 아니한 경우에는 할부가격에 상당한 금액. 다만, 용역이 제공된 경우에는 이미 제공된 용역의 대가 또는 그 용역에 의하여 얻어진 이익에 상당하는 금액
3. 재화등의 공급이 되기 전인 경우에는 계약체결 및 그 이행을 위하여 통상 필요한 금액

③ 할부거래업자 또는 신용제공자는 손해배상액의 예정, 위약금, 그 밖에 명칭·형식이 어떠하든 제1항 또는 제2항에 따른 금액을 초과하여 손해배상을 청구할 수 없다.

④ 할부거래업자 또는 신용제공자는 손해배상을 청구하는 경우 소비자의 손해가 최소화되도록 신의에 따라 성실히 하여야 한다.

제13조(소비자의 기한의 이익 상실) ① 소비자는 다음 각 호의 어느 하나에 해당하는 경우에는 할부금의 지급에 대한 기한의 이익을 주장하지 못한다.

1. 할부금을 다음 지급기일까지 연속하여 2회 이상 지급하지 아니하고 그 지급하지 아니한 금액이 할부가격의 100분의 10을 초과하는 경우
2. 국내에서 할부금 채무이행 보증이 어려운 경우로서 대통령령으로 정하는 경우

② 할부거래업자 또는 신용제공자가 제1항에 따라 소비자로부터 한꺼번에 지급받을 금액은 나머지 할부금에서 나머지 기간에 대한 할부수수료를 공제한 금액으로 한다. 이 경우 할부수수료는 일단위로 계산한다.

제14조(소비자의 기한 전 지급) ① 소비자는 기한이 되기 전이라도 나머지 할부금을 한꺼번에 지급할 수 있다.

② 소비자가 제1항에 따라 할부거래업자 또는 신용제공자에게 지급하는 금액은 제13조제2항에 따른 금액으로 한다.

제15조(할부대금채권의 소멸시효) 할부계약에 의한 할부대금채권은 3년간 행사하지 아니하면 소멸시효

가 완성된다.

제16조(소비자의 항변권) ① 소비자는 다음 각 호의 어느 하나에 해당하는 사유가 있는 경우에는 할부거래업자에게 그 할부금의 지급을 거절할 수 있다.

1. 할부계약이 불성립 · 무효인 경우
2. 할부계약이 취소 · 해제 또는 해지된 경우
3. 재화등의 전부 또는 일부가 제6조제1항제2호에 따른 재화등의 공급 시기까지 소비자에게 공급되지 아니한 경우
4. 할부거래업자가 하자담보책임을 이행하지 아니한 경우
5. 그 밖에 할부거래업자의 채무불이행으로 인하여 할부계약의 목적을 달성할 수 없는 경우
6. 다른 법률에 따라 정당하게 청약을 철회한 경우

② 소비자는 간접할부계약인 경우 제1항 각 호의 어느 하나에 해당하는 사유가 있으면 할부가격이 대통령령으로 정한 금액 이상인 경우에만 신용제공자에게 할부금의 지급을 거절하는 의사를 통지한 후 할부금의 지급을 거절할 수 있다.

③ 소비자가 제2항에 따라 신용제공자에게 지급을 거절할 수 있는 금액은 할부금의 지급을 거절한 당시에 소비자가 신용제공자에게 지급하지 아니한 나머지 할부금으로 한다.

④ 소비자가 제1항에 따른 항변권의 행사를 서면으로 하는 경우 그 효력은 서면을 발송한 날에 발생한다.

⑤ 할부거래업자 또는 신용제공자는 소비자의 항변을 서면으로 수령한 경우 지체 없이 그 항변권의 행사가 제1항에 해당하는지를 확인하여야 한다. 제1항에 해당하지 아니하는 경우 소비자의 항변을 수령한 날부터 다음 각 호의 어느 하나에 해당하는 영업일 이내에 서면으로 소비자의 항변을 수용할 수 없다는 의사(意思)와 항변권의 행사가 제1항 각 호의 어느 하나에 해당하지 아니한다는 사실을 소비자에게 서면으로 통지하여야 한다.

1. 할부거래업자는 5영업일
2. 신용제공자는 7영업일

⑥ 할부거래업자 또는 신용제공자가 제5항에 따른 통지를 하지 아니한 경우에는 소비자의 할부금 지급 거절의사를 수용한 것으로 본다.

⑦ 할부거래업자 또는 신용제공자는 제1항부터 제6항까지의 규정에 따라 소비자가 할부금의 지급을 거절한 경우 소비자와 분쟁이 발생하면 분쟁이 해결될 때까지 할부금 지급 거절을 이유로 해당 소비자를 약정한 기일 이내에 채무를 변제하지 아니한 자로 처리하는 등 소비자에게 불이익을 주는 행위를 하여서는 아니 된다.

제17조(휴업기간 등에서의 청약의 철회에 관한 업무처리) 할부거래업자 또는 신용제공자는 그 휴업기간 또는 영업정지기간 중에도 제10조에 따른 청약의 철회에 관한 업무를 계속하여야 한다.

제3장 선불식 할부거래

제1절 영업의 등록 등

제18조(영업의 등록 등) ① 선불식 할부거래업자는 대통령령으로 정하는 바에 따라 다음 각 호의 서류를 갖추어 특별시장 · 광역시장 · 도지사 또는 특별자치도지사(이하 "시 · 도지사"라 한다)에게 등록하여야 한다.

1. 상호 · 주소 · 전화번호 · 전자우편주소(영업소 및 대리점을 포함한다) · 대표자의 이름 · 주민등록번호 · 주소 등을 적은 신청서
2. 자본금이 3억원 이상임을 증명하는 서류
3. 제27조에 따른 소비자피해보상보험계약등의 체결 증명 서류
4. 그 밖에 선불식 할부거래업자의 신원을 확인하기 위하여 필요한 사항으로서 총리령으로 정하는 서류

② 제1항에 따라 선불식 할부거래업의 등록을 한 경우 시 · 도지사는 지체 없이 선불식 할부거래업 등록증을 교부하여야 한다.

③ 선불식 할부거래업자는 제1항에 따라 등록한 사항 중 같은 항 제1호부터 제3호까지의 사항이 변경된 경우에는 대통령령으로 정하는 바에 따라 시 · 도지사에게 신고하여야 한다.

④ 선불식 할부거래업자는 휴업 또는 폐업을 하거나 휴업 후 영업을 다시 시작할 때에는 대통령령으로 정하는 바에 따라 시 · 도지사에게 신고하여야 한다. 이 경우 시 · 도지사는 폐업신고를 받은 때에는 그 등록을 말소하여야 한다. 다만, 폐업신고 전 등록취소 요건에 해당되는 경우에는 폐업신고일에 등록이 취소된 것으로 본다.

⑤ 공정거래위원회는 선불식 할부거래업자에 대한 다음 각 호의 사항을 대통령령으로 정하는 바에 따라 공개하여야 한다. 다만, 선불식 할부거래업자의 경영 · 영업상 비밀에 관한 사항으로서 공개될 경우 선불식 할부거래업자의 정당한 이익을 현저히 해칠 우려가 있다고 인정되는 사항과 개인에 관한 사항으로서 사생활의 비밀 또는 자유를 침해할 우려가 있다고 인정되는 사항에 대하여는 공개하지 아니한다.

1. 제1항에 따라 등록한 사항 및 제3항에 따라 신고한 사항
2. 그 밖에 공정거래위원회가 공정거래질서 확립 및 소비자보호를 위하여 필요하다고 인정하여 총리령으로 정하는 사항

⑥ 공정거래위원회는 제5항에 따른 공개를 위하여 필요한 경우에는 선불식 할부거래업자에게 관련 자료의 제출을 요구할 수 있다. 이 경우 선불식 할부거래업자는 정당한 사유가 없으면 관련 자료를 제출하여야 한다.

제19조(자본금) 제18조에 따라 등록하려는 자는 「상법」 상 회사로서 자본금이 3억원 이상이어야 한다.

제20조(결격사유) 다음 각 호의 어느 하나에 해당하는 자는 제18조에 따른 등록을 할 수 없다.

1. 다음 각 목의 어느 하나에 해당하는 사람이 임원인 회사

가. 미성년자
나. 한정치산 또는 금치산의 선고를 받은 사람
다. 파산선고를 받고 복권되지 아니한 사람
라. 이 법을 위반하여 징역형을 선고받고 그 집행이 끝나거나(집행이 끝난 것으로 보는 경우를 포함한다) 집행이 면제된 날부터 5년이 지나지 아니한 사람
마. 이 법을 위반하여 형의 집행유예를 선고받고 그 유예기간 중에 있는 사람
바. 이 법을 위반하여 벌금형을 선고받고 3년이 지나지 아니한 사람

2. 다음 각 목의 어느 하나에 해당하는 사람이 지배주주인 회사
가. 이 법을 위반하여 징역형을 선고받고 그 집행이 끝나거나(집행이 끝난 것으로 보는 경우를 포함한다) 집행이 면제된 날부터 5년이 지나지 아니한 사람
나. 이 법을 위반하여 형의 집행유예를 선고받고 그 유예기간 중에 있는 사람

3. 제40조에 따라 등록이 취소된 후 5년이 지나지 아니한 회사
4. 제40조에 따른 등록취소 당시 임원 또는 지배주주였던 사람이 임원 또는 지배주주인 회사

제21조(등록의 직권말소) 제18조에 따라 등록한 선불식 할부거래업자가 파산선고를 받거나 관할 세무서에 폐업신고를 한 경우 또는 6개월을 초과하여 영업을 하지 아니하는 등 실질적으로 영업을 할 수 없다고 판단되는 경우에는 시 · 도지사는 그 등록을 직권으로 말소할 수 있다.

제22조(지위의 승계) ① 선불식 할부거래업자가 사업의 전부를 양도하거나 선불식 할부거래업자에 대하여 합병 또는 분할이 있는 경우 해당 사업의 전부를 양수한 회사, 합병 후 존속하는 회사, 합병에 의하여 설립된 회사 또는 분할에 의하여 해당 사업의 전부를 승계한 회사는 그 선불식 할부거래업자의 지위를 승계한다. 다만, 지위를 승계하려는 자가 제20조의 결격사유에 해당하는 경우에는 승계할 수 없다.

② 제18조에 따라 등록한 선불식 할부거래업자의 지위를 승계한 회사는 대통령령으로 정하는 바에 따라 그 사항을 증명하는 서류를 첨부하여 시 · 도지사에 신고하여야 한다.

제2절 소비자 권익의 보호

제23조(계약체결 전의 정보 제공 및 계약체결에 따른 계약서 발급) ① 선불식 할부거래업자는 선불식 할부계약을 체결하기 전에 소비자가 계약의 내용을 이해할 수 있도록 다음 각 호의 사항을 설명하여야 한다.

1. 선불식 할부거래업자의 상호 · 주소 · 전화번호 · 전자우편주소 · 대표자의 이름
2. 재화등의 종류 및 내용
3. 재화등의 가격과 그 지급의 방법 및 시기
4. 재화등을 공급하는 방법 및 시기
5. 계약금
6. 청약의 철회 및 계약 해제의 기한 · 행사방법 · 효과에 관한 사항 및 청약의 철회 및 계약 해제의

권리 행사에 필요한 서식으로서 총리령으로 정하는 것
7. 소비자 피해보상, 재화등에 대한 불만 및 소비자와 사업자 사이의 분쟁 처리에 관한 사항
8. 선불식 할부거래에 관한 약관
9. 그 밖에 소비자의 구매 여부 판단에 영향을 주는 거래조건 또는 소비자의 피해구제에 필요한 사항으로서 대통령령으로 정하는 사항

② 선불식 할부거래업자는 선불식 할부계약을 체결할 경우에는 제1항 각 호의 사항을 적은 계약서를 소비자에게 발급하여야 한다.

제24조(소비자의 청약의 철회) ① 소비자는 다음 각 호의 기간(거래당사자가 다음 각 호의 기간보다 긴 기간으로 약정한 경우에는 그 기간을 말한다) 이내에 선불식 할부계약에 관한 청약을 철회할 수 있다.
1. 제23조제2항에 따른 계약서를 받은 날부터 14일
2. 다음 각 목의 어느 하나에 해당하는 경우에는 그 주소를 안 날 또는 알 수 있었던 날 등 청약을 철회할 수 있는 날부터 14일
   가. 선불식 할부거래업자의 주소 등이 적혀 있지 아니한 계약서를 받은 경우
   나. 선불식 할부거래업자의 주소 변경 등의 사유로 제1호의 기간 이내에 청약을 철회할 수 없는 경우
3. 제23조제2항에 따른 계약서에 청약의 철회에 관한 사항이 적혀 있지 아니한 경우에는 청약을 철회할 수 있음을 안 날 또는 알 수 있었던 날부터 14일
4. 선불식 할부거래업자가 청약의 철회를 방해한 경우에는 그 방해행위가 종료한 날부터 14일
5. 제23조제2항에 따른 계약서를 받지 아니한 경우에는 계약일부터 3개월

② 소비자가 제1항에 따라 청약을 철회할 경우 제1항에 따른 기간 이내에 선불식 할부거래업자에게 청약을 철회하는 의사표시가 적힌 서면을 발송하여야 한다.

③ 제1항에 따른 청약의 철회는 제2항에 따라 서면을 발송한 날에 그 효력이 발생한다.

④ 제1항을 적용함에 있어서 계약서의 발급사실과 그 시기 등에 관하여 다툼이 있는 경우에는 선불식 할부거래업자가 이를 입증하여야 한다.

⑤ 소비자가 제1항에 따라 청약을 철회한 경우 선불식 할부거래업자는 제2항에 다른 청약철회의 서면을 접수한 날부터 3영업일 이내에 이미 지급받은 계약금 및 할부금을 환급하여야 한다. 이 경우 선불식 할부거래업자가 환급을 지연한 때에는 그 지연기간에 따라 지연배상금을 함께 환급하여야 한다.

제25조(소비자의 선불식 할부계약 해제) ① 소비자가 선불식 할부계약을 체결하고, 그 계약에 의한 재화등의 공급을 받지 아니한 경우에는 그 계약을 해제할 수 있다.

② 선불식 할부거래업자는 제1항에 따라 계약이 해제된 경우 소비자에게 해제로 인한 손실을 초과하는 위약금을 청구하여서는 아니 된다.

③ 선불식 할부거래업자는 소비자가 다음 각 호의 어느 하나에 해당하는 사유로 계약을 해제하는 경우에는 위약금을 청구하여서는 아니 된다. 〈개정 2010.5.17〉
1. 휴업 또는 폐업신고를 한 때

2. 영업정지 처분을 받은 때
3. 등록이 취소되거나 말소된 때
4. 「은행법」에 따른 은행으로부터 당좌거래의 정지처분을 받은 때
5. 파산 또는 화의(和議) 개시의 신청이 있는 때

④ 선불식 할부거래업자는 선불식 할부계약이 해제된 경우에는 해제된 날부터 3영업일 이내에 이미 지급받은 대금에서 위약금을 뺀 금액을 소비자에게 환급하여야 한다. 이 경우 선불식 할부거래업자가 환급을 지연한 때에는 그 지연기간에 따라 지연배상금을 함께 환급하여야 한다.

⑤ 공정거래위원회는 총리령으로 정하는 바에 따라 위약금 및 대금의 환급에 관한 산정기준을 정하여 고시할 수 있다.

제26조(선불식 할부거래업자의 선불식 할부계약 해제) 선불식 할부거래업자는 소비자가 대금 지급의무를 이행하지 아니하면 선불식 할부계약을 해제할 수 있다. 이 경우 선불식 할부거래업자는 그 계약을 해제하기 전에 14일 이상의 기간을 정하여 소비자에게 이행할 것을 서면으로 최고(催告)하여야 한다.

제27조(소비자피해보상보험계약등) ① 선불식 할부거래업자가 제18조에 따라 등록할 경우 소비자로부터 선불식 할부계약과 관련되는 재화등의 대금으로서 미리 수령한 금액(이하 "선수금"이라 한다)을 보전하기 위하여 다음 각 호의 어느 하나에 해당하는 계약(이하 "소비자피해보상보험계약등"이라 한다)을 체결하여야 한다. 〈개정 2010.5.17〉

1. 소비자피해보상을 위한 보험계약
2. 소비자피해보상금의 지급을 확보하기 위한 「은행법」에 따른 은행과의 채무지급보증계약
3. 소비자피해보상금의 지급을 확보하기 위한 대통령령으로 정하는 기관(이하 "예치기관"이라 한다)과의 예치계약
4. 제28조에 따라 설립된 공제조합과의 공제계약

② 제1항에 따라 선불식 할부거래업자가 소비자피해보상보험계약등에 따라 보전하여야 할 금액(제1항 각 호 중 둘 이상의 계약을 체결한 경우에는 각 계약에 따라 보전되는 금액을 합산한다) 및 그 산정기준은 선수금 합계액의 100분의 50을 초과하지 아니하는 범위에서 대통령령으로 정한다.

③ 누구든지 제1항제3호에 따른 예치금을 상계 · 압류(가압류를 포함한다)하지 못하며, 선불식 할부거래업자는 대통령령으로 정하는 경우 외에는 예치금을 양도하거나 담보로 제공하여서는 아니 된다.

④ 소비자피해보상보험계약등에 따라 소비자피해보상금을 지급할 의무가 있는 자(이하 "지급의무자"라 한다)는 다음 각 호의 어느 하나에 해당하는 지급사유가 발생한 경우에는 지체 없이 이를 지급하여야 한다. 정당한 사유 없이 이를 지연한 경우에는 지연배상금을 지급하여야 한다. 〈개정 2010.5.17〉

1. 선불식 할부거래업자가 폐업한 경우
2. 선불식 할부거래업자가 「은행법」에 따른 은행으로부터 당좌거래의 정지처분을 받은 경우
3. 제21조에 따라 등록이 말소된 경우 및 제40조에 따라 등록이 취소된 경우
4. 그 밖에 선불식 할부거래업자의 채무불이행 등으로 인한 소비자피해보상을 위하여 대통령령으로

정하는 경우

⑤ 예치기관은 제4항에 따른 지급사유가 발생한 경우에는 예치금을 인출하여 해당 선불식 할부거래업자와 선불식 할부계약을 체결한 소비자에게 우선하여 지급하여야 하며, 예치 및 예치금의 지급 등에 대한 구체적인 절차 및 방법에 대하여는 총리령으로 정한다.

⑥ 제1항에 따라 소비자피해보상보험계약등을 체결한 선불식 할부거래업자 및 지급의무자는 소비자에게 소비자피해보상 증서를 발급하여야 하며, 그 구체적인 절차 · 발급방법 및 내용 등에 대하여는 총리령으로 정한다.

⑦ 공정거래위원회는 소비자피해보상업무의 감독을 위하여 필요한 경우 지급의무자에게 선수금 보전과 관련된 자료의 제출을 요구할 수 있다.

⑧ 공정거래위원회는 지급의무자의 업무집행 등이 법령에 적합하지 아니한 경우 이의 시정을 명할 수 있고, 그 밖에 소비자의 피해구제 등과 관련하여 필요한 경우에는 적합한 조치를 요구할 수 있다.

⑨ 선불식 할부거래업자는 소비자피해보상보험계약등을 체결 또는 유지하는 경우 선수금 등의 자료를 제출함에 있어 거짓의 자료를 제출하여서는 아니 된다.

⑩ 그 밖에 소비자피해보상보험계약등의 운영에 관하여 필요한 사항은 대통령령으로 정한다.

제28조(공제조합의 설립) ① 선불식 할부거래업자는 제27조제1항제4호에 따른 공제사업을 운영하기 위하여 공정거래위원회의 인가를 받아 공제조합을 설립할 수 있다.

② 공제조합은 법인으로 하며, 주된 사무소의 소재지에서 설립등기를 함으로써 성립한다.

③ 공제조합에 가입한 자는 공제사업의 수행에 필요한 출자금 등을 공제조합에 내야 한다.

④ 공제조합의 기본재산은 조합원의 출자금 등으로 조성하되 출자금은 200억원 이상으로서 대통령령으로 정하는 규모 이상이어야 한다. 다만, 정부는 예산의 범위에서 출연(出捐)하거나 보조할 수 있다.

⑤ 공제조합의 설립인가 기준 및 절차, 운영 및 감독 등에 관하여 필요한 사항은 대통령령으로 정한다.

⑥ 공제조합에 관하여 이 법에 규정된 것을 제외하고는 「민법」 중 사단법인에 관한 규정을 준용한다.

제29조(공제조합의 사업) ① 공제조합은 다음 각 호의 사업을 수행한다.

1. 소비자피해보상을 위한 공제사업 및 소비자의 권익보호를 위한 공익사업
2. 소비자피해예방과 홍보를 위한 출판 및 교육사업
3. 시장의 건전한 발전을 위한 자율정화사업
4. 공정거래위원회로부터 위탁받은 사업

② 이 법에 따른 공제조합의 사업에 대하여는 「보험업법」을 적용하지 아니한다.

제30조(공제조합의 정관 및 공제규정) ① 공제조합은 다음 각 호의 사항을 적은 정관을 정하여 공정거래위원회의 인가를 받아야 한다. 정관을 변경하는 경우에도 또한 같다.

1. 조합원의 자격과 가입 · 탈퇴에 관한 사항
2. 임원에 관한 사항

3. 출자금의 부담기준에 관한 사항
4. 이사회에 관한 사항
5. 이사장 선임에 관한 사항
6. 그 밖에 대통령령으로 정하는 사항

② 공제조합은 공제사업의 범위와 방식에 관한 공제규정을 정하여 공정거래위원회의 인가를 받아야 한다. 공제규정을 변경하는 경우에도 또한 같다.

제31조(공제조합의 감독) ① 공정거래위원회는 필요하다고 인정하면 공제조합에 대하여 업무 및 회계에 관한 보고서의 제출 또는 그 밖에 필요한 조치를 명하거나 소속 공무원으로 하여금 공제조합의 업무 및 회계 상황을 조사하거나 장부 또는 그 밖의 서류를 검사하게 할 수 있다.

② 공정거래위원회는 공제조합의 운영 및 업무 집행 등이 법령이나 정관 등에 적합하지 아니한 경우 그 시정을 명할 수 있고, 그 밖에 소비자의 피해구제 등과 관련하여 필요한 경우에는 적합한 조치를 요구할 수 있다.

③ 공정거래위원회는 공제조합의 임직원이 다음 각 호의 어느 하나에 해당하는 경우에는 관련 임직원에 대한 징계 · 해임을 요구하거나 해당 위반행위를 시정하도록 명할 수 있다.

1. 제30조제2항에 따른 공제규정을 위반하여 업무를 처리한 경우
2. 제2항에 따른 시정명령이나 조치를 이행하지 아니한 경우

④ 제1항에 따라 조사 또는 검사를 하는 공무원은 그 권한을 표시하는 증표를 지니고 이를 관계인에게 보여 주어야 한다.

제32조(휴업기간 등에서의 청약의 철회 등에 관한 업무처리) 선불식 할부거래업자는 그 휴업기간 또는 영업정지기간 중에도 제24조에 따른 청약의 철회나 제25조에 따른 계약의 해제 업무를 계속하여야 한다.

제33조(거래기록 등의 열람) 선불식 할부거래업자는 대통령령으로 정하는 바에 따라 재화등의 거래기록 · 소비자피해보상보험계약등의 체결내용을 언제든지 소비자가 열람할 수 있게 하여야 한다.

제34조(금지행위) 선불식 할부거래업자는 다음 각 호의 어느 하나에 해당하는 행위를 하여서는 아니 된다.

1. 계약의 체결을 강요하거나 청약의 철회 또는 계약의 해제를 방해할 목적으로 상대방을 위협하는 행위
2. 거짓 · 과장된 사실을 알리거나 기만적 방법을 사용하여 상대방과의 거래를 유도하거나 청약의 철회 또는 계약의 해제를 방해하는 행위
3. 청약의 철회 또는 계약의 해제를 방해할 목적으로 주소 · 전화번호 등을 변경하는 행위
4. 분쟁이나 불만처리에 필요한 인력 또는 설비가 부족한 상태를 상당 기간 방치하여 상대방에게 피해를 주는 행위
5. 상대방의 청약이 없음에도 재화등의 대금을 청구하는 행위
6. 소비자가 계약을 체결할 의사가 없음을 밝혔음에도 전화, 팩스, 컴퓨터통신 등을 통하여 계약체결을 강요하는 행위

7. 소비자피해보상보험계약등을 체결하지 아니하고 영업하는 행위
8. 소비자피해보상보험계약등을 체결하지 아니하였음에도 소비자피해보상보험계약등을 체결한 사실을 나타내는 표지나 이와 유사한 표지를 제작 또는 사용하는 행위
9. 본인의 허락을 받지 아니하거나 허락받은 범위를 넘어 소비자에 관한 정보를 이용(제3자에게 제공하는 경우를 포함한다)하는 행위. 다만, 다음 각 목의 어느 하나에 해당하는 경우는 제외한다.
   가. 재화등의 배송 등 소비자와의 계약이행에 불가피한 경우로서 대통령령으로 정하는 경우
   나. 재화등의 거래에 따른 대금을 정산하기 위하여 필요한 경우
   다. 도용을 방지하기 위하여 본인임을 확인할 때 필요한 경우로서 대통령령으로 정하는 경우
   라. 다른 법률에 따라 불가피한 사유가 있는 경우
10. 소비자가 계약을 해제하였음에도 불구하고 정당한 사유 없이 이에 따른 조치를 지연하거나 거부하는 행위
11. 청약의 철회 또는 계약의 해제와 관련하여 분쟁이 발생한 경우 대금을 지급받기 위하여 소비자에게 위계를 사용하거나 위력을 가하는 행위
12. 자신이 공급하는 재화등을 소비자가 양도 · 양수하는 것을 상당한 이유 없이 제한하거나 양도 · 양수함에 있어 과다한 비용을 부과하는 행위
13. 다른 사람에게 자기의 명의 또는 상호를 사용하여 선불식 할부거래업을 하게 하거나 선불식 할부거래업 등록증을 대여하는 행위

제3절 조사 및 감독

제35조(위반행위의 조사) ① 공정거래위원회, 시 · 도지사 또는 시장 · 군수 · 구청장(자치구의 구청장을 말한다. 이하 같다)은 선불식 할부거래업자가 이 법을 위반한 사실이 있다고 인정할 때에는 직권으로 필요한 조사를 할 수 있다.

② 시 · 도지사 또는 시장 · 군수 · 구청장이 제1항에 따른 조사를 하려는 경우에는 공정거래위원회에 통보하여야 하며, 공정거래위원회는 조사 등이 중복될 우려가 있는 경우에는 시 · 도지사 또는 시장 · 군수 · 구청장에게 조사의 중지를 요청할 수 있다. 이 경우 요청을 받은 시 · 도지사 또는 시장 · 군수 · 구청장은 상당한 이유가 없으면 그 조사를 중지하여야 한다.

③ 공정거래위원회, 시 · 도지사 또는 시장 · 군수 · 구청장은 제1항에 따라 조사를 한 경우에는 그 결과(조사 결과 시정조치명령 등의 처분을 하려는 경우에는 그 처분의 내용을 포함한다)를 해당 사건의 당사자에게 문서로 알려야 한다.

④ 누구든지 선불식 할부거래업자가 이 법을 위반한 사실이 있다고 인정할 때에는 그 사실을 공정거래위원회, 시 · 도지사 또는 시장 · 군수 · 구청장에게 신고할 수 있다.

⑤ 공정거래위원회는 선불식 할부거래업자의 이 법 위반행위가 끝난 날부터 5년이 지난 경우 그 위반행위에 대하여는 이 법에 따른 시정조치를 명하지 아니하거나 과징금을 부과하지 아니한다. 다만, 시정조치 또는 과징금 부과처분이 판결의 취지에 따라 취소된 경우로서 그 판결이유에 따라

새로운 처분을 하는 경우에는 그러하지 아니하다.

⑥ 공정거래위원회는 제1항의 조사를 위하여 「소비자기본법」 제33조에 따른 한국소비자원(이하 이 조에서 "한국소비자원"이라 한다)과 합동으로 조사반을 구성할 수 있다. 이 경우 조사반의 구성과 조사에 관한 구체적 방법과 절차, 그 밖에 필요한 사항은 대통령령으로 정한다.

⑦ 제6항에 따라 해당 업무를 담당하는 한국소비자원의 임직원은 「형법」 제129조부터 제132조까지의 규정에 따른 벌칙을 적용할 때에는 공무원으로 본다.

제36조(부당행위에 대한 정보의 공개) 공정거래위원회는 선불식 할부거래에서의 공정거래질서 확립과 소비자 피해예방을 위하여 필요한 경우에는 대통령령으로 정하는 바에 따라 선불식 할부거래업자의 이 법 위반행위에 대한 조사 결과 등 부당행위에 대한 정보를 공개할 수 있다.

제37조(보고 및 감독) ① 시·도지사 또는 시장·군수·구청장은 제38조에 따른 시정권고를 하는 경우에는 대통령령으로 정하는 바에 따라 공정거래위원회에 보고하여야 한다.

② 공정거래위원회는 이 법의 효율적인 시행을 위하여 필요하다고 인정할 때에는 그 소관 사항에 관하여 시·도지사 또는 시장·군수·구청장에게 조사·확인 또는 자료의 제출을 요구하거나 그 밖에 시정에 필요한 조치를 하도록 요구할 수 있다. 이 경우 시·도지사 또는 시장·군수·구청장은 특별한 사유가 없으면 이에 따라야 한다.

제4절 시정조치 및 과징금 부과

제38조(위반행위의 시정권고) ① 공정거래위원회, 시·도지사 또는 시장·군수·구청장(이하 이 조에서 "행정청"이라 한다)은 선불식 할부거래업자가 이 법에 위반되는 행위를 하거나 이 법에 따른 의무를 이행하지 아니하는 경우 제39조에 따른 시정조치를 하기 전에 그 선불식 할부거래업자가 해당 행위의 중지, 이 법에 따른 의무의 이행, 그 밖에 소비자 피해예방 및 구제에 필요한 조치를 하도록 시정 방안을 정하여 그 선불식 할부거래업자에게 이에 따를 것을 권고할 수 있다. 이 경우 해당 선불식 할부거래업자가 그 권고를 수락한 경우에는 제3항에 따라 시정조치가 내려진 것으로 본다는 뜻을 함께 통지하여야 한다.

② 제1항에 따라 시정권고를 받은 선불식 할부거래업자는 그 통지를 받은 날부터 10일 이내에 그 권고의 수락 여부를 시정권고를 한 행정청에 통지하여야 한다.

③ 제1항에 따라 시정권고를 받은 선불식 할부거래업자가 이를 수락한 때에는 제39조에 따른 시정조치가 내려진 것으로 본다.

제39조(시정조치) ① 공정거래위원회는 선불식 할부거래업자가 다음 각 호의 어느 하나에 해당하는 행위를 하거나 이 법에 따른 의무를 이행하지 아니한 경우 해당 선불식 할부거래업자에게 그 시정을 위한 조치를 명할 수 있다.

1. 제18조제1항·제3항·제4항·제6항, 제19조, 제20조, 제22조부터 제26조까지, 제27조제1항·제3항부터 제6항까지·제9항, 제32조, 제33조를 위반하는 경우
2. 제34조 각 호의 어느 하나에 해당하는 금지행위를 한 경우

② 제1항에 따른 시정을 위한 조치에는 다음 각 호의 어느 하나에 해당하는 조치를 포함한다.

1. 해당 위반행위의 중지
2. 이 법에 규정된 의무의 이행
3. 시정조치를 받은 사실의 공표
4. 소비자피해 예방 및 구제에 필요한 조치
5. 그 밖에 시정을 위하여 필요한 조치

③ 제2항제3호에 따른 시정조치를 받은 사실의 공표에 관하여 필요한 사항은 대통령령으로 정한다.

제40조(영업정지 등) ① 공정거래위원회는 선불식 할부거래업자가 다음 각 호의 어느 하나에 해당하는 경우로서 제39조에 따른 시정조치에도 불구하고 위반행위가 반복되거나 시정조치를 이행하지 아니한 경우에는 대통령령으로 정하는 바에 따라 1년 이내의 기간을 정하여 그 영업의 전부 또는 일부의 정지를 명할 수 있다.

1. 제18조제3항 또는 제4항에 따른 신고를 하지 아니하거나 거짓으로 신고한 경우
2. 제34조제1호부터 제3호까지, 제8호 또는 제11호에 해당하는 금지행위를 한 경우

② 시 · 도지사는 선불식 할부거래업자가 다음 각 호의 어느 하나에 해당하는 경우 그 등록을 취소할 수 있다. 다만, 제1호 및 제2호에 해당하는 경우에는 그 등록을 취소하여야 한다.

1. 거짓이나 그 밖의 부정한 방법으로 제18조제1항에 따른 등록을 한 경우
2. 제20조 각 호의 결격사유에 해당하게 된 경우
3. 소비자피해보상보험계약등이 해지된 경우
4. 영업정지기간 중에 영업을 하는 경우

③ 시 · 도지사가 제2항에 따라 선불식 할부거래업자의 등록을 취소하려면 청문을 하여야 한다.

제41조(소비자피해분쟁조정의 요청) ① 공정거래위원회, 시 · 도지사 또는 시장 · 군수 · 구청장은 이 법 위반행위와 관련하여 소비자의 피해구제신청이 있으면 제38조에 따른 시정권고 또는 제39조에 따른 시정조치를 하기 전에 선불식 할부거래에 관한 소비자보호 관련 업무를 수행하는 기관 또는 단체 등 대통령령으로 정하는 소비자피해분쟁조정기구에 그 조정을 의뢰할 수 있다. 이 경우 공정거래위원회, 시 · 도지사 또는 시장 · 군수 · 구청장은 조정안을 당사자가 수락하고 이행하는 경우에는 제39조에 따른 시정조치를 하지 아니한다는 뜻을 당사자에게 알려야 한다.

② 제1항에 따른 소비자피해분쟁조정기구의 조정안에 대하여 당사자가 수락하고 이행한 경우에는 대통령령으로 정하는 바에 따라 제39조에 따른 시정조치를 하지 아니한다.

③ 공정거래위원회는 제1항에 따라 분쟁의 조정을 요청하는 경우 예산의 범위에서 해당 분쟁의 조정에 필요한 예산을 지원할 수 있다.

제42조(과징금) ① 공정거래위원회는 제40조제1항에 따라 영업정지를 명하여야 할 경우로서 영업정지가 소비자에게 심한 불편을 주거나 공익을 해할 우려가 있으면 영업정지를 갈음하여 해당 선불식 할부거래업자에 대하여 대통령령으로 정하는 위반행위 관련 매출액을 초과하지 아니하는 범위에서 과징금을 부과할 수 있다. 이 경우 관련 매출액이 없거나 이를 산정할 수 없는 경우 등에는 5천만원을 초과하지 아니하는 범위에서 과징금을 부과할 수 있다.

② 공정거래위원회는 제1항에 따른 과징금을 부과할 때 다음 각 호의 사항을 고려하여야 한다.

1. 위반행위로 인한 소비자 피해정도
2. 소비자피해에 대한 선불식 할부거래업자의 보상노력 정도
3. 위반행위로 인하여 취득한 이익의 규모
4. 위반행위의 내용 · 기간 및 횟수 등

③ 공정거래위원회는 이 법을 위반한 선불식 할부거래업자인 회사의 합병이 있는 경우에는 그 회사가 행한 위반행위를 합병 후 존속하거나 합병으로 새로 설립된 회사가 한 행위로 보아 과징금을 부과 · 징수할 수 있다.

④ 제1항에 따른 과징금의 납부기한의 연장, 분할납부, 징수, 체납처분 및 환급가산금에 관하여는 「독점규제 및 공정거래에 관한 법률」 제55조의4, 제55조의6 및 제55조의7을 준용한다.

⑤ 제1항에 따른 과징금의 부과기준은 대통령령으로 정한다.

제4장 보 칙

제43조(소비자에게 불리한 계약의 금지) 제6조부터 제13조까지, 제15조, 제16조, 제23조부터 제26조까지의 규정을 위반한 약정으로서 소비자에게 불리한 것은 효력이 없다.

제44조(전속관할) 할부거래 및 선불식 할부거래와 관련된 소(訴)는 제소 당시 소비자의 주소를, 주소가 없는 경우에는 거소를 관할하는 지방법원의 전속관할로 한다. 다만, 제소 당시 소비자의 주소 및 거소가 분명하지 아니한 경우에는 「민사소송법」의 관련 규정을 준용한다.

제45조(사업자단체의 등록) ① 할부거래 및 선불식 할부거래의 건전한 발전과 소비자의 신뢰도 제고, 그 밖에 공동이익의 증진을 목적으로 설립된 사업자단체는 대통령령으로 정하는 바에 따라 공정거래위원회에 등록할 수 있다.

② 제1항에 따른 등록의 요건, 방법 및 절차 등에 관하여 필요한 사항은 대통령령으로 정한다.

제46조(사무의 위탁) ① 공정거래위원회는 이 법을 효율적으로 집행하기 위하여 필요한 경우 사무의 일부를 제45조에 따라 등록한 사업자단체에 위탁할 수 있다.

② 제1항에 따라 위탁한 사무에 대한 감독, 처리 · 보고, 조사 · 확인, 자료의 제출 또는 시정에 필요한 조치의 요구 등에 관하여 필요한 사항은 대통령령으로 정한다.

③ 제1항에 따라 사무를 위탁받은 사업자단체의 임직원은 「형법」 제129조부터 제132조까지의 규정에 따른 벌칙을 적용할 때에는 공무원으로 본다.

제47조(「독점규제 및 공정거래에 관한 법률」의 준용) ① 이 법에 따른 공정거래위원회의 심의 · 의결에 관하여는 「독점규제 및 공정거래에 관한 법률」 제42조, 제43조, 제43조의2, 제44조, 제45조 및 제52조를 준용한다.

② 이 법 시행을 위한 공정거래위원회, 시 · 도지사 또는 시장 · 군수 · 구청장의 조사 등에 관하여는 「독점규제 및 공정거래에 관한 법률」 제50조제1항부터 제4항까지의 규정을 준용한다

③ 이 법에 따른 공정거래위원회의 처분 및 시·도지사의 처분에 대한 이의신청, 시정조치명령의 집행정지, 소의 제기 및 불복의 소의 전속관할에 관하여는 「독점규제 및 공정거래에 관한 법률」 제53조, 제53조의2, 제54조, 제55조 및 제55조의2를 준용한다.

④ 이 법에 따른 직무에 종사하거나 종사하였던 공정거래위원회의 위원 또는 공무원에 대하여는 「독점규제 및 공정거래에 관한 법률」 제62조를 준용한다.

제5장 벌 칙

제48조(벌칙) ① 다음 각 호의 어느 하나에 해당하는 자는 3년 이하의 징역 또는 1억원 이하의 벌금에 처한다. 이 경우 다음 각 호의 어느 하나에 해당하는 자가 해당 법 위반행위와 관련하여 판매 또는 거래한 대금 총액의 3배에 상당하는 금액이 1억원을 초과하는 때에는 3년 이하의 징역 또는 판매하거나 거래한 대금 총액의 3배에 상당하는 금액 이하의 벌금에 처한다.

1. 제18조제1항을 위반하여 등록을 하지 아니하고(제40조제2항에 따라 등록이 취소된 경우를 포함한다) 선불식 할부거래업을 하는 자
2. 거짓이나 그 밖의 부정한 방법으로 제18조제1항에 따른 등록을 하고 선불식 할부거래업을 하는 자(제34조제7호의 금지행위를 한 자를 포함한다)
3. 제39조제1항에 따른 시정조치 명령에 응하지 아니한 자
4. 제40조제1항에 따른 영업정지 명령을 위반하여 영업을 한 자

② 제1항의 징역형과 벌금형은 병과(倂科)할 수 있다.

제49조(벌칙) 제47조제4항에 따라 준용되는 「독점규제 및 공정거래에 관한 법률」 제62조를 위반한 자는 2년 이하의 징역 또는 200만원 이하의 벌금에 처한다.

제50조(벌칙) ① 다음 각 호의 어느 하나에 해당하는 자는 1년 이하의 징역 또는 3천만원 이하의 벌금에 처한다.

1. 제27조제9항을 위반하여 소비자피해보상보험계약등을 체결 또는 유지함에 있어 거짓으로 선수금 등의 자료를 제출한 자
2. 제34조제1호부터 제3호까지, 제8호·제11호 및 제13호에 해당하는 금지행위를 한 자

② 제1항의 징역형과 벌금형은 병과할 수 있다.

제51조(벌칙) 다음 각 호의 어느 하나에 해당하는 자는 1천만원 이하의 벌금에 처한다.

1. 제34조제5호의 금지행위를 한 자
2. 제34조제10호의 금지행위를 한 자

제52조(양벌규정) 법인의 대표자나 법인 또는 개인의 대리인, 사용인, 그 밖의 종업원이 그 법인 또는 개인의 업무에 관하여 제48조, 제50조 또는 제51조의 위반행위를 하면 그 행위자를 벌하는 외에 그 법인 또는 개인에게도 해당 조문의 벌금형을 과(科)한다. 다만, 법인 또는 개인이 그 위반행위를 방지하기 위하여 해당 업무에 관하여 상당한 주의와 감독을 게을리하지 아니한 경우에는 그러하지 아니

하다.

제53조(과태료) ① 다음 각 호의 어느 하나에 해당하는 자에게는 5천만원 이하의 과태료를 부과한다.

1. 제18조제3항 또는 제4항에 따른 신고를 거짓으로 한 자
2. 제22조제2항에 따른 신고를 거짓으로 한 자

② 다음 각 호의 어느 하나에 해당하는 자에게는 3천만원 이하의 과태료를 부과한다.

1. 제18조제3항 또는 제4항에 따른 신고를 하지 아니한 자
2. 제18조제6항을 위반하여 자료를 제출하지 아니하거나 거짓 자료를 제출한 자
3. 제22조제2항에 따른 신고를 하지 아니한 자
4. 제33조에 따른 소비자의 열람에 제공하는 재화등의 거래기록 · 소비자피해보상보험계약등의 체결내용을 거짓으로 작성한 자

③ 다음 각 호의 어느 하나에 해당하는 자에게는 1천만원 이하의 과태료를 부과한다.

1. 제23조제2항에 따른 계약서를 발급하지 아니하거나 거짓으로 적은 계약서를 발급한 자
2. 제24조제5항을 위반하여 계약금, 할부금 또는 지연배상금을 환급하지 아니한 자
3. 제25조를 위반하여 대금 또는 지연배상금을 환급하지 아니하거나 과다한 위약금을 청구한 자
4. 제32조를 위반하여 휴업기간 또는 영업정지기간 중에 청약의 철회 등에 관한 업무를 계속하지 아니한 자
5. 제33조에 따른 재화등의 거래기록 · 소비자피해보상보험계약등의 체결내용을 소비자가 열람할 수 있도록 하지 아니한 자
6. 제47조제2항에 따라 준용되는 「독점규제 및 공정거래에 관한 법률」 제50조제1항제1호에 따른 출석처분을 받은 당사자 중 정당한 사유 없이 2회 이상 응하지 아니한 자로서 이 법을 위반한 자
7. 제47조제2항에 따라 준용되는 「독점규제 및 공정거래에 관한 법률」 제50조제1항제3호 또는 제3항에 따른 보고 또는 필요한 자료나 물건의 제출을 하지 아니하거나 거짓 보고 또는 자료나 물건을 제출한 자
8. 제47조제2항에 따라 준용되는 「독점규제 및 공정거래에 관한 법률」 제50조제2항에 따른 조사를 거부 · 방해 또는 기피한 자

④ 다음 각 호의 어느 하나에 해당하는 자(간접할부계약의 경우 신용제공자를 포함한다)에게는 500만원 이하의 과태료를 부과한다.

1. 제5조를 위반하여 표시를 하지 아니하거나 거짓 표시를 한 자
2. 제6조제2항에 따른 계약서를 발급하지 아니하거나 거짓으로 적은 계약서를 발급한 자
3. 제6조제3항에 따른 서면을 발급하지 아니한 자
4. 제7조에 따른 할부수수료의 실제연간요율의 최고한도를 위반하여 할부수수료를 받은 자
5. 제10조를 위반하여 계약금, 할부금 또는 지연배상금을 환급하지 아니하거나 환급에 필요한 조치를 취하지 아니한 자
6. 제10조제8항 또는 제16조제7항을 위반하여 소비자에게 불이익을 주는 행위를 한 자
7. 제12조제1항에 따른 지연손해금 산정 시 적용하는 이율의 최고한도를 위반하여 지연손해금을 받

은 자

8. 제17조를 위반하여 휴업기간 또는 영업정지기간 중에 청약의 철회에 관한 업무를 계속하지 아니한 자

⑤ 제47조제1항에 따라 준용되는 「독점규제 및 공정거래에 관한 법률」 제43조의2에 따른 질서유지명령에 따르지 아니한 자에게는 100만원 이하의 과태료를 부과한다.

⑥ 제1항부터 제3항까지 및 제5항에 따른 과태료는 공정거래위원회, 시ㆍ도지사 또는 시장ㆍ군수ㆍ구청장이 부과ㆍ징수한다.

⑦ 제4항에 따른 과태료는 시장ㆍ군수ㆍ구청장이 부과ㆍ징수한다.

⑧ 제1항부터 제5항까지의 규정에 따른 과태료의 부과기준은 대통령령으로 정한다.

부 칙 〈제10303호, 2010.5.17〉 (은행법)

제1조(시행일) 이 법은 공포 후 6개월이 경과한 날부터 시행한다. 〈단서 생략〉

제2조부터 제8조까지 생략

제9조(다른 법률의 개정) ① 부터 〈84〉 까지 생략

〈85〉 법률 제10141호 할부거래에 관한 법률 전부개정법률 일부를 다음과 같이 개정한다.

제25조제3항제4호, 제27조제1항제2호 및 같은 조 제4항제2호 중 "금융기관"을 각각 "은행"으로 한다.

〈86〉 생략

제10조 생략

2. 할부거래에 관한 법률시행령

제1조(목적) 이 영은 「할부거래에 관한 법률」에서 위임된 사항과 그 시행에 필요한 사항을 규정함을 목적으로 한다.

제2조(소비자의 범위) 「할부거래에 관한 법률」(이하 "법"이라 한다) 제2조제5호나목에서 "사실상 가목의 자와 동일한 지위 및 거래조건으로 거래하는 자 등 대통령령으로 정하는 자"란 다음 각 호의 어느 하나에 해당하는 자를 말한다.

1. 재화 또는 용역(이하 "재화등"이라 한다)을 최종적으로 사용하거나 이용하는 자. 다만, 재화등을 원재료[중간재(中間財)를 포함한다] 및 자본재로 사용하는 자는 제외한다.
2. 법 제3조제1호 단서에 해당하는 사업자로서 재화등을 구매하는 자(해당 재화등에 대한 거래관계에 한정한다)
3. 재화등을 농업(축산업을 포함한다) 및 어업활동을 위하여 구입한 자로서 「원양산업발전법」 제6조제1항에 따라 농림수산식품부장관의 허가를 받은 원양어업자 외의 자

제3조(특수관계인의 범위 등) ① 법 제2조제7호가목에서 "대통령령으로 정하는 특수관계인"이란 다음 각 호의 어느 하나에 해당하는 자를 말한다.

1. 지배주주가 개인인 경우에는 다음 각 목의 어느 하나에 해당하는 자
   가. 배우자
   나. 6촌 이내의 혈족이나 4촌 이내의 인척
   다. 지배주주 단독으로 또는 그와 가목 및 나목의 관계에 있는 사람들과 합하여 100분의 30 이상을 출자한 법인 및 그 임원
   라. 지배주주 단독으로 또는 그와 가목부터 다목까지의 관계에 있는 자들과 합하여 100분의 30 이상을 출자한 법인 및 그 임원
2. 지배주주가 법인인 경우에는 다음 각 목의 어느 하나에 해당하는 자
   가. 임원
   나. 계열회사(「독점규제 및 공정거래에 관한 법률」 제2조제3호에 따른 계열회사를 말한다) 및 그 임원

② 법 제2조제7호나목에서 "해당 법인의 경영을 사실상 지배하는 자"란 다음 각 호의 어느 하나에 해당하는 자를 말한다.

1. 단독으로 또는 다른 주주나 출자자와의 계약 또는 합의에 의하여 대표이사를 임면(任免)하거나 임원의 100분의 50 이상을 선임하거나 선임할 수 있는 자
2. 해당 법인의 조직 변경 또는 신규사업에의 투자 등 주요 의사결정이나 업무집행에 지배적인 영향력을 행사하고 있는 자

제4조(법 적용에서 제외되는 거래) 법 제3조제2호에서 "대통령령으로 정하는 재화등의 거래"란 다음

각 호의 어느 하나에 해당하는 재화등의 거래를 말한다.

1. 농산물 · 수산물 · 축산물 · 임산물 · 광산물로서 「통계법」 제22조에 따라 작성한 한국표준산업분류표상의 제조업에 의하여 생산되지 아니한 것
2. 「약사법」 제2조제4호에 따른 의약품
3. 「보험업법」에 따른 보험
4. 「자본시장과 금융투자업에 관한 법률」 제4조에 따른 증권 및 같은 법 제336조제1항제1호에 따른 어음
5. 부동산

제5조(할부수수료의 실제연간요율 계산방법 등) ① 법 제7조에 따른 할부수수료의 실제연간요율의 계산방법은 별표 1과 같다.

② 제1항에 따른 할부수수료의 실제연간요율의 최고한도는 연 100분의 30으로 한다.

제6조(소비자가 청약의 철회를 할 수 없는 경우) ① 법 제8조제2항제2호에서 "대통령령으로 정하는 재화등"이란 다음 각 호의 어느 하나에 해당하는 재화등을 말한다.

1. 「선박법」에 따른 선박
2. 「항공법」에 따른 항공기
3. 「철도사업법」 및 「도시철도법」에 따른 궤도를 운행하는 차량
4. 「건설기계관리법」에 따른 건설기계
5. 「자동차관리법」에 따른 자동차
6. 설치에 전문인력 및 부속자재 등이 요구되는 것으로서 다음 각 목에 해당하는 재화를 설치한 경우

   가. 「고압가스 안전관리법」 제3조제4호에 따른 냉동기

   나. 전기 냉방기(난방 겸용인 것을 포함한다)

   다. 보일러

② 법 제8조제2항제5호에서 "대통령령으로 정하는 경우"란 다음 각 호의 어느 하나에 해당하는 경우를 말한다.

1. 할부가격이 10만원 미만인 할부계약. 다만, 「여신전문금융업법」에 따른 신용카드를 사용하여 할부거래를 하는 경우에는 할부가격이 20만원 미만인 할부계약을 말한다.
2. 소비자의 주문에 따라 개별적으로 제조되는 재화등의 공급을 목적으로 하는 할부계약

제7조(지연배상금의 이율) 법 제10조제2항 각 호 외의 부분 후단에서 "대통령령으로 정하는 이율"이란 연 100분의 20을 말한다.

제8조(재화등이 일부 사용된 경우 등의 비용청구 범위) 법 제10조제9항에서 "대통령령으로 정하는 범위의 금액"이란 다음 각 호의 어느 하나에 해당하는 금액을 말한다.

1. 재화등의 사용으로 소모성 부품을 재판매하기 곤란하거나 재판매가격이 현저히 하락하는 경우에는 해당 소모성 부품을 공급하는 데에 든 금액
2. 여러 개의 가분물(可分物)로 구성된 재화등의 경우에는 소비자의 일부소비로 소비된 부분을 공급

하는 데에 든 금액

제9조(지연손해금의 산정) 법 제12조제1항에서 "대통령령으로 정하는 이율"이란 할부거래업자 또는 신용제공자가 소비자와 약정한 이율을 말한다.

제10조(소비자의 기한의 이익 상실) 법 제13조제1항제2호에서 "대통령령으로 정하는 경우"란 다음 각 호의 어느 하나에 해당하는 경우를 말한다.

1. 생업에 종사하기 위하여 외국에 이주하는 경우
2. 외국인과의 혼인 및 연고관계(緣故關係)로 인하여 외국에 이주하는 경우

제11조(소비자의 항변권 제한) 법 제16조제2항에서 "대통령령으로 정한 금액"이란 10만원을 말한다. 다만, 「여신전문금융업법」에 따른 신용카드를 사용하여 할부거래를 하는 경우에는 20만원을 말한다.

제12조(선불식 할부거래업자의 등록절차 등) ① 법 제18조제1항에 따라 등록을 하려는 선불식 할부거래업자는 총리령으로 정하는 신청서에 법 제18조제1항제2호부터 제4호까지의 서류를 첨부하여 주된 사무소의 소재지를 관할하는 특별시장 · 광역시장 · 도지사 또는 특별자치도지사(이하 "시 · 도지사"라 한다)에게 제출하여야 한다.

② 제1항에 따른 신청서를 받은 시 · 도지사는 그 신청서에 법 제18조제1항제2호부터 제4호까지의 서류가 첨부되지 않았거나, 그 서류에 잘못된 점이나 부족한 부분이 있으면 10일 이내의 기간을 정하여 이를 보완할 것을 선불식 할부거래업자에게 요청할 수 있다.

③ 제1항에 따른 등록신청을 받은 시 · 도지사는 그 신청이 등록요건에 적합한 경우에는 총리령으로 정하는 등록증을 발급하여야 한다.

④ 법 제18조제3항에 따라 변경신고를 하려는 자는 변경사항이 발생한 날부터 15일 이내에 총리령으로 정하는 신고서에 그 변경사항을 증명하는 서류를 첨부하여 시 · 도지사에게 제출하여야 하고, 해당 신고를 받은 시 · 도지사는 변경사항을 확인하고 변경사항이 적힌 등록증을 다시 발급하여야 한다. 다만, 법 제18조 제1항제3호에 따른 소비자피해보상보험계약등의 해지 · 만료 등에 따른 변경사항은 계약의 해지일 · 만료일 1개월 전에 그 변경사항을 증명하는 서류를 시 · 도지사에게 제출하여야 한다.

⑤ 법 제18조제4항에 따라 휴업 또는 폐업을 하거나 및 휴업 후 영업을 다시 시작하는 신고를 하려는 자는 그 사유가 발생하기 1개월 전에 총리령으로 정하는 신고서를 시 · 도지사에게 제출하여야 한다. 이 경우 폐업을 신고하는 경우에는 종전의 등록증을 첨부하여야 한다.

제13조(선불식 할부거래업자에 관한 정보의 공개절차) ① 공정거래위원회는 법 제18조제5항에 따라 선불식 할부거래업자의 정보를 공개하는 경우 해당 선불식 할부거래업자에게 정보공개의 목적, 내용, 기간 및 방법 등을 정보공개일 15일 전까지 통지하여야 한다.

② 제1항에 따른 통지를 받은 선불식 할부거래업자는 공개하는 내용 중 사실과 다른 내용이 있거나 법 제18조제5항 각 호 외의 부분 단서에 해당하는 내용이 있는 경우에는 정보공개일 5일 전까지 그 사실을 증명하는 서류를 첨부하여 서면으로 공정거래위원회에 그 내용의 정정 또는 비공개를 요구할 수 있다. 이 경우 공정거래위원회는 선불식 할부거래업자의 요구가 정당하다고 인정되면 공개 내용을 변경하거나 해당 정보를 공개하지 아니할 수 있다.

③ 공정거래위원회는 법 제18조제6항에 따라 선불식 할부거래업자가 제출한 자료가 불명확한 경우 적당한 기간을 정하여 선불식 할부거래업자에게 필요한 내용의 변경 또는 보완을 요구할 수 있다.

④ 제1항부터 제3항까지에서 규정한 사항 외에 선불식 할부거래업자의 정보공개에 관하여 필요한 사항은 공정거래위원회가 정하여 고시한다.

제14조(선불식 할부거래업자의 지위승계 신고) ① 법 제22조제2항에 따라 선불식 할부거래업자의 지위승계 신고를 하려는 자는 그 지위를 승계한 날부터 15일 이내에 총리령으로 정하는 신고서에 지위승계 사실을 증명하는 서류를 첨부하여 시 · 도지사에게 제출하여야 한다.

② 제1항에 따른 신고서를 받은 시 · 도지사는 지위승계 사항을 확인하고 지위승계 사항이 적힌 등록증을 다시 발급하여야 한다.

제15조(계약체결 전의 정보 제공 및 계약서의 기재사항) 법 제23조제1항제9호에서 "대통령령으로 정하는 사항"이란 다음 각 호의 어느 하나에 해당하는 사항을 말한다.

1. 재화등의 가격 외에 소비자가 추가로 부담하여야 할 사항이 있는 경우 그 내용 및 금액
2. 판매일시 · 판매지역 · 판매수량 · 인도지역 등 판매조건과 관련하여 제한이 있는 경우 그 내용
3. 선불식 할부거래업자가 선불식 할부계약의 주된 목적이 되는 재화등이 제공되기 전에 소비자에게 공급하는 재화등이 있는 경우 그 가격

제16조(소비자피해보상보험계약등) ① 법 제27조제1항 각 호의 어느 하나에 해당하는 계약(이하 "소비자피해보상보험계약등"이라 한다)은 다음 각 호의 사항을 충족하여야 한다. 〈개정 2011.1.24〉

1. 법 제27조제4항에서 규정한 사유에 해당하는 경우 소비자피해를 보상하는 것을 그 내용으로 할 것
2. 피보험자 또는 수혜자는 해당 소비자피해보상보험계약등을 체결한 자가 판매하는 재화등의 구매자로 하고, 피해보상금은 해당 구매자가 수령할 수 있도록 할 것
3. 소비자가 신속하고 쉽게 피해보상을 받을 수 있도록 하고 보상이 지연되는 경우에는 지연배상금이 지급되도록 할 것
4. 정당한 사유 없이 소비자의 의사표시 방법을 제한하거나 소비자에게 지나친 입증책임의 부담을 부과하지 아니할 것
5. 정당한 사유 없이 피해보상의 범위나 법 제27조제4항에 따른 지급의무자(이하 "지급의무자"라 한다) 또는 재화등의 판매자의 책임을 한정하지 아니할 것
6. 소비자에게 예상하기 어려운 위험이나 손해를 줄 우려가 있거나 부당하게 불리한 약정을 두지 아니할 것
7. 보험계약 또는 채무지급보증계약은 「보험업법」 제2조제6호에 따른 보험회사 또는 「은행법」 제2조제1항제2호에 따른 은행과 체결할 것
8. 선불식 할부거래업자가 소비자피해보상보험계약등의 계약을 체결하여 거래하는 기간은 1년 이상의 기간으로 하고, 정당한 사유 없이 계약해지의 요건을 용이하게 정하여 소비자에게 불이익을 주지 아니할 것
9. 지급의무자는 소비자가 방문 · 전화 또는 인터넷을 통하여 해당 소비자에 관한 소비자피해보상보험계약등의 내용 및 이에 따라 보전(補塡)된 소비자피해보상금의 액수를 쉽게 열람할 수 있도록

필요한 조치를 할 것

② 법 제27조제1항제3호에서 "대통령령으로 정하는 기관"이란 다음 각 호의 기관을 말한다.

1. 「은행법」 제2조제1항제2호 및 같은 법 제5조에 따른 금융회사
2. 「우체국 예금 · 보험에 관한 법률」에 따른 체신관서
3. 「보험업법」에 따른 보험회사

③ 법 제27조제2항에 따라 선불식 할부거래업자가 소비자피해보상보험계약등에 따라 보전하여야 할 금액은 다음 계산식에 따른 금액으로 한다. 이 경우 선불식 할부거래업자가 재화등을 실제로 인도하지 아니한 경우는 재화등이 공급된 것으로 보지 아니한다.

④ 법 제27조제3항에서 "대통령령으로 정하는 경우"란 다음 각 호의 어느 하나에 해당하는 경우를 말한다.

1. 다른 선불식 할부거래업자에 대한 선불식 할부계약 당사자로서의 지위 양도
2. 영업의 양도

⑤ 법 제27조제4항제4호에서 "대통령령으로 정하는 경우"란 다음 각 호의 어느 하나에 해당하는 경우를 말한다.

1. 선불식 할부거래업자가 「채무자 회생 및 파산에 관한 법률」에 따른 파산 선고를 받은 경우
2. 선불식 할부거래업자에 대하여 「채무자 회생 및 파산에 관한 법률」에 따른 회생절차개시의 결정이 있는 경우

⑥ 제1항과 제3항에서 규정한 사항 외에 재화등이나 거래의 특성에 따른 소비자피해보상보험계약등의 구체적인 기준, 피해보상의 내용 및 절차와 소비자피해보상보험계약등의 표지사용에 관하여 필요한 사항은 총리령으로 정한다.

제17조(출자금) 법 제28조제4항 본문에서 "대통령령으로 정하는 규모"란 200억원을 말한다.

제18조(공제조합의 인가 등) ① 법 제28조제1항에 따른 공제조합을 설립하려는 경우에는 10인 이상이 발기인(發起人)이 되어 정관을 작성하고 창립총회의 의결을 거쳐 공정거래위원회에 인가를 신청하여야 한다.

② 공정거래위원회는 공제조합의 설립을 인가하였을 때에는 이를 공고하여야 한다.

제19조(공제조합의 운영 및 감독) ① 공제조합은 매 사업연도의 총수입과 총지출을 예산으로 편성하여 사업연도 개시 1개월 전까지 공정거래위원회에 제출하여야 한다.

② 공제조합은 매 사업연도 경과 후 2개월 이내에 결산을 완료하고 결산보고서에 재무상태표와 손익계산서를 첨부하여 공정거래위원회에 제출하여야 한다.

③ 공제조합은 제2항에 따라 공정거래위원회에 제출한 재무상태표와 손익계산서를 주된 사무소 및 지부에 갖추어 두고, 재무상태표는 공고하여야 한다.

제20조(공제조합의 정관 기재사항) 법 제30조제1항제6호에서 "대통령령으로 정하는 사항"이란 다음 각 호의 사항을 말한다.

1. 목적
2. 명칭

3. 사무소의 소재지
4. 출자 1좌(座)의 금액과 그 납입방법 및 지분계산에 관한 사항
5. 자산 및 회계에 관한 사항
6. 총회의 구성 및 운영에 관한 사항
7. 임원추천위원회의 구성, 추천위원의 결격사유 및 운영에 관한 사항
8. 직원에 관한 사항
9. 융자에 관한 사항
10. 업무와 그 집행에 관한 사항
11. 정관의 변경에 관한 사항
12. 해산과 남은 재산의 처리에 관한 사항
13. 공고의 방법에 관한 사항

제21조(선불식 할부거래업자의 거래기록 등의 열람) 선불식 할부거래업자는 법 제33조에 따라 재화등의 거래기록 등을 방문 · 전화 또는 인터넷 등을 통하여 즉시 열람할 수 있도록 필요한 조치를 하여야 하고, 소비자가 우편 등의 방법으로 열람할 수 있도록 요청하는 경우 3영업일 이내에 관련 자료를 발송하여야 한다.

제22조(소비자에 관한 정보이용이 가능한 경우) ① 법 제34조제9호가목에서 "대통령령으로 정하는 경우"란 다음 각 호의 어느 하나에 해당하는 경우를 말한다.

1. 소비자와의 계약을 이행하기 위하여 재화등의 배송 또는 전송을 업(業)으로 하는 자에게 소비자에 관한 정보를 제공하는 경우
2. 소비자와의 계약을 이행하기 위하여 재화등의 설치, 사후 서비스, 그 밖에 약정한 서비스의 제공을 업으로 하는 자에게 소비자에 관한 정보를 제공하는 경우
3. 소비자피해보상보험계약등을 체결한 지급의무자에게 소비자에 관한 정보를 제공하는 경우

② 법 제34조제9호다목에서 "대통령령으로 정하는 경우"란 다음 각 호의 어느 하나에 해당하는 경우를 말한다.

1. 소비자의 신원 및 실명이나 본인의 진의(眞意)를 확인하기 위하여 다음 각 목의 어느 하나 해당하는 자에게 소비자에 관한 정보를 제공하는 경우
   가. 「전기통신사업법」 제5조제3항제1호에 따른 기간통신사업자
   나. 「신용정보의 이용 및 보호에 관한 법률」 제2조제5호에 따른 신용정보회사
   다. 해당 거래에 따른 대금결제와 직접 관련된 결제업자
   라. 법령에 따라 또는 법령에 따른 인 · 허가를 받아 도용방지를 위한 실명확인을 업으로 하는 자
2. 미성년자와 거래할 때 법정대리인의 동의 여부를 확인하기 위하여 정보를 이용하는 경우

제23조(조사반의 구성 등) ① 법 제35조제6항에 따른 조사반(이하 이 항에서 "조사반"이라 한다)은 반장 및 반원(班員)으로 구성하며, 반장은 공정거래위원회 소속 공무원으로 하고, 반원은 공정거래위원회 소속 공무원 및 한국소비자원장이 지정한 소속 직원으로 한다.

② 공정거래위원회는 조사반을 구성할 필요가 있는 경우에는 미리 조사기간, 조사대상, 조사에 필요

한 인원 등을 적은 문서로 한국소비자원장에게 반원을 지정하여 줄 것을 요청하여야 한다.

③ 조사반의 조사 등의 활동은 반장의 지휘 · 감독을 받아 실시한다.

제24조(부당행위 등에 대한 정보공개 등) ① 공정거래위원회는 법 제36조에 따라 부당행위에 대한 정보를 공개하려는 경우에는 해당 선불식 할부거래업자에게 정보공개의 목적, 내용, 기간 및 방법 등을 정보공개일 15일 전까지 통지하여야 한다.

② 제1항에 따른 통지를 받은 선불식 할부거래업자는 공개하는 내용 중 사실과 다른 내용이 있는 경우에는 정보공개일 5일 전까지 그 사실을 증명하는 서류를 첨부하여 서면으로 공정거래위원회에 그 내용의 정정 또는 비공개를 요구할 수 있다. 이 경우 공정거래위원회는 선불식 할부거래업자의 요구가 정당하다고 인정되면 공개 내용을 변경하거나 해당 정보를 공개하지 아니할 수 있다.

③ 제1항과 제2항에서 규정한 사항 외에 선불식 할부거래업자의 부당행위에 대한 정보공개의 구체적인 방법과 절차 등에 관하여 필요한 사항은 공정거래위원회가 정하여 고시한다.

제25조(보고의무) 시 · 도지사 또는 시장 · 군수 · 구청장(자치구의 구청장을 말한다)은 법 제37조제1항에 따라 시정권고를 한 경우에는 지체 없이 공정거래위원회에 보고하여야 한다.

제26조(시정조치를 받은 사실의 공표) 공정거래위원회는 법 제39조제2항제3호에 따라 선불식 할부거래업자에 대하여 시정조치를 받은 사실의 공표를 명하는 경우에는 다음 각 호의 사항을 고려하여 공표의 내용 및 그 횟수 등을 정한다.

1. 위반행위의 내용 및 정도
2. 위반행위의 기간 및 횟수
3. 위반행위로 인하여 발생한 소비자피해의 범위 및 정도

제27조(영업정지의 기준) 법 제40조제1항에 따른 영업정지의 기준은 별표 2와 같다.

제28조(소비자피해분쟁조정기구) 법 제41조제1항 전단에서 "선불식 할부거래에 관한 소비자보호 관련 업무를 수행하는 기관 또는 단체 등 대통령령으로 정하는 소비자피해분쟁조정기구"란 다음 각 호의 어느 하나에 해당하는 기구를 말한다.

1. 「소비자기본법」 제33조에 따라 설립된 한국소비자원
2. 시 · 도지사가 「소비자기본법」 제16조 및 같은 법 시행령 제7조에 따라 설치한 소비자피해구제기구
3. 그 밖에 소비자보호 관련 법령에 따라 설치 · 운영되는 분쟁조정기구

제29조(분쟁조정 조정안 수락 및 이행 시 시정조치를 하지 아니하는 절차 등) ① 법 제41조에 따른 분쟁조정의 당사자는 소비자피해분쟁조정기구의 권고안 또는 조정안을 이행하였음을 확인하는 서류를 그 이행한 날부터 10일 이내에 공정거래위원회에 제출하고, 법 제39조에 따른 시정조치를 하지 아니한다는 확인을 요청할 수 있다.

② 제1항에 따른 요청을 받은 공정거래위원회는 시정조치를 하지 아니하는 대상 등을 사업자에게 통지하여야 한다.

제30조(위반행위 관련 매출액의 산정) ① 법 제42조제1항 전단에서 "대통령령으로 정하는 위반행위 관련 매출액"이란 해당 선불식 할부거래업자가 위반행위의 발생 시부터 그 종료 시(해당 행위가 과징금 부과처분을 명하는 공정거래위원회의 심의일까지 종료되지 아니한 경우에는 그 심의일을 위반행

위의 종료일로 본다)까지 선불식 할부계약과 관련하여 소비자로부터 지급받은 재화등의 대금의 100분의 30에 해당하는 금액을 말한다.

② 제1항에서 규정한 사항 외에 위반행위 관련 매출액의 산정에 필요한 사항은 공정거래위원회가 정한다.

제31조(과징금의 부과기준) ① 법 제42조제1항에 따른 과징금의 부과기준은 별표 3과 같다.

② 이 영에서 규정한 사항 외에 과징금의 부과에 필요한 세부기준은 공정거래위원회가 정한다.

제32조(사업자단체의 등록) ① 법 제45조제1항에 따라 등록하려는 사업자단체는 총리령으로 정하는 신청서에 다음 각 호의 사항을 적어 공정거래위원회에 제출하여야 한다.

1. 목적
2. 명칭
3. 주된 사무소 · 지부의 주소 및 인터넷 홈페이지 주소
4. 대표자의 성명 · 주민등록번호 · 주소 · 전화번호 · 전자우편주소
5. 설립연월일
6. 회원의 수(지부의 수를 포함한다)
7. 사업내용

② 제1항에 따른 신청서에는 정관과 다음 각 호에 관한 자료를 첨부하여야 한다.

1. 인력 · 재정 상황 및 재원 확보방안
2. 주요 설비의 목록 및 성능

③ 법 제45조제1항에 따라 등록한 사업자단체는 제1항제1호부터 제4호까지, 제6호 및 제7호와 제2항 각 호의 사항이 변경된 경우에는 그 변경사항이 발생한 날부터 20일 이내에 공정거래위원회에 통보하여야 한다.

제33조(과태료의 부과기준) 법 제53조제1항부터 제5항까지의 규정에 따른 과태료의 부과기준은 별표 4와 같다.

부　칙 〈제22637호, 2011.1.24〉 (보험업법 시행령)

제1조(시행일) 이 영은 2011년 1월 24일부터 시행한다. 〈단서 생략〉

제2조부터 제21조까지 생략

제22조(다른 법령의 개정) ①부터 ⑫까지 생략

⑬ 할부거래에관한법률시행령 일부를 다음과 같이 개정한다.

제16조제1항제7호 중 "「보험업법」 제2조제5호"를 "「보험업법」 제2조제6호"로 한다.

제23조 생략

3. 할부거래에 관한 법률 시행규칙

제1조(목적) 이 규칙은「할부거래에 관한 법률」및 같은 법 시행령에서 위임된 사항과 그 시행에 필요한 사항을 규정함을 목적으로 한다.

제2조(할부계약 내용의 표시방법) 할부거래업자는 「할부거래에 관한 법률」(이하 "법"이라 한다) 제5조에 따라 할부계약의 내용을 다음 각 호의 방법으로 표시하여야 한다.

1. 사업소에 게시하거나 서면으로 제시하되, 사업소에 게시하는 경우에는 법 제2조제5호에 따른 소비자(이하 "소비자"라 한다)가 보기 쉬운 장소에 붙여야 하며, 서면으로 제시하는 경우에는 9호 이상의 활자를 사용할 것
2. 법 제7조 및 「할부거래에 관한 법률 시행령」(이하 "영"이라 한다) 제5조에 따른 할부수수료의 실제연간요율은 소수점 이하 1단위 이상까지 표시할 것

제3조(계약서의 작성방법) ① 법 제6조제1항에 따른 할부계약의 계약서는 다음 각 호의 방법으로 작성하여야 한다.

1. 계약서의 글자는 9호 이상의 활자를 사용할 것
2. 법 제6조제1항제9호부터 제13호까지의 규정에 따른 기재사항은 일반 기재사항의 글씨와 다른 색의 글씨 또는 굵은 글씨 등을 사용하여 명확히 드러나게 할 것
3. 소비자의 철회권 및 항변권 행사를 위한 서식을 포함시킬 것

② 할부거래업자는 소비자와의 할부계약 체결 당시에 법 제2조제6호에 따른 신용제공자(이하 "신용제공자"라 한다)의 성명 및 주소가 확정되지 아니한 경우에는 계약서에 할부의 유형(자체 할부, 은행 할부 또는 보험 할부 등을 말한다)을 적고, 신용제공자가 확정되었을 때에 그 성명 및 주소를 소비자에게 지체 없이 서면으로 알려야 한다.

제4조(선불식 할부거래업의 등록신청 첨부서류 등) ① 법 제18조제1항 및 영 제12조제1항에 따라 선불식 할부거래업의 등록을 하려는 자는 별지 제1호서식의 선불식 할부거래업 등록신청서를 특별시장 · 광역시장 · 도지사 또는 특별자치도지사(이하 "시 · 도지사"라 한다)에게 제출하여야 한다.

② 제1항에 따른 선불식 할부거래업 등록신청서를 받은 시 · 도지사는 영 제12조제3항에 따라 별지 제2호서식의 선불식 할부거래업 등록증을 교부하여야 한다.

③ 법 제18조제1항제4호에서 "총리령으로 정하는 서류"란 회사의 영업일을 기재한 서류를 말한다.

④ 제1항에 따라 선불식 할부거래업 등록신청서를 받은 시 · 도지사는「전자정부법」제36조제1항에 따른 행정정보의 공동이용을 통하여 다음 각 호의 서류를 확인하여야 한다. 다만, 제2호 및 제3호의 경우 신청인이 확인에 동의하지 아니하는 경우에는 해당 서류를 첨부하도록 하여야 한다.

1. 법인 등기사항증명서 등본
2. 발기인의 주민등록표 등본(법인인 신청인이 법인의 설립등기 전에 신청을 하는 경우에만 해당한다)

3. 사업자등록증 사본. 다만, 신청인이 사업자등록을 하기 전인 경우에는 사업자등록 후 즉시 담당 공무원에게 통보하여 확인하도록 하거나 이를 제출하도록 하여야 한다.

제5조(선불식 할부거래업의 등록사항 변경신고) 법 제18조제3항 및 영 제12조제4항에 따라 변경신고를 하려는 선불식 할부거래업자는 별지 제3호서식의 선불식 할부거래업 등록변경신고서에 그 변경사항을 증명하는 서류 및 선불식 할부거래업 등록증(등록증 기재사항을 변경하는 경우만 해당한다)을 첨부하여 시 · 도지사에게 제출하여야 한다.

제6조(선불식 할부거래업의 휴 · 폐업 등의 신고) 법 제18조제4항 및 영 제12조제5항에 따라 휴업 또는 폐업을 하거나 휴업 후 영업을 다시 시작하는 신고를 하려는 선불식 할부거래업자는 별지 제4호서식의 선불식 할부거래업 휴업 · 폐업 · 영업재개신고서를 시 · 도지사에게 제출하여야 한다.

제7조(선불식 할부거래업자에 관한 정보의 공개) 법 제18조제5항제2호에서 "총리령으로 정하는 사항"이란 다음 각 호의 어느 하나에 해당하는 사항을 말한다.

1. 선불식 할부거래업자의 등록번호 및 등록일
2. 선불식 할부거래업자가 판매하는 재화 또는 용역(이하 "재화등"이라 한다)의 판매품목
3. 선불식 할부거래업자의 자산 · 부채 및 법 제27조제1항에 따른 선수금(이하 "선수금"이라 한다) 내역

제8조(선불식 할부거래업자의 지위승계 신고) 법 제22조제2항 및 영 제14조제1항에 따라 지위승계 신고를 하려는 선불식 할부거래업자는 별지 제5호서식의 선불식 할부거래업 지위승계신고서를 시 · 도지사에게 제출하여야 한다.

제9조(청약의 철회 및 계약 해제의 권리 행사에 필요한 서식) 법 제23조제1항제6호에서 "총리령으로 정하는 것"이란 별지 제6호서식을 말한다.

제10조(위약금 및 대금의 환급에 관한 산정기준) 공정거래위원회는 법 제25조제5항에 따라 위약금 및 대금의 환급에 관한 산정기준을 정하는 경우에는 다음 각 호의 사항을 고려하여야 한다.

1. 법 제25조제1항에 따른 소비자 계약 해제권의 실질적 보장 가능성
2. 선불식 할부거래업자가 선불식 할부계약 체결 및 영업 관리를 하는데 드는 비용

제11조(선수금 보전금액의 예치 및 예치금의 지급 등) ① 법 제27조제5항에 따른 선수금 보전금액의 예치에 대한 구체적인 절차 및 방법은 다음 각 호와 같다.

1. 선불식 할부거래업자가 법 제27조제1항제3호에 따른 예치계약(이하 "예치계약"이라 한다)을 체결하려는 경우에는 영 제16조제2항 각 호에 해당하는 기관(이하 "예치기관"이라 한다)과 선수금 보전금액의 예치에 관한 계약을 체결하여야 한다.
2. 선불식 할부거래업자가 제1호에 따라 예치계약을 체결한 경우에는 영 제16조제3항에 해당하는 선수금 보전금액을 예치기관에 예치하도록 하여야 한다.
3. 제1호에 따른 예치계약의 내용에는 선불식 할부거래업자는 예치기관에 선수금 보전금액의 예치만을 위한 계좌를 개설하도록 하고, 예치기관은 해당 선수금 보전금액을 다른 금융자산과 분리하여 관리하도록 한다는 사항이 포함되어야 한다.

② 법 제27조제5항에 따른 예치금의 지급 등에 대한 구체적인 절차 및 방법은 다음 각 호와 같다.

1. 소비자가 법 제27조제4항 및 영 제16조제1항제2호에 따라 예치기관에 예치금의 지급을 요청하는 경우에는 별지 제7호서식의 예치금 지급요청서에 법 제27조제4항 각 호의 어느 하나에 해당하는 사실을 증명하는 서류 또는 선불식 할부거래업자의 확인서를 첨부하여 예치기관에 제출하여야 한다.
2. 선불식 할부거래업자는 다음 각 목의 어느 하나에 해당하는 사유가 있는 경우에는 예치기관에 예치금의 반환을 요청할 수 있다.
   가. 선불식 할부계약의 내용에 따른 재화등의 공급을 완료하는 등 선불식 할부계약과 관련된 소비자와의 법률관계가 모두 종료된 경우
   나. 예치계약을 갈음하여 법 제27조제1항제1호 · 제2호 및 제4호의 어느 하나에 해당하는 계약을 체결한 경우
3. 선불식 할부거래업자가 제2호에 따라 예치금의 반환을 요청하려는 경우에는 별지 제8호서식의 예치금 반환요청서에 다음 각 목의 어느 하나에 해당하는 서류를 첨부하여 예치기관에 제출하여야 한다.
   가. 해당 소비자와 선불식 할부계약과 관련한 법률관계가 모두 종료되었음을 증명하는 서류 또는 해당 소비자의 확인서
   나. 법 제27조제1항제1호 · 제2호 및 제4호의 어느 하나에 해당하는 계약을 체결하였음을 증명하는 서류
4. 예치기관은 「정보통신망 이용촉진 및 정보보호 등에 관한 법률」 제2조제1항제1호에 따른 정보통신망을 이용하여 선수금 보전금액의 예치신청 · 지급 및 반환 등에 필요한 절차를 수행할 수 있다. 이 경우 예치기관은 선불식 할부거래업자와 소비자의 신원 파악을 위하여 「전자서명법」제2조제8호에 따른 공인인증서를 사용하도록 할 수 있다.
5. 예치기관은 소비자 또는 선불식 할부거래업자가 제1호 및 제3호에 따라 제출한 서류 등을 해당 예치금을 지급한 날 또는 반환한 날부터 5년간 보관하여야 한다.
6. 그 밖에 선수금의 예치 · 지급 및 반환 등에 필요한 사항은 공정거래위원회가 정하여 고시할 수 있다.

제12조(소비자피해보상 증서 발급절차 등) ① 법 제27조제1항에 따라 소비자피해보상보험계약등을 체결한 선불식 할부거래업자는 법 제27조제6항에 따라 소비자피해보상금의 지급의무자 및 계약기간 등이 적힌 별지 제9호서식의 소비자피해보상 증서를 소비자에게 발급하여야 하고, 선불식 할부거래업자가 소비자와 선불식 할부계약을 체결한 경우에는 그 사실 및 내용을 법 제27조제4항에 따른 지급의무자에게 알려야 한다.

② 제1항에 따른 통지를 받은 지급의무자는 법 제27조제6항에 따라 선불식 할부거래업자명 및 계약기간 등이 기재된 별지 제10호서식의 소비자피해보상 증서를 소비자에게 발급하여야 한다. 다만, 다른 법령에 따른 불가피한 사유가 있는 경우에는 별지 제10호서식의 기재사항이 포함된 별도 서식의 소비자피해보상 증서를 발급할 수 있다.

③ 제1항 및 제2항에서 규정한 사항 외에 소비자피해보상 증서의 발급절차 및 내용 등에 관하여 필

요한 사항은 공정거래위원회가 정하여 고시한다.

제13조(사업자단체의 등록) 법 제45조제1항 및 영 제32조에 따라 등록하려는 사업자단체는 별지 제11호서식의 사업자단체 등록신청서를 공정거래위원회에 제출하여야 한다.

부 칙 〈제939호, 2010.9.17〉

이 규칙은 2010년 9월 18일부터 시행한다.

4. 선불식 할부거래에서의 소비자보호 지침

제정 2011. 12. 28. 공정거래위원회 예규 제126호

Ⅰ. 목적 및 구성

1. 목 적

이 지침은 2010년 3월 17일에 개정되어 같은 해 9월 18일부터 시행된 「할부거래에 관한 법률」(이하 "할부거래법"이라 한다) 및 동법 시행령, 시행규칙의 선불식 할부거래 관련 내용을 구체화하고 예시함으로써 선불식 할부계약을 체결한 소비자의 권익을 보호하고 선불식 할부거래업자의 자율적 준수를 유도하는데 그 목적이 있다.

2. 구 성

이 지침은 선불식 할부거래를 함에 있어서 할부거래법 위반행위의 방지 및 소비자피해의 예방을 위하여 관련법령의 해석에 관한 기준을 제시하는 부분인 "일반사항"과 건전한 거래질서 확립 및 소비자의 보호를 위한 가이드라인을 제시하는 "권고사항"의 두 부분으로 구성된다.

Ⅱ. 일반사항

1. 개념정의(할부거래법 제2조)

가. "선불식 할부계약"(이하 "상조계약"이라 한다)이란 계약의 명칭 · 형식이 어떠하든 소비자가 장례 또는 혼례를 위한 용역 및 이에 부수한 재화 등(이하 "재화등"이라 한다)의 대금을 2개월 이상의 기간에 걸쳐 2회 이상 나누어 지급함과 동시에 또는 지급한 후에 재화등의 공급을 받기로 하는 계약을 말한다. 다만 재화등의 제공시기가 확정된 경우는 제외한다.

- "선불식 할부거래"란 선불식 할부계약에 의한 거래를 말하며, "선불식 할부거래업자"(이하 "상조사업자"라 한다)란 선불식 할부계약에 의한 재화등의 공급을 업으로 하는 자를 말한다.

예시

○ 상조사업자가 계약금을 받은 후 잔금은 상조서비스 제공시 일시불로 받는 계약을 체결한 경우
⇒ 총2회(계약금, 잔금) 대금을 받음과 동시에 재화등을 공급하였기 때문에 상조계약에 해당한다.
○ 소비자로부터 멤버십카드 발급비용으로 일정한 금액을 받고 상조서비스 제공시 대금을 수령하는

상품을 판매한 경우

⇒ 상조서비스 제공 이전에 어떠한 명목(가입비, 정보제공비, 카드발급비, 할인쿠폰대금 등)으로든 대금(금액의 상 · 하한 제한은 없음)을 먼저 받고 잔금을 서비스 제공시점에 받기로 하였다면 상조계약에 해당한다.

○ 2개월 이상의 기간에 걸쳐 2회 이상 나누어 대금을 선납받은 후 소비자가 원하는 때에 여행 또는 유학관련 서비스를 제공하는 계약을 체결한 경우

⇒ 장례 또는 혼례를 위한 용역 및 이에 부수한 재화 등을 공급하는 경우가 아니므로 상조계약에 해당되지 않는다. 다만, 특별약관 등을 통하여 여행 또는 유학관련 서비스 대신 상조서비스를 받을 수 있도록 한다면 상조계약에 해당된다.

○ 이미 날짜가 정해진 혼례에 대한 서비스 제공계약을 체결하고 계약금을 받은 후 잔금은 상조서비스 제공시 일시불로 받은 경우

⇒ 제공시기가 확정되어 있으므로 상조계약에 해당되지 않는다.

○ 개정 할부거래법 시행 이전에는 상조계약에 해당하는 상품을 판매하였으나, 시행 이후부터는 상조서비스 제공시까지 대금을 전혀 받지 않는 후불식으로 영업을 하고 있는 경우

⇒ 개정 할부거래법 시행 이전에 체결한 상조계약에 의해 받은 대금이 있다면, 상조사업자로서 할부거래법 적용 대상이 된다.

나. "소비자"란 재화등을 소비생활을 위하여 또는 최종적으로 이용 · 사용하는 자, 사업자이나 사실상 소비자와 같은 지위에서 같은 거래조건으로 거래하는 자 등을 말한다. 다만, 재화등을 원재료, 중간재, 자본재 등으로 사용하는 자는 제외한다.

○ 상조사업자가 상조계약을 체결한 소비자에게 공급할 목적으로 다량의 수의를 할부로 구매하고 할부거래법에 따라 청약철회를 신청한 경우

⇒ 수의를 소비생활을 위하여 이용 · 사용한다고 볼 수 없으므로 상조사업자를 할부거래법상 소비자로 볼 수 없다. 따라서 할부거래법이 적용되지 않는다.

2. 적용제외 등

가. 적용제외(할부거래법 제3조)

아래와 같은 거래에는 할부거래법을 적용하지 아니한다.

1) 사업자가 상행위(商行爲)를 위하여 재화등의 공급을 받는 거래. 다만, 사업자라 하더라도 사실상 소비자와 같은 지위에서 다른 소비자와 같은 거래조건으로 거래하는 경우에는 적용한다.

2) 부동산, 「보험업법」에 따른 보험 등

예시

○ 납골탑, 부도탑 등은 구조상 비석, 상석, 석물 등을 토지에 정착하여 용이하게 이동할 수 없는 시설물로서 부동산에 해당하므로 할부거래법이 적용되지 않는다. 다만, 명칭은 납골탑, 부도탑이라 하더라도 이동이 가능하며 상조상품의 일부분으로서 거래하는 경우에는 할부거래법이 적용된다.

○ 상조보험은 「보험업법」에 따른 보험이므로 할부거래법이 적용되지 않는다.

나. 적용순서(할부거래법 제4조)

선불식 할부거래와 관련하여 할부거래법과 다른 법률이 경합하는 경우에는 할부거래법을 우선 적용하되 다른 법률을 적용하는 것이 소비자에게 유리한 경우에는 그 법률을 적용한다.

다. 관련법률

1) 사업자가 표시 · 광고를 할 때에는 「표시 · 광고의 공정화에 관한 법률」 및 이에 근거한 「중요한 표시 · 광고사항 고시」(이하 "중요정보고시"라 한다)의 관련 규정을 준수하여야 한다.

2) 사업자가 거래조건을 정하거나 이를 소비자에게 알릴 때에는 「독점규제 및 공정거래에 관한 법률」(이하 "공정거래법"이라 한다), 「약관의 규제에 관한 법률」(이하 "약관법"이라 한다) 등 거래조건에 관한 법령의 규정을 준수하여야 한다.

3) 사업자가 방문판매의 방법으로 영업을 하는 경우 「방문판매등에 관한 법률」(이하 "방문판매법"이라 한다), 전자상거래 및 통신판매의 방법으로 영업을 하는 경우 「전자상거래 등에서의 소비자보호에 관한 법률」을 준수하여야 한다.

3. 등록제(할부거래법 제18조~제22조)

가. 등록요건 및 구비서류

1) 상조사업자는 자본금 3억원 이상의 상법상 회사, 소비자피해보상보험계약 체결 등 요건을 갖추어 특별시장 · 광역시장 · 도지사 또는 특별자치도지사(이하 "시 · 도지사"라 한다)에게 등록하여야 한다.

예시

○ 재단법인이 3억원을 출연하고 소비자피해보상보험 계약 등 다른 요건을 갖춰 등록을 신청한 경우

⇒ 선불식 할부거래업은 자본금 3억원 이상의 상법상 회사(합명회사, 합자회사, 유한책임회사, 주식회사, 유한회사)로 영위할 수 있으며, 재단법인, 사단법인 등의 형태로는 영위할 수 없다.

○ 자본금 가장납입(자본금을 실제로 출자하지 않았음에도 출자한 것처럼 가장하는 행위)은 거짓이나 그 밖에 부정한 방법으로 등록을 한 경우로서 할부거래법에 위반되며 할부거래법 제40조제2항에 따라 등록취소, 제48조제1항에 따라 3년이하의 징역 또는 1억원 이하의 벌금이 부과될 수 있다. 또한 상법 제628조에 따라 5년 이하의 징역 또는 1천500만원 이하의 벌금형이 부과될 수 있다.

2) 등록시 갖추어야 할 서류는 다음과 같다.

① 상호 · 주소 · 전화번호 · 전자우편주소(영업소 및 대리점을 포함한다) · 대표자의 이름 · 주민등록번호 · 주소 등을 적은 신청서(할부거래법 시행규칙 별지 제1호서식의 선불식 할부거래업 등록신청서)

② 자본금이 3억원 이상임을 증명하는 서류(재무제표, 주금납입증명서 등)

③ 소비자피해보상보험계약등의 체결 증명 서류

④ 법인등기부등본(법인의 설립등기 전에 신청하는 경우에는 발기인의 주민등록표 등본)

⑤ 사업자등록증(사업자등록을 하기 전인 경우 사업자등록 후 즉시 담당 공무원에게 통보)

나. 휴 · 폐업

상조사업자는 휴업 또는 폐업을 하거나 휴업 후 영업을 다시 시작할 때에는 그 사유가 발생하기 1개월 전에 할부거래법 시행규칙 별지 제4호서식의 선불식 할부거래업 휴업 · 폐업 · 영업재개신고서(폐업 신고시에는 종전의 등록증을 첨부)를 시 · 도지사에게 제출하여야 한다.

예시

○ 2011년 2월 8일부터 영업을 재개한다는 신고서를 2011년 2월 7일에 시 · 도지사에게 제출한 경우
⇒ 영업재개일(2011년 2월 8일) 1개월 전에 신고서를 제출하지 않았으므로 할부거래법에 위반된다.

다. 변경신고

1) 상조사업자는 상호 · 주소 등 등록신청서 기재내역, 자본금, 소비자피해보상보험계약 관련 사항이 변경된 경우 변경사항이 발생한 날부터 15일 이내에 할부거래법 시행규칙 별지 제3호서식의 선불식 할부거래업 등록변경신고서, 변경사항 증명서류, 선불식 할부거래업 등록증(등록증 기재사항을 변경하는 경우만 해당)을 첨부하여 시 · 도지사에게 신고하여야 한다.

예시

○ 상조사업자가 2011년 3월 25일에 상호와 주소를 변경하고 같은 해 4월 25일 관할 시 · 도지사에게 변경신고한 경우
⇒ 변경사항이 발생한 날로부터 15일 이내에 신고하지 않았으므로 할부거래법에 위반된다.

2) 상조사업자는 소비자피해보상보험계약등이 해지 · 만료되는 경우 해지일 · 만료일로부터 1개월 전에 그 변경사항을 증명하는 서류를 시 · 도지사에게 제출하여야 한다.

– 기존의 소비자피해보상보험 계약을 해지하고 다른 은행, 공제조합 등과 새로운 소비자피해보상보험 계약을 체결할 경우(예:공제조합→은행, ○○은행→△△은행) 해지일 1개월 전에 그 변경사항을 증명하는 서류를 시 · 도지사에게 제출하여야 한다.

예시

○ 상조사업자가 2011년 12월 29일 공제계약을 해지하고 대신 예치계약을 체결한 후 2012년 12월 31일 시 · 도지사에게 변경신고한 경우
⇒ 공제계약 해지일(2011년 12월 29일) 1개월 전에 변경신고하지 않았으므로 할부거래법에 위반된다.

라. 지위승계

1) 상조사업자가 사업전부를 양도하거나 상조사업자에 대하여 합병 또는 분할이 있는 경우 사업전부를 양수한 회사, 합병 후 존속하는 회사, 합병에 의하여 설립된 회사 또는 분할에 의하여 해당 사업의 전부를 승계한 회사는 그 상조사업자의 지위를 승계한다. 다만, 지위를 승계하려는 자가 결격사유에 해당

하는 경우에는 승계할 수 없다.

– 지위를 승계한 자는 상조사업자로서 선수금보전, 해약환급금 지급 등 모든 할부거래법상 의무를 이행하여야 한다.

예시

○ 상조업체A가 상조업체B에 상조사업부문을 전부 양도하고 자신은 장의업자로 전환한 경우 B는 A에 가입된 고객에 대한 선수금보전, 해약환급금 지급 등 모든 할부거래법상 의무를 부담한다.

○ 상조업체A와 상조업체B가 합병하여 상조업체C를 신설한 경우 C는 A, B에 가입된 고객에 대한 선수금보전, 해약환급금 지급 등 모든 할부거래법상 의무를 부담한다.

○ 상조업체A가 서울 · 경기지역 상조사업만을 영위하고 여타지역의 상조사업부문을 분할하여 상조업체B와 합병한 경우, B는 A의 여타지역 가입고객에 대한 선수금보전, 해약환급금 지급 등 모든 할부거래법상 의무를 부담한다.

2) 지위를 승계한 사업자는 그 지위를 승계한 날부터 15일 이내에 할부거래법 시행규칙 별지 제5호 서식의 선불식 할부거래업 지위승계신고서, 지위승계 사실을 증명하는 서류 등을 첨부하여 시 · 도지사에게 신고하여야 한다.

마. 자료제출

공정거래위원회가 사업자 정보공개를 위하여 상조사업자의 등록사항, 자산 · 부채 · 선수금 내역 등에 대한 자료의 제출을 요구하는 경우 상조사업자는 정당한 사유가 없으면 관련 자료를 제출하여야 한다. (2011년 7월부터 공정위 홈페이지를 통하여 상조사업자 관련 정보를 공개하고 있음)

4. 정보제공 및 계약서 발급(할부거래법 제23조)

가. 계약체결 전 정보제공의무

상조사업자는 상조계약을 체결하기 전에 소비자가 계약의 내용을 이해할 수 있도록 다음 각 호의 사항을 설명하여야 한다.

1) 상조사업자의 상호 · 주소 · 전화번호 · 전자우편 주소 · 대표자의 이름

예시

○ 상조업체A가 쇼핑몰B를 이용하여 상조상품을 소비자에게 판매하면서 상조사업자의 상호, 주소, 전화번호 등을 제대로 알려주지 않은 경우에는 A에게 정보제공의무 위반의 책임이 있다.

○ 방문판매원을 통하여 상조계약을 체결하였는데 방문판매원의 연락처만 알려주고 상조사업자의 주소와 전화번호 · 전자우편주소 등을 알려주지 않은 경우, 설명이 미흡한 경우로서 정보제공의무 위반에 해당된다.

2) 재화등의 종류 및 내용

○ 계약체결시 중요정보고시(Ⅲ.9.나. 상조업종의 주요정보)에 따라 장례용품 등의 종류 · 품질 · 원

산지 등을 다음과 같이 계약서에 기재하고 소비자에게 구체적으로 설명하여야 한다.

① 수의 원단 제조에 사용되는 원사의 종류 · 구성비율 · 원산지, 원단의 제조방법 · 제조지역을 구체적으로 명시

- 원사의 종류원산지 : "대마" 또는 "저마", 국내산인 경우 "국내산" 외국산인 경우 "국가명"을 명시

- 원단의 제조방법 및 제조지역 : "수작업식 또는 기계식 여부"와 국내 제조인 경우 "국내산", 외국 제조인 경우 "국가명"을 명시

② 관의 재질 · 두께 및 원산지

- 관의 재질, 두께 및 원산지 : 관의 재질은 "오동나무 ＊＊cm", "＊＊나무 ＊＊cm", 원산지는 "한국", "중국" 등으로 명시

③ "차량의 종류 및 무료로 제공되는 차량 거리"를 구체적으로 명시

- 차량의 종류 : "＊＊브랜드 ＊＊년식 ＊＊영구차량", 여러 차종에서 택일하여 사용 가능할 경우 "＊＊브랜드 ＊＊년식 ＊＊영구차량, ＊＊브랜드 ＊＊년식 ＊＊영구차량 중 택일 가능" 등으로 명시

- 무료로 제공되는 차량 거리 : 모든 지역에 무료로 차량이 제공될 경우에는 "전지역 무료 제공", 일부지역 또는 일정거리만 무료로 제공되고 다른 지역이나 추가적인 거리에 대해서는 별도의 비용을 부담하여야 하는 경우에는 "＊＊지역만 무료제공되며, 그 지역을 벗어날 경우 추가적인 비용부담", "100Km 이내 무료제공, 10Km추가시마다 ＊＊원 추가 비용부담" 등으로 명시

3) 재화등의 가격과 대금의 지급방법 및 시기

- 상조상품의 가격, 1회납입금 및 납입주기 · 횟수, 대금을 모두 납부하기 전에 장례서비스를 받은 경우 잔금의 지급방법 및 시기, 상조상품을 구성하는 세부재화의 가격 등을 명시하여야 한다.

예시

○ 상조상품가격 : 360만원
  납부방식 : 매달 1회 3만원씩 120회 납부
  미납금 : 장례절차 종료시 일시불로 납부
  상세내역 : 제단-○○원, 수의-○○원, 관-○○원, 장례지도사-○○원 등

4) 재화등을 공급하는 방법 및 시기

예시

○ 상조사업자가 수의 등 제공하기로 약속된 재화등을 직접 지급하지 않고 교환권을 주거나, 장례식장의 장례용품점 등 다른 업체가 소비자에게 지급하도록 하는 경우

⇒ 상조사업자가 재화등을 직접 공급하지 않는 경우에는 재화의 공급주체, 공급방법 등에 대하여 소비자에게 충분히 설명하여야 한다.

○ 계약서에 지급방법과 시기에 대하여 "연락주시면 즉시"라고만 기재한 경우

⇒ 불명확한 표현보다는 "몇 시간 이내", "몇 일 이내" 등으로 구체적으로 표현하여야 한다.

5) 계약금

– 계약금은 전체 납부금액에 포함됨을 설명해 주어야 한다.

– 계약금은 매월 납부하는 불입금과 다를 수 있으나, 다른 경우에는 소비자에게 이러한 사실을 설명해 주어야 한다.

6) 청약의 철회 및 계약 해제의 기한 · 행사방법 · 효과에 관한 사항 및 청약의 철회 및 계약 해제의 권리 행사에 필요한 서식(할부거래법 시행규칙 별지 제6호)

– 사업자의 성명, 주소, 연락처, 소비자의 성명, 주민번호 또는 회원번호, 상품명, 계약일, 계약서 수령일, 계약금, 납입금, 청약철회 및 계약해제 사유 등

7) 소비자 피해보상, 재화등에 대한 불만 및 소비자와 사업자 사이의 분쟁 처리에 관한 사항

8) 선불식 할부거래에 관한 약관

○ 공정거래위원회가 약관법에 따라 제정한 '상조서비스 표준약관'의 사용을 권장받은 상조사업자는 표준약관과 다른 약관을 사용하는 경우 표준약관과 다르게 정한 주요 내용을 고객이 알기 쉽게 표시하여야 한다. 위반시 약관법 제34조제2항에 따라 500만원 이하의 과태료가 부과된다.

○ 표준약관을 사용하는 상조사업자는 「표준약관표지의 사용에 관한 고시」에 따라 표준약관 표지를 사용할 수 있다. 표준약관과 다른 약관을 사용함에도 불구하고 표준약관 표지를 사용하는 경우, 표준약관의 내용보다 고객에게 더 불리한 약관의 내용은 무효이며, 약관법 제34조제1항에 따라 5천만원 이하의 과태료가 부과된다.

○ 약관의 모든 내용을 설명할 수는 없지만 중요한 사항에 대하여 반드시 소비자에게 설명하여야 하고 그에 대한 입증을 위하여 소비자의 서명을 받아두는 것이 좋다.

○ 약관조항의 적용을 배제하는 특약사항이 있는 경우에는 약관조항보다 특약사항이 우선하게 된다는 점을 소비자에게 설명하여야 한다.

9) 그 밖에 소비자의 구매 여부 판단에 영향을 주는 거래조건 또는 소비자의 피해구제에 필요한 사항

예시

○ 재화등의 공급지역에 제한이 있거나 제공지역의 변경에 따라 추가부담이 있는 경우 소비자에게 이에 대하여 자세히 설명하여야 한다.

○ 상조사업자가 상조계약의 주된 목적이 되는 재화등이 제공되기 전에 수의 등 일부 재화를 소비자에게 공급하는 경우 그 가격을 알려주어야 한다.

나. 계약서 발급

○ 상조사업자는 상조계약을 체결할 경우에는 '가. 계약체결 전 정보제공의무'에서 제시된 사항을 적은 계약서를 소비자에게 발급하여야 한다.

예시

○ 상조사업자가 소비자와 계약을 체결하면서 법정사항(대표자성명, 청약철회 서식, 재화등에 대한 불만 및 소비자와 사업자 사이의 분쟁처리에 관한 사항 등)이 기재되지 아니한 계약서를 소비자에게 교부한 경우

⇒ 불완전한 계약서를 발급한 것으로 할부거래법에 위반된다.

○ 무료사은품 제공, 재화등의 원산지, 해제시 환급률 등에 대하여 영업사원이 구두약속을 하였으나 특약사항으로서 계약서에 명시하지 않은 경우

⇒ 무료사은품 제공, 재화등의 원산지, 해제시 환급률 등은 계약의 중요사항이므로 반드시 계약서에 명시하여야 한다.

5. 청약철회 및 계약해제(할부거래법 제24조~제26조)

가. 청약철회(법 제24조)

1) 소비자는 다음의 기간 이내에 상조계약에 관한 청약을 철회할 수 있다. (거래당사자가 다음의 기간보다 긴 기간으로 약정한 경우에는 그 기간을 말한다)

가) 계약서를 받은 날부터 14일

예시

○ 소비자가 2011년 3월 1일 인터넷 · 전화 등을 통하여 상조상품에 가입하기로 하고, 3월 6일 상조사업자로부터 받은 가입신청서를 작성하여 fax로 송부한 후, 3월 25일 우편으로 계약서를 수령한 경우

⇒ 계약서를 수령일(2011년 3월 25일)로부터 14일 이내에 청약철회를 할 수 있다.

○ 상조사업자가 청약철회 기간을 7일이내로 명기하여 계약한 경우

⇒ 계약서상의 청약철회 기간이 법정 청약철회기간(14일)보다 소비자에게 불리하여 효력이 없으므로 14일 이내에 청약을 철회할 수 있다.

나) 다음의 어느 하나에 해당하는 경우에는 그 주소를 안 날 또는 알 수 있었던 날 등 청약을 철회할 수 있는 날부터 14일

(1) 상조사업자의 주소 등이 적혀 있지 아니한 계약서를 받은 경우

예시

○ 소비자가 사업자의 주소, 연락처, 전자우편주소 등이 적혀 있지 않은 불완전 계약서를 2011년 2월 8일에 받았으나, 모집인을 통하여 주소 등을 안 날이 같은 해 3월 8일인 경우

⇒ 주소 등을 안 날(2011년 3월 8일)로부터 14일 이내에 청약을 철회할 수 있다.

(2) 상조사업자의 주소 변경 등의 사유로 계약서를 받은 날로부터 14일 이내에 청약을 철회할 수 없는 경우

○ 상조업체가 다른 업체에 인수 · 합병된 사실 및 변경된 주소 등을 소비자에게 고지하지 않아 계약서를 받은 날로부터 14일 이내에 청약을 철회할 수 없었던 경우

⇒ 변경된 주소 등을 알게 된 날로부터 14일 이내에 청약을 철회할 수 있다.

(3) 계약서에 청약의 철회에 관한 사항이 적혀 있지 아니한 경우에는 청약을 철회할 수 있음을 안 날 또는 알 수 있었던 날부터 14일

예시

○ 소비자가 계약서에 청약철회에 관한 사항이 전혀 적혀있지 않아 불가능한 것으로 알고 있다가 언론, 타인 등을 통하여 청약철회가 가능하다는 이야기를 듣고 상조사업자에게 전화하여 확인한 경우

⇒ 확인전화를 통하여 청약을 철회할 수 있음을 안 날로부터 14일 이내에 청약을 철회할 수 있다.

(4) 상조사업자가 청약의 철회를 방해한 경우에는 그 방해행위가 종료한 날부터 14일

예시

○ 상조사업자가 청약철회 전화를 의도적으로 전화를 받지 않는 등 청약철회를 방해하여 소비자가 계약서를 받은 날로부터 14일 이내에 청약을 철회할 수 없었던 경우

⇒ 방해행위가 종료한 날로부터 14일 이내에 청약을 철회할 수 있다.

(5) 계약서를 받지 아니한 경우에는 계약일부터 3개월

2) 청약의 철회는 서면을 발송한 날에 그 효력이 발생한다.

3) 계약서의 발급사실과 그 시기 등에 관하여 다툼이 있는 경우에는 상조사업자가 이를 입증하여야 한다.

4) 청약철회의 서면을 접수한 날부터 3영업일 이내에 이미 지급받은 계약금 및 할부금을 환급하여야 한다. 이 경우 상조사업자가 환급을 지연한 때에는 그 지연기간에 따라 지연배상금을 함께 환급하여야 한다. (지연배상금 계산시 적용하는 이율은 연 100분의 20)

예시

○ 소비자가 청약철회를 신청한 경우 상조사업자가 청약철회 서류를 접수한 날로부터 20일 이후 40일 이내에 납입금을 반환하기로 약정한 경우

⇒ 동 약정은 할부거래법상 반환기간(3영업일)보다 소비자에게 불리하므로 무효이다. 따라서 상조사업자는 서류접수 후 3영업일 이내에 납입금을 소비자에게 반환하여야 한다.

5) 상조사업자는 그 휴업기간 또는 영업정지기간 중에도 청약철회 업무를 계속하여야 한다.

나. 소비자의 계약해제

1) 소비자가 상조계약에 의한 재화등의 공급을 받지 아니한 경우에는 그 계약을 해제할 수 있다. 개정 할부거래법 시행 이전에 체결된 상조계약도 마찬가지이다.

예시

○ 상조 소비자가 해외이민이나 「국민기초생활보장법」상 기초생활수급자로 선정되는 등 기타 부득이한 사정으로 인하여 당사에서 서비스를 제공받을 수 없게 되었을 경우에만 계약의 해제를 요청할 수 있도록 약정한 경우

⇒ 동 약정은 할부거래법보다 소비자에게 불리하므로 무효이다. 따라서 소비자는 재화등의 공급을

받지 아니한 경우 계약을 해제할 수 있다.

○ 별도로 서비스 제공기한을 설정하지 않은 상조계약을 체결한 소비자가 대금을 모두 납입한 후 10년이 지나 계약해제 신청을 하였으나, 사업자가 만기납입 후 10년이 지나 채권의 소멸시효가 완성되었다는 이유로 환급금을 지급하지 않는 경우

⇒ 할부거래법 제4조에 따라 할부거래법이 민법에 우선하여 적용되는 바, 할부거래법상 상조계약에 따른 재화등을 공급받지 않은 소비자는 언제든지 계약을 해제할 수 있으므로 채권 소멸시효에 관계없이 상조사업자는 소비자에게 해약환급금을 지급하여야 한다.

2) 상조사업자는 계약이 해제된 경우 소비자에게 해제로 인한 손실을 초과하는 위약금을 청구하여서는 아니 된다.

예시

○ 대금을 모두 납입한 소비자가 계약을 해제하자 상조사업자가 약관에 따라 총대금의 30%를 위약금으로 공제하고 환급한 경우

⇒ 약관에 따라 환급한 것이라 할지라도 만기시 30% 위약금은 손실을 초과하는 것으로 위법하다. 과다위약금 여부는 2011년 9월 1일부터 시행된 「선불식 할부계약의 해제에 따른 해약환급금 산정기준 고시」(이하 "상조 해약환급금 고시"라 한다)에 따라 판단할 수 있다.

3) 상조사업자는 소비자가 휴업, 폐업, 영업정지 처분, 등록취소, 등록말소, 당좌거래 정지, 화의(和議) 개시 신청을 사유로 계약을 해제하는 경우에는 위약금을 청구하여서는 아니 된다.

예시

○ 소비자가 상조사업자의 휴업을 이유로 계약을 해제하자 상조 해약환급금 고시에 따라 위약금을 공제하고 해약환급금을 지급한 경우

⇒ 휴업을 사유로 한 계약해제에 대해서는 위약금을 부과할 수 없으므로 할부거래법에 위반된다. 상조사업자는 납입금 전액을 소비자에게 반환하여야 한다.

4) 상조사업자는 계약이 해제된 날로부터 3영업일 이내에 이미 지급받은 대금에서 위약금을 뺀 금액을 소비자에게 환급하여야 한다. 사업자가 환급을 지연한 때에는 그 지연기간에 따라 지연배상금을 함께 환급하여야 한다. (지연배상금 계산시 적용하는 이율은 연 100분의 20)

- 계약이 해제된 날은 전화, 우편등을 통한 해제신청이 상조사업자에게 도달한 날을 말한다.

5) 상조사업자는 해약환급금 지급에 관하여 상조 해약환급금 고시를 준수하여야 한다.

① 동 고시는 해약환급금의 하한을 정한 것이며 고시에서 정한 수준 이상의 해약환급금을 지급하는 것은 고시에 위반되지 않는다.

② 2011년 9월 1일 이전에 체결된 계약 ⇒ 소비자분쟁해결기준(2010.1.29. 공정거래위원회고시 제2010-1호)을 적용

계약형태	환급기준
월별균납	◈ 해약환급금 = (납입금 누계 − 관리비 누계 − 미상각모집수당)×0.9 〈 최종환급률 : 80.5%, 최초환급시점 : 16회차(120회 기준) 〉 · 관리비 = 납입금의 10% · 모집수당 = 계약대금의 15.3% · 미상각모집수당 = × 모집수당 · 비용공제된 납입금의 10%를 추가공제
일시불 납입등	◈ 해약환급금 = 납입금 누계 × 0.805

※ '월단위로 납입한 경우'와 '일시불등으로 납입한 경우'로 구분

예시

○ 2005년 1월 7일 가격이 120만원(2만원×60회)인 상조상품에 가입한 소비자가 120만원을 모두 불입하고 나서 2012년 1월 5일에 상조사업자에게 계약해제 신청을 하였고, 상조사업자는 가입당시 약관에 따라 총납입금의 50%(60만원)만 환급한 경우

⇒ 고시 시행 이전에 체결된 계약이므로 소비자분쟁해결기준에 따라 총납입금의 80.8%(96만9천원) 이상의 해약환급금을 지급하여야 한다. 따라서 상조사업자가 60만원만 환급한 행위는 할부거래법에 위반된다.

③ 2011년 9월 1일 이후에 체결된 계약 ⇒ 고시를 통하여 제시된 새로운 환급기준을 적용

계약형태	환급기준
정기형	◈ 해약환급금 = 납입금 누계 − 관리비 누계 − 모집수당 공제액 〈 최종환급률 : 85%, 최초환급시점 : 10회차(120회 기준) 〉 · 관리비 = 납입금의 5% (총관리비 상한50만원) · 모집수당 = 계약대금의 10% (상한50만원) · 모집수당 공제액 = 모집수당×0.75 + 모집수당×0.25× $\frac{\text{기납입월수}}{\text{총납입기간월수}}$
부정기형	◈ 해약환급금 = 납입금 누계 × 0.85

※ 상품가액을 1년 이상의 기간에 걸쳐 월별로 균납하는 계약형태를 "정기형", 그 외의 계약형태를 "부정기형"으로 구분

예시

○ 상조사업자가 관리비로는 납입금의 5%만 사용하고 있으나 모집수당은 계약대금의 15%를 지급하는 경우

⇒ 고시상의 해약환급금 산정시 적용되는 모집수당 및 관리비 인정비율은 환급금 산출방식이지 실제 지급하는 모집수당 등의 상한을 제한하는 것이 아니므로 상조사업자가 고시상의 모집수당 비율(계약대금의 10%)보다 높은 15%를 지급하여도 법에 위반되는 것은 아니다.

④ 청약철회 또는 사업자 귀책사유로 계약이 해제된 경우 상조사업자가 위약금을 청구할 수 없으며, 해약환급금은 소비자의 납입금에서 소비자에게 제공한 재화등의 가액을 제외한 금액으로 한다. 이와 관련하여 다툼이 있는 경우에는 상조사업자가 이를 입증하여야 한다.

⑤ 상조사업자는 계약 전에 소비자에게 부가상품등(경품, 사은품, 감사품등 사업자가 소비자에게 부수적으로 공급하는 경제적 이익이 있는 재화로서 계약의 주된 목적에 따라 소비자에게 제공하는 재화 이외의 것)의 가액 및 산정기준을 고지하고 소비자로부터 동의를 얻었음을 서면으로 확인받아야 한다.

– 소비자가 계약을 해제하고 부가상품등을 반환할 경우 상조사업자는 고지한 부가상품 가액의 85% 이상을 반환하여야 한다. 다만, 부가상품등이 일부 소비되거나 훼손된 경우에는 그 부분만큼 감액할 수 있다.

예시

○ 상조사업자가 2회 대금을 납입하는 상조계약(계약금: 100만원, 잔금: 200만원)을 체결한 후 소비자로부터 계약금을 받고 수의(고지가격: 100만원)를 먼저 지급하였으나, 1개월 후 소비자가 계약을 해제하고 수의를 사업자에게 반납한 경우

⇒ 상조사업자는 수의가 소비 또는 훼손되지 않았다면 받은 대금에서 고지한 가격의 15%(15만원) 이내의 금액을 공제한 후 환급하여야 한다.

6) 상조사업자는 그 휴업기간 또는 영업정지기간 중에도 계약해제 업무를 계속하여야 한다.

다. 사업자의 계약해제

상조사업자는 소비자가 대금 지급의무를 이행하지 아니하면 상조계약을 해제할 수 있다. 이 경우 상조사업자는 그 계약을 해제하기 전에 14일 이상의 기간을 정하여 소비자에게 이행할 것을 서면으로 최고(催告)하여야 한다.

– 상조사업자가 계약을 해제한 경우 소비자가 계약을 해제한 경우와 마찬가지로 3영업일 이내에 이미 지급받은 대금에서 위약금을 공제한 금액을 소비자에게 환급하여야 하며 환급을 지연한 때에는 지연배상금을 지급하여야 한다.

예시

○ 소비자가 월 납입금을 3회 이상 연체하였을 경우 본 계약을 해약처리할 수 있으며 이 때 기 납입금은 소비자에게 환급하지 않는 것으로 약정한 경우

⇒ 동 약정은 할부거래법보다 소비자에게 불리하므로 무효이다. 상조사업자는 할부거래법에 따라 14일 이상의 기간을 정하여 서면으로 대금납부를 최고하고 위약금을 공제한 금액을 소비자에게 환급하여야한다.

○ 상조사업자가 대금 지급의무를 이행하지 않는 소비자와의 상조계약을 해제하지 않고 유지하되, 이에 대한 선수금보전조치를 하지 않은 경우

⇒ 선수금보전의무를 이행하지 않았으므로 할부거래법에 위반된다. 상조사업자가 계약을 해제하지 않았다면 다른 상조계약과 마찬가지로 선수금을 보전하여야 한다.

6. 선수금 보전(할부거래법 제27조)

가. 선수금보전계약의 종류 및 요건

1) 선수금보전계약의 종류

상조사업자는 소비자로부터 상조계약과 관련되는 재화등의 대금으로서 미리 수령한 금액(이하 “선수금”이라 한다)을 보전하기 위하여 보험, 지급보증, 예치, 공제계약(이하 “소비자피해보상보험계약등”이라 한다) 중 하나를 체결하여야 한다.

① 소비자피해보상을 위한 보험계약

② 소비자피해보상금의 지급을 확보하기 위한 「은행법」에 따른 은행과의 채무지급보증계약

③ 소비자피해보상금의 지급을 확보하기 위한 「은행법」 제2조제1항제2호 및 같은 법 제5조에 따른 금융회사, 「우체국 예금 · 보험에 관한 법률」에 따른 체신관서, 「보험업법」에 따른 보험회사와의 예치계약

④ 할부거래법 제28조에 따라 설립된 공제조합과의 공제계약(2012년 1월 1일 현재 한국상조공제조합, 상조보증공제조합이 있음)

2) 선수금보전계약의 요건

① 폐업, 당좌거래 정지, 등록말소, 파산선고, 회생절차개시 결정시 소비자피해를 보상하는 것을 그 내용으로 할 것

② 피보험자 또는 수혜자는 해당 소비자피해보상보험계약등을 체결한 자가 판매하는 재화등의 구매자로 하고, 피해보상금은 해당 구매자가 수령할 수 있도록 할 것

③ 소비자가 신속하고 쉽게 피해보상을 받을 수 있도록 하고 보상이 지연되는 경우에는 지연배상금이 지급되도록 할 것

④ 정당한 사유 없이 소비자의 의사표시 방법을 제한하거나 소비자에게 지나친 입증책임의 부담을 부과하지 아니할 것

⑤ 정당한 사유 없이 피해보상의 범위, 소비자피해보상보험계약등에 따른 지급의무자, 재화등의 판매자의 책임을 한정하지 아니할 것

⑥ 소비자에게 예상하기 어려운 위험이나 손해를 줄 우려가 있거나 부당하게 불리한 약정을 두지 아니할 것

⑦ 보험계약 또는 채무지급보증계약은 「보험업법」 제2조제6호에 따른 보험회사 또는 「은행법」 제2조제1항제2호에 따른 은행과 체결할 것

⑧ 상조사업자가 소비자피해보상보험계약등의 계약을 체결하여 거래하는 기간은 1년 이상의 기간으로 하고, 정당한 사유 없이 계약해지의 요건을 용이하게 정하여 소비자에게 불이익을 주지 아니할 것

⑨ 지급의무자는 소비자가 방문 · 전화 또는 인터넷을 통하여 해당 소비자에 관한 소비자피해보상보험계약등의 내용 및 이에 따라 보전(補塡)된 소비자피해보상금의 액수를 쉽게 열람할 수 있도록 필요한 조치를 할 것

나. 선수금보전의 대상 및 비율 등

1) 개정 할부거래법 시행 이전에 체결된 상조계약에 따라 수령한 선수금에 대해서도 개정법이 적용되므로 소비자피해보상보험계약등을 통하여 해당 선수금을 보전하여야 한다.

2) 상조사업자가 소비자피해보상보험계약등에 따라 보전하여야 할 금액은 다음과 같다.

> 보전하여야 할 금액 = (상조사업자가 소비자로부터 선불식할부계약과 관련되는 재화등의 대금으로서 미리 수령한 금액 − 상조사업자가 소비자에게 공급한 재화등의 가액)× 50/100

− 개정 할부거래법 시행 당시 상조사업자에 해당된 자가 소비자피해보상보험계약등에 의하여 보전하여야 할 비율은 다음과 같다. 보전비율이 올라갈 경우 총선수금에 대한 보전비율을 올려야 한다.

대상업체	기간	보전비율*
법시행(2010년 9월 18일) 당시 상조사업자에 해당된 자	2010.9.18. ~ 2011.3.17.	10%
	2011.3.18. ~ 2012.3.17.	20%
	2012.3.18. ~ 2013.3.17.	30%
	2013.3.18. ~ 2014.3.17.	40%
	2014.3.18. 이후	50%

* (상조사업자가 소비자로부터 선불식 할부계약과 관련되는 재화등의 대금으로서 미리 수령한 금액 − 상조사업자가 소비자에게 공급한 재화등의 가액)에 대한 비율을 의미

예시

○ 개정 할부거래법 시행 당시 상조사업자에 해당된 자는 선수금 보전 비율이 30%로 상향(2012년 3월 18일부터)되는 경우 동 시점 이후의 선수금 뿐만 아니라 이전에 받은 선수금에 대해서도 30%를 보전하여야 한다.

○ 매월 1일의 선수금을 기준으로 은행 예치금을 변경시키고 월말까지는 선수금 변동에도 불구하고 동일한 예치금을 유지하는 경우

⇒ '월' 또는 '연' 단위로 선수금을 예치하는 것은 할부거래법에 위반된다. '일'단위로 선수금의 일정 비율을 예치하여야 한다.

3) 상조사업자가 재화등을 실제로 인도하지 아니한 경우에는 재화등이 공급된 것으로 보지 아니한다.

예시

○ 상조사업자가 수의 등 장례용품의 일부를 소비자에게 실제로 인도하지 않고 보관증만을 발급한 경우는 재화등이 공급된 것으로 볼 수 없다.

4) 누구든지 예치기관과의 예치계약에 따른 예치금을 상계 · 압류(가압류 포함)하지 못하며, 상조사업자는 ① 다른 상조사업자에 대한 상조계약 당사자로서의 지위 양도, ② 영업의 양도 외에는 예치금을 양도하거나 담보로 제공하여서는 아니 된다.

다. 선수금의 지급

1) 소비자의 지급의무자에 대한 지급청구사유 및 절차

– 공제조합, 예치기관 등 지급의무자는 상조사업자의 폐업, 「은행법」에 따른 은행으로부터 당좌거래의 정지처분, 「채무자 회생 및 파산에 관한 법률」에 따른 파산 선고, 회생절차개시의 결정이 있는 경우 지체 없이 소비자피해보상금을 지급하여야 한다. 정당한 사유 없이 이를 지연한 경우에는 지연배상금을 지급하여야 한다.

– 소비자가 예치기관에 예치금의 지급을 요청하는 경우에는 할부거래법 시행규칙 별지 제7호서식의 예치금 지급요청서에 위 사유 어느 하나에 해당하는 사실을 증명하는 서류 또는 상조사업자의 확인서를 첨부하여 예치기관에 제출하여야 한다.

2) 상조사업자의 지급의무자에 대한 예치금 반환청구 사유 및 절차

가) 상조사업자는 다음과 같은 사유가 있는 경우에는 예치기관에 예치금의 반환을 요청할 수 있다.

– 상조계약에 따른 재화등의 공급을 완료하거나 청약철회, 계약해제 등 상조계약과 관련된 소비자와의 법률관계가 모두 종료된 경우

– 예치계약 대신 소비자피해보상을 위한 보험계약, 채무지급보증계약, 공제계약 중 어느 하나에 해당하는 계약을 체결한 경우

예시

○ 상조사업자가 예치은행 변경을 위하여 △△은행에서 예치금을 반환받은 후 ○○은행에 예치한 경우

⇒ △△은행에서 예치금을 반환받은 후 ○○은행에 예치하기 전까지 선수금이 보전되지 않으므로 할부거래법에 위반된다.

⇒ 상조사업자는 ① △△은행의 예치금을 유지한 상태에서 동일한 금액을 ○○은행에 예치하고 이에 대한 증빙을 △△은행에 제출한 후 예치금을 반환받거나, ② △△은행이 해당 예치금을 ○○은행에 직접 송금하도록 하여야 한다.

나) 상조사업자가 예치금의 반환을 요청하려는 경우에는 예치금 반환요청서(할부거래법 시행규칙 별지 제8호서식)에 다음 중 하나의 서류를 첨부하여 예치기관에 제출하여야 한다.

– 해당 상조계약과 관련한 법률관계가 모두 종료되었음을 증명하는 서류 또는 해당 소비자의 확인서

– 소비자피해보상을 위한 보험계약, 채무지급보증계약, 공제계약의 어느 하나에 해당하는 계약을 체결하였음을 증명하는 서류

라. 소비자에 대한 증서발급 등

1) 소비자피해보상보험계약등을 체결한 상조사업자는 소비자피해보상금의 지급의무자 및 계약기간 등이 명시된 소비자피해보상 증서(할부거래법 시행규칙 별지 제9호서식)를 소비자에게 발급하여야 한다.

– 기존의 선수금보전계약을 해지하고 다른 계약을 체결했다면 상조사업자 및 새로운 지급의무자는 소비자에게 새로운 소비자피해보상증서를 발급하여야 한다.

예시

○ 상조사업자가 서면으로 소비자에게 증서를 발급하지 않고 증서발급을 원하는 소비자가 상조사업자의 홈페이지를 통하여 출력할 수 있도록 한 경우

⇒ 홈페이지를 통하여 출력할 수 있도록 한 것은 증서발급으로 볼 수 없으므로 할부거래법에 위반된다. 상조사업자는 상조계약을 체결한 모든 소비자에게 우편 등의 방법을 통하여 소비자피해보상증서를 발급하여야 한다.

2) 상조사업자가 소비자와 상조계약을 체결한 경우에는 그 사실 및 내용을 지급의무자에게 알려야 한다.

마. 거래기록열람

상조사업자는 재화등의 거래기록 · 소비자피해보상보험계약등의 체결내용을 방문, 전화, 인터넷 등을 통하여 즉시 열람할 수 있도록 필요한 조치를 취하여 언제든지 소비자가 열람할 수 있게 하여야 한다. 소비자가 우편 등의 방법으로 열람할 수 있도록 요청하는 경우 3영업일 이내에 관련 자료를 발송하여야 한다.

7. 금지행위(할부거래법 제34조)

상조사업자는 다음의 어느 하나에 해당하는 행위를 하여서는 아니 된다.

1) 계약의 체결을 강요하거나 청약의 철회 또는 계약의 해제를 방해할 목적으로 상대방을 위협하는 행위

법 위반행위 예시

○ 상조사업자가 상조업체에 취업하기 위해 지원한 사람들에게 취업요건으로 상조계약 체결을 요구하고, 거부하는 경우 직원채용에서 제외시키겠다고 공지한 경우

2) 거짓 · 과장된 사실을 알리거나 기만적 방법을 사용하여 상대방과의 거래를 유도하거나 청약의 철회 또는 계약의 해제를 방해하는 행위

법 위반행위 예시

○ 상조상품을 은행적금보다 금리가 높은 저축성 상품으로 홍보하는 경우

○ '전원 장례지도사 1급', '원하는 장례식장에서 다 된다', '대기업과 계약이 되어 있다', 상조이행보증회사를 통하여 무조건 상조서비스를 제공한다' 등 사실과 다른 설명으로 가입을 유도한 경우

○ 상조상품을 홍보한다는 내용을 표시하지 아니한 무료초대권으로 소비자를 극장으로 유인하여 상조상품을 판매하는 경우

3) 청약의 철회 또는 계약의 해제를 방해할 목적으로 주소 · 전화번호 등을 변경하는 행위

법 위반행위 예시

○ 사무실을 이전하지 않았음에도 주기적으로 상호와 전화번호를 변경하는 경우

○ 소비자와 계약체결 후 사무실을 이전하였거나 합병 · 인수가 되었는데도 그러한 사실과 주소 · 전화번호 등을 고의적으로 알려주지 않는 경우

4) 분쟁이나 불만처리에 필요한 인력 또는 설비가 부족한 상태를 상당 기간 방치하여 상대방에게 피해를 주는 행위

법 위반행위 예시

○ 소비자가 불만사항에 대한 사업자의 이메일 또는 팩스 답변이 불충분하여 직접 전화통화를 하고자 함에도 불구하고, 사업자가 이메일 또는 팩스를 통해서만 불만처리를 할 수 있도록 하고 전화통화를 거부하는 경우

○ 소비자가 전화를 하였으나 전화상담원이 부족하여 통상적인 방법으로는 통화를 하기가 곤란하거나 ARS 등을 통하여 여러 단계를 거치게 한 후 결국에는 상담원과 연결이 되지 않게 해 둔 경우

○ 소비자가 상품의 질에 불만이 있어 계약을 해제하고 환급을 요구하였으나, 업무 담당자가 퇴사하였다는 말을 들었고 한 달이 넘도록 충원되지 않는 경우

○ 소비자가 상조사업자 또는 그 직원과 전화통화가 이루어지지 않아 자동안내에 따라 수차례 자신의 전화번호를 남겼음에도 불구하고, 사업자가 특별한 사정없이 전화를 하지 않는 경우(다만, 소비자가 전화번호를 잘못 남겼거나 소비자의 부재 등으로 인하여 부득이하게 연락이 지연된 경우는 제외)

○ 소비자가 서면으로 청약철회를 요구하기 위하여 상조사업자에게 팩스를 보내려고 하였으나, 상조사업자가 팩스가 없다고 하면서 직접 사무실로 찾아올 것을 요구하는 경우

5) 상대방의 청약이 없음에도 재화등의 대금을 청구하는 행위

법 위반행위 예시

○ 상조사업자가 특정 사업자단체의 임원들과 협의하여 사업자단체의 회원을 본인의 동의 없이 상조상품에 가입시키고 회원에게 매월 대금고지서를 발급한 경우 (다만, 사업자단체의 회원들이 임원들에게 계약체결 권한을 위임한 경우는 제외)

○ 상조업체간 체결한 회원인수계약에 대하여 해당 소비자의 동의를 받지 않았음에도 불구하고, 인수업체가 해당 소비자에게 대금을 청구하거나 CMS이체를 통하여 대금을 지급받은 경우

6) 소비자가 계약을 체결할 의사가 없음을 밝혔음에도 전화, 팩스, 컴퓨터통신 등을 통하여 계약체결을 강요하는 행위

법 위반행위 예시

○ 계약을 체결하지 않겠다고 밝혔음에도 상조사업자가 하루에 2번 이상 혹은 일주일에 2~3번씩 3달간 반복해서 전화로 계약체결을 요구한 경우

○ 소비자가 전화, 이메일 등을 통하여 가입거부의사를 밝혔음에도 메신저 쪽지, 홈페이지 게시판, 방명록, 소셜 네트워크를 통해서 계약체결을 독촉하는 글을 반복적으로 남기는 경우

7) 소비자피해보상보험계약등을 체결하지 아니하고 영업하는 행위

법 위반행위 예시

○ 소비자가 계약할 당시 소비자피해보상보험계약등이 체결되어 있었으나, 소비자의 대금납부가 계속되는 동안에 상조사업자의 공제료 미납입, 법정 예치비율 위반 등의 이유로 소비자피해보상보험계약등이 해지된 경우

8) 소비자피해보상보험계약등을 체결하지 아니하였음에도 소비자피해보상보험계약등을 체결한 사실을 나타내는 표지나 이와 유사한 표지를 제작 또는 사용하는 행위

법 위반행위 예시

○ 상조사업자가 소비자피해보상보험계약이 해지되었음에도 소비자피해보상보험계약등을 체결한 사실을 나타내는 표지를 사용하는 경우

○ 상조사업자가 홈페이지에 "○○보증과 □□보험에 가입하여 어떠한 경우에도 고객님의 불입금을 안전하게 보장한다"는 내용으로 소비자피해보상보험계약을 체결한 것처럼 광고하였으나, 실제로는 소비자의 계좌에서 월불입금이 과다하게 인출될 경우에 대한 손해배상금의 지급을 보장하는 것이었던 경우

9) 본인의 허락을 받지 아니하거나 허락받은 범위를 넘어 소비자에 관한 정보를 이용(제3자에게 제공하는 경우를 포함한다)하는 행위. 다만, 다음의 어느 하나에 해당하는 경우는 제외한다.

가) 재화등의 배송 등 소비자와의 계약이행에 불가피한 경우로서 다음에 해당하는 경우

(1) 소비자와의 계약을 이행하기 위하여 재화등의 배송 또는 전송을 업(業)으로 하는 자에게 소비자에 관한 정보를 제공하는 경우

(2) 소비자와의 계약을 이행하기 위하여 재화등의 설치, 사후 서비스, 그 밖에 약정한 서비스의 제공을 업으로 하는 자에게 소비자에 관한 정보를 제공하는 경우

(3) 소비자피해보상보험계약등을 체결한 지급의무자에게 소비자에 관한 정보를 제공하는 경우

나) 재화등의 거래에 따른 대금을 정산하기 위하여 필요한 경우

다) 도용을 방지하기 위하여 본인임을 확인할 때 필요한 경우로서 다음의 어느 하나에 해당하는 경우를 말한다.

(1) 소비자의 신원 및 실명이나 본인의 진의(眞意)를 확인하기 위하여 다음의 어느 하나 해당하는 자에게 소비자에 관한 정보를 제공하는 경우

- 「전기통신사업법」 제5조제3항제1호에 따른 기간통신사업자
- 「신용정보의 이용 및 보호에 관한 법률」 제2조제5호에 따른 신용정보회사
- 해당 거래에 따른 대금결제와 직접 관련된 결제업자
- 법령에 따라 또는 법령에 따른 인 · 허가를 받아 도용방지를 위한 실명확인을 업으로 하는 자

(2) 미성년자와 거래할 때 법정대리인의 동의 여부를 확인하기 위하여 정보를 이용하는 경우

라) 다른 법률에 따라 불가피한 사유가 있는 경우

10) 소비자가 계약을 해제하였음에도 불구하고 정당한 사유 없이 이에 따른 조치를 지연하거나 거부하는 행위

- 정당한 사유에 대한 입증은 상조사업자가 하여야 한다.

법 위반행위 예시

○ 상조업체A가 상조업체B를 인수한 후 B의 고객이 개인사정으로 계약을 해제하였는데, 고객정보가 인수인계되지 않았다는 이유로 A가 1년 이상 해약환급금 지급을 미루는 경우

11) 청약의 철회 또는 계약의 해제와 관련하여 분쟁이 발생한 경우 대금을 지급받기 위하여 소비자에게 위계를 사용하거나 위력을 가하는 행위

법 위반행위 예시

○ 계약상에 추가요금에 대한 내용이 없음에도 물가상승을 이유로 수의에 대하여 추가요금을 요구하여 소비자가 계약해제를 요구하자, 사업자가 추가요금을 지급받기 위하여 위력을 가한 경우

12) 자신이 공급하는 재화등을 소비자가 양도 · 양수하는 것을 상당한 이유 없이 제한하거나 양도 · 양수함에 있어 과다한 비용을 부과하는 행위

- 상조서비스 표준약관은 양도시 실비수준의 수수료(예: 5,000원)만을 받을 수 있도록 하고 있다.

법 위반행위 예시

○ 甲이 상조업체A의 상조상품에 가입한 후 乙에게 회원자격(상조서비스 수혜자)을 양도했으나, A가 양도를 이유로 甲이 납입한 금액의 50%만을 인정하는 경우

13) 다른 사람에게 자기의 명의 또는 상호를 사용하여 선불식 할부거래업을 하게 하거나 선불식 할부거래업 등록증을 대여하는 행위

- 상조사업자가 위탁 · 제휴 등을 통하여 타회사가 회원모집만을 수행토록 하는 것은 선불식 할부거래업을 하게 하는 행위에 해당하지 않는다.

- 상조사업자는 위탁 · 제휴업체가 모집한 소비자에 대해서도 정보제공 등 모든 할부거래법상 의무를 이행하여야 한다.

- 위탁 · 제휴업체는 자신의 고유업무상의 거래관계를 이용하여 상조상품 가입을 강요하여서는 아니된다.

Ⅲ. 권고사항

1. 회원인수 관련 소비자피해 예방

가. 사업 전부의 양도 · 양수 또는 합병 등이 아닌 회원인수(다른 상조사업자로부터 회원을 넘겨받는

것)의 경우 인도업체 또는 인수업체는 반드시 해당 회원의 동의를 받아야 하며 동의하지 않는 회원에게는 인도업체(인도업체가 해당 회원으로부터 받은 선수금을 인수업체에 넘긴 경우에는 인수업체)가 납입금 전액을 반환하여야 한다. (해당 회원의 동의가 없는 계약인수는 무효)

– 회원을 인수한 상조사업자가 모든 권리 · 의무를 동일하게 승계할 것임을 회원에게 설명하여 동의를 구했음에도 불구하고 회원이 동의하지 않는 경우에는 인도업체(인도업체가 해당 회원으로부터 받은 선수금을 인수업체에 넘긴 경우에는 인수업체)가 납입금 전액을 회원에게 반환하여야 한다.

나. 회원인수시 인수업체는 회원이 인도업체에 납입한 선수금을 모두 인수하여야 하고 선수금보전, 해약환급금 지급 등 모든 할부거래법상 의무를 이행하여야 한다.

– 인도-인수업체간 사적계약에 의하여 선수금보전 등 할부거래법상 의무를 배제할 수 없다.

다. 회원인수시 인도업체 또는 인수업체는 인도-인수업체간 계약의 내용, 인수절차 등에 대하여 해당 회원에게 충분히 설명한 후 서면, 녹취 등의 방법으로 동의를 받아야 한다. 특히 회원-사업자간 계약조건을 변경하는 경우 이에 대하여 회원이 이해할 수 있도록 자세히 설명하여야 한다.

예시

○ 상조업체A가 상조업체B의 회원 일부를 인수하면서 해당회원이 B에 납부한 대금에 대한 선수금 보전, 해약환급금 지급 등 할부거래법상 의무를 누가 이행하는지에 대하여 회원에게 분명하게 설명하지 않고 동의를 받은 경우 A는 회원의 동의를 이유로 할부거래법상 의무의 이행에 대한 면책을 주장할 수 없다.

라. 회원인수시 다음과 같은 업무처리절차를 권장한다.

① 인도-인수업체간 회원인수계약 체결

– 인도업체가 선수금보전계약을 유지한 상태에서 동의여부 확인 및 납입금 반환절차를 진행한다.

② 우편, 전화 등의 방법으로 해당회원에게 회원인수에 대한 동의여부 확인(인수계약 체결일로부터 15일 이내)

– 인도업체 및 인수업체는 해당회원의 동의문서 또는 녹취자료를 보관한다.

③ 동의하지 않는 회원에게는 납입금 전액을 반환(동의여부를 확인한 날로부터 3영업일 이내)

④ 인수업체가 인수에 동의한 회원에 대한 선수금보전계약 체결

– 동의한 회원이 인도업체에 납입한 선수금까지 보전하여야 한다.

⑤ 인도업체의 선수금보전계약 해지 및 선수금 보전금(은행예치금 등) 수령

– 인수업체가 ④에 따라 소비자피해보상보험계약등을 체결한 경우, 인도업체는 해당 회원의 선수금을 인수업체측에서 보전하고 있다는 증빙을 소비자피해보상보험계약 체결기관에 제시한 후 선수금 보전금을 수령할 수 있다.

2. 소비자피해보상증서 및 금융정보제공요청서 · 동의서 발급

가. 상조사업자 및 지급의무자는 계약서를 발급한 날로부터 30일 이내에 소비자피해보상증서를 우편 등의 방법으로 소비자에게 발급하여야 한다.

– 개정 할부거래법 시행 이전에 상조계약을 체결한 소비자에게도 소비자피해보상증서를 발급하여야 한다.

나. 상조사업자는 소비자피해보상증서 발급을 위한 금융정보제공요청서 또는 소비자의 예치내역열람을 위한 금융정보제공동의서를 예치은행에 제공하여야 한다.

– 예치계좌의 예금주가 상조사업자이기 때문에 제3자인 소비자가 예치계좌 관련 정보를 제공받기 위해서는 「금융실명거래 및 비밀보장에 관한법률」에 따라 사업자의 정보제공요청서 또는 정보제공동의서가 필요하다.

1) 은행과 예치계약을 체결한 상조사업자는 예치은행이 소비자에게 소비자피해보상증서를 발급할 수 있도록 계약서를 발급한 날로부터 14일 이내에 정보제공요청서를 예치은행에 발급하여야 한다.

예치은행의 증서발급 절차도

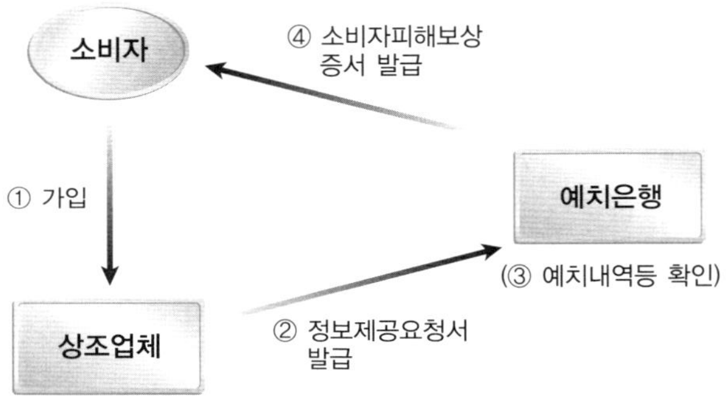

2) 소비자가 예치은행에 예치내역열람을 신청한 경우 예치은행은 지체 없이 그 사실을 상조사업자에게 통지하고, 해당 상조사업자는 소비자에게 열람의사, 요청여부 등을 확인한 후 1영업일 이내에 정보

예치내역열람 절차도

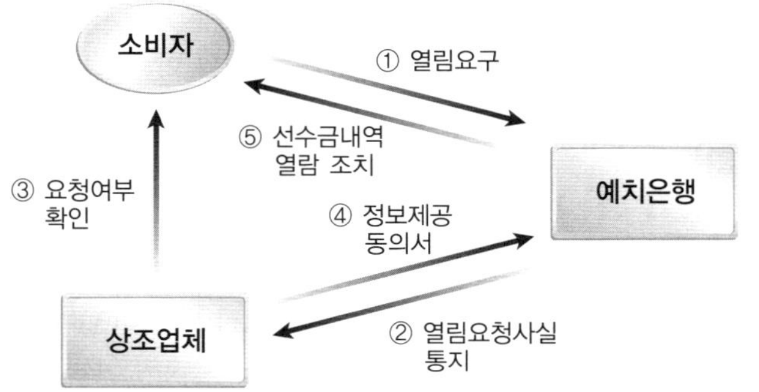

제공동의서를 해당 예치은행에 발급하여야 한다. 정보제공동의서를 수령한 예치은행은 지체 없이 해당 소비자에게 선수금 예치내역을 제공하여야 한다.

3) 상조사업자는 정보제공동의서 또는 정보제공요청서를 발급 또는 송부하는 경우 다음 사항에 주의하여야 한다.

- 정보제공요청서 또는 정보제공동의서의 내용에 따라 소비자에게 1회에 한하여 예치관련 정보제공 또는 증서발급이 가능하며, 기간을 정하여 정보제공을 허용하는 방식으로는 할 수 없다.

예시

○ 상조사업자가 2011년부터 2013년까지 특정 소비자에게 예치내역을 제공하는데 동의하는 내용의 정보제공동의서는 허용되지 않는다.

- 다수의 소비자에 대한 정보제공요청서 또는 동의서를 발급하여야할 경우 한 장의 동의서 또는 요청서에 해당소비자의 이름을 나열하는 방식을 활용할 수 있다. 이 경우에도 거래정보등을 제공받을 자, 제공금융기관, 제공범위, 작성시점, 명의인의 인감 등 필요한 내용이 명시되어 있어야 한다.

- 정보제공요청서 또는 정보제공동의서는 서면(공인전자서명이 포함되어 있는 전자문서를 포함)으로 송부하여야 하며 팩스, 전자우편을 통한 송부는 인정되지 않는다.

3. 대리 · 중개모집시 소비자피해 예방

가. 상조사업자가 제3자에게 모집을 위탁하는 경우 모집인이 상조상품 관련 정보제공 등 법적의무를 준수하도록 위탁 · 제휴계약에 명기하거나 모집인에 대한 사전교육을 실시하는 등 필요한 조치를 취하여야 한다.

나. 상조사업자는 대리 · 중개모집시 계약서에 모집인의 이름, 연락처, 소속회사 등을 명기토록 하고 소비자가 상조상품에 대한 충분한 설명을 들었음을 서면 또는 녹취 등을 통하여 확인받아야 한다.

4. 휴 · 폐업 또는 연락처 변경으로 인한 소비자피해 예방

가. 상조사업자가 휴 · 폐업 또는 휴업 후 영업을 재개하는 경우 소비자에게 휴 · 폐업일 또는 영업재개일로부터 1개월 전에 우편, 이메일 등의 방법으로 관련사실을 통지하여 소비자가 청약철회, 계약해제 등을 하는 데 곤란함이 없도록 하여야 한다.

나. 상조사업자가 주소 · 전화번호 등 연락처를 변경한 경우 소비자에게 변경된 연락처를 즉시 통지하여 소비자가 청약철회, 계약해제 등을 하는 데 곤란함이 없도록 하여야 한다.

다. 상조사업자는 소비자분쟁 또는 불만처리를 전담하는 직원을 두어야 한다.

5. 기타 권고사항

가. 상조사업자들의 '상조서비스 표준약관' 사용을 권장한다.

- 상조서비스 표준약관은 약관법에 따라 이해관계자(사업자단체, 소비자단체 등) 의견수렴, 관계부

처 협의, 공정거래위원회 심사 등 엄격한 절차를 거쳐 제정된 것으로 사업자와 소비자의 이익이 적절하게 반영되어 분쟁예방 및 해결에 효과적이다.

나. 다른 상조사업자의 영업조직 및 회원을 빼내오는 행위는 공정거래법, 「부정경쟁방지 및 영업비밀보호에 관한 법률」(이하 '부정경쟁방지법') 등에 위반될 소지가 있으므로 유의하여야 한다.

예시

○ 상조업체A의 모집인들(甲 등 10여명)이 상조업체B로 소속을 옮기면서 甲등이 모집했던 소비자 100여명도 B로 이동시켰다. B는 甲등 이동한 모집인들에게 모집수당을 지급했으며, 이동한 소비자는 A와의 계약을 해제하고 A에 기 납입한 대금만큼 할인받고(A사에 30만원을 납입한 소비자가 B사로 이동했다면 30만원을 할인) B와 새로운 상조계약을 체결하였다.

⇒ 甲등이 A의 상조상품 가입자의 인적사항 · 연락처 등 영업관련 정보를 B사에 넘기는 행위는 부정경쟁방지법에 위반될 수 있다.

⇒ B가 통상적인 수준을 넘는 고액의 모집수당 지급 및 상품가격 할인을 통하여 A의 모집인 및 소비자의 이동을 유도하였다면 공정거래법상 부당한 고객유인 등에 해당될 수 있다.

다. 대주주, 계열사 등을 위한 대출 · 투자 등을 지양하고 장례발생 빈도 등 회사 특성을 감안하여 상조서비스 제공, 해약환급금 지급 등을 위한 충분한 자금을 확보하여야 한다.

예시

○ 상조사업자가 은행예치 대신 공제조합에 가입한 후 은행예치금을 반환받아 계열사가 발행하는 주식 200만주를 시가(3,500원)보다 높은 가격(5,000원)으로 매입한 경우

⇒ 계열사 주식을 시가보다 높은 가격으로 매입하는 행위는 재무건전성을 해쳐 소비자피해 발생의 원인이 될 수 있고 공정거래법상 부당내부거래 등 관련법에 위반될 소지도 있다.

Ⅳ. 재검토기한

「훈령 · 예규 등의 발령 및 관리에 관한 규정」(대통령훈령 제248호)에 따라 이 지침 발령 후의 법령이나 현실 여건의 변화 등을 검토하여 이 지침의 폐지, 개정 등의 조치를 하여야 하는 기한은 2014년 12월 31일까지로 한다.

부 칙

이 예규는 2012년 1월 1일부터 시행한다.

5. 선불식 할부계약의 해제에 따른 해약환급금 산정기준 고시

할부거래에 관한 법률 제25조제5항에 따라 선불식 할부계약의
해제에 따른 해약환급금 산정기준을 다음과 같이 고시한다.
2011년 9월 1일

공정거래위원회

공정거래위원회 고시 제2011-7호

제1조(목적) 이 고시는 할부거래에 관한 법률(이하 "법"이라 한다) 제25조제5항 및 동법 시행규칙 제10조의 규정에 따라 법 제2조제2호에서 정하고 있는 선불식 할부계약의 해제에 따른 해약환급금 산정기준을 정하여 소비자와 선불식 할부거래업자(법 제2조제4호에서 정하는 자를 말하며, 이하 "사업자"라 한다)간의 분쟁을 방지하고 소비자의 피해를 최소화함을 목적으로 한다.

제2조(정의) 이 고시에서 사용하는 용어의 뜻은 다음과 같다.

1. "위약금"이란 계약금, 손해배상액의 예정, 위약벌, 해약금 등 명칭여하를 불문하고 소비자의 귀책사유에 따라 선불식 할부계약을 해제할 경우 사업자가 해제로 인해 발생하는 손실 등으로 인하여 소비자에게 청구할 수 있는 금전 총액을 말한다.
2. "납입금"이란 월납입금, 계약금, 입회비 등 명칭여하를 불문하고 계약 내용에 따라 소비자가 1회에 사업자에게 지급하는 대금을 말한다.
3. "총계약대금"이란 소비자가 계약의 내용에 따라 사업자에게 지급하기로 한 금액 전체를 말한다.
4. "해약환급금"이란 소비자가 지급한 전체 납입금 가운데 소비자가 제공받은 재화 및 용역(이하 "재화등"이라 한다)의 가액과 위약금을 제외한 금액으로, 사업자가 소비자에게 환급할 의무가 있는 금액을 말한다.
5. "정기형 선불식 할부계약"이란 총계약대금을 1년 이상의 기간을 두고 월별로 균분하여 납입하는 선불식 할부계약 형태를 말한다.
6. "부정기형 선불식 할부계약"이란 정기형을 제외한 선불식 할부계약 형태를 말한다.
7. "부가상품"이란 경품, 사은품, 감사품 등 명칭여하를 불문하고 사업자가 소비자에게 부수적으로 공급하는 경제적 이익이 있는 재화로서 계약의 주된 목적에 따라 소비자에게 제공하는 재화 이외의 것을 말한다.

제3조(적용범위) 이 고시는 법 제2조제2호에서 정하고 있는 선불식 할부계약에 적용한다. 다만 소비자와 사업자가 체결한 계약의 내용이 이 고시에서 정한 기준보다 소비자에게 더 유리한 경우에는 그에 따른다.

제4조(대금의 환급에 관한 기준) ① 법 제25조제4항에 따른 해약환급금은 다음과 같이 산정한다. 다만 계약이 해제되기 전에 사업자가 소비자에게 재화등을 공급한 경우에는 그 가액만큼 해약환급금에서

공제할 수 있다.

1. 정기형 선불식 할부계약의 경우에 아래의 산식에 따라 산정하며, 그에 따른 표준해약환급금 예시는 별표1과 같다.

> 해약환급금 = 납입금 누계 − 관리비 누계 − 모집수당 공제액기 납입 월수
> · 모집수당 공제액 = 모집수당×0.75 + 모집수당×0.25×총 납입기간 월수
> · 납입금 누계가 관리비 누계와 모집수당 공제액의 합보다 적은 경우에는 해약환급금을 0으로 함
> · 모집수당은 총계약대금 대비 최대 10%로 하되, 500,000원을 초과할 수 없음
> · 월별 관리비는 월 납입금 대비 최대 5%로 하되, 월별 관리비의 합계는 500,000원을 초과할 수 없음

2. 부정기형 선불식 할부계약의 경우에 해약환급금은 아래의 산식에 따라 산정한다.

> 해약환급금 = 납입금 누계 × 0.85

② 다음 각 호의 경우에는 계약의 해제에 따른 위약금을 청구할 수 없으며, 해약환급금은 소비자가 납입한 금액에서 소비자에게 제공한 재화등의 가액을 제외한 금액으로 한다.

1. 소비자가 법 제24조의 규정에 따라 청약을 철회한 때
2. 사업자의 귀책사유로 인하여 계약이 해제된 때

③ 제2항에서 정한 사항에 관하여 다툼이 있는 경우에는 사업자가 이를 입증하여야 한다.

제5조(부가상품등의 반환) ① 계약이 해제된 경우 소비자는 사업자에게 부가상품을 포함하여 반환할 수 있는 재화 등(이하 "부가상품등"이라 한다)을 사업자에게 반환하고 그 가치에 상당하는 금액을 청구하거나 위약금에서 감액할 수 있다.

② 제1항에 따른 반환이 이루어지는 경우에 사업자가 소비자에게 환급하여야 하는 금액은 사업자가 고지한 부가상품등의 가액의 100분의 85 이상으로 한다. 다만 부가상품등이 일부 소비되거나 훼손된 경우에는 그 부분만큼 감액할 수 있다.

③ 사업자는 계약을 체결하기 전에 소비자에게 부가상품등의 가액 및 그 산정기준을 고지하고, 소비자로부터 동의를 얻었음을 서면(전자문서를 포함한다)으로 확인받아야 한다.

④ 제3항에 따른 고지 및 서면 확인에 관하여 다툼이 있는 경우에는 사업자가 이를 입증하여야 하며, 사업자는 제3항에 규정하는 사항에 관한 자료를 소비자가 언제든지 열람할 수 있게 해야 한다.

제6조(재검토기한) 「훈령 · 예규 등의 발령 및 관리에 관한 규정」(대통령훈령 제248호)에 따라 이 예규를 발령한 후의 법령이나 현실여건의 변화 등을 검토하여 이 예규의 폐지, 개정 등의 조치를 하여야 하는 기한은 2014년 8월 31일까지로 한다.

부 칙

제1조(시행일) 이 고시는 2011년 9월 1일부터 시행한다.

제2조(적용례) 이 고시 시행 전에 체결된 선불식 할부계약이 해지 또는 해제될 경우 그 위약금 및 대금의 환급에 관하여는 「소비자분쟁해결기준」(2010. 1. 29. 공정거래위원회 고시 제2010-1호) 별표Ⅱ 제15호에 따르고, 소비자와 사업자가 체결한 계약의 내용이 이 소비자분쟁해결기준에서 정한 기준보다 소비자에게 더 유리한 경우에는 그에 따른다.

[별표1] 표준해약환급금 예시(고시 시행후 체결된 계약에 적용)

납입회차	월회비	관리비 비율	모집수당 비율
120개월	30,000	5%	10%

회 차	납입금 누계	관리비 누계	모집수당 공제액	해약환급금	환급률
1	30,000	1,500	270,750	0	0.0%
2	60,000	3,000	271,500	0	0.0%
3	90,000	4,500	272,250	0	0.0%
4	120,000	6,000	273,000	0	0.0%
5	150,000	7,500	273,750	0	0.0%
6	180,000	9,000	274,500	0	0.0%
7	210,000	10,500	275,250	0	0.0%
8	240,000	12,000	276,000	0	0.0%
9	270,000	13,500	276,750	0	0.0%
10	300,000	15,000	277,500	7,500	2.5%
11	330,000	16,500	278,250	35,250	10.7%
12	360,000	18,000	279,000	63,000	17.5%
13	390,000	19,500	279,750	90,750	23.3%
14	420,000	21,000	280,500	118,500	28.2%
15	450,000	22,500	281,250	146,250	32.5%
16	480,000	24,000	282,000	174,000	36.3%
17	510,000	25,500	282,750	201,750	39.6%
18	540,000	27,000	283,500	229,500	42.5%
19	570,000	28,500	284,250	257,250	45.1%
20	600,000	30,000	285,000	285,000	47.5%
21	630,000	31,500	285,750	312,750	49.6%
22	660,000	33,000	286,500	340,500	51.6%
23	690,000	34,500	287,250	368,250	53.4%

24	720,000	36,000	288,000	396,000	55.0%
25	750,000	37,500	288,750	423,750	56.5%
26	780,000	39,000	289,500	451,500	57.9%
27	810,000	40,500	290,250	479,250	59.2%
28	840,000	42,000	291,000	507,000	60.4%
29	870,000	43,500	291,750	534,750	61.5%
30	900,000	45,000	292,500	562,500	62.5%
31	930,000	46,500	293,250	590,250	63.5%
32	960,000	48,000	294,000	618,000	64.4%
33	990,000	49,500	294,750	645,750	65.2%
34	1,020,000	51,000	295,500	673,500	66.0%
35	1,050,000	52,500	296,250	701,250	66.8%
36	1,080,000	54,000	297,000	729,000	67.5%
37	1,110,000	55,500	297,750	756,750	68.2%
38	1,140,000	57,000	298,500	784,500	68.8%
39	1,170,000	58,500	299,250	812,250	69.4%
40	1,200,000	60,000	300,000	840,000	70.0%
41	1,230,000	61,500	300,750	867,750	70.5%
42	1,260,000	63,000	301,500	895,500	71.1%
43	1,290,000	64,500	302,250	923,250	71.6%
44	1,320,000	66,000	303,000	951,000	72.0%
45	1,350,000	67,500	303,750	978,750	72.5%
46	1,380,000	69,000	304,500	1,006,500	72.9%
47	1,410,000	70,500	305,250	1,034,250	73.4%
48	1,440,000	72,000	306,000	1,062,000	73.8%
49	1,470,000	73,500	306,750	1,089,750	74.1%
50	1,500,000	75,000	307,500	1,117,500	74.5%
51	1,530,000	76,500	308,250	1,145,250	74.9%
52	1,560,000	78,000	309,000	1,173,000	75.2%
53	1,590,000	79,500	309,750	1,200,750	75.5%
54	1,620,000	81,000	310,500	1,228,500	75.8%
55	1,650,000	82,500	311,250	1,256,250	76.1%
56	1,680,000	84,000	312,000	1,284,000	76.4%
57	1,710,000	85,500	312,750	1,311,750	76.7%
58	1,740,000	87,000	313,500	1,339,500	77.0%

59	1,770,000	88,500	314,250	1,367,250	77.2%
60	1,800,000	90,000	315,000	1,395,000	77.5%
61	1,830,000	91,500	315,750	1,422,750	77.7%
62	1,860,000	93,000	316,500	1,450,500	78.0%
63	1,890,000	94,500	317,250	1,478,250	78.2%
64	1,920,000	96,000	318,000	1,506,000	78.4%
65	1,950,000	97,500	318,750	1,533,750	78.7%
66	1,980,000	99,000	319,500	1,561,500	78.9%
67	2,010,000	100,500	320,250	1,589,250	79.1%
68	2,040,000	102,000	321,000	1,617,000	79.3%
69	2,070,000	103,500	321,750	1,644,750	79.5%
70	2,100,000	105,000	322,500	1,672,500	79.6%
71	2,130,000	106,500	323,250	1,700,250	79.8%
72	2,160,000	108,000	324,000	1,728,000	80.0%
73	2,190,000	109,500	324,750	1,755,750	80.2%
74	2,220,000	111,000	325,500	1,783,500	80.3%
75	2,250,000	112,500	326,250	1,811,250	80.5%
76	2,280,000	114,000	327,000	1,839,000	80.7%
77	2,310,000	115,500	327,750	1,866,750	80.8%
78	2,340,000	117,000	328,500	1,894,500	81.0%
79	2,370,000	118,500	329,250	1,922,250	81.1%
80	2,400,000	120,000	330,000	1,950,000	81.3%
81	2,430,000	121,500	330,750	1,977,750	81.4%
82	2,460,000	123,000	331,500	2,005,500	81.5%
83	2,490,000	124,500	332,250	2,033,250	81.7%
84	2,520,000	126,000	333,000	2,061,000	81.8%
85	2,550,000	127,500	333,750	2,088,750	81.9%
86	2,580,000	129,000	334,500	2,116,500	82.0%
87	2,610,000	130,500	335,250	2,144,250	82.2%
88	2,640,000	132,000	336,000	2,172,000	82.3%
89	2,670,000	133,500	336,750	2,199,750	82.4%
90	2,700,000	135,000	337,500	2,227,500	82.5%
91	2,730,000	136,500	338,250	2,255,250	82.6%
92	2,760,000	138,000	339,000	2,283,000	82.7%
93	2,790,000	139,500	339,750	2,310,750	82.8%

94	2,820,000	141,000	340,500	2,338,500	82.9%
95	2,850,000	142,500	341,250	2,366,250	83.0%
96	2,880,000	144,000	342,000	2,394,000	83.1%
97	2,910,000	145,500	342,750	2,421,750	83.2%
98	2,940,000	147,000	343,500	2,449,500	83.3%
99	2,970,000	148,500	344,250	2,477,250	83.4%
100	3,000,000	150,000	345,000	2,505,000	83.5%
101	3,030,000	151,500	345,750	2,532,750	83.6%
102	3,060,000	153,000	346,500	2,560,500	83.7%
103	3,090,000	154,500	347,250	2,588,250	83.8%
104	3,120,000	156,000	348,000	2,616,000	83.8%
105	3,150,000	157,500	348,750	2,643,750	83.9%
106	3,180,000	159,000	349,500	2,671,500	84.0%
107	3,210,000	160,500	350,250	2,699,250	84.1%
108	3,240,000	162,000	351,000	2,727,000	84.2%
109	3,270,000	163,500	351,750	2,754,750	84.2%
110	3,300,000	165,000	352,500	2,782,500	84.3%
111	3,330,000	166,500	353,250	2,810,250	84.4%
112	3,360,000	168,000	354,000	2,838,000	84.5%
113	3,390,000	169,500	354,750	2,865,750	84.5%
114	3,420,000	171,000	355,500	2,893,500	84.6%
115	3,450,000	172,500	356,250	2,921,250	84.7%
116	3,480,000	174,000	357,000	2,949,000	84.7%
117	3,510,000	175,500	357,750	2,976,750	84.8%
118	3,540,000	177,000	358,500	3,004,500	84.9%
119	3,570,000	178,500	359,250	3,032,250	84.9%
120	3,600,000	180,000	360,000	3,060,000	85.0%

[별표2] 현행 소비자분쟁해결기준에 따른 표준해약환급금 예시(고시 시행전 체결된 계약에 적용)

납입회차	월회비	관리비 비율	모집수당 비율
120개월	30,000	10%	15.3%

회 차	납입금 누계	관리비 누계	모집수당 공제액	해약환급금	환급률
1	30,000	3,000	550,800	0	0.0%
2	60,000	6,000	541,620	0	0.0%
3	90,000	9,000	532,440	0	0.0%
4	120,000	12,000	523,260	0	0.0%
5	150,000	15,000	514,080	0	0.0%
6	180,000	18,000	504,900	0	0.0%
7	210,000	21,000	495,720	0	0.0%
8	240,000	24,000	486,540	0	0.0%
9	270,000	27,000	477,360	0	0.0%
10	300,000	30,000	468,180	0	0.0%
11	330,000	33,000	459,000	0	0.0%
12	360,000	36,000	449,820	0	0.0%
13	390,000	39,000	440,640	0	0.0%
14	420,000	42,000	431,460	0	0.0%
15	450,000	45,000	422,280	0	0.0%
16	480,000	48,000	413,100	17,000	3.5%
17	510,000	51,000	403,920	49,000	9.6%
18	540,000	54,000	394,740	82,000	15.2%
19	570,000	57,000	385,560	114,000	20.0%
20	600,000	60,000	376,380	147,000	24.5%
21	630,000	63,000	367,200	179,000	28.4%
22	660,000	66,000	358,020	212,000	32.1%
23	690,000	69,000	348,840	244,000	35.4%
24	720,000	72,000	339,660	277,000	38.5%
25	750,000	75,000	330,480	310,000	41.3%
26	780,000	78,000	321,300	342,000	43.8%
27	810,000	81,000	312,120	375,000	46.3%
28	840,000	84,000	302,940	407,000	48.5%
29	870,000	87,000	293,760	440,000	50.6%
30	900,000	90,000	284,580	472,000	52.4%
31	930,000	93,000	275,400	505,000	54.3%
32	960,000	96,000	266,220	538,000	56.0%
33	990,000	99,000	257,040	570,000	57.6%
34	1,020,000	102,000	247,860	603,000	59.1%

35	1,050,000	105,000	238,680	635,000	60.5%
36	1,080,000	108,000	229,500	668,000	61.9%
37	1,110,000	111,000	220,320	700,000	63.1%
38	1,140,000	114,000	211,140	733,000	64.3%
39	1,170,000	117,000	201,960	765,000	65.4%
40	1,200,000	120,000	192,780	798,000	66.5%
41	1,230,000	123,000	183,600	831,000	67.6%
42	1,260,000	126,000	174,420	863,000	68.5%
43	1,290,000	129,000	165,240	896,000	69.5%
44	1,320,000	132,000	156,060	928,000	70.3%
45	1,350,000	135,000	146,880	961,000	71.2%
46	1,380,000	138,000	137,700	993,000	72.0%
47	1,410,000	141,000	128,520	1,026,000	72.8%
48	1,440,000	144,000	119,340	1,058,000	73.5%
49	1,470,000	147,000	110,160	1,091,000	74.2%
50	1,500,000	150,000	100,980	1,124,000	74.9%
51	1,530,000	153,000	91,800	1,156,000	75.6%
52	1,560,000	156,000	82,620	1,189,000	76.2%
53	1,590,000	159,000	73,440	1,221,000	76.8%
54	1,620,000	162,000	64,260	1,254,000	77.4%
55	1,650,000	165,000	55,080	1,286,000	77.9%
56	1,680,000	168,000	45,900	1,319,000	78.5%
57	1,710,000	171,000	36,720	1,352,000	79.1%
58	1,740,000	174,000	27,540	1,384,000	79.5%
59	1,770,000	177,000	18,360	1,417,000	80.1%
60	1,800,000	180,000	9,180	1,449,000	80.5%
61	1,830,000	183,000	0	1,482,000	81.0%
62	1,860,000	186,000	0	1,506,000	81.0%
63	1,890,000	189,000	0	1,530,000	81.0%
64	1,920,000	192,000	0	1,555,000	81.0%
65	1,950,000	195,000	0	1,579,000	81.0%
66	1,980,000	198,000	0	1,603,000	81.0%
67	2,010,000	201,000	0	1,628,000	81.0%
68	2,040,000	204,000	0	1,652,000	81.0%
69	2,070,000	207,000	0	1,676,000	81.0%

70	2,100,000	210,000	0	1,701,000	81.0%
71	2,130,000	213,000	0	1,725,000	81.0%
72	2,160,000	216,000	0	1,749,000	81.0%
73	2,190,000	219,000	0	1,773,000	81.0%
74	2,220,000	222,000	0	1,798,000	81.0%
75	2,250,000	225,000	0	1,822,000	81.0%
76	2,280,000	228,000	0	1,846,000	81.0%
77	2,310,000	231,000	0	1,871,000	81.0%
78	2,340,000	234,000	0	1,895,000	81.0%
79	2,370,000	237,000	0	1,919,000	81.0%
80	2,400,000	240,000	0	1,944,000	81.0%
81	2,430,000	243,000	0	1,968,000	81.0%
82	2,460,000	246,000	0	1,992,000	81.0%
83	2,490,000	249,000	0	2,016,000	81.0%
84	2,520,000	252,000	0	2,041,000	81.0%
85	2,550,000	255,000	0	2,065,000	81.0%
86	2,580,000	258,000	0	2,089,000	81.0%
87	2,610,000	261,000	0	2,114,000	81.0%
88	2,640,000	264,000	0	2,138,000	81.0%
89	2,670,000	267,000	0	2,162,000	81.0%
90	2,700,000	270,000	0	2,187,000	81.0%
91	2,730,000	273,000	0	2,211,000	81.0%
92	2,760,000	276,000	0	2,235,000	81.0%
93	2,790,000	279,000	0	2,259,000	81.0%
94	2,820,000	282,000	0	2,284,000	81.0%
95	2,850,000	285,000	0	2,308,000	81.0%
96	2,880,000	288,000	0	2,332,000	81.0%
97	2,910,000	291,000	0	2,357,000	81.0%
98	2,940,000	294,000	0	2,381,000	81.0%
99	2,970,000	297,000	0	2,405,000	81.0%
100	3,000,000	300,000	0	2,430,000	81.0%
101	3,030,000	303,000	0	2,454,000	81.0%
102	3,060,000	306,000	0	2,478,000	81.0%
103	3,090,000	309,000	0	2,502,000	81.0%
104	3,120,000	312,000	0	2,527,000	81.0%

105	3,150,000	315,000	0	2,551,000	81.0%
106	3,180,000	318,000	0	2,575,000	81.0%
107	3,210,000	321,000	0	2,600,000	81.0%
108	3,240,000	324,000	0	2,624,000	81.0%
109	3,270,000	327,000	0	2,648,000	81.0%
110	3,300,000	330,000	0	2,673,000	81.0%
111	3,330,000	333,000	0	2,697,000	81.0%
112	3,360,000	336,000	0	2,721,000	81.0%
113	3,390,000	339,000	0	2,745,000	81.0%
114	3,420,000	342,000	0	2,770,000	81.0%
115	3,450,000	345,000	0	2,794,000	81.0%
116	3,480,000	348,000	0	2,818,000	81.0%
117	3,510,000	351,000	0	2,843,000	81.0%
118	3,540,000	354,000	0	2,867,000	81.0%
119	3,570,000	357,000	0	2,891,000	81.0%
120	3,600,000	360,000	0	2,916,000	81.0%

6. 상조서비스 표준약관

표준약관 제10056호(2011. 9. 23. 개정)

제1조(목적)

이 계약은 ________(이하 '회사'라 한다)의 회원으로 가입한 사람이 매월 일정액의 납부의무를 지고 회사는 가정의례 발생시 약정된 물품과 서비스(이하 '상조서비스'라 한다)를 제공하는 의무를 지는 것을 목적으로 하며 금전이나 금리의 지급을 대상으로 하지 않는다.

제2조(회원의 가입)

① 회사로부터 상조서비스를 제공받을 수 있는 회원으로 가입하고자 하는 사람은 회원 가입신청서에 필요한 사항을 기재하고 기명날인 또는 서명한 후 이를 회사 또는 모집인에게 제출하여야 하며, 가입자는 가입과 동시에 가입상품에 따른 1회 이상의 납입금을 납부하여야 한다. 이는 전자거래 또는 통신매체를 통하여 가입하는 경우에도 마찬가지이다.

② 회사는 가입하고자 하는 사람이 가입하기 전 약관을 교부하고 약관의 중요한 내용을 설명하여야 하며, 직접 또는 모집인을 통하여 가입자가 납입한 납입금의 영수증을 발급하여야 한다.

③ 가입절차를 완료한 회원에 대하여 회사는 지체없이 회원증서를 교부한다.

④ 회원이 회원증서를 분실하여 회사에 재교부를 신청한 때에는 회사는 회원증서를 재발행하여 교부하고 실비수준의 수수료 (예: 5,000)원을 받을 수 있으며, 이 경우 이미 교부된 회원증서는 무효가 된다.

제3조(단체회원의 가입)

① 제2조는 법인 기타 단체의 명의로 복수의 인원이 집단으로 가입할 경우에도 준용한다.

② 단체의 구성원 중 상조서비스 대상이 되는 회원에 대한 개별적인 가입이 힘들거나, 개별적인 회원자격을 인정할 필요가 없을 때에는 회사는 해당 단체의 구성원에게 포괄적인 회원자격을 인정할 수도 있다.

③ 포괄적인 회원자격은 소속단체별로 가입구좌수에 따른 상조서비스를 이용할 수 있음을 의미하며, 선택권은 소속단체장이 행사한다.

제4조(철회권의 행사)

① 회원은 약관을 받은 날부터 14일 이내에 계약철회권을 행사할 수 있다. 단, 약관 및 회원증서를 교부받지 못하였을 경우에는 계약일로부터 3월 이내에 계약철회권을 행사할 수 있다.

② 제1항의 회원가입계약에 대한 철회의 의사표시를 서면으로 하는 경우에는 서면을 발송한 날에 그 효력이 발생한다.

③ 제1항과 제2항에 따라 계약을 철회한 회원에 대하여 회사는 납입금을 철회일로부터 3영업일 이내에 반환하며, 회원은 상조서비스를 이용할 수 있는 자격을 상실한다. 단, 회사가 3영업일 내에 반환하지 않을 경우에는 납입금에 대해 연24%의 지연이자를 지급한다.

제5조(회원의 월납입금 납부의무)

① 회원은 이 계약에 따라 가입 시에 정한 월납입금을 매월 약정한 기일에 납부하여야 한다.

② 가입상품에 따른 월납입금, 납입회수는 다음과 같다.

예시

상품금액	월납입금	납입회수
1,200,000원	20,000원	60회
2,160,000원	30,000원	72회
4,800,000원	50,000원	96회

③ 회원은 원칙적으로 은행지로 또는 계좌이체를 통하여 월납입금을 납부하며, 모집인을 통하거나 직접 회사에 납부할 수 있다.

④ 회사의 월납입금납부증빙내역에 이의가 있는 회원은 영수증을 첨부하여 잘못된 내역의 정정을 요구할 수 있다.

⑤ 제3항에 따라 회원이 모집인을 통하거나 직접 회사에 월납입금을 납부할 경우 회사는 영수증을 발행하며, 제4항의 영수증은 은행지로 또는 계좌이체를 통하여 납부한 경우 지로영수증, 거래원장, 입금확인서도 그에 갈음할 수 있다.

⑥ 회원은 언제든지 회사의 월납입금납부증빙내역에 대해 확인을 요구할 수 있다.

제6조(선납할인 및 모집수당 할인)

① 회원이 납입금의 전부 또는 일부를 선납할 경우, 회사는 미리 약정한 비율로 총납입금을 할인할 수 있다.

예시

전액 선납한 경우 상품금액의 (예: 10)% 할인

12개월분을 선납한 경우 1회 납입금의 (예: 50)% 할인

② 회원이 모집인을 통하지 않고 전자거래 등 회사와 직접 거래함으로써 모집수당이 절약될 경우 회사는 미리 약정한 비율로 총납입금을 할인할 수 있다.

예시

회사방문, 홈페이지를 통해 가입한 경우 상품금액의 (예: 5)% 할인

제7조(비용의 추가부담)

회사는 회원이 가입 후 아래 기간 이내에 상조서비스를 제공할 경우에는 기재된 비용을 추가로 받을 수 있다.

예시

(예: 120)만원 상품 : 가입 후 6개월 이내 행사시 : (예: 30,000)원

제8조(잔여 납부금의 납부)

회원이 월부금의 완납이전에 상조서비스를 제공받을 때에는 사후에 잔여납부금을 일시에 납부하여야 한다.

제9조(주소변경 통보의무)

① 회원이 주소 및 연락처가 변경된 경우에는 회원은 15일 이내에 회사로 이를 통브하여야 한다.

② 회원이 주소 및 연락처의 변경을 통보하지 않은 경우에는, 회사는 종전에 신고 된 주소 및 연락처로 통지함으로써 통지의무를 면하게 된다.

제10조(상조서비스의 이용)

① 회원본인과 배우자, 회원 및 그 배우자의 직계존속, 회원의 직계비속은 상조서비스를 이용할 권리를 갖는다.

② 회원은 계약체결 시 상조서비스의 이용자와 상조서비스의 내용을 미리 정할 수 있으며, 이 경우 회사의 동의를 얻어 변경할 수 있다.

③ 회원은 계약체결 후 가입 상품금액보다 많은 상품금액의 상조서비스를 이용하고자 할 경우에는 이용에 앞서 회사와 협의하여 추가비용을 결정하고 변경할 수 있다.

④ 상조서비스는 원칙적으로 1구좌당 1회에 한한다. 단, 회사가 납입금 범위 내에서 상품금액이 적은 상조서비스를 2회 이상 이용할 수 있게 하는 경우에는 예외로 한다.

제11조(단체계약과 상조서비스)

① 법인 또는 단체의 대표가 구성원들을 위하여 상조서비스 이용계약을 체결한 경으, 그 단체의 구성원들은 가입된 구좌수 만큼 상조서비스를 이용할 수 있다.

② 구성원에게 이용권 및 이용서비스를 부여하는 것은 계약에서 합의된 내용에 따라 소속단체장이 결정한다.

제12조(상조서비스의 제공지역)

① 회사가 제공하는 상조서비스는 계약 시에 예정된 지역에서 제공함을 원칙으로 하며, 회사의 사정으로 서비스 제공지역을 변경하고자 하는 경우에는 적용일을 명시하여 변경지역과 그 적용일로부터 2월 전에 해당지역 회원에게 통지하여야 한다.

(상조서비스 제공지역 표시)

② 이사 등 회원의 사정으로 상조서비스가 제공되어야 할 지역에 변경이 생긴 경우에는 회사는 이에 협력하여야 한다.

③ 회사가 서비스 지역을 변경함으로써 상조서비스를 제공받을 수 없게 된 회원은 계약을 해지할 수 있다. 이 경우 회사는 회원의 신청일로부터 3영업일 이내에 회원이 납부한 납입금 전액과 납입금

에 대하여 각각 그 받은 날부터 신청일까지 상사법정이율(연 6%)를 가산하여 반환하며, 지연 시 제14조 제1항에 따른 지연이자를 지급하여야 한다.

제13조(상조서비스의 내용)

① 상조서비스는 계약 시에 상품별로 확정한 내용대로 제공되어야 한다. 단, 회사는 확정된 물품 중 시간의 경과로 인한 단종, 품절 등 대상품목의 물품을 제공할 수 없는 경우에는 계약 시의 확정된 물품과 실질적으로 동등한 물품으로 대체할 수 있다.

② 제1항의 회사가 제공하는 상품별 상조서비스의 내용은 회원증서에 명시하여 교부한다.

제14조(회원의 채무불이행 효과)

① 회원이 정당한 사유 없이 월납입금의 납부를 지연한 경우에는 그 지연일수에 ( )%의 지연이자율을 적용한 지연이자를 지급하여야 한다. 단, 지연이자율은 연 24%를 초과할 수 없다.

② 회원이 3회 이상 월납입금의 납부를 연체한 경우 회사는 서면으로 월납입금의 납부를 최고하고, 회원이 최고의 통지를 받은 날부터 14일 이내에 연체된 월납입금을 납부하지 않을 경우에 회사는 계약을 해지할 수 있다.

③ 제2항에 따라 계약이 해지된 경우 회원은 제15조 제2항에 따라 해약환급금을 청구할 수 있다.

④ 제3항의 규정에 의한 해약환급금은 회원이 계약의 해지통지를 받은 날부터 5년 이내에 청구하여야 한다.

제15조(계약의 해지 및 해약환급금)

① 회원이 상조서비스를 이용할 의사가 없을 경우 계약을 해지할 수 있다.

② 회원의 사정으로 해지된 경우 회사는 회원의 납입금에서 모집수당, 기타 관리비 등을 공제한 아래 산식에 따른 해약환급금을 회원의 신청일로부터 3영업일 이내에 회원에게 환급하여야 한다. 단, 납입금의 범위 내에서 회원이 다른 상조서비스를 이용하였을 경우 해약환급금은 산식에 따른 환급금에서 회원이 이용한 상조서비스의 상품금액을 공제하여 환급한다.

〈해약환급금 산식〉 ☞ 【표준해약환급금(율)표 참조】

① 정기형 상품의 경우
해약환급금 = 납입금 누계 − 관리비 누계 − 모집수당 공제액
② 부정기형 상품의 경우
해약환급금 = 납입금 누계 × 0.85

- 정기형 상품이란 총계약대금을 1년이상의 기간을 두고 월별로 균분하는 상품
- 부정기형 상품이란 정기형을 제외한 상품
- 모집수당공제액 = 모집수당X0.75 + 모집수당X0.25X $\frac{\text{기납입월수}}{\text{총납입기간월수}}$
- 납입금 누계가 관리비 누계와 모집수당 공제액의 합보다 적은 경우에는 해약환급금을 0으로 함
- 모집수당은 총계약대금 대비 최대 10%로 하되, 500,000원을 초과할 수 없음

• 월별 관리비는 월 납입금 대비 최대 5%로 하되, 월별 관리비의 합계는 500,000원을 초과할 수 없음

③ 회원이 제6조에 따라 납입금을 할인 받았을 경우 제2항의 해약환급금 산식에 규정된 납입금은 할인에 의해 실제로 지급한 금액이 대상이 되며 할인분은 포함되지 아니한다.

④ 제2항의 규정에도 불구하고 회원이 계약이후 기초생활수급자가 된 경우에는 납입금 전액을 환급한다.

⑤ 회원의 신청에도 불구하고, 3영업일 이내에 해약환급금을 지급하지 못할 경우에는 해약환급금에 제14조 제1항에 따른 지연이자를 가산하여 지급하여야 한다.

⑥ 제1항에 따라 회원이 계약을 해지하고자 할 경우 아래 구비서류를 제출하여야 한다.

• 회원본인 : 신분증, 회원증서, 해약신청서
• 대리인 : 회원증서, 위임장, 회원본인의 인감증명서, 대리인의 신분증, 해약신청서

⑦ 회사가 자기의 책임 있는 사유로 상조서비스 제공의무를 이행하지 아니한 경우 회원은 계약을 해지하고 손해배상을 청구할 수 있다.

제16조(회원지위의 양도 · 명의변경)

① 회원은 상조서비스를 받을 수 있는 회원으로서의 지위는 회사의 동의를 얻어 타인에게 양도할 수 있다.

② 회원의 지위가 양도된 경우 새로운 회원이 된 양수인은 회원으로서의 권리와 의무를 승계한다.

③ 회사는 회원지위의 양도 · 명의변경에 대하여 실비수준의 수수료(예: 5,000원)를 받을 수 있다.

제17조(금융정보제공동의서의 요청 및 제공)

① 회사가 은행과 예치계약을 체결한 경우 회원은 해당은행을 통하여 예치내역을 열람하거나 소비자피해보상 증서를 발급받기 위하여 회사에 금융정보제공동의서를 요청할 수 있다.

② 예치계약을 체결한 회사는 제2조에 따라 회원의 가입절차가 완료되거나 제1항에 따라 소비자가 동의서를 요청한 경우, 금융정보제공동의서를 소비자 또는 해당은행에 제공한다.

제18조(분쟁해결 및 관할법원)

① 이 계약에 규정하지 아니한 사항은 회사와 회원이 합의하여 결정하되, 합의되지 아니할 경우에는 관계법령 및 일반관례에 따른다.

② 제1항의 규정에도 불구하고 법률상 분쟁이 발생한 경우에는 회사 또는 회원은 소비자기본법 등에 따른 분쟁조정기구에 분쟁조정을 신청하거나 중재법 등에 따라 운영 중인 중재기관에 중재를 신청할 수 있다.

③ 이 계약과 관련된 분쟁에 관한 소송은 민사소송법상의 관할소재지 법원에 제기하여야 한다.

제15조 제2항 관련 【표준해약환급금(율) 표】

납입회차	월회비	관리비 비율	모집수당 비율
120개월	30,000	5%	10%

회 차	납입금 누계	관리비 누계	모집수당 공제액	해약환급금	환급률
1	30,000	1,500	270,750	0	0.0%
2	60,000	3,000	271,500	0	0.0%
3	90,000	4,500	272,250	0	0.0%
4	120,000	6,000	273,000	0	0.0%
5	150,000	7,500	273,750	0	0.0%
6	180,000	9,000	274,500	0	0.0%
7	210,000	10,500	275,250	0	0.0%
8	240,000	12,000	276,000	0	0.0%
9	270,000	13,500	276,750	0	0.0%
10	300,000	15,000	277,500	7,500	2.5%
11	330,000	16,500	278,250	35,250	10.7
12	360,000	18,000	279,000	63,000	17.5%
13	390,000	19,500	279,750	90,750	23.3%
14	420,000	21,000	280,500	118,500	28.2%
15	450,000	22,500	281,250	146,250	32.5%
16	480,000	24,000	282,000	174,000	36.3%
17	510,000	25,500	282,750	201,750	39.6%
18	540,000	27,000	283,500	229,500	42.5%
19	570,000	28,500	284,250	257,250	45.1%
20	600,000	30,000	285,000	285,000	47.5%
21	630,000	31,500	285,750	312,750	49.6%
22	660,000	33,000	286,500	340,500	51.6%
23	690,000	34,500	287,250	368,250	53.4%
24	720,000	36,000	288,000	396,000	55.0%
25	750,000	37,500	288,750	423,750	56.5%
26	780,000	39,000	289,500	451,500	57.9%
27	810,000	40,500	290,250	479,250	59.2%
28	840,000	42,000	291,000	507,000	60.4%
29	870,000	43,500	291,750	534,750	61.5%
30	900,000	45,000	292,500	562,500	62.5%

31	930,000	46,500	293,250	590,250	63.5%
32	960,000	48,000	294,000	618,000	64.4%
33	990,000	49,500	294,750	645,750	65.2%
34	1,020,000	51,000	295,500	673,500	66.0%
35	1,050,000	52,500	296,250	701,250	66.8%
36	1,080,000	54,000	297,000	729,000	67.5%
37	1,110,000	55,500	297,750	756,750	68.2%
38	1,140,000	57,000	298,500	784,500	68.8%
39	1,170,000	58,500	299,250	812,250	69.4%
40	1,200,000	60,000	300,000	840,000	70.0%
41	1,230,000	61,500	300,750	867,750	70.5%
42	1,260,000	63,000	301,500	895,500	71.1%
43	1,290,000	64,500	302,250	923,250	71.6%
44	1,320,000	66,000	303,000	951,000	72.0%
45	1,350,000	67,500	303,750	978,750	72.5%
46	1,380,000	69,000	304,500	1,006,500	72.9%
47	1,410,000	70,500	305,250	1,034,250	73.4%
48	1,440,000	72,000	306,000	1,062,000	73.8%
49	1,470,000	73,500	306,750	1,089,750	74.1%
50	1,500,000	75,000	307,500	1,117,500	74.5%
51	1,530,000	76,500	308,250	1,145,250	74.9%
52	1,560,000	78,000	309,000	1,173,000	75.2%
53	1,590,000	79,500	309,750	1,200,750	75.5%
54	1,620,000	81,000	310,500	1,228,500	75.8%
55	1,650,000	82,500	311,250	1,256,250	76.1%
56	1,680,000	84,000	312,000	1,284,000	76.4%
57	1,710,000	85,500	312,750	1,311,750	76.7%
58	1,740,000	87,000	313,500	1,339,500	77.0%
59	1,770,000	88,500	314,250	1,367,250	77.2%
60	1,800,000	90,000	315,000	1,395,000	77.5%
61	1,830,000	91,500	315,750	1,422,750	77.7%
62	1,860,000	93,000	316,500	1,450,500	78.0%
63	1,890,000	94,500	317,250	1,478,250	78.2%
64	1,920,000	96,000	318,000	1,506,000	78.4%
65	1,950,000	97,500	318,750	1,533,750	78.7%

66	1,980,000	99,000	319,500	1,561,500	78.9%
67	2,010,000	100,500	320,250	1,589,250	79.1%
68	2,040,000	102,000	321,000	1,617,000	79.3%
69	2,070,000	103,500	321,750	1,644,750	79.5%
70	2,100,000	105,000	322,500	1,672,500	79.6%
71	2,130,000	106,500	323,250	1,700,250	79.8%
72	2,160,000	108,000	324,000	1,728,000	80.0%
73	2,190,000	109,500	324,750	1,755,750	80.2%
74	2,220,000	111,000	325,500	1,783,500	80.3%
75	2,250,000	112,500	326,250	1,811,250	80.5%
76	2,280,000	114,000	327,000	1,839,000	80.7%
77	2,310,000	115,500	327,750	1,866,750	80.8%
78	2,340,000	117,000	328,500	1,894,500	81.0%
79	2,370,000	118,500	329,250	1,922,250	81.1%
80	2,400,000	120,000	330,000	1,950,000	81.3%
81	2,430,000	121,500	330,750	1,977,750	81.4%
82	2,460,000	123,000	331,500	2,005,500	81.5%
83	2,490,000	124,500	332,250	2,033,250	81.7%
84	2,520,000	126,000	333,000	2,061,000	81.8%
85	2,550,000	127,500	333,750	2,088,750	81.9%
86	2,580,000	129,000	334,500	2,116,500	82.0%
87	2,610,000	130,500	335,250	2,144,250	82.2%
88	2,640,000	132,000	336,000	2,172,000	82.3%
89	2,670,000	133,500	336,750	2,199,750	82.4%
90	2,700,000	135,000	337,500	2,227,500	82.5%
91	2,730,000	136,500	338,250	2,255,250	82.6%
92	2,760,000	138,000	339,000	2,283,000	82.7%
93	2,790,000	139,500	339,750	2,310,750	82.8%
94	2,820,000	141,000	340,500	2,338,500	82.9%
95	2,850,000	142,500	341,250	2,366,250	83.0%
96	2,880,000	144,000	342,000	2,394,000	83.1%
97	2,910,000	145,500	342,750	2,421,750	83.2%
98	2,940,000	147,000	343,500	2,449,500	83.3%
99	2,970,000	148,500	344,250	2,477,250	83.4%
100	3,000,000	150,000	345,000	2,505,000	83.5%

101	3,030,000	151,500	345,750	2,532,750	83.6%
102	3,060,000	153,000	346,500	2,560,500	83.7%
103	3,090,000	154,500	347,250	2,588,250	83.8%
104	3,120,000	156,000	348,000	2,616,000	83.8%
105	3,150,000	157,500	348,750	2,643,750	83.9%
106	3,180,000	159,000	349,500	2,671,500	84.0%
107	3,210,000	160,500	350,250	2,699,250	84.1%
108	3,240,000	162,000	351,000	2,727,000	84.2%
109	3,270,000	163,500	351,750	2,754,750	84.2%
110	3,300,000	165,000	352,500	2,782,500	84.3%
111	3,330,000	166,500	353,250	2,810,250	84.4%
112	3,360,000	168,000	354,000	2,838,000	84.5%
113	3,390,000	169,500	354,750	2,865,750	84.5%
114	3,420,000	171,000	355,500	2,893,500	84.6%
115	3,450,000	172,500	356,250	2,921,250	84.7%
116	3,480,000	174,000	357,000	2,949,000	84.7%
117	3,510,000	175,500	357,750	2,976,750	84.8%
118	3,540,000	177,000	358,500	3,004,500	84.9%
119	3,570,000	178,500	359,250	3,032,250	84.9%
120	3,600,000	180,000	360,000	3,060,000	85.0%

찾·아·보·기

ㅇ

ㅍ

ㅎ

저자 약력

고 형 석

약 력

선문대학교 법학과 교수(현)
한국해양대학교 대학원 수료(법학박사)
한국소비자원 정책연구실 선임연구원
부경대학교 법학연구소 전임연구교수

저 서

소비자보호법 제2판
소비자법과 민법(공저)
인터넷과 전자상거래법(공저)
현대법학의 이해(공저) 등

논 문

선불식 할부거래와 소비자보호 −미등록 선불식 할부거래 및 해약환급금을 중심으로−
선불식 할부계약의 정의에 관한 연구
선불식 할부거래에 관한 연구 −행정규제를 중심으로−
선불식 할부계약에 대한 연구
상조서비스와 소비자보호에 관한 연구
할부거래법 개정안에 대한 고찰
동산 및 채권 등의 담보에 관한 법률상 동산담보제도에 관한 연구
사실혼 배우자의 주택임차권의 승계에 관한 연구
소비자기본계획의 평가 및 과제
전자상거래를 통한 콘텐츠거래에 있어서 이용자보호에 관한 연구
소비자취소권에 관한 연구
소비자계약의 성립요건에 관한 연구
소비자단체소송제도에 관한 연구
한국과 일본의 소비자분쟁조정제도에 관한 연구
방문판매의 정의에 관한 연구
다단계판매에 관한 미국법제 및 정의규정에 대한 연구
개인정보침해와 피해구제에 관한 연구
포인트의 소멸시효에 관한 연구
소비자제품안전법에 관한 연구 외 다수

상조업과 소비자보호법

2012년 10월 20일 초판 인쇄
2012년 10월 25일 초판 1쇄 발행

저 자 고 형 석
발행인 배 효 선
발행처 도서출판 法 文 社

413-756 경기도 파주시 문발동 526-3
등 록 1957. 12. 12 / 제2-76호 (윤)
TEL 031) 955-6500~6 FAX 031) 955-6525
e-mail (영업): bms@bobmunsa.co.kr
(편집): edit66@bobmunsa.co.kr
홈페이지 http://www.bobmunsa.co.kr
조 판 법 문 사 전 산 실

정가 25,000원 ISBN 978-89-18-08924-9